U0874810

马克思主义与中国式现代化

Marxism and the Chinese Modernization

中国马克思恩格斯研究会　编

全国马克思主义论坛丛书第19辑

中央编译出版社
CCTP Central Compilation & Translation Press

图书在版编目（CIP）数据

马克思主义与中国式现代化 / 中国马克思恩格斯研究会编. —北京：中央编译出版社，2024. 9

（全国马克思主义论坛丛书；第 19 辑）

ISBN 978-7-5117-4739-6

Ⅰ. ①马… Ⅱ. ①中… Ⅲ. ①马克思主义-发展-研究-中国 Ⅳ. ①D61

中国国家版本馆 CIP 数据核字（2024）第 078454 号

马克思主义与中国式现代化：全国马克思主义论坛丛书（第 19 辑）

责任编辑 翟 桐
责任印制 李 颖
出版发行 中央编译出版社
网　　址 www. cctpcm. com
地　　址 北京市海淀区北四环西路 69 号（100080）
电　　话 （010）55627391（总编室） （010）55627302（编辑室）
（010）55627320（发行部） （010）55627377（新技术部）
经　　销 全国新华书店
印　　刷 北京印刷集团有限责任公司
开　　本 710 毫米×1000 毫米 1/16
字　　数 385 千字
印　　张 21. 5
版　　次 2024 年 9 月第 1 版
印　　次 2024 年 9 月第 1 次印刷
定　　价 128. 00 元

新浪微博：@中央编译出版社 **微　　信：**中央编译出版社(ID：cctphome)
淘宝店铺：中央编译出版社直销店(http://shop108367160. taobao. com) (010)55627331

本社常年法律顾问：北京市吴栾赵阎律师事务所律师 闫军 梁勤

目 录

一、学习贯彻习近平新时代中国特色社会主义思想和党的二十大精神

二、马克思主义经典著作和基本理论研究

三、中国式现代化问题研究

从马克思主义理论高度探讨中国式现代化问题

——在第二十届全国马克思主义论坛暨中国马克思恩格斯研究会2023年年会开幕式上的讲话

（2023年11月25日）

中国马克思恩格斯研究会会长、中共中央党史和文献研究院原副院长、中共中央编译局原局长　贾高建

各位专家学者、同志们：

非常高兴与大家在南国重镇珠海相聚。过去的几年中，由于新冠疫情的影响，我们的论坛和年会只能借助于网络，采取线上线下相结合的特殊方式召开。如今阴霾驱散，我们终于可以相聚一堂，面对面地讨论和交流了。而这次论坛和年会也就成为本届理事会成立以来第一次完全线下举办的论坛和年会，但同时也是最后一次，因为到今年这一届理事会的任期已满，明天我们就要举行新的会员代表大会，进行换届改选工作了。时光荏苒，我们应珍惜这难得的机会，努力将此次论坛和年会的各项活动组织好、开展好，使各位与会者能够从中获益，同时也为本届理事会的工作画上一个圆满的句号。

经过协商，这次论坛和年会的主题确定为“马克思主义与中国式现代化”。中国式现代化是当代中国社会发展中的重大现实问题，需要我们在马克思主义理论研究中予以充分的关注和重视。众所周知，中国作为世界上历史最为悠久的文明古国之一，以往曾经历过自己的辉煌，但在近代却落伍了。帝国主义的侵略和“三座大山”的压迫，使中国陷入悲惨的境地。为实现民族的解放和复兴，无数仁人志士不懈奋斗。而中国共产党领导人民取得了新民主主义革命的胜利，建立了新中国，并引领中国走上了社会主义道路，为中华民族的重新崛起创造了全新的历史条件。在这一新的条件下，如何尽快建设好自己的国家，使之摆脱贫穷落后，实现经济和社会各领域的现代化，便成为我们必须面对的重大历史课题。我们党带领人民进行了长期艰苦的探索，付出了巨大的努力，最终走出了一条具有中国特色的现代化道路，亦即“中国式现代化”。党的二十大报告指出：“中国式现代化，是中国共产党领导的社会主义现代化，既有各国现代化的共同特征，更有基于自己国情的中国特色。”从总体上说，中国式现代化是人口规模巨大的现代化，是全体人民共同富裕的现代化，是物质文明和精神文明相协调的现代化，是人与自然和谐共生的现代化，是走和平发展道路的现代化。而它的本质要求，则是“坚持中国共产党领导，坚持中国特色社会主义，实现高质量发展，发展全过程人民民主，丰富人民精神世界，实现全体人民共同富裕，促进人与自然和谐共生，推动构建人类命运共同体，创造人类文明新形态”。对于党的二十大的一系列重要论断，我们应认真学习和领会，并从马克思主义理论的高度作出深入研究和探讨，力求对这方面问题有一个科学的认识和把握。

从实践进程看，中国式现代化建设正在按照既定的规划和部署持续展开。我们已如期完成第一个百年奋斗目标，全面建成小康社会；继而又开启了全面建设社会主义现代化国家的新征程、向第二个百年奋斗目标进军。党的二十大明确宣布：“从现在起，中国共产党的中心任务就是团结带领全国各族人民全面建成社会主义现代化强国、实现第二个百年奋斗目标，以中国式现代化全面推进中华民族伟大复兴。”要完成这样一项重大历史任务，还需要我们付出更多艰苦的努力，前进的路途上还会遇到许多新的难关。而这也就要求我们充分发挥马克思主义科学理论的指导作用，将马克思主义的立场、观点、方法运用于解决当代实践中的新问题，为推进中国式现代化的历史进程作出应有的贡献。

中国式现代化的建设实践需要马克思主义的理论指导，同时也为马克思主义理论的创新发展提供了新的条件。我们应在这一实践的基础上，进一步深化马克思主义基本理论研究，努力取得更多有价值的成果。从学界的情况看，这一层面的研究还显得比较薄弱，需要进一步重视和加强。同时还应指出，这一层面的研究不只是已有材料的阐释和梳理，更需要强调的是真正意义上的原创性研究。这样一种研究当然不那么容易，却是促进马克思主义理论创新发展之必需。而在加强基本理论研究的同时，其他各方面研究也都应下气力展开，全方位推进马克思主义理论的学科建设。要将马克思主义基本理论研究与马克思主义中国化重要成果的研究贯通起来，进一步深化习近平新时代中国特色社会主义思想的研究。要认真学习贯彻习近平总书记在文化传承发展座谈会上的讲话精神，努力做到“两个结合”，开辟马克思主义中国化时代化的新境界。

同志们！本届论坛和年会由中国马克思恩格斯研究会、中共中央党史和文献研究院第四研究部、北京师范大学联合主办，北京师范大学马克思主义学院、《马克思主义与现实》杂志共同承办。北京师范大学珠海校区承担了会议接待的相关事务。感谢各主办方和承办方为此次会议所做的工作和付出的辛劳，预祝本届论坛和年会圆满成功。

谢谢大家！

中国式现代化理论是马克思主义的重大创新发展

——在第二十届全国马克思主义论坛暨中国马克思恩格斯研究会2023年年会开幕式上的致辞

（2023年11月25日）

中共中央党史和文献研究院第四研究部主任　崔友平

尊敬的贾高建会长、各位领导、专家学者：

大家上午好！

非常高兴来到北京师范大学珠海校区。珠海是一座美丽的海滨城市，是我国改革开放的重要窗口。今年4月，习近平总书记第四次到广东考察调研时指出："广东是改革开放的排头兵、先行地、实验区，在中国式现代化建设的大局中地位重要、作用突出"，并赋予广东新的重大使命——"在推进中国式现代化建设中走在前列"。对于这一重要使命，珠海同样肩负重任。今天，中国马克思恩格斯研究会、中共中央党史和文献研究院第四研究部、北京师范大学，在这里共同举办以"马克思主义与中国式现代化"为主题的研讨，具有特别重要的意义。

首先，请允许我代表中共中央党史和文献研究院第四研究部，对会议的召开表示热烈的祝贺，对出席会议的各位领导和专家学者，表示热烈的欢迎和衷心的感谢。

作为中共中央党史和文献研究院内设业务部门，第四研究部肩负着研究马克思主义基本理论、国际共产主义运动史和世界社会主义理论与实践的使命任务，有着一支从事马克思主义研究、世界社会主义和国际共产主义运动史研究的专业队伍，致力于打造国内外具有广泛影响力的马克思主义研究综合体系和高端平台。第四研究部归口管理中国马克思恩格斯研究会、中国国际共产主义运动史学会两个学会，承办《马克思主义与现实》

《当代世界与社会主义》两家学术期刊，在西安交通大学、四川大学、上海交通大学等高校建有研究基地，与学界有着良好的交流合作机制。

中国马克思恩格斯研究会成立于 1982 年。40 多年来，研究会在联系学界、服务会员、促进学术交流等方面发挥了重要平台作用。同时，也见证了我国 40 多年不平凡的发展历程。

今年是实行改革开放 45 周年。党的二十大报告指出："在新中国成立特别是改革开放以来长期探索和实践基础上，经过十八大以来在理论和实践上的创新突破，我们党成功推进和拓展了中国式现代化。中国式现代化，是中国共产党领导的社会主义现代化，既有各国现代化的共同特征，更有基于自己国情的中国特色。"

中国式现代化是理论与实践的结合，既是我们党在推进马克思主义中国化时代化进程中取得的重大理论成果，也是我们党领导人民持续探索强国建设、民族复兴之路的重大实践成果。

从理论来看，中国式现代化在马克思主义科学理论的引导下开启征程。中国式现代化坚持马克思主义指导地位，在把马克思主义基本原理同中国具体实际相结合、同中华优秀传统文化相结合的过程中，不断丰富发展马克思主义，不断推动马克思主义中国化时代化的一次又一次飞跃，形成中国化时代化马克思主义的一个又一个重要成果，不断开辟马克思主义中国化时代化新境界。习近平总书记在学习贯彻党的二十大精神研讨班上指出："概括提出并深入阐述中国式现代化理论，是党的二十大的一个重大理论创新，是科学社会主义的最新重大成果。"这一精辟论断告诉我们，中国式现代化理论是中国共产党坚持和发展科学社会主义的伟大创造，在科学社会主义历史上具有重要地位和指导意义。

从实践来看，中国式现代化高度体现了马克思主义在中国展开的广阔空间。应该说，中国式现代化的展开过程同时也是马克思主义中国化时代化的展开过程。在二者的协同推进中，中国式现代化建设不断取得新成就，中国特色社会主义不断取得胜利，日益成为世界社会主义运动的中流砥柱。党的十九届六中全会通过的《中共中央关于党的百年奋斗重大成就和历史经验的决议》指出："马克思主义中国化时代化不断取得成功，使马克思主义以崭新形象展现在世界上，使世界范围内社会主义和资本主义两种意识形态、两种社会制度的历史演进及其较量发生了有利于社会主义的重大转变。"科学社会主义在 21 世纪的中国焕发出新的蓬勃生机。

栉风沐雨铸辉煌，百尺竿头再攀登。展望未来，蓝图已经绘就，号角已经吹响，在我国踏上以中国式现代化全面推进强国建设、民族复兴的新征程上，准确把握时代变化，深刻回答中国之问、世界之问、人民之问、时代之间，继续推进马克思主义中国化时代化，是新时代我们党要继续承担的历史使命，也包含着我们理论研究者的学术责任与担当。今天各位专家学者汇聚一堂，交流研讨，将是这种责任担当的精彩呈现。我相信在这场丰盛的学术大餐中，大家都能收获满满。

最后，借此机会，感谢北京师范大学马克思主义学院老师和同学们、研究会秘书处的同志们为会议的辛勤付出。

预祝会议取得圆满成功，祝各位专家学者身体健康、工作顺利，万事如意。

谢谢大家！

一、学习贯彻习近平新时代中国特色社会主义思想和党的二十大精神

深化对中国式现代化理论体系的认识

杨金海①

党的二十大在我国现代化乃至世界现代化历史上具有十分重要的里程碑意义，标志着我们党带领人民经过长期探索，已经成功走出一条中国式现代化道路。在 2023 年 2 月 7 日举办的学习贯彻党的二十大精神研讨班开班式上，习近平总书记作了重要讲话，强调：概括提出并深入阐述中国式现代化理论，是党的二十大的一个重大理论创新，是科学社会主义的最新重大成果。② 明确提出：我们进一步深化对中国式现代化的内涵和本质的认识，概括形成中国式现代化的中国特色、本质要求和重大原则，初步构建中国式现代化的理论体系，使中国式现代化更加清晰、更加科学、更加可感可行。③ 这就为我们深入研究中国式现代化理论体系提供了根本遵循。我们应当紧紧围绕习近平总书记有关中国式现代化的一系列重要论述，从历史与现实、理论与实践、国内与国际、当前与未来的结合上，深入研究中国式现代化理论体系，以深化对中国式现代化的总体性认识并助推全面建设社会主义现代化国家的实践。

一、中国式现代化理论形成的历史必然性

深入认识中国式现代化理论体系，需要从世界潮流发展的高度分析这一理论体系形成的必然性，包括其中的历史逻辑、理论逻辑和实践逻辑。

① 杨金海，原中央编译局秘书长，清华大学马克思主义学院特聘教授、清华大学习近平新时代中国特色社会主义思想研究院研究员。

② 参见《人民日报》2023 年 2 月 8 日，第 1 版。

③ 参见《人民日报》2023 年 2 月 8 日，第 1 版。

党的十八大以来，习近平总书记多次强调要从世界潮流的高度认识中国和世界的发展。他说："认识世界发展大势，跟上时代潮流，是一个极为重要并且常做常新的课题。中国要发展，必须顺应世界发展潮流。要树立世界眼光、把握时代脉搏，要把当今世界的风云变幻看准、看清、看透，从林林总总的表象中发现本质，尤其要认清长远趋势。"① 那么，百年来的世界潮流究竟是什么？只有认清世界潮流，才能把握人类历史前进的正确方向，也才能认清中国式现代化提出并自觉推进的历史必然性。

站在21世纪的时代坐标上，用马克思主义观点观察历史和现实就会看出，自1848年科学社会主义诞生到现在的170多年间，世界潮流可以概括为两个主要层面：一是经济社会发展的层面，即现代化潮流；二是社会制度发展的层面，即社会主义潮流。这两个层面又是不可分割的，共同构成人类现代文明发展的大潮流、大趋势。尽管在社会制度层面，资本主义也曾经在人类现代文明发展大潮中发挥过作用，但由于其内在固有的矛盾和弊病难以克服，越来越显示出式微的趋势，从而必然要为社会主义所逐步取代。

所谓经济社会的现代化潮流，是指近现代世界各国都在追求的以工业化为基础的经济社会发展的现代化趋势。关于人类经济社会"现代化"的基本概念及其科学思想可以说是由马克思和恩格斯最早提出的，这实际上成为20世纪许多现代化理论的思想源头，也是我们研究中国式现代化理论的思想源头。马克思在《资本论》中明确使用了"现代化"概念，指出："现代化的资本家却能把积累看做是对自己的享受冲动的'禁欲'。"② 这里的"现代化的资本家"，其德文原文是"der modernisierte Kapitalist"。在马克思的著作中还有大量作为形容词使用的"现代"概念，如"现代大工业""现代世界市场""现代城市""现代社会"等，指的都是以工业化为基础的社会状况。恩格斯在《德国的革命和反革命》一书中把当时英国的大工业称作"现代化"的工业，其英文原文是"modern manufactures"，他写道："在拿破仑的大陆体系之下开始出现的、在国内其他地方所建立的现代化的工业……。"③ 马克思恩格斯关于现代化的思想，比较集中地反映在《德意志意识形态》《共产党宣言》《资本论》等著作中。

概括说来，在马克思恩格斯看来，人类经济社会的现代化，主要是指自英国工业革命之后出现的由传统自然经济向现代工业经济转型的大趋势，

---

① 《习近平谈治国理政》第2卷，外文出版社2017年版，第442页。
② 《马克思恩格斯文集》第5卷，人民出版社2009年版，第685页。
③ 《马克思恩格斯选集》第1卷，人民出版社1995年版，第485页。

其中包括以大机器生产和广泛应用为特点的工业化、城市化、交通运输现代化、农业现代化、世界市场化等。当然，随着后来时代的发展，现代化的内涵也在不断变化。十月革命后，适应电气革命的潮流，列宁在工业化思想基础上进一步提出了电气化的概念和思想。随着20世纪40年代以来电子计算机的问世和广泛应用，现代化潮流中又增加了信息化。尽管现代化的内涵以及人们对其理解在变化，但上述基本内容没有大的变化。几乎每一个发达国家都是这样走过来的，而且很多发展中国家还要这样继续走下去。这是由人类经济社会发展特别是由生产力发展的性质和规律所决定的，即人类的经济社会形态总要不断地从低级向高级发展，表现为从自然经济向工业经济和信息经济发展演变的趋势。这便是人类经济社会现代化的共性，是不以任何人的主观意志为转移的客观规律。

尽管各国所追求的现代化有上述共性，但由于历史条件不同，各国所走的现代化道路不尽相同。这也就是说，对于怎样搞现代化这个问题，各国有不同的答案和道路选择。这里的“道路”主要是指社会制度。总体看来，世界上主要形成了两种类型的制度体系，一种是人类近代以来自发形成的资本主义制度体系；另一种是十月革命之后在马克思主义指导下人类自觉建立的社会主义制度体系。与此相应，就形成了两种不同的现代化道路，即资本主义现代化道路和社会主义现代化道路。

毋庸讳言，人类经济社会的现代化最早是由资本主义推动的，而且，资本主义在其中曾经发挥过非常革命的作用。对此，马克思恩格斯在《共产党宣言》中曾经给予高度评价。他们说：“资产阶级在它的不到一百年的阶级统治中所创造的生产力，比过去一切世代创造的全部生产力还要多，还要大。自然力的征服，机器的采用，化学在工业和农业中的应用，轮船的行驶，铁路的通行，电报的使用，整个大陆的开垦，河川的通航，仿佛用法术从地下呼唤出来的大量人口——过去哪一个世纪料想到在社会劳动里蕴藏有这样的生产力呢？”① 可见，资本主义对推动人类经济社会现代化，包括发展现代工业、现代农业、现代交通运输业、现代通讯技术、现代城市等，都发挥了重大作用。不仅如此，资本主义还以此为基础，摧毁了封建制度及其文化，创造了现代资本主义的政治制度和思想文化，由此，形成了“资本主义文明”。

然而，资本主义在推动人类经济社会现代化的过程中，暴露出很多矛盾和弊端。其根本矛盾是生产的社会化与生产资料的私人占有之间的矛盾。由此资本主义产生了诸多弊端，最突出的是两大弊端，即遵循资本逻辑和

① 《马克思恩格斯选集》第1卷，人民出版社1995年版，第277页。

遵循自发逻辑。所谓资本逻辑，是指资本的逐利本性和发展趋势，即哪里有剩余价值，资本就往那里投放，相应地，经济就往那里发展。所谓自发逻辑，是说资本的投放及其所推动的经济走向具有自发性，资本家想到哪里投资就到哪里投资，主要由市场机制调节。资本主义制度本质上是维护资本利益的，不允许政府干预经济。所以，资本主义国家的政府很难管理经济，尽管全球社会组织越来越多，但在经济全球化时代很难对其进行管控。

由于资本主义制度具有这样的自私自利性和自发性弊病，就使得人类现代化进程中出现了很多曲折，不仅造成了严重的经济危机，也造成了严重的贫富两极分化，乃至出现了残酷的西方国家对外扩张掠夺的殖民主义和帝国主义战争。所以，马克思对资本的劣根性曾经给予深刻批判，他说："资本来到世间，从头到脚，每个毛孔都滴着血和肮脏的东西。"① 不仅历史上如此，当今世界的很多矛盾和危机，从本质上说，仍然是资本主义内在固有矛盾所引发的。

所谓社会主义潮流，就是为解决资本主义现代化过程中存在的矛盾和弊端而出现的。历史地看，社会主义与资本主义是相生相伴的。如果从1516年空想社会主义者摩尔发表《乌托邦》算起，迄今已有500多年历史。但以科学社会主义为代表的社会主义潮流的兴起则是19世纪40年代马克思主义诞生之后才有的。马克思恩格斯决不反对人类经济社会的现代化，恰恰相反，他们反对资本主义制度对经济社会现代化的阻碍。他们推动社会主义革命的目的就是大力解放和发展社会生产力，消灭剥削制度，消除社会的两极分化，让作为社会主体的工人阶级和广大劳动人民成为社会发展的主人，从而共同占有社会财产，共同分享劳动成果。为此，他们主张无产阶级革命胜利后，要大力发展社会生产力，并建立与现代经济发展相适应的社会经济制度、政治制度以及思想文化体系，从根本上解决资本主义的固有矛盾，消除资本主义的弊病。当然，由于历史条件的局限，马克思恩格斯没有完成建立社会主义制度的任务。1917年列宁领导的十月革命的胜利，把科学社会主义从理论变为现实，开创了人类文明发展的新纪元。人类由此可以通过一种崭新的社会制度，按照社会主义原则来自觉地推动现代化。

社会主义现代化道路，最早体现为列宁的新经济政策模式，后来又发展为斯大林模式或曰苏联模式。列宁提出的新经济政策模式，既符合马克思恩格斯所阐述的经济社会现代化的共性和一般规律，又充分考虑了落后

① 《马克思恩格斯文集》第5卷，人民出版社2009年版，第871页。

国家实现现代化的特点。列宁认为，在俄国这样的落后国家搞现代化建设，必须学习资本主义制度下人类创造的一切文明成果，包括其先进的科学技术、管理方式、市场交换体系等；还要允许多种经济发展，允许外国资本家来俄国投资，等等。实践证明，列宁的新经济政策是正确的。但遗憾的是，列宁去世后不久，新经济政策的实践便停止了，代之而起的是斯大林模式。

斯大林模式本质上是一种社会主义计划经济模式，即取消市场、完全靠政府计划来推动经济社会现代化。客观来说，计划经济模式也有一定合理性，其最大优势就是可以集中力量办大事。由此克服了资本主义现代化的根本矛盾以及由此出现的资本逐利性、自发性弊病，创造了一种崭新的即以公有制为基础的、依靠人民的逻辑和自觉的逻辑、由人民政府来推动的现代化。由此，人类第一次实现了对经济社会现代化走向的自觉驾驭，这就为人类自觉驾驭社会历史发展的规律和进程开辟了道路。从效果看，斯大林模式的现代化也的确取得了巨大成就。从1928年开始，在20多年时间里，苏联就实现了工业化，打败了法西斯并带动形成了规模庞大的世界社会主义阵营，开创了社会主义现代化建设的新时代。但是，苏联模式也有很多弊病，主要是走到了资本主义现代化道路的另一个极端，即不允许私有经济存在，取消市场等。这就出现了两大新的弊端：一是违背了市场经济发展的基本规律，也就是违背了以价值规律为基础的经济社会现代化规律；二是违背了社会主义追求人的自由全面发展的规律。仅仅靠政府计划来推动经济，不允许市场存在，不允许公有经济之外的其他经济存在，这在短期内可以推动经济社会发展，但从长时间看是不可持续的。因为这种计划经济带有很大的主观随意性，且经济要素不能自由流动，斯大林甚至要求“必须消灭劳动力流动性”①，人民群众的自主性和积极性受到严重限制。例如，农民只能在某个农村劳动，工人只能在某个工厂做工，不允许自由流动。这既违背了现代经济发展的基本规律，也不符合马克思主义关于人的自由全面发展的价值目标。所以，苏联现代化模式的失败有其深刻的经济和社会根源，对此应当进一步研究，汲取其沉痛教训。

我国在社会主义现代化建设初期主要是学习苏联模式。20世纪50—60年代，我们提出要搞“四个现代化”即工业、农业、国防和科学技术现代化，采用的主要是苏联推进现代化的办法。尽管我们有自己的一些创造，但对苏联模式没有大的突破。我们的计划经济模式在短时期内也发挥了重

---

① 斯大林：《新的环境和新的经济建设任务》，见列宁斯大林：《论社会主义经济建设(下)》，解放社1950年版，第507页。

大作用，取得了巨大成就。例如我们在短期内研制成功“两弹一星”，完成了多项大型建设工程，形成了比较完整的工业体系和国民经济体系。对这一时期的现代化建设成就和经验方法要充分肯定。但也必须认识到，我国在这一时期的现代化建设中也出现了类似于苏联模式的问题，加之“左”的路线的长期干扰，我国现代化走了不少弯路。最典型的现象是，由于限制生产要素特别是人员的自由流动，我国的城市化进展缓慢，甚至没有把城市化纳入现代化的范畴，因此，农业农村人口长期占总人口的绝大多数。而没有城市化，人口不能集中，社会资源（如水、电、气等）就不能集约利用，整个社会的经济结构和产业结构就不可能升级，第二、三产业长期得不到发展，人民的生产和生活的现代化就不可能加快发展。

改革开放新时期，我国的现代化建设事业进入崭新的高速稳定发展的阶段。我们对现代化的认识越来越全面而深入。邓小平在20世纪80年代反复强调，中国特色社会主义现代化建设事业是我们党的中心工作。这里讲的“现代化”主要就是我们党早已确定的“四个现代化”建设目标，即工业、农业、国防和科学技术的现代化。同时，邓小平从中国实际出发，进一步发展了前人思想，提出“中国式的现代化”新理念，其中，既包括原来的四个现代化目标，又包括现代化的中国特色和时代特色。在邓小平看来，中国式的现代化是有中国特色的社会主义现代化，是以社会主义市场经济体系为基础的现代化，是具有“小康”社会性质的现代化，是物质文明和精神文明并重的现代化，是追求共同富裕的现代化，等等。江泽民提出的“三个代表”重要思想和胡锦涛提出的科学发展观，进一步从党的执政能力建设、经济社会的科学发展等方面丰富和发展了我们党的现代化思想。这些思想是中国特色社会主义理论体系的重要内容，也是我国新时期现代化建设的根本指导思想。

党的十八大以来，中国式现代化建设发展到了一个理论与实践更加成熟、全面、规范、定型的新时代。党的十八大结合世界现代化发展潮流，明确提出了“新四化”，即新型工业化、信息化、城镇化、农业现代化。此后，习近平总书记紧紧结合国内外形势的发展，在前人有关思想基础上，围绕中国式现代化进行了多方面思考和阐述。特别是在党的二十大报告中，习近平总书记对中国式现代化作了系统阐述，使我们进一步明确了中国式现代化的根本性质、基本特点、丰富内涵，以及推进中国式现代化的本质要求、主要任务、重大原则和战略部署等。在2023年2月7日举办的学习贯彻党的二十大精神研讨班开班式上，习近平总书记发表重要讲话，进一步明确提出我们已经“初步构建中国式现代化的理论体系”，并从多个方面，全面系统地阐述了中国式现代化的本质特点、丰富内涵、实践要求、战略部署等，这就为我们全面准确地理解和推进中国式现代化提供了根本遵循。

可见，中国式现代化理论体系的形成是人类社会现代化发展的必然，是科学社会主义发展的最新重大理论成果，是中国共产党领导中国人民长期实践探索所取得的重大成果。从世界潮流的高度，认清这一理论体系形成的历史必然性，是深入认识和研究中国式现代化理论体系的前提。认清这一问题，不仅关乎对中国式现代化的认识，也关乎我国哲学社会科学话语体系、学科体系和教材体系的建设。比如，我们的哲学、经济学、政治学、社会学等学科都涉及现代化的理论问题，只有把中国式现代化理论形成的必然性讲清楚，才能使中国式现代化理论乃至一般的现代化理论在学理上立起来，在世界学术界具有一定的话语权。

二、中国式现代化的根本性质、基本特点和显著优势

深入认识中国式现代化理论体系，需要在把握其形成的历史必然性基础上，进一步从理论和实践结合的高度、国内和国际结合的广度、比较研究和学理分析结合的深度，深化对中国式现代化根本性质、基本特点、丰富内涵以及突出优势等的认识。

（一）关于中国式现代化的根本性质

对此，党的二十大报告讲得很清楚，即“中国式现代化，是中国共产党领导的社会主义现代化，既具有各国现代化的共同特征，更有基于自己国情的中国特色”①。这实际上是对中国式现代化的定义，揭示了中国式现代化的根本性质，从总体上回答了中国式现代化“是什么”的问题。这里有四个关键词，即中国共产党领导、社会主义、中国特色、现代化，也就是四个方面的规定。这四者缺一不可，共同决定着中国式现代化的内涵和外延。

首先，中国式现代化是中国共产党领导的现代化。中国共产党的领导决定中国式现代化的根本性质，直接关系中国式现代化的根本方向、前途命运、最终成败。这是中国式现代化区别于西方式现代化的根本标志。中国共产党是以马克思主义为指导的工人阶级政党，坚持党的领导，就能够始终坚持马克思主义所指明的正确方向，使中国式现代化站在科学和道义

① 习近平：《高举中国特色社会主义伟大旗帜 为全面建设社会主义现代化国家而团结奋斗——在中国共产党第二十次全国代表大会上的报告》，《人民日报》2022 年 10 月 26 日，第 1 版。

的制高点，既自觉遵循人类社会发展的客观规律和发展趋势，又坚持人民至上的价值理念，坚持以人民为中心的发展思想，充分激发全体人民的主人翁精神，凝聚起建设现代化的磅礴力量。始终坚持党的领导，中国式现代化就会前景光明、繁荣昌盛；否则，就会偏离方向，丧失灵魂，甚至犯颠覆性错误。苏联等社会主义国家的现代化之所以夭折，原因固然很多，但放弃党的领导是根本原因。我们必须牢牢记取这一沉痛教训。

其次，中国式现代化是社会主义现代化。这是中国式现代化区别于资本主义现代化的本质特点，是由中国共产党的性质和宗旨决定的。中国共产党始终以科学社会主义为指导，自诞生之日起，就明确了中国革命的目标是建设崭新的社会主义制度，从根本上铲除资本主义的固有矛盾和弊病。我们党领导的民主革命的胜利，为实现社会主义现代化创造了根本社会条件；新中国成立后，社会主义制度的确立，为社会主义现代化建设奠定了根本的政治前提；改革开放新时期，我们实行社会主义市场经济体制，极大促进了经济社会发展，为我国的社会主义现代化提供了充满新的活力的体制保证。党的十八大以来，我们党在已有基础上继续前进，不断实现理论和实践上的创新突破，成功推进和拓展了中国式现代化。我们在认识上不断深化，创立了习近平新时代中国特色社会主义思想，实现了马克思主义中国化时代化新的飞跃，为中国式现代化提供了根本遵循。

再次，中国式现代化是具有中国特色的社会主义现代化。这是中国式现代化区别于其他社会主义国家特别是原有的以苏联为代表的社会主义国家现代化的显著特点。原有的苏联、东欧等社会主义国家，虽然也曾搞现代化建设，但实行的主要是计划经济模式；尽管也有一些改革，如南斯拉夫曾经实行自治社会主义体制，但没有从根本上突破旧的体制，这是影响其经济社会现代化持续发展的重要原因。我国在充分吸取世界社会主义经验教训的基础上，自1978年党的十一届三中全会以来，对原有计划经济体系进行了彻底改革，建立了崭新的社会主义市场经济体制，使得市场这只“看不见的手”和政府这只“看得见的手”同时发挥作用，由此形成了推动经济社会现代化的强大合力。实践证明，中国式现代化道路超越了资本主义现代化道路，又扬弃了计划经济的社会主义现代化模式，是一种崭新的社会主义现代化建设道路，具有强大的生命力。

最后，中国式现代化与世界发达国家的现代化相比，既有共性，也有个性。这是由中国国情和中国人民改革创新实践所决定的。如上所述，世界各国经济社会的现代化有共性，即都要追求新型工业化、城镇化、信息化、农业现代化等。中国式现代化没有也不能离开人类现代文明发展大道而孤立进行。党的十八大所确立的“新四化”就是建立在对当代世界各国现代化的深刻认识基础上的。但中国式现代化又有自己的特殊性，即我们实现现代化的基础、途径、目标等与发达国家不同。我们的基本国情是人口多、底子薄，又是具有社会主义性质的后发国家，还是有5000年历史文化传统的文明古国。所以，在推进现代化过程中，必须采取跨越式发展模式。比如，西方发达国家的现代化是次第进行的，即习近平总书记所说的“串联式”发展，用了几百年时间；我们要用几十年时间完成现代化，就只能用“并联式”发展的办法，即把工业化和信息化等并联起来，同时推进。还必须充分考虑我国的社会性质和文化传统，注重在推进经济现代化的同时，实现社会成员的共同富裕，保持国内稳定，维护世界和平，以避免西方现代化过程中曾经出现过的严重两极分化、对外殖民乃至发动侵略战争等情况。

（二）关于中国式现代化的基本特点和科学内涵

党的二十大报告对中国式现代化的鲜明特色作了五个方面的概括，即“中国式现代化是人口规模巨大的现代化，是全体人民共同富裕的现代化，是物质文明和精神文明相协调的现代化，是人与自然和谐共生的现代化，是走和平发展道路的现代化”①。这是对中国式现代化根本性质的进一步展开说明。

第一，中国式现代化是人口规模巨大的现代化。改革开放之初，邓小平就指出，我国的基本国情是“人口多，底子薄”，所以，搞“中国式的现代化，必须从中国的特点出发”②。今天，我国人口多的特点仍然十分突出，尽管底子薄的问题有所解决，但要彻底赶上发达国家，还有很长的路要走。当今世界总人口达到80亿，发达国家总共不超过30个，其人口总数不超过10亿。所以，习近平总书记指出：“我国十四亿多人口整体迈进现代化社会，规模超过现有发达国家人口的总和，艰巨性和复杂性前所未有，发展途径和推进方式也必然具有自己的特点。”③ “底子薄”的国情，决定了中国式现代化必然是后发式的、因而也是跨越式的现代化。“人口多”的国情，决定了中国式现代化必然是可以充分利用人口红利的、同时又需要努力解决人口压力问题（包括劳动力就业、住房、教育、医疗以及人口老龄

---

① 习近平：《高举中国特色社会主义伟大旗帜 为全面建设社会主义现代化国家而团结奋斗——在中国共产党第二十次全国代表大会上的报告》，《人民日报》2022年10月26日，第1版。

② 《邓小平文选》第二卷，人民出版社1994年版，第164页。

③ 习近平：《高举中国特色社会主义伟大旗帜 为全面建设社会主义现代化国家而团结奋斗——在中国共产党第二十次全国代表大会上的报告》，《人民日报》2022年10月26日，第1版。

化等问题）的现代化。这些问题特别是经济发展和民生问题的解决需要统筹兼顾，其中任何一个环节解决不好，都会出现短板效应，影响整个现代化事业的发展。改革开放以来特别是新时代以来，我们通过“五位一体”总体布局和“四个全面”战略布局的贯彻落实，很好地解决了这些问题，创造了经济高速发展和社会稳定发展的奇迹，充分彰显了中国式现代化的优势。

第二，中国式现代化是全体人民共同富裕的现代化。改革开放之初，邓小平就多次强调，中国式现代化是追求共同富裕的现代化，“社会主义的本质，是解放生产力，发展生产力，消灭剥削，消除两极分化，最终达到共同富裕”。① 通过长期奋斗，今天，我国的生产力和综合国力水平大大提高，人民的生活水平实现了全面小康目标，但要实现共同富裕的目标，还需要付出极大努力。习近平总书记指出：“共同富裕是中国特色社会主义的本质要求，也是一个长期的历史过程。我们坚持把实现人民对美好生活的向往作为现代化建设的出发点和落脚点，着力维护和促进社会公平正义，着力促进全体人民共同富裕，坚决防止两极分化。”② 放眼世界，美国等西方主要发达国家都没有解决两极分化问题，我们要在这样一个世界人口大国、短时间内实现共同富裕，任务何等艰巨！为此，我们必须探索自己的现代化道路，而绝不能走西方现代化的老路。通过不懈探索，我们已经找到了解决社会不平衡不充分问题的新路，这就是举全社会之力推动脱贫攻坚，进而推动乡村振兴等，逐步实现全体人民共同分享改革发展成果的目标。这是中国式现代化的又一显著特点和优势。

第三，中国式现代化是物质文明和精神文明相协调的现代化。我们党历来注重物质文明和精神文明协调发展。早在社会主义建设初期，毛泽东就提出，要“将我国建设成为一个具有现代工业、现代农业和现代科学文化的社会主义国家”③。改革开放后，邓小平进一步明确提出“两个文明”概念，指出：“我们要在建设高度物质文明的同时，提高全民族的科学文化水平，发展高尚的丰富多彩的文化生活，建设高度的社会主义精神文明。”④ “两个文明建设都要超过他们，这才是有中国特色的社会主义。”⑤

---

① 《邓小平文选》第三卷，人民出版社 1993 年版，第 373 页。

② 习近平：《高举中国特色社会主义伟大旗帜 为全面建设社会主义现代化国家而团结奋斗——在中国共产党第二十次全国代表大会上的报告》，《人民日报》2022 年 10 月 26 日，第 1 版。

③ 《毛泽东文集》第七卷，人民出版社 1999 年版，第 207 页。

④ 《邓小平文选》第二卷，人民出版社 1994 年版，第 208 页。

⑤ 《邓小平文选》第三卷，人民出版社 1994 年版，第 378 页。

这里的“超过他们”就是指超过资本主义国家。西方发达国家尽管物质文明比较发达，但精神文明严重缺失，不仅“黄”“赌”“毒”等长期泛滥，而且个人主义、精神颓废等成为痼疾。习近平总书记指出：“物质富足、精神富有是社会主义现代化的根本要求。”① 中国式现代化说到底是人的全面发展的现代化，包括人民的物质生活与文化生活的现代化。通过几代人的努力，我们不仅从根本上解决了中国人民的物质贫困问题，厚植了现代化的物质基础，而且大力发展社会主义先进文化，加强理想信念教育，传承中华文明，取得了物的全面丰富和人的全面发展双丰收。可以说，自近代以来，中华民族从来没有像今天这样国泰民安，人民精神从来没有像今天这样昂扬向上、充满自信。这充分展示了中国式现代化的魅力。

第四，中国式现代化是人与自然和谐共生的现代化。这是中国共产党人对人类经济社会现代化规律积极探索所形成的理论和实践成果，是对西方现代化道路超越的又一突出特点。西方发达国家的现代化，由于其遵循资本的逻辑、自发的逻辑，所以在生态建设方面走了很多弯路，最主要的教训是先污染，后治理，是消极被动的。我们则是积极主动的。一方面，我们有马克思主义生态思想作指导；另一方面，我们积极总结世界各国现代化的经验教训，注重在发展经济的同时主动保护生态环境。尽管我们在发展中也存在一些生态破坏问题，但能够及时总结教训，提出改进措施。特别是新时代以来，习近平总书记提出了一系列生态文明建设的新理念新战略，创立了习近平生态文明思想。在这一思想的指导下，坚持绿水青山就是金山银山的生态文明理念深入人心，绿色发展成为“五大发展理念”（即创新、协调、绿色、开放、共享）的重要内容，美丽中国建设取得了实实在在的成就，受到国内外的广泛赞誉。

第五，中国式现代化是走和平发展道路的现代化。这是中国式现代化优越于西方现代化道路的一个突出特点。历史地看，西方主要发达国家在推进现代化过程中，都不同程度地奉行丛林法则，发动或参与过殖民主义、帝国主义战争。中国式现代化则从根本上破除了“国强必霸”的霸道逻辑，创造了“国强不霸”的人类新文明逻辑。我们完全是通过和平共处方式同世界各国进行交往，在发展自身的同时，给世界各国人民带来实实在在的福祉。近十多年来，习近平总书记创造性地提出了一系列大国外交思想，特别是提出了构建人类命运共同体理念，大力推动“一带一路”建设，积

---

① 习近平：《高举中国特色社会主义伟大旗帜 为全面建设社会主义现代化国家而团结奋斗——在中国共产党第二十次全国代表大会上的报告》，《人民日报》2022 年 10 月 26 日，第 1 版。

极参与构建新型国际关系和全球治理，为世界和平发展提供了中国智慧、中国方案，广受世界人民好评。

上述这五个方面既是中国式现代化的基本特点，也是中国式现代化的科学内涵。这五个方面与中国式现代化的根本性质一起，很好回答了中国式现代化“是什么”的问题。这既是理论概括，也是实践要求，为全面建成社会主义现代化强国、实现中华民族伟大复兴指明了一条康庄大道。

（三）关于中国式现代化的突出优势

“优势”是一个比较性的概念。我们说中国式现代化有自己的优势，主要是指它与西方发达国家的现代化道路相比具有优势，有时也指它与苏联模式的现代化相比具有优势。从上述中国式现代化的根本性质、基本特点和丰富内涵的分析中，已经可以看出中国式现代化有很多自己的优势。但对此还需要作进一步研究，这里主要从以下两个方面，即直接的功能优势和深层的制度优势方面，作一些分析。

一是中国式现代化有突出的功能优势。这就是习近平总书记指出的，我们用几十年时间走完西方发达国家几百年走过的工业化历程，创造了经济快速发展和社会长期稳定的奇迹。[①] 工业化本质上是自然经济向工业经济的转型，是现代化的核心，在此基础上才有城市化、农业现代化、信息化等。西方工业化历程，如果从 18 世纪 70 年代算起，迄今已有 200 多年历史。我国工业化的历史则很短，新中国成立后，我们才开始搞工业。真正大规模地发展工业，是从改革开放开始的，到今天才 40 多年。但我们的发展速度是惊人的。今天，我国的工业已经成为国民经济中的支柱产业，而且，在当今世界上，我国已经成为名副其实的“世界工厂”。与此相应，我国的城市化率 2022 年已经达到 65.2%；农业产业化水平越来越高；信息化水平达到世界前列。40 多年来，我国经济增长连续保持在高速水平，年均增长 8% 左右，近年来对世界经济增长的贡献率超过 30%，而且社会长期保持稳定状态，人民对政府的满意度很高。中国式现代化所取得的巨大成就，在世界现代化历史上是空前的。

二是中国式现代化有科学的制度优势。中国式现代化为什么能够具有上述巨大的功能优势？习近平总书记给出了科学答案，即我们为中国式现代化提供了更为完善的制度保证[②]。经过长期探索，我们逐步建立起一套科学的行之有效的社会治理体系。特别是进入新时代以来，我们坚持不懈地

---

① 参见《人民日报》2023 年 2 月 8 日。

② 参见《人民日报》2023 年 2 月 8 日。

加强制度建设，形成了日益完善成熟、规范定型的制度体系，为国家治理体系和治理能力现代化提供了坚强的制度保障。

我们的治理体系包括国家的根本制度、基本制度、行政制度。实践证明，这套制度体系是有优势的。首先，我们的根本制度具有优势。我国的根本制度是社会主义制度，包括中国共产党的领导制度、人民代表大会制度以及相应的法律体系，充分体现了党的领导、人民当家作主和依法治国的有机统一。有了这样的制度，我们的现代化就彻底超越了西方现代化的资本逻辑、自发逻辑，使中国式现代化遵循人民的逻辑、自觉的逻辑，也就是使现代化成为以人民为中心的现代化，并能够在人民政府的自觉驾驭下逐步推进的现代化。其次，我们的基本制度有优势。我们现行的基本制度包括基本的经济制度、政治制度、社会发展制度、思想文化制度等，都在不同方面展现出自己的优越性。例如，我们的基本经济制度把公有制为主体和多种经济并存结合起来，既保证了公有经济的稳定发展，又充分发挥了其他经济发展的积极性；同时，把社会主义基本制度与市场经济体制结合起来，既保证了政府能够宏观调控经济，又充分发挥了市场调节的作用。实践证明，只靠市场或只靠政府来推动经济是不行的，只有把两者结合起来，才能保证经济的稳定快速发展。实际上，不仅经济制度如此，我们的政党制度、文化制度等，也都有“一元主导、多样并存”的特点。这是我们的基本制度既具有稳定性，又具有灵活性的重要原因。最后，我们的行政制度有优势。这些行政制度就是通常讲的机制体制，包括改革制度、人事制度、军队制度、一国两制，以及大国外交中有关制度性安排等。它们都在更具体的社会治理层面发挥着作用。例如，我们的干部选拔制度，既有民主选拔程序，又有考试程序，这样就保证了我们选拔的干部既有良好的群众基础，又有真才实学。

关于中国式现代化的突出优势，还可以从多个方面进行分析。只有弄清中国式现代化的比较优势，才能更深刻地理解中国式现代化理论的本质和内涵，并增强推动中国式现代化的自觉性和坚定性。

三、推进中国式现代化的本质要求、重大原则和战略部署

深入认识中国式现代化理论体系，不仅要深刻认识中国式现代化的本质和内涵，还要深刻认识推进中国式现代化的本质要求、主要任务、重大原则和战略部署。也就是说，在回答了中国式现代化“是什么”的基础上，还要进一步回答中国式现代化建设“应如何”的问题。这二者的关系是“体”与“用”的关系。前者侧重于理论阐述，后者侧重于实践部署，二

者共同构成中国式现代化理论的大体系、大逻辑。

（一）关于推进中国式现代化的本质要求和主要任务

从中国式现代化的本质、特点和丰富内涵可以看出，推进中国式现代化是一项极其复杂的系统工程。为顺利推进这一系统工程，党的二十大报告提出了九个方面的本质要求：一是坚持中国共产党领导，二是坚持中国特色社会主义，三是实现高质量发展，四是发展全过程人民民主，五是丰富人民精神世界，六是实现全体人民共同富裕，七是促进人与自然和谐共生，八是推动构建人类命运共同体，九是创造人类文明新形态。

这九条要求有着内在的逻辑联系。它们都是对中国式现代化本质和内涵的展开，旨在回答推进中国式现代化要“干什么”“如何干”的问题，也就是进一步阐明了在实践领域推进中国式现代化的主要任务，但这些要求彼此之间又各有侧重。

前两条是总体要求，充分体现了中国式现代化的本质属性，强调推进中国式现代化必须坚持党的领导和中国特色社会主义道路。这就告诉我们，不管做什么领域的工作，都必须在党的统一领导下进行，而不能各行其是；都必须始终沿着中国特色社会主义道路前进，而绝不走邪路、老路。只有这样，才能保证中国式现代化在推进中性质不变，方向不偏，目标行稳致远。

第三至七条是各个工作领域的要求，进一步明确了中国式现代化的主要任务，强调推进中国式现代化，必须大力加强“五大文明”建设。一是要实现高质量发展，这是全面建设社会主义现代化国家的首要任务。其核心是要大力发展高新科技产业，深入实施教育强国、科技强国、人才强国战略，推动我国经济结构和产业结构优化升级，以此带动整个经济体系的更新换代，推进“新四化”不断深入发展。这是物质文明建设的主要任务。二是发展全过程人民民主，核心是保障人民当家作主，扩大人民政治参与，保证人民依法有序参与民主选举、民主协商、民主决策、民主管理、民主监督等各个环节，全面推进依法治国。这是政治文明建设的主要任务。三是丰富人民精神世界，核心是以社会主义核心价值观为引领，发展社会主义先进文化，弘扬革命文化，传承中华优秀传统文化，不断满足人民日益增长的精神文化需求。这是精神文明建设的主要任务。四是实现全体人民共同富裕，核心是在发展中保障和改善民生，促进社会公平，坚持共享发展，在保证发展效率的同时，科学调整收入分配格局，建立完善科学的收入分配制度，特别要巩固脱贫攻坚成果，全面推进乡村振兴，使人民群众都能够在改革发展中受益。这是实现社会长期稳定发展的基础，也是社会文明建设的主要任务。五是促进人与自然和谐共生，核心是牢固树立和践行绿水青山就是金山银山的理念，站在人与自然和谐共生的高度谋划发展，大力推动绿色发展，形成绿色生产方式和生活方式，建立健全生态体系保护制度。这是生态文明建设的主要任务。

第八至九条强调推进中国式现代化，必须推动构建人类命运共同体，创造人类文明新形态。其核心是维护世界和平、促进共同发展，开创人类更加美好的未来。这表明中国式现代化不仅要造福中国人民，还要造福世界人民，以中国的新发展为世界提供新机遇，推动建设开放性世界经济，推动全球治理朝着更加公正合理的方向发展。这是中国实施大国外交的政策宗旨，也是继续坚持对外开放的基本国策和主要任务。

可见，推进中国式现代化的本质要求全面系统、目标任务十分明确，涵盖了中国式现代化建设的各个领域。只要我们按照这九条要求去做，推进中国式现代化的各项任务就一定能够顺利完成。

（二）关于推进中国式现代化的重大原则

要完成全面建设社会主义现代化国家的任务，需要有科学的方法原则。对此，党的二十大提出了五个方面的重大原则：即坚持和加强党的全面领导，坚持中国特色社会主义道路，坚持以人民为中心的发展思想，坚持深化改革开放，坚持发扬斗争精神。

这五项重大原则与上述九点本质要求的关系也是辩证的。上述九点本质要求阐明了推进中国式现代化的主要任务和实践要求，其中有总体要求，也有各个工作领域的具体要求。而这里讲的五项重大原则是管全面的，具有方法论的意义，强调的是在推进中国式现代化过程中，不论何时何地、从事何种工作，都必须认真遵循这些原则。

这五项重大原则之间的关系也是辩证的，共同构成指导我们推进中国式现代化的科学方法论。一是坚持和加强党的全面领导，讲的是推进中国式现代化的领导力量问题，强调要坚决维护党中央权威和集中统一领导，把党的领导落实到党和国家事业各领域各方面各环节，使党始终成为风雨来袭时全体人民最可靠的主心骨，确保我国社会主义现代化建设正确方向，确保拥有团结奋斗的强大政治凝聚力、发展自信心，集聚起万众一心、共克时艰的磅礴力量。二是坚持中国特色社会主义道路，讲的是推进中国式现代化的旗帜方向问题，强调要坚持以经济建设为中心，坚持四项基本原则，坚持改革开放，坚持独立自主、自力更生，坚持道不变、志不改，既不走封闭僵化的老路，也不走改旗易帜的邪路，坚持把国家和民族发展放在自己力量的基点上，坚持把中国发展进步的命运牢牢掌握在自己手中。三是坚持以人民为中心的发展思想，讲的是推进中国式现代化的宗旨和主体力量问题，强调要维护人民根本利益，增进民生福祉，不断实现发展为了人民、发展依靠人民、发展成果由人民共享，让现代化建设成果更多更公平惠及全体人民。四是坚持深化改革开放，讲的是推进中国式现代化的动力机制问题，强调要深入推进改革创新，坚定不移扩大开放，着力破解深层次体制机制障碍，不断彰显中国特色社会主义制度优势，不断增强社会主义现代化建设的动力和活力，把我国制度优势更好转化为国家治理效能。五是坚持发扬斗争精神，讲的是推进中国式现代化的行动意志和精神状态问题，强调要增强全党全国各族人民的志气、骨气、底气，不信邪、不怕鬼、不怕压，知难而进、迎难而上，统筹发展和安全，全力战胜前进道路上各种困难和挑战，依靠顽强斗争打开事业发展新天地。

这五项重大原则明确回答了推进中国式现代化，有什么样的领导核心，举什么旗、走什么路，制定什么样的发展目标，依靠什么样的主体力量和动力机制，需要什么样的精神状态等重大原则问题，为全面推进社会主义现代化强国建设提供了科学的方法论。

（三）关于推进中国式现代化的战略部署

第一，关于推进中国式现代化的战略目标。党的十九大及其历次全会对此都做了不同程度的规划。党的二十大对中国式现代化的宏伟蓝图及其实现步骤作了更加全面的描绘，即全面建成社会主义现代化强国，总的战略安排是分两步走：从二〇二〇年到二〇三五年基本实现社会主义现代化；从二〇三五年到本世纪中叶把我国建成富强民主文明和谐美丽的社会主义现代化强国。

党的二十大进一步明确了二〇三五年我国发展的总体目标，从八个方面对我国现代化的推进目标作了明晰规定，对任务要求作了具体划分。特别是明确提出，到二〇三五年，我国人均国内生产总值要达到中等发达国家水平；进入创新型国家前列；基本实现新型工业化、信息化、城镇化、农业现代化；基本实现国家治理体系和治理能力现代化；国家文化软实力显著增强；人民生活更加幸福美好；美丽中国目标基本实现；基本实现国防和军队现代化。

党的二十大对未来五年我国现代化建设的目标任务做出明确部署，强调这五年是全面建设社会主义现代化国家的开局起步的关键时期。做好这五年的工作，具有十分重要的战略意义。

第二，推进中国式现代化必须正确处理六大关系。习近平总书记在学习贯彻党的二十大精神研讨班开班式上的讲话特别强调，推进中国式现代化是一项系统工程，需要统筹兼顾、系统谋划、整体推进。为此，必须正确处理好若干重大关系，特别是要处理好六个方面的关系。一是顶层设计与实践探索的关系。既要发挥各级党和政府的战略谋划、总体领导作用，又要充分发挥基层干部群众开拓创新、实践探索的积极性。二是战略与策略的关系。要把战略的坚定性和策略的灵活性统一起来，既要确保战略规划的稳定实施，又要在具体工作中灵活机动、取得实效。三是守正与创新的关系。既要守好中国式现代化的正确方向，又要把创新摆在现代化建设全局的突出位置，不断推进科技创新、理论创新、实践创新等，激发人民群众建设现代化的积极性和创造性。四是效率与公平的关系。既要保证经济社会发展的效率，又要维护社会公平，为中国式现代化长期稳定推进奠定坚实基础。五是活力与秩序的关系。既要不断激发经济社会发展的活力，又要坚定维护社会秩序和国家安全，为现代化建设营造良好的社会环境。六是自立自强和对外开放的关系。既要坚持把国家和民族发展放在自己力量的基点上，把国家发展进步的命运牢牢掌握在自己手中，又要不断扩大高水平对外开放，为中国式现代化顺利推进营造良好的国际环境。

可见，中国式现代化理论体系作为中国式现代化建设实践的思想精华，很好回答了“什么是中国式现代化”“怎样推进中国式现代化”的问题。尽管其内容极其丰富，但本质特点十分鲜明，任务目标和实践路径十分清晰。把握住这两个方面问题的答案，也就基本上明确了中国式现代化理论体系的主要内容和内在逻辑。

四、中国式现代化所具有的深远历史意义

要深化对中国式现代化理论体系的认识，不仅要研究这一理论体系本身，还需要从更高更广更深的视野，分析中国式现代化的深远历史意义。

从理论上看，一方面，中国式现代化理论的形成极大地丰富和发展了马克思主义现代化思想。马克思恩格斯在研究和批判资本主义现代化的基础上提出了未来新社会现代化建设的设想，但由于当时没有建立起社会主义制度，这些设想未能付诸实施；列宁虽然把社会主义从理论变为现实，开始对社会主义现代化进行初步探索，但由于这种探索时间较短，加之后人缺乏经验，社会主义建设中出现了严重失误，创造社会主义现代化道路的问题一直没有很好解决。我国改革开放以来特别是进入新时代以来，以习近平同志为主要代表的中国共产党人继承前人而又发展前人，探索出中国式现代化道路，并初步构建起中国式现代化理论体系，从根本上解决了“什么是中国式现代化，如何推进中国式现代化”的一系列重大理论和实践问题，展现出中国化马克思主义、21 世纪马克思主义的强大生命力。这一理论的提出和进一步发展，必将使马克思主义、科学社会主义理论获得空前的话语权。这是中国共产党人在人类现代化乃至人类文明问题上对马克

思主义作出的重大理论创新。

另一方面，中国式现代化理论的形成也是对世界现代化理论的重大创新。世界现代化理论多种多样，但占主流地位的是西方资本主义国家学者的现代化理论，这种理论普遍认为现代化本质上就是西方化，也就是18世纪工业革命以来西方发达国家走过的“从传统社会向现代社会的转型过程；它既发生在先行国家，也存在于后进国家追赶世界先进水平的过程中”①。当然，这种理论并没有统一的文本，而是体现于各个学派、各种学科的文献中。例如，这种理论在经济学中的表现就是自由主义的市场经济理论，以为任何国家要实现经济现代化都必须走由市场调节的自由主义道路。但事实上，这种现代化理论具有严重缺陷，它不过是对西方发达资本主义国家现代化的理论抽象；而且是片面的抽象，因为它并没有把西方资本主义原始积累中的侵略掠夺等非经济因素考虑进去。由此，它也不可能消除资本主义所固有的弊病，如以资本为中心、两极分化、物质主义膨胀、对外扩张等。正如有的学者所正确指出的，“西方现代化理论殖民下鲜有其他现代化成功者”②。中国式现代化的成功，恰恰在于创造了一条不同于西方现代化的新道路。正如习近平总书记指出的，中国式现代化，打破了‘现代化=西方化’的迷思，展现了现代化的另一幅图景，拓展了发展中国家走向现代化的路径选择，为人类对更好社会制度的探索提供了中国方案。③ 例如，在经济发展方面，中国式现代化成功把市场经济体制与社会主义基本经济制度结合起来，让“市场”和“政府”共同发挥作用，创造了中国经济长期高速而又稳定发展的奇迹。中国式现代化理论就是对中国式现代化实践的理论概括。当然，中国式现代化还有更为丰富的内容，蕴含着独特的世界观、价值观、历史观、文明观、民主观、生态观等，可以从各个方面、各个学科的角度去研究和概括。完全可以说，中国式现代化理论及其伟大实践，是对世界现代化理论和实践的重大创新。深入研究中国式现代化理论，不仅能够极大推进世界现代化理论的发展，而且能够推动世界哲学社会科学以及各人文学科的繁荣发展。

从实践上看，中国式现代化对于中国发展、世界发展和人类文明发展，都具有深远的历史意义。

一是中国式现代化极大地促进了中国社会发展进步。中国式现代化不

---

① 参见何传启：《现代化研究的十种理论》，《理论与现代化》2016年第1期，第23页。

② 林毅夫、付才辉：《中国式现代化：蓝图、内涵与首要任务——新结构经济学视角的阐释》，《经济评论》2022年第6期，第6页。

③ 参见《人民日报》2023年2月8日。

是从天上掉下来的，也不是别人恩赐的，而是中国共产党领导中国人民在长期探索和实践中历经千辛万苦、付出巨大代价取得的重大成果。实践证明，中国式现代化走得通、行得稳，是强国建设、民族复兴的唯一正确道路。正是在中国式现代化的探索和实践中，从新中国成立特别是改革开放以来，我们用几十年时间走完西方发达国家几百年走过的工业化历程，创造了经济快速发展和社会长期稳定的奇迹，为中华民族伟大复兴开辟了广阔前景。只要我们毫不动摇地沿着中国式现代化道路继续前进，就一定能够实现我们党制定的第二个百年奋斗目标，实现中华民族伟大复兴的梦想。

二是中国式现代化为世界发展中国家走向现代化提供了新的路径选择。中国是当今世界最大的发展中国家，中国人民与广大发展中国家人民都迫切希望自己的国家走向现代化。发展中国家都有一个共同点，就是由于各种历史原因，经济文化发展比较落后，与世界发达国家差距较大，在这样的条件下要实现现代化，就不能走西方现代化的老路，而必须走适合自己国情的道路。中国式现代化道路在这方面提供了经验。比如，发展中国家要实现现代化，只能走和平发展道路，而不能像西方大国那样通过对外掠夺来积累财富；也不能走西方自由主义经济发展的老路，而需要有一个强大的代表人民利益的政党和政府，只有这样，才能把有限的人力、物力、资金等生产要素组织起来，“集中力量办大事”，不断提高社会生产力和人民生活水平；同时，也要充分发挥市场调节作用，而不能像苏联的计划经济那样，把经济管得太死，影响人民群众的积极性。当然，还要有一套科学的政治、经济、文化等制度体系，不断实现国家治理体系现代化，以此促进经济社会的现代化。当然，对中国式现代化理论的运用也不能照搬，而要因各个发展中国家的不同情况而灵活借鉴。

三是中国式现代化为人类对更好社会制度的探索提供了中国方案。习近平总书记指出：中国式现代化“是一种全新的人类文明形态”。之所以这样说，是因为中国式现代化，深深植根于中华优秀传统文化，体现科学社会主义的先进本质，借鉴吸收一切人类优秀文明成果，代表人类文明进步的发展方向①。而其中最根本的是中国式现代化体现了科学社会主义先进本质，以中国特色社会主义制度为基础。因此，中国式现代化是中国特色社会主义现代化，它既不同于西方资本主义现代化道路，又有别于苏联社会主义现代化模式，而同时吸收了二者所包含的合理成分。比如在基本经济制度上，资本主义实行私有制和市场经济，经济有效而不稳定；苏联模式的社会主义实行公有制和计划经济，经济稳定而效率低。中国特色社会

① 参见《人民日报》2023 年 2 月 8 日。

主义则实行以公有制为主体的多种经济体制，而且实行社会主义市场经济，这样，就创造了一种既稳定又高效的社会经济制度。这种创造背后所蕴含的哲学方法，正是中华优秀传统文化的精华，即“中道”原则，也就是“无过无不及”“极高明而道中庸”的方法论。中国特色社会主义政治制度、文化制度等也都具有这种取其中道的特点。可见，中国式现代化贡献给人类的不仅是走向现代化的经验，更重要的是中国方案、中国智慧。

从这个意义上说，中国式现代化不仅对发展中国家（包括走社会主义道路的发展中国家）有借鉴意义，对发达国家也有一定的参考价值。实践表明，中国式现代化道路不仅是行得通的，还是优越于资本主义现代化道路的。西方发达国家应该接受中国现代化成功实践的现实，并深刻反省资本主义现代化模式的局限性，自觉破除“西方中心论”，避免西方现代化理论中独断主义的历史叙事，摒弃傲慢与偏见；同时应该与发展中国家一道高举和平、发展、合作、共赢的旗帜，努力构建人类命运共同体，共同促进世界和平发展与人类文明进步事业。

总之，中国式现代化理论体系的创立是当代中国马克思主义、21 世纪马克思主义发展的最新重大成果，是习近平新时代中国特色社会主义思想的重要组成部分，是中国共产党人用马克思主义文明观从世界潮流发展高度深邃观察世界现代化进程、深刻分析人类文明发展状况、深入总结中国特色社会主义现代化建设经验所形成的思想结晶，科学回答了在当今世界处于百年未有之大变局条件下中国式现代化向何处去、人类文明向何处去的时代之问，对全面推进中国特色社会主义现代化建设，推动世界现代化进程和人类文明进步事业，都具有重大现实意义和深远历史意义。

从马克思《资本论》到中国式现代化

——探寻中国式现代化道路的理论源头

王　东[①]

习近平总书记指出："一个国家选择什么样的道路，是由其历史传统、社会制度、发展条件、外部环境等诸多因素决定的。"[②] 中国式现代化新道路，不是无源之水、无本之木，而是从马克思列宁主义现代化理论中获取了源头活水与哲学宝藏，尤其是马克思主义创始人的主要著作《资本论》，还有列宁晚年的理论创新与思想飞跃。许多人把 20 世纪 60 年代以后兴起的西方自由主义现代化理论作为现代化科学理论源头。实质上，比他们早 100 年以上的马克思的《共产党宣言》《资本论》，才是现代化理论源头，更是中国共产党人探索中国式现代化道路的理论源头活水。

新时代新呼唤，要求我们从世界历史的现代化新高度，对于马克思《资本论》的理论底蕴、哲学内涵及其当代意义，作出新解读、新发掘。

一、马克思《资本论》理论主题新发现——揭示现代化是近现代世界历史的时代主题

过去，人们往往仅仅把《资本论》作为一部政治经济学著作，从政治经济学角度界定《资本论》研究对象与理论主题。

今天看来，这远远不够了。直至 1859 年序言，马克思还用《政治经济

---

① 王东，北京大学哲学系教授。

② 习近平：《中国式现代化是强国建设、民族复兴的康庄大道》，《求是》2023 年第 16 期。

学批判》来命名自己这一著作，而到1860年代以后，马克思本人刻意改用《资本论》作为自己主要著作的大标题与正主题。其深刻命意恰恰在于，使之首先成为以现代化为主题的世界历史著作。

马克思本人对《资本论》研究对象的科学定义一再表明，《资本论》中蕴涵着马克思现代化理论。

不是别人，正是马克思本人，1867年7月写成的《资本论》第一版序言，鲜明揭示了《资本论》的这种特殊研究对象，旨在阐明现代化的普遍规律以及各民族国家特殊的表现形式："我要在本书研究的，是资本主义生产方式以及和它相适应的生产关系和交换关系。到现在为止，这种生产方式的典型地点是英国。""问题在于这些规律本身，在于这些以铁的必然性发生作用并且正在实现的趋势。工业较发达的国家向工业较不发达的国家所显示的，是后者未来的景象。""本书的最终目的就是揭示现代社会的经济运动规律，——它还是既不能跳过也不能用法令取消自然的发展阶段。"①

10年之后，马克思在1877年《给〈祖国纪事〉杂志编辑部的信》中，首次重申这个观点："我在关于原始积累的那一章中只不过想描述西欧的资本主义经济制度从封建主义经济制度内部产生出来的途径。""他一定要把我关于西欧资本主义起源的历史概述成一般发展道路的历史哲学理论，一切民族，不管他们所处的历史环境如何，都注定要走这条道路"，"但是我要请他原谅。他这样做，会给我过多的荣誉，同时也会给我过多的侮辱"。②

由此可见，马克思《资本论》研究的是西欧近代资本主义起源发展的历史规律，西方近代工业化过程是与资本主义生产方式、社会制度紧密联系在一起的，走的是西方式资本主义现代化道路；马克思《资本论》不仅是唯物史观的第一次系统应用，而且开创了现代史观，这乃是唯物史观的特殊形态、现代形态，是马克思两大发现——唯物史观与剩余价值学说结合的新的创造。

今天，我们还要对《资本论》作出新时代新解读，马克思《资本论》同时也是马克思现代化理论，"现代化起源与近代资本主义起源"，在马克思《资本论》这里是一而二、二而一的事情，实质上是统一的近代世界历史过程的两个方面。

---

① 马克思：《资本论》第1卷，人民出版社1975年版，第8、11页。

② 马克思：《资本论》第19卷，人民出版社1963年版，第129、130页。

二、马克思《资本论》研究对象新扩展——从世界历史与哲学高度，揭示了现代化深层本质

19 世纪中后期即 1845 至 1895 年，是马克思主义、科学社会主义创立时期，时代主题是使社会主义空想变为科学，唯物史观与剩余价值学说这两大发现为之奠定了理论基石。《资本论》是马克思主义、科学社会主义的主要奠基之作。今天看来，也是马克思主义现代化理论的主要奠基之作和首要理论源头。《资本论》不仅是一部政治经济学著作，而且是马克思主义哲学、科学社会主义的奠基之作。马克思《资本论》通过剩余价值学说，揭示出货币转化为资本的逻辑，从而揭示出西欧资本主义现代化道路的深层本质。

现代化不是一个单一过程，“工业化——城市化——现代化——全球化”，这是一个四位一体的复杂系统演化过程，其中“现代化”是近现代世界历史的主旋律，各个层次、各个方面综合起来，构成一种现代化过程的复杂和弦。

“两个阶段”，就是说自 1500 年以来近现代世界历史长河，又可以 1750 年开始兴起的英国工业革命为分水岭，分为两大阶段：1500—1750 年英国产业革命以前，现代化历史进程还是初步的、不完全的，缺少现代化最主要的物质技术基础——近代工业革命、产业革命；而从 1750 年以后，随着英国工业革命、产业革命的兴起，现代化有了超越古代中世纪、农牧文明的全新物质技术基础，现代化过程更加坚实、更加完整，更有全球影响力。

劳动力转化为商品、货币转化为规律，剩余价值规律成为劳动与资本关系上的本质特征，正是西方资本主义道路的一个本质规定。

对于英国工业革命造成的现代化生产力的大革命，至今描述得最生动鲜明的，也许莫过于马克思、恩格斯 1848 年在《共产党宣言》中写下的这一段历史名言：

> 资产阶级在它的不到一百年的阶级统治中所创造的生产力比过去一切世代创造的全部生产力还要多，还要大。自然力的征服，机器的采用，化学在工业和农业中的应用，轮船的行驶。铁路的通行，电报的使用，整个大陆的开垦，河川的通航。仿佛用法术从地下呼唤出来的大量人口，——过去哪一个世纪料想到在社会劳动里蕴藏有这样的生产力呢？①

① 《马克思恩格斯选集》第 1 卷，人民出版社 1995 年版，第 277 页。

可以说，是近代工业革命和科学技术创新，加上国家制度的现代化创新，这三大块基石综合到一起，三足鼎立式地支撑起现代化全面发展新阶段。

三、马克思《资本论》理论空间新视野——以西欧现代化为主要对象，初步探讨了荷、英、法、德等西欧各国现代化道路

在此基础上，《资本论》还初步揭示出资本主义现代化在不同民族国家中的不同道路：16 世纪意大利城市国家的道路；17 世纪荷兰道路；18 世纪英国道路；19 世纪法国道路、美国道路；19 世纪中后期德国道路；乃至 19 世纪中后期落后俄国道路，这关系到是否能走出一条跨越资本主义“卡夫丁峡谷”的东方道路。后者在马克思晚年只是一种最初理论构想，中国式现代化新道路，才破天荒第一次使之从理论变为现实，变为东亚大陆、中华大地上活生生的现实，14 亿中国人民生机勃勃的鲜活创造。

在一定意义上，或许可以说，在 1750 年英国工业革命前，世界现代化还处于起步阶段，其典型代表是两个：一个是 16 世纪，在地中海周边，意大利域内的威尼斯、佛罗伦萨等城市共和国的兴起，文艺复兴的时代浪潮；另一个是 17 世纪，在大西洋沿岸，尼德兰——荷兰的迅速崛起，掀起了推进现代化的又一拨浪潮。然而，16、17 世纪 200 多年间，代表现代化世界历史起步阶段的这两代典型国家，佛罗伦萨等城市共和国与荷兰，问题症结就在当时那种历史条件下，还缺少支持现代化势头持续发展的两大基石——近代工业革命的物质技术基石，近代民族统一国家制度创新的政治制度保证基石。

18 世纪 60 年代开始兴起的英国工业革命，是一次划时代的科学技术革命、生产力的大革命，由此，“走出中世纪，走向现代化”的社会转型有了坚实可靠的物质技术基础，现代化也由初级形态、起步阶段，走向高级形态、起飞阶段。

以英国工业革命为起点，现代化的时代大潮经历了 18、19、20 世纪，恰好代表了世界现代化的三次浪潮，其主要发源地，恰好分布在欧亚大陆的“西部——中部——东部”，代表了现代化从西向东发展的时代潮头，并在世纪之交、千年之交，现代化潮头终于来到了欧亚大陆的东方，中华大地。

四、马克思《资本论》现实意义新发掘——马克思晚年书信与笔记，堪称“《资本论》续篇”，探讨了落后俄国走向现代化与社会主义新道路

马克思晚年笔记与书信，贯穿的主题是从唯物史观、现代史观进而上升到世界史观，俄国村社制度与东方国家发展道路问题，则是其中的四大文本群之一，思想主旨乃在于探索一条东方落后国家走向现代化与社会主义的特殊道路，其特点就是要善于利用世界市场和现代金融资本系统，取得资本主义文明成果，借以跨越资本主义的“卡夫丁峡谷”。

俄国女革命家查苏里奇一生献身革命，长期流亡国外，终身未嫁。她上下求索，并且请求马克思帮助解答的一个疑难问题，就是俄国道路问题：俄国村社是必须解体，走向资本主义，还是可能另辟蹊径，走向社会主义？

这个问题看来也使马克思感到非常难以明确回答，因而反复思索，三易其稿，在其初稿草案中，马克思指出了内外结合的一条突围之路：

> 俄国是在全国范围内把“农业公社”保存到今天的欧洲唯一的国家。它不像东印度那样，是外国征服者的猎获物。同时，它也不是脱离现代世界孤立生存的。一方面，土地公有制使它有可能直接地、逐步地把小地块个体耕作转化为集体耕作，并且俄国农民已经在没有进行分配的草地上实行着集体耕作。俄国土地的天然地势适合于大规模地使用机器。农民习惯于劳动组合关系，这有助于他们从小地块劳动向合作劳动过渡；最后，长久以来靠农民维持生存的俄国社会，也有义务给予农民必要的垫款，来实现这一过渡。另一方面，和控制着世界市场的西方生产同时存在，就使俄国可以不通过资本主义制度的卡夫丁峡谷，而把资本主义制度所创造的一切积极的成果用到公社中来。
>
> 如果“社会新栋梁”的代言人要否认现代农村公社上述进化的理论上的可能性，那么，可以向他们提出这样的问题：俄国为了获得机器、轮船、铁路等等，是不是一定要像西方那样先经过一段很长的机器工业的孕育期呢？也可以向他们提出这样的问题：他们怎么能够把西方需要几个世纪才建立起来的一整套交换机构（银行、股份公司等等）一下子就引进到自己这里来呢？①

① 《马克思恩格斯选集》第3卷，人民出版社1995年版，第765、766页。

看来，晚年马克思的基本思路是：村社制度与农民大量存在的俄国，要跨越资本主义“卡夫丁峡谷”，走出一条新路，前提是要有推翻沙皇专制主义国家制度的民主主义革命；外部要利用世界市场，以取得资本主义现代化文明成果；内部要利用资本及其金融系统，以突破村社制度的封闭性、落后性、孤立性。

因而，“劳动群众—联系着世界市场的资本—国家权力”三者复杂关系，势必成为这条特殊道路上的特殊矛盾。

马克思晚年关于俄国道路的最初构想，只是一个闪光的思想、理论的雏形，既没有在理论上的系统论证，更未能直接诉之于实践。

在社会主义 500 年的历史长河中，在东方道路的上下求索中，这是马克思主义创始人晚年作出的最初构想，也是探索东方现代化与复兴之道的第一个伟大理论创新。

五、马克思《资本论》深层逻辑新开掘——劳动、资本、国家三元结构论揭示了现代化不同道路选择的内在机理

19 世纪 50 至 70 年代《资本论》及其三大手稿创作，是马克思一生思想轨迹的第二次飞跃，以《资本论》中的剩余价值学说为主要标志，政治经济学为主要领域，其背后的历史哲学底蕴，则是《资本论》哲学创新，《资本论》中蕴涵的马克思“大逻辑”。

马克思哲学创新、理论创新在《资本论》中实现的第二次飞跃，由唯物史观及其生产力、生产关系、国家等上层建筑的三层结构论中，进一步发展出专门剖析近代资本主义新发展的现代史观，其核心原理是现代社会中劳动、资本、国家构成的三元结构论，探讨了以资本为中心的西方现代化道路。

“《资本论》逻辑”的思想精髓，不是单讲资本逻辑，而是在劳动二重性方法基础上形成的劳动、资本、国家三元结构论，劳动、资本、国家三元结构复杂系统论，现代社会三元结构的复杂系统发展创新论。

正是劳动、资本、国家三元结构的不同机理，决定了现代化的不同道路。西方现代化道路、苏联模式现代化道路、中国式现代化新道路，现代化的这三条不同道路，皆本于此，概莫能外。

纵观整个马克思主义史，贯穿其中、一脉相承而又与时俱进的思想灵魂，是实事求是、解放思想，基本理论上的一条红线，则是现代社会中的劳动、资本、国家三元结构论，集中表现为在中国共产党领导下，“解放劳

动—创新国家—驾驭资本”的系统结构创新。

正是在这一关键节点上的理论创新、实践创新、制度创新，决定中国道路、中国模式在现代化世界历史、乃至整个人类史上开天辟地的创新意义。

欧美式的西方自由主义、资本主义现代化道路，在“走出中世纪，走向现代化”这一步上，开启了世界历史近代新阶段；可是他们最根本的历史局限就是，资本垄断、金融资本的主体化，绑架了国家，宰制了劳动，也使“自由”“平等”“民主”等动人理想必然大打折扣。

传统计划经济的苏联模式创立之初，在帝国主义战争和无产阶级革命时代，开创落后俄国加速推进近代工业化的独特道路，在现代化世界历史上提供了落后国家实现近代工业化的独特模式；而其最根本的历史局限，就是用国家垄断制的形式，形式上是国家膨胀、国家主体化，形式上消灭资本，实际上却走向了僵化、封闭，结果还是严重束缚了和平发展与科技革命的时代广大劳动者的积极性、主体性、创造性。

正是在这个根本点上，习近平新时代中国特色社会主义思想，更高地举起了马克思列宁主义、毛泽东思想、中国特色社会主义的伟大旗帜，在新时代、新起点上，开创了一条在中国共产党领导下，“解放劳动—创新国家—驾驭资本”的创新之路，既根本超越了资本垄断化的西方道路，资本主义现代化模式，也根本超越了国家垄断化、主体化的苏联道路、传统计划经济的苏联模式，并且为陷于全球问题困境的21世纪人类发展，提供了一种新的可能性。

六、马克思《资本论》发展的时代潮头新判定——中国式现代化新道路七大创新

在国际社会，尤其是在西方政治思想界，对于中国现代化道路的总体评价，主要存在两种流行看法：

一种看法认为，中国现代化道路属于外源型、后发型东方现代化模式，只能是西方现代化模式的照搬移植。从20世纪60年代西方兴起的现代化理论，直至当代美国“新左派”代表人物哈维等人，大体都持这类看法。

另一种看法则认为，中国现代化道路是在20世纪中期开始的，模仿的是工业化的苏联模式。美国最大的中国学家费正清就持这种看法。

这两种不同看法，一个共同特点，就是认为中国现代化道路，是移植外国模式，因而并没有什么自己的重大独特创新。

这两种国际流行看法，实际上都是根本错误的。通过世界现代化史的比较研究，阐明中国式现代化新道路的鲜明特色，就是作出了根本超越西方与苏联现代化模式的七大创新：

（一）人口众多、东方大国的现代化起飞新路

中国式现代化乃是人口众多、东方大国的现代化，堪称是世界现代化史上的第四次浪潮，具有不同于西方现代化的鲜明特色。

（二）社会主义市场经济新型体制

中国式现代化道路，通过改革开放，特别是 1991 年苏联解体后，1992 年邓小平南方谈话和中共十四大，提出社会主义市场经济的目标模式，开创了社会主义和市场经济结合起来的新型体制，既根本突破了传统计划经济的苏联模式，又超越了只有市场经济、没有社会主义的西方现代化模式。

（三）党的领导、人民主体的新型民主政治

中国式现代化道路，因为有了中国共产党坚强领导，因而能够“解放劳动—创新国家—驾驭资本”，体现了“人民主体”的现代新型民主政治，根本突破了以资本为中心的西方式现代化道路，也有别于以国家垄断制为中心的苏联模式现代化道路。

（四）物质文明与精神文明的全面发展

中国共产党与中国特色社会主义，始终坚持物质文明与精神文明的“两手抓”方针，反对“一手软，一手硬”，因而根本超越了西方现代化模式物欲横行、金钱至上、精神文明匮乏的固有弊端。

（五）精准扶贫，共同富裕

为了克服苏联模式下平均主义大锅饭的弊端，改革开放初期，实行了“让一部分人先富起来”的特殊方略；随着改革开放深入，越来越重视共同富裕；2012 年党的十八大后，还实行了“精准扶贫”，强化社会保障制度，根本超越了势必引起两极分化的西方现代化道路。

（六）生态文明，永续发展

为了克服西方近代工业文明造成的全球生态危机，也克服改革初期盲目发展、生态破坏的问题，在新世纪、新时代，更加明确地提出建设中国特色社会主义现代化新型生态文明，实行可持续发展的新的发展方式。这是中国式现代化根本超越西方现代化发展方式的一大创新。

（七）自主开放，和平共赢

中国特色社会主义对内主张共同富裕、和谐发展，对外主张和平共处、融入世界、合作共赢，根本超越了资本垄断、对外扩张、追求霸权的西方现代化道路。

正是这七大创新综合到一起，既突破了国家中心论的现代化苏联模式，也根本突破了资本中心论的现代化西方模式，彰显了人民中心论的社会主义现代化新道路的优势。

中国式现代化与促进人的全面发展[①]

郝立新[②]

中国式现代化与人的全面发展具有内在的本质的联系。党的二十大报告指出，中国式现代化是“物质文明和精神文明相协调的现代化”，是“促进物的全面丰富和人的全面发展”相统一的现代化；中国式现代化从本质上要求“实现高质量发展”“丰富人民精神世界”“实现全体人民共同富裕”“促进人与自然和谐共生”等。这些重要论断把现代化与人的发展紧密联系在一起，深刻揭示了现代化进程中人与自然、人与社会之间的关系，人与物质世界、人与精神世界之间的关系，以及个人、民族与人类世界之间的关系，体现了中国式现代化的总体价值目标，从而丰富和发展了马克思主义关于现代化和人的全面发展的理论。在考察中国式现代化与人的全面发展的关系时，需要思考和回答以下问题：如何理解马克思主义考察现代化问题和人的发展的方法论？如何理解中国式现代语境下的“人的全面发展”和“人的现代化”这两个命题的内涵？如何理解在中国式现代化进程中促进人的全面发展的现实路径？本文试图对上述问题进行探讨。

一、促进人的全面发展是中国式现代化的根本价值目标

中国式现代化的本质特征和本质要求都内在地包含着促进社会的全面进步和人的全面发展，然而并非所有的现代化都必然把促进社会全面进步和人的全面发展作为价值目标。

现代化起始于资本主义，是资本主义工业革命的产物。现代化是世界

① 本文系国家社科基金项目“建党一百年与马克思主义哲学的发展”（21STA010）、中国人民大学科研专项“马克思主义中国化与中华民族伟大复兴研究”（21XNQZ41）阶段性成果。

② 郝立新，“中国共产党人‘心学’与推进党的建设新的伟大工程高端智库”首席专家，中国人民大学马克思主义学院和哲学院教授，习近平新时代中国特色社会主义思想研究院研究员。

性的社会运动。从世界范围和历史进程看，现代化是一个充满矛盾的复杂的过程。在与资本主义制度相结合的现代化运动发展到一定阶段的时候，随着社会主义革命的胜利和社会主义建设的开展，与社会主义制度相结合的现代化运动也开始在社会主义国家出现。社会主义现代化是“后发”的现代化。中国式现代化是同中国特色社会主义联系在一起的，它秉持马克思主义关于社会全面进步和人的全面发展的理念，体现了积极的健康的价值追求和理想目标。资本主义生产方式的逐利性和市场经济的盲目性，决定了由资本逻辑所决定或控制的现代化难以实现社会全面进步和人的全面发展。

现代化与人的发展息息相关。从现代化运动一开始，人的发展问题就不断以不同的方式呈现出来。在马克思主义创立者那里，社会发展总是同人的发展联系在一起，人的发展总是同一定的社会发展阶段、社会制度或社会形态相联系。在社会主义条件下，社会进步是与人的全面发展相一致的。一方面，社会的全面进步是人的全面发展的基础；另一方面，人的全面发展在构成社会全面进步的内容的同时，也成为推动社会的主体力量。

在马克思主义特别是科学社会主义理论中，促进人的全面发展是社会主义社会发展的目标。社会主义社会全面进步与人的全面发展是一致的，从社会进步与人的发展具有内在统一性来说，社会全面进步包含了人的全面发展。

为什么说促进人的全面发展是中国式现代化的根本价值目标呢？我们可以从三个方面来理解，一是马克思主义创始人对社会主义社会本质的科学阐释；二是中国共产党人在改革开放和现代化建设新时期对中国式现代化的积极探索；三是习近平新时代中国特色社会主义思想对中国式现代化的基本特征和本质要求的深刻揭示。

（一）马克思主义创始人对社会主义社会本质的科学阐释

实现人的自由而全面的发展，是社会主义、共产主义社会的本质要求或根本的价值目标。这是马克思主义特别是科学社会主义的基本原理。在马克思主义创始人那里，关于人的发展包括人的全面发展的思想主要包括以下内容。

首先，从人的本质规定来理解人的发展。人的发展与人的本质问题是紧密联系的。马克思对人的本质的揭示体现在两个著名的判断上，一是在《1844年哲学经济学手稿》中提出人的类本质是自由自觉地活动即劳动；二是在《关于费尔巴哈的提纲》中提出人的本质在其现实性上是社会关系的总和。马克思从劳动及其现实存在的条件中，从人的社会历史发展中来理解人的发展，主张人的发展与社会发展是相互联系、相互制约的。在揭示资本主义条件下劳动异化或人的本质异化的基础上，呼唤在未来社会中实现人对自己本质的“全面占有”，实现人的自由的全面的发展。人的本质所具有的社会性和历史性决定了人的发展的社会性和历史性。人“作为一个完整的人”，应该以“一种全面的方式”“占有自己的全面的本质”。①

其次，人的全面发展是对片面发展的克服。只有消除异化，消除旧式分工，人才能实现全面发展。人的发展是一个历史过程，受到一定历史条件的限制。从社会关系的发展过程看，在前资本主义阶段，人的发展是建立在对“人的依赖关系”的基础之上的，人们受到生产力发展水平的制约，受到血缘关系、宗法关系、等级关系、人身依附关系等的制约，人处在极不自由、个性极不发展的状态；在资本主义社会阶段，由于资本主义生产方式特别是商品经济的发展，人们摆脱了“人的依赖关系”，而转向以“物的依赖关系”（即商品交换关系）为基础，并受到商品拜物教的影响，人们较之封建社会获得了一定的新的自由和发展，如可以在市场上自由出卖劳动力等，但是，人们在“物的关系统治下”仍然存在片面的、畸形的发展。只有当人们摆脱或超越“人的依赖关系”和“物的依赖关系”时，才能达到自由全面的发展。人的全面发展是人的发展的最高阶段和理想状态，只有在社会主义社会即自由人联合体中才能真正实现。人的全面发展包含两个方面，一是个人和群体自身的能力、素质、思想道德等方面的发展，即体现为德智体美劳等全面发展。二是个体与群体的社会关系、社会交往、社会生活条件等方面的发展。“只有当人认识到自身‘固有的力量’是社会力量，并把这种力量组织起来因而不再把社会力量以政治力量的形式同自身分离的时候，只有到了那个时候，人的解放才能完成。”②

最后，实现人的自由而全面的发展，是社会主义社会、共产主义社会区别于资本主义社会的根本特征。“代替那存在着阶级和阶级对立的资产阶级旧社会的，将是这样一个联合体，在那里，每个人的自由发展是一切人的自由发展的条件。”③

只有在未来社会的共同体中，“个人才能获得全面发展其才能的手段，也就是说，只有在共同体中才可能有个人自由”④。未来的新社会是比资本主义“更高级的、以每个人的全面而自由的发展为基本原则的社会形式”⑤。在未来的社会主义社会，“通过社会化生产，不仅可能保证一切社

① 《马克思恩格斯文集》第1卷，人民出版社2009年版，第189页。
② 《马克思恩格斯文集》第1卷，人民出版社2009年版，第46页。
③ 《马克思恩格斯文集》第10卷，人民出版社2009年版，第666页。
④ 《马克思恩格斯文集》第1卷，人民出版社2009年版，第571页。
⑤ 《马克思恩格斯文集》第5卷，人民出版社2009年版，第683页。

会成员有富足的和一天比一天充裕的物质生活，而且还可能保证他们的体力和智力获得充分的自由的发展和运用”①。

（二）中国共产党人在改革开放和现代化建设新时期对中国式现代化的积极探索

中国特色社会主义理论体系是在马克思主义基本原理同中国具体实际相结合的过程中形成和发展的。与此同时，什么是中国式现代化的目标和道路，成为改革开放和现代化建设新时期中国共产党人积极探索并回答的重大时代课题。邓小平理论、“三个代表”重要思想和科学发展观在不同的历史时期对中国式现代化的目标和路径做出了实事求是的科学回答。

邓小平在改革开放之初就从中国国情出发，提出了“中国式的现代化”，并借用中国传统文化中的“小康”“小康之家”的概念，同“中国式的现代化”紧密联系起来，把人民群众的根本利益同“中国式的现代化”发展目标结合起来思考，进而提出建设小康社会的目标。小康社会包括了经济、政治、文化、教育、就业、人的精神面貌等方面的内容，充分体现了全面发展的理念和要求，不仅包括经济发展和人民生活方面的指标，而且包括文化、教育、科技、国防等全方位的社会发展指标。此外提出了从“翻两番”到“三步走”的战略。邓小平提出的物质文明和精神文明“两手抓”“两手都要硬”的观点，以及培养“四有新人”的观点，都蕴含了促进人的全面发展的思想。

随着改革开放和现代化建设的深入，人的全面发展问题被进一步明确地提出来。江泽民在《庆祝中国共产党成立八十周年大会上的讲话》中强调指出，建设有中国特色社会主义的各项事业，“既要着眼于人民现实的物质文化生活需要，同时又要着眼于促进人民素质的提高，也就是要努力促进人的全面发展。这是马克思主义关于建设社会主义新社会的本质要求。我们要在发展社会主义社会物质文明和精神文明的基础上，不断推进人的全面发展”②。他还强调，推进人的全面发展同推进社会发展之间是互为前提和基础的。一方面，人越全面发展，就会创造越多的社会的物质文化财富，就越能改善人民的生活；另一方面，社会的物质文化条件越充分，就越能推进人的全面发展。2002 年 5 月 28 日江泽民在中国科学院两院院士大会上的讲话中明确提出：“实现物质文明和精神文明的协调发展，实现社会

① 《马克思恩格斯文集》第 9 卷，人民出版社 2009 年版，第 299 页。

② 《江泽民文选》第三卷，人民出版社 2006 年版，第 294 页。

主义社会人的全面发展，是社会主义现代化建设的本质要求。”①

在坚持以人为本的全面协调可持续发展的科学发展观中，人的全面发展思想得到进一步发展。坚持以人为本，就是把人的全面发展作为经济社会发展的根本目标，避免把经济指标或GDP作为发展的唯一目标或根本目标；从人民群众的根本利益出发谋发展，促进全面、协调、可持续发展。人民群众根本利益的发展是经济社会发展的核心，而全面、协调、可持续的发展是实现人民群众根本利益的基础和保障。“经济发展、政治发展、文化发展和人的全面发展是相互联系、相互影响的，没有政治发展、文化发展和人的全面发展不断推进，单纯追求经济发展，经济发展难以持续，最终也难以搞上去。”②“统筹城乡发展、统筹区域发展、统筹经济社会发展、统筹人与自然和谐发展、统筹国内发展和对外开放，推动社会主义物质文明、政治文明、精神文明协调发展，促进人的全面发展。”③

（三）习近平新时代中国特色社会主义思想对中国式现代化的基本特征和本质要求的深刻揭示

党的十八大以来，中国特色社会主义进入新时代。在习近平新时代中国特色社会主义思想形成和发展过程中，在脱贫攻坚、全面建成小康社会的实践中，人的全面发展的思想得到进一步发展。坚持人民至上立场和以人民为中心的发展思想，坚持创新发展、协调发展、绿色发展、开放发展、共享发展的新发展理念，坚持“五位一体”的总体布局和“四个全面”的战略布局，不断满足人民群众对美好生活的需要等思想，都贯穿和体现了以人的全面发展为目的。在2021年中央经济工作会议上，习近平总书记把人的全面发展与共同富裕联系起来并作为“我国发展的重大理论和实践问题”，指出：“在我国社会主义制度下，既要不断解放和发展社会生产力，不断创造和积累社会财富，又要防止两极分化，切实推动人的全面发展、全体人民共同富裕取得更为明显的实质性进展。”④ 党的二十大报告对中国式现代化的基本特征和本质要求做了全面的阐释，再次强调中国式现代化的人民性和社会主义性质，明确提出要促进人的全面发展，并将此作为中国式现代化的基本特征之一和本质要求的重要方面。下文将展开论述。

---

① 《江泽民论有中国特色社会主义（专题摘编）》，中央文献出版社2002年版，第272页。

② 《胡锦涛文选》第二卷，人民出版社2016年版，第168页。

③ 《胡锦涛文选》第二卷，人民出版社2016年版，第215页。

④ 习近平：《正确认识和把握我国发展重大理论和实践问题》，《求是》，2022年5月15日。

二、新时代中国式现代化的实践与理论拓展和丰富了人的全面发展思想

对现代化与人的全面发展关系的认识，在新时代中国式现代化实践和理论的发展中得到深化。这突出地表现在“现代化的本质是人的现代化”命题的提出，以及中国式现代化及其基本特征和本质要求等重要论断的形成。

（一）促进人的全面发展是人民至上立场和以人民为中心发展思想的具体展开和体现

人的发展问题不是抽象的，而是与一定社会制度相联系的。西方现代化进程中人的发展问题始终是一个巨大的难题。受资本逻辑宰制的社会是与以人民为中心、以人的全面发展为目的的社会发展相对立的。美国斯坦福大学荣休教授、美国人文与科学院院士艾伦·W. 伍德在《每个人的自由发展》一书中披露：“西方资本主义社会，尤其是我自己生活其中的美国社会，是一个以巨大的不平等为特征的社会。”① “我们生活在一个财富、权力、资源和生活前景极不均衡的世界。从许多方面来看，今天的美国社会比十九世纪中期卡尔·马克思在革命抗议中所论及与反对的资本主义秩序更加不平等。……美国是所有发达国家中最不平等的，但它与较贫穷国家之间的不平等更大，不平等加剧的趋势始于20世纪70年代；它仍在加速，看不到尽头。”② 支撑这一结论的是这样一组数据：自1980年以来，美国最富有的1%的人的收入增加了275%，而在扣除通胀因素之后，普通工人的标准工资只增加了1.23美元；在2009—2010年，当美国从金融危机中复苏时，美国收入增长的93%被收入最高的1%的人占据了。

与西方现代化不同，中国式现代化基于平等与自由的价值原则，通过社会进步、实现共同富裕来促进人的全面发展。习近平在浙江工作时就指出：“以人的全面发展为中心的社会发展、社会进步是经济发展的最终目的。”③ “经济发展以社会发展为目的，社会发展以人的发展为归宿，人的发展以精神文化为内核。”④ 党的十八大以来，习近平总书记多次谈到共同富裕和人的全面发展。他在主持十八届中央政治局第一次集体学习时指出：

---

① 参见〔美〕艾伦·W. 伍德：《每个人的自由发展》，李仙飞译，人民出版社2022年版，第12页。

② 参见〔美〕艾伦·W. 伍德：《每个人的自由发展》，李仙飞译，人民出版社2022年版，第277页。

③ 习近平：《之江新语》，浙江人民出版社2007年版，第225页。

④ 习近平：《之江新语》，浙江人民出版社2007年版，第150页。

坚持走中国特色社会主义道路，“全面推进经济建设、政治建设、文化建设、社会建设、生态文明建设以及其他各方面建设”，“逐步实现全体人民共同富裕、促进人的全面发展”。① 他在十八届中央政治局第二十八次集体学习时的讲话中指出：“党的十八届五中全会鲜明提出要坚持以人民为中心的发展思想，把增进人民福祉、促进人的全面发展、朝着共同富裕方向稳步前进作为经济发展的出发点和落脚点。”② 党的十九大报告中指出，我国社会主要矛盾的变化对党和国家工作提出了许多新要求。要在继续推动发展的基础上，着力解决好发展不平衡不充分问题，大力提升发展质量和效益，更好满足人民日益增长的美好生活需要，“更好推动人的全面发展、社会全面进步”③。从以上论述中我们可以看到，人民福祉、共同富裕是人的全面发展的重要基础，也是人的全面发展的重要内容。人的全面发展应该是人民的根本利益不断得到满足或实现的过程。这是中国式现代化与西方现代化的一个根本区别。马克思主义创始人关于人的全面发展的思想在与中国式现代化的实际相结合中获得了新的内容。

（二）在中国式现代化进程中促进人的全面发展与实现人的现代化本质上是一致的

针对在现代化进程中存在的只见物不见人的片面认识和做法，习近平总书记在2013年中央城镇化工作会议上提出了“现代化的本质是人的现代化”的重要论断。④ 这一论断深刻揭示了中国式现代化与人的现代化之间的本质联系，以及人的现代化的丰富内涵。

城镇化过程是由传统的工业社会向现代工业社会转型的重要内容，城镇化水平是现代化水平的一个重要指标。2000年我国城镇化率只有36.09%，2002年第六次全国人口普查城镇化率为49.68%，2013年为53.73%，2021年达到64.72%。⑤ 而欧美发达国家的城镇化率大约在80%左右。推进农业转移人口市民化，解决好人的问题是推进我国新型城镇化的关键。当大批的农民由村民转为市民，农民的素质得到进一步提升时，城乡差别进一步缩小时，城乡二元结构进一步得到破解时，人的现代化问题才能得到实质性的解决。虽然习近平总书记关于“现代化的本质是人的现代化”的论断是针对城镇化工作而提出的，但是这一论断蕴含了丰富的

① 《习近平谈治国理政》，外文出版社2014年版，第9页。

② 《十八大以来重要文献选编》下，中央文献出版社2018年版，第4页。

③ 《习近平谈治国理政》第三卷，外文出版社2020年版，第9页。

④ 参见《习近平关于社会主义经济建设论述摘编》，中央文献出版社2017年版，第164页。

⑤ 参见《人民日报（海外版）》2022年3月22日。

内容，对于理解社会现代化与人的现代化的关系具有重要的指导意义。

“人的现代化”的概念最初是由西方学者所提出，其内涵具有局限性。美国斯坦福大学社会学教授阿历克斯·英格尔斯在其著作《人的现代化》中认为，在现代化进程中，如果人们没有从心理、思想、态度和行为方式上都经历一个向现代化的转变，那么这样的现代化是不完整的。他还把与人口构成、教育程度、寿命等与人有关的因素作为现代化的指标体系。① 这些观点虽然具有一定的合理性和启发意义，但他的人的现代化概念忽略了人的发展中的社会制度因素、不同民族或国家现代化进程的历史差异性以及人的全面发展的丰富内涵。

依据马克思主义基本原理，根据习近平总书记关于人的全面发展思想的有关论述，“现代化的本质是人的现代化”这一判断蕴含丰富的内容。其一，人是现代化的主体。现代化反映一个国家现代文明的发展过程。其中，人是决定性和创造性的力量，是最活跃的要素。现代化的历史进程不过是一定社会主体追求着自己目的的活动而已。这里所说的人或主体，从根本上说是人民群众，人民群众是历史的主体，也是推动现代化进程的主体。其二，人是现代化的目的。马克思指出，人本来是生产的目的，然而在资本主义世界里，“生产表现为人的目的，而财富则表现为生产的目的”②。中国式现代化是以人民群众的根本利益和人的全面发展为目的的，这是由社会主义制度所决定的。正如恩格斯所说：“我们的目的是要建立社会主义制度，这种制度将给所有的人提供健康而有益的工作，给所有的人提供充裕的物质生活和闲暇时间，给所有的人提供真正的充分的自由。”③ 其三，现代化的本质是人的现代化，这一论断表明中国式现代化是为了人民和依靠人民的现代化。这是由中国特色社会主义制度所决定的。推进中国式现代化的目的是创造和实现人民美好生活。总之，在社会主义现代化进程中，人的现代化从根本上说是与实现人的全面发展相一致的。

（三）促进人的全面发展是在中国式现代化总体进程中逐渐实现的

党的二十大报告在对中国式现代化的基本特征和本质要求的概括中，内在地包含了人的全面发展所赖以存在的经济、政治、文化、社会和生态等条件，以及人的全面发展的现实路径。“全面发展的个人……不是自然的产物，而是历史的产物。”④ 即便是在社会主义社会，实现人的全面发展也

---

① 参见〔美〕阿历克斯·英格尔斯：《人的现代化》，殷陆君译，四川人民出版社 1985 年版，第 4 页。

② 《马克思恩格斯文集》第 8 卷，人民出版社 2009 年版，第 137 页。

③ 《马克思恩格斯全集》第 28 卷，人民出版社 2018 年版，第 652 页。

④ 《马克思恩格斯文集》第 8 卷，人民出版社 2009 年版，第 56 页。

是一个需要不断创造条件去逐渐实现的过程。在推进物质文明、政治文明、精神文明、社会文明和生态文明的过程中，逐渐实现人的全面发展。

人的全面发展必须在全体人民实现共同富裕的过程中逐步实现。共同富裕既体现了人民生活水平的提高，同时又体现人民的公平正义权利的实现，它集中反映了社会主义条件下全体人民对美好生活的强烈向往。这里所说的共同富裕，既包括物质生活的共同富裕，也包括精神生活的富裕，还包括在社会权利方面的平等、共享。共同富裕的实现是一个长期的过程，这也决定了人的全面发展的真正实现也是一个长期的过程。

人的全面发展是在物质文明与精神文明相协调的发展中实现的，是在物质富足和精神富有的统一中实现的。实现高质量的发展，创造物的全面丰富，是实现人的全面发展的物质前提。人的全面发展必须具备一定的生产力水平等社会条件。“个人的全面性不是想象的或设想的全面性，而是他的现实联系和观念联系的全面性。……但是，要达到这点，首先必须使生产力的充分发展成为生产条件，不是使一定的生产条件表现为生产力发展的界限。”① “人们每次都不是在他们关于人的理想所决定和所容许的范围之内，而是在现有的生产力所决定和所容许的范围之内取得自由的。”② 因此，我们必须把发展当作执政党的第一要务，把促进高质量发展是当作我们当前的首要任务。物质贫穷不是社会主义，精神贫乏也不是社会主义。丰富人民精神世界，创造更多更好的精神产品，培育和践行社会主义核心价值观，提高社会文明程度，既是促进人的全面发展的精神方面的内容，也是实现人的全面发展所必需的精神条件。

人的全面发展是在人与自然的和谐共生中实现的。人们的生活和工作需要美好的自然条件和生态环境。人与自然是生命共同体，人是自然的一部分，自然界是人类存在的基础，是人的“无机的身体”。现代化进程提高了人改造自然的能力，也带来了人与自然界之间的紧张或不和谐。这就要求人们尊重自然、善待自然，与自然和谐相处，坚持走生态文明发展的道路。

人的全面发展是在世界和平安宁中实现的。在生产力发展和世界普遍交往形成的基础上，随着民族历史向世界历史转变的过程的加剧，人们也逐渐由地域性的存在向世界性的存在转变。在中国与世界的联系日益紧密的同时，个人的发展不仅与民族和国家的发展紧密联系，而且同世界的发展密切相关。只有在坚持全人类共同价值、构建人类命运共同体的基础上，

---

① 《马克思恩格斯文集》第8卷，人民出版社2009年版，第172页。

② 《马克思恩格斯全集》第3卷，人民出版社1960年版，第507页。

人的发展才能获得良好的世界环境或国际条件。

在现实生活中，促进人的全面发展绝不是一句空洞的口号。我们尚处在社会主义初级阶段。在改善劳动者的生活和工作条件，以促进人的全面发展方面，仍然存在需要改进之处。马克思在批判资本主义制度下剥夺个人的自由时间时尖锐地指出："时间是人类发展的空间。一个人如果没有自己处置的自由时间，一生中除睡眠饮食等纯生理上必需的间断以外，都是替资本家服务，那么，他就还不如一头役畜。他不过是一架为别人生产财富的机器，身体垮了，心智也变得如野兽一般。"① 在社会主义条件下，应该而且可能为劳动者提供自由发展的时间和空间。

促进人的全面发展，必须高度重视教育。教育是直接提高人的能力、素质和思想道德水准的最重要的途径，因而也是提升全社会文明程度的最重要的途径。要克服教育中忽视生产劳动教育的弊端。马克思在《资本论》中说："未来教育对所有已满一定年龄的儿童来说，就是生产劳动同智育和体育相结合，它不仅是提高社会生产的一种方法，而且是造就全面发展的人的唯一方法。"② 习近平总书记在2018年全国教育工作会议上的讲话中指出："社会主义建设者和接班人必须全面发展"，并指出要在六个方面下功夫，即要在坚定理想信念上下功夫，要在厚植爱国主义情怀上下功夫，要在加强品德修养上下功夫，要在增长知识见识上下功夫，要在培养奋斗精神上下功夫，要在增强综合素质上下功夫；并强调要加强和改进体育、美育和劳动教育等比较薄弱的环节，要努力构建德智体美劳全面培养的教育体系，形成更高水平的人才培养体系。③ 这些论述为我们如何培养青年学生并使其全面发展指明了方向。

总之，推进中国式现代化与促进人的全面发展是辩证统一的。中国式现代化以促进人的全面发展为价值目标，又为人的全面发展创造或提供经济、政治、文化、社会和生态等方面的基础或条件。人的全面发展又为推动中国式现代化进程提供主体力量和人才支撑。

---

① 《马克思恩格斯文集》第3卷，人民出版社2009年版，第70页。

② 《马克思恩格斯文集》第5卷，人民出版社2009年版，第556—557页。

③ 参见习近平：《论党的宣传思想工作》，中央文献出版社2020年版，第344—351页。

中国式现代化理论对社会发展理论的创新与重构

邴　正[①]

一、现代化理论的探索及其批判

党的二十大报告概括提出并深入阐述的中国式现代化理论，是习近平新时代中国特色社会主义思想的新发展，是对马克思主义理论的新贡献，也是对现代化理论和社会发展理论的重大理论创新。

现代化一般是指农业社会向工业社会转变的社会发展进程。现代化研究始于 19 世纪末 20 世纪初。现代化理论的主要代表是法国的涂尔干的社会团结理论、韦伯的科层制理论、帕森斯的结构功能主义，以及英格尔斯的人的现代化理论。他们认为工业社会是不同于农业社会的现代化社会，工业化、城市化、民主化和人的现代化是现代化社会的主要特征。现代化理论有三个特点：强调经济增长论，认为发展就是经济增长过程；强调线性的发展观，认为社会发展都是由简单到复杂，由低级到高级的进化过程；强调发展方式的普遍性、唯一性。鉴于西方社会率先进入现代化社会，现代化理论以西方资本主义自由市场经济、普选制议会民主政治，以及自由主义和个人主义价值观为现代化的基本标准，存在严重的西方中心主义倾向。

应当承认，西方社会率先开启了现代化进程，取得了许多现代化的成就和经验。但是，西方现代化本身不是没有缺点和失误的，西方现代化以资本为中心，以原始积累为代价，以殖民扩张掠夺和资本与技术垄断为手段，以消费主义和享乐主义为主要生活方式，以个人主义为价值观。对广大发展中国家来说，既无法简单模仿，也不可重复，更不一定适合本国国

① 邴正，吉林大学校务委员会副主任、卓越教授。

情，而且其弊端更会酿成严重后果。

二、后发展理论对现代化理论的批判和探索

“二战”结束以后，整个第三世界国家纷纷走上了民族独立的道路。当时有两条道路选择，一条就是西方资本主义的发展道路，另一条是苏联模式的社会主义道路。包括中国在内的社会主义国家选择了苏联道路，20 世纪 80 年代末，苏联解体、东欧剧变意味着苏联道路的破产。而其他的许多第三世界国家选择了西方模式的现代化道路。到 20 世纪六七十年代，这种西方模式的发展道路遇到了严峻的挑战。由于一些国家简单照抄照搬西方的现代化模式，导致国家的经济命脉被发达国家资本控制，成为依附于发达国家的廉价的资源、劳动力和倾销商品的市场。这些国家国内出现严重的贫富和城乡发展两极分化与腐败，频繁发生政治动荡和军事政变。这就是所谓的拉美现象、非洲现象以及亚洲现象。

针对这一严重问题，从 20 世纪 60 年代起，一些西方和拉美学者在反思批判现代化理论的基础上，提出了后发展理论。后发展理论的主要代表是弗兰克的依附理论、沃勒斯坦的世界体系论、佩鲁的新发展观和亨廷顿、富永健一的人文生态学派等。他们认为，在资本主义条件下，形成了经济发展的中心、半边缘和边缘的国际关系结构；发达国家对资本和技术的垄断造成了后发展国家被迫依附于发达国家，丧失经济独立性；后发展国家不应简单重复西方现代化模式，现代化的道路不是单一的、唯一的，应该是多样的；发展不是简单的经济增长，应该以人为本。后发展理论主张人本主义、本土主义的发展观。后发展理论虽然意识到西方现代化理论的缺陷，但他们的探索大多停留在对西方现代化的理论性批判，缺乏现实中的实践过程。

三、中国式现代化发展道路的探索及其原因

中国选择中国式现代化发展道路有其历史必然性。鸦片战争以来，中国的仁人志士就不断地向西方学习。可是每当我们有了进步，老师就把学生打翻在地。资本主义的道路没走通。西方资本主义发展有原始积累的优越条件，作为后发展国家，中国走现代化的道路缺乏西方模式的充分条件。

我们应当从中国社会结构入手，充分认识中国社会结构的特殊性。

中国拥有超大型的社会结构。马丁·雅克认为“中国其实是一个文明，但是他却‘伪装’成了一个国家的存在”。从规模上看，中国与其说是一个

国家，不如说是一个“洲”级的存在。

中国与欧洲的规模比较：中国国土面积960万平方公里，欧洲1060万平方公里；中国人口14亿，欧洲人口7.6亿；中国34个省级区划，欧洲44个国家和地区；2023年中国GDP总量为17.9万亿美元，欧盟27国GDP总量为18.34万亿美元。从综合情况看，中国基本相当于欧洲。

中国的超大型社会是在近五千年发展过程中逐渐形成的。从地理结构上看，许多专家学者认为，黄河长江中下游广袤肥沃的平原，适宜发展大规模的农业经济；兴修水利，连通流域的需要催生了统一的中原王朝。中原的农业社会与周边的游牧社会形成了依存与冲突并存的农牧二元结构，“中国文化多元复合性的特征，主要体现为游牧和农耕的二元对立依存的结构。如果以华夏加上四夷这种文化结构看，主要是农耕文化和游牧文化的融合，这个融合在经济上存在着互补关系。我们只强调农耕文化，忽略了游牧文化对中原文化的影响。”① “农业民族和游牧民族之间形成了这种经济上的依存关系，没有周边的发达的游牧文化，中原的农耕文化不能这么成熟；没有中原发达的农耕文化，周边的游牧民族不可能周期性地入主中原，中原不断提高周边游牧文化存在的层级，就使得小部落慢慢有能力聚合为有贵族和平民的强大的军事集团。”②

汤因比认为，文明起源于环境的挑战，文明是回应这种挑战的应战方式。从这个角度分析中国的大一统性就是对周边环境、游牧民族特性的一种应战方式。通过高度的中央集权，形成超级军备，才能保持农业社会与游牧社会之间的平衡。

中国属于多民族的社会结构。由于复杂的历史原因，世界上多数国家属于多民族国家，而多民族国家大多数属于发展中国家。亚洲和非洲一些多民族国家中的民族，实际上在殖民主义入侵之前，还处于原始社会或奴隶社会，尚未进入封建社会，处于民族整合尚未完成的部族状态。世界民族数量最多的国家有：印度尼西亚300多个民族，刚果254个民族，尼日利亚250个民族，俄罗斯193个民族，缅甸135个民族，印度100多个民族，菲律宾90多个民族，中国56个民族。

从多民族国家历史变迁看，许多规模较大的多民族国家并不稳定，“一战”结束，苏联解体，东欧剧变，都导致一些多民族国家分裂成若干国家。

① 郦正：《坚持以文化自信创造人类文明新形态》，《中国社会科学报》2023年12月27日，第5期。

② 郦正：《坚持以文化自信创造人类文明新形态》，《中国社会科学报》2023年12月27日，第5期。

在西方自由市场经济和普选政治条件下，多民族国家多数发生解体和内战。

"一战"结束，奥匈帝国解体成10个国家，奥斯曼帝国解体成40个国家；冷战结束，苏联解体成15个国家，南斯拉夫解体成7个国家，捷克斯洛伐克解体成2个国家。这些国家大部分是在大国扩张中形成的军事征服性的多民族国家，并未形成可以跨越民族、宗教的统一的共同文化基础。中国在五千年历史长河中，凝聚成统一性与多样性相结合的多元一体的共同文化，最终形成了统一的中华民族大团结的政治局面。

中国存在非均衡的社会结构。由于超大型社会的特点，中国社会发展存在长期非均衡的社会发展内部差距。我们面临着在同一历史时期，要完成从农业社会到工业社会的跨越，从工业社会到信息社会的跨越，从计划经济到市场经济的跨越，从全面建成小康社会到进入实现共同富裕的社会主义现代化社会的多重社会跨越。

党的十九大报告指出，"中国特色社会主义进入新时代，我国社会主要矛盾已经转化为人民日益增长的美好生活需要和不平衡不充分的发展之间的矛盾。"① 当前，中国存在明显的非均衡区域发展现状，我国各省市自治区发展水平仍然存在较大差距。2023 年我国地区人均生产总值第 1 名东部北京人均生产总值 20 万元，第 15 名西部宁夏人均生产总值 7.3 万元，第 31 名西部甘肃人均生产总值 4.8 万元。北京人均生产总值是宁夏的 3 倍，是甘肃的 4 倍。

城乡发展也处于非均衡状态。2023 年全国居民人均可支配收入 39218 元，城镇居民人均可支配收入 51821 元，农村居民人均可支配收入 21691 元，城乡人均可支配收入差距 2.38 倍。收入分配亦处于非均衡状态。中国基尼系数和高低收入比处于较高水平，但近年来由于精准扶贫等原因有所缩小。中国收入基尼系数从 2008 年的峰值 0.491 见顶回落，近年来维持在 0.46—0.47 区间。

非均衡发展理论是依附理论、世界体系论等后发展理论的重要组成部分。非均衡发展理论最初是瑞典经济学家缪尔达尔提出的。缪尔达尔阐述了循环累积因果论，即经济发展过程在空间上并不是同时产生和均匀扩散的，而是从一些条件较好的地区开始。一旦这些区域由于初始优势而比其他区域超前发展，则由于既得优势，这些区域就通过累积因果过程，不断积累有利因素继续超前发展；区域间的不平衡从而进一步强化和加剧，导致增长区域和滞后区域之间发生空间相互作用，表现为各生产要素从不发达区域向发达区域流动，区域经济差异不断扩大；在市场机制的作用下，

① 《党的十九大报告学习辅导百问》，党建读物出版社、学习出版社 2017 年版，第 9 页。

即发达区域更发达，落后区域更落后。这就是所谓的越富越富，愈穷愈穷的“马太效应”。

发展的不均衡问题是绝对的，均衡是相对的。协调发展是均衡和不均衡的统一。当前，努力提高社会均衡发展，是中国在社会发展中针对自身特点的合理选择。习近平在庆祝中国共产党成立100周年大会上的讲话中指出：“着力解决发展不平衡不充分问题和人民群众急难愁盼问题，推动人的全面发展、全体人民共同富裕取得更为明显的实质性进展！”①

中国面对多重复合文化的社会结构。在中国传统文化追求大一统的背后，深藏着具有文化包容性的文化复合性。我们往往强调中国文化自成一体，忽略了她是不断地包容外来因素的。儒家文化的核心精神是天下一体，但是儒家的天下一体不是天下唯一，而是海纳百川，中庸和合。中国文化也不是单一的文化，实际上是两种或多元文化元素结合形成的。

文化的多元复合性，是指任何一种现代文化都是在传播的过程中融合而生成的，是多元文化要素层层叠加，不断累进的。我国著名考古学家苏秉琦先生提出了中国文化形成的满天星斗说，他认为我国数以千计的新石器遗址可以分为六大板块，包括东北的红山文化、中原的仰韶文化、山东的大汶口文化、长江下游的河姆渡文化、长江中游的石家河文化、西南的三星堆文化等，发展成为炎黄文化、东夷文化、百越文化、荆楚文化、巴蜀文化、羌戎文化等相互融合影响的先秦文化，凝聚成中原文化和少数民族文化，最终发展为多元一体的中华民族文化大家庭。中国传统文化在历史上不断包容吸纳各种外来文化，通过陆上和海上丝绸之路，融合了印度的佛教文化、中西亚伊斯兰文化和西方文化。

进入全球化时代，中国传统文化多元复合性的特点体现出巨大的包容性和适应性。其一是天下一家的文化依存论。在个人与他人、中国与世界的关系上，中国传统文化主张天下一家，四海之内皆兄弟。其二是“华夷互变”的文化复合论。中国传统文化主张可以“华夷互变”。韩愈认为：“孔子之作《春秋》也，诸侯用夷礼则夷之，夷而进于中国则中国之。”中国文化并不排斥外来的不同文化。其三是和而不同的文化包容论。孔子曰：“君子和而不同，小人同而不和。”基于中国传统文化的自身特点，费孝通提出了“各美其美，美人之美，美美与共，天下大同”的概念，这是他对于“文化自觉”理念所作的高度概括，也是全球化时代多元文化复合的基本原则。

习近平在党的十九大报告中提出，坚持和平发展道路，推动构建人类

① 习近平：《在庆祝中国共产党成立100周年大会上的讲话》https：//www. gov. cn/xinwen/2021 -07/01/content_5621847. htm.

命运共同体。强调要尊重世界文明多样性，以文明交流超越文明隔阂、文明互鉴超越文明冲突、文明共存超越文明优越。中国在实现现代化，走向全球化的过程中，应该大力弘扬中国文化的自身特点，积极参与构建人类命运共同体。

中国作为发展中国家，自身社会结构的超大型、多民族、非均衡和多元文化复合性的特点，要求中国走现代化的发展道路，一定要从自身特点出发。在全球化时代，在实现建成社会主义现代化强国宏伟目标的进程中，坚持中国特色社会主义的道路自信、理论自信、制度自信和文化自信，认真研究全球化现代化的发展趋势，注重中国社会发展自身特点，探索中国式现代化发展道路，我们不仅能够解决好自身发展问题，而且能够探索出既符合本国实际，又能够丰富人类社会发展道路的多样性选择，作出中华民族对人类的理论贡献和实际贡献。

四、中国式现代化理论的提出和重大理论贡献

中国早在1978年就开启了改革开放的历史进程，探索出既坚持改革开放，实行社会主义市场经济为特点的经济改革，又坚持社会主义的中国特色社会主义发展道路。不但及时规避了苏联解体导致的社会危机，还能够抓住全球化信息化来临的战略机遇期，实现加速发展，和平崛起。特别是近十年来，中国特色社会主义进入新时代，中国一跃成为世界第二大经济体，取得了举世瞩目的辉煌成就。

习近平总书记于2022年7月26日在省部级主要领导干部专题研讨班上的重要讲话中指出："在新中国成立特别是改革开放以来的长期探索和实践基础上，经过党的十八大以来在理论和实践上的创新突破，我们成功推进和拓展了中国式现代化。"①

习近平总书记进一步阐明了对现代化模式单一性和多样性选择的立场。他指出："世界上既不存在定于一尊的现代化模式，也不存在放之四海而皆准的现代化标准。我们推进的现代化，是中国共产党领导的社会主义现代化，必须坚持以中国式现代化推进中华民族伟大复兴，既不走封闭僵化的老路，也不走改旗易帜的邪路，坚持把国家和民族发展放在自己力量的基

① 《习近平在省部级主要领导干部"学习习近平总书记重要讲话精神"，"迎接党的二十大"专题研讨班上发表重要讲话》https：//www. gov. cn/xinwen/2022－07/27/content_5703131. htm.

点上、把中国发展进步的命运牢牢掌握在自己手中。”①

他进一步阐述了中国式现代化的本质要求：“坚持中国共产党领导，坚持中国特色社会主义，实现高质量发展，发展全过程人民民主，丰富人民精神世界，实现全体人民共同富裕，促进人与自然和谐共生，推动构建人类命运共同体，创造人类文明新形态。”②

他高度概括了中国式现代化理论与实践的重大意义。他指出：“科学社会主义在二十一世纪的中国焕发出新的蓬勃生机，中国式现代化为人类实现现代化提供了新的选择，中国共产党和中国人民为解决人类面临的共同问题提供更多更好的中国智慧、中国方案、中国力量，为人类和平与发展崇高事业作出新的更大的贡献！”③

习近平总书记关于中国式现代化的重要论述，系统阐述了中国式现代化的概念、特点、本质、意义，完整准确全面地提出了中国式现代化理论，是对新中国成立以来中国特色社会主义现代化实践的高度总结和概括，是对马克思主义社会发展理论的重大创新，是习近平新时代中国特色社会主义实践的新发展，也是对现代化理论和后发展理论研究的新突破。中国式现代化理论是继西方现代化理论之后，最具理论与实践结合的理论体系，是在长期的成功实践中概括总结出来的发展中国家如何实现现代化的理论，不仅在理论上高度概括，全面系统；而且在实践中有丰富经验和成功案例，具有强大的科学性和具体操作性、指导性。习近平总书记提出的中国式现代化理论，奠定了中国式现代化理论的概念、原则、理论体系和基本内容，对于我国哲学社会科学研究社会发展理论具有重大指导意义。

---

① 《习近平在省部级主要领导干部“学习习近平总书记重要讲话精神》，《迎接党的二十大”专题研讨班上发表重要讲话》https：//www. gov. cn/xinwen/2022 – 07/27/content_5703131. htm.

② 《党的二十大报告学习辅导百问》，学习出版社 党建读物出版社 2022 年版，第 18 页。

③ 《党的二十大报告学习辅导百问》，学习出版社 党建读物出版社 2022 年版，第 12 页。

新中国成立以来中国共产党主要领导人探索中国式国防现代化的基本经验

张树德　王会方[①]

新中国成立后，党的军事工作重心从革命斗争转到巩固国防、建设现代化国防上来。毛泽东、邓小平、江泽民、胡锦涛、习近平从中国国情军情、特别是军事斗争的实际情况出发，根据不同历史时期国防建设新形势和新任务的需要，不断总结建设现代化国防的实践经验，在抵御外来侵略、维护国家独立和统一的斗争中，在新中国 70 多年的成功实践和理论探索中，走出了一条立足自身的中国式国防现代化发展道路，并形成了一整套充满中国特色、中国气派的系统化的中国式国防现代化理论。认真总结在这一历程中形成的宝贵经验，对于实现人民军队既定奋斗目标，建成世界一流军队，具有重要指导意义。

一、中国式国防现代化必须站在国家安全战略和国家战略高度，充分认识和把握国防现代化的极端重要性

社会主义现代化建设是国家战略，是综合性奋斗目标，国防现代化建设是社会主义现代化建设的重要组成部分。国防建设需要在社会主义现代化建设的整体大框架中进行。新中国成立前后，面对严峻复杂的国际国内环境，迫切要求在完成社会主义现代化建设战略任务的过程中，大力加强国防现代化建设，以抵御外侵，捍卫国家安全、维护社会稳定。1949 年 9 月，毛泽东在中国人民政治协商会议上庄严宣告："我们的国防将获得巩固，不允许任何帝国主义者再来侵略我们的国土。"[②] 为此，毛泽东高度重

① 张树德，军事科学院军队政治工作研究院研究员、博士生导师；王会方，军事科学院军队政治工作研究院助理研究员。

② 《毛泽东文集》第五卷，人民出版社 1996 年版，第 345 页。

视国防现代化建设，全面分析旧中国有国无防的沉痛历史教训，深刻阐述了加快中国式国防现代化建设的必要性。1949 年 10 月，毛泽东亲自主持了新中国成立后的第一次军委会议，专门研究国防问题，并成立了国防研究小组，为保卫国家主权、安全和发展利益拿出具体方案。1956 年 4 月，毛泽东再次指出，“国防不可不有”①，在现在的世界上，我们要不受人欺负、立于不败之地，就“一定要加强国防”②，而且“以后还要比现在强”③。毛泽东指出：“建设社会主义，原来要求是工业现代化，农业现代化，科学文化现代化，现在要加上国防现代化。”④ 毛泽东从中国客观实际出发，深入细致地分析和研究我国如何加强国防事业，如何建设强大的现代化国防，如何发展社会主义现代化事业，为我们加强中国式国防现代化建设奠定了坚实基础、指明了前进方向。

改革开放后，依据中国国情、军情和当代世界军事发展的趋势，邓小平强调，国防现代化建设是我国社会主义现代化建设的基本内容之一，本身就与整个国家建设大局、安全大局密切关联。他明确强调：“国家的主权、国家的安全要始终放在第一位。”⑤ 在邓小平的现代化思想中，国防现代化是其他一切现代化的有力支撑，始终与其他现代化以及社会主义现代化战略大局有机统一在一起。他多次指出：“四个现代化，其中就有一个国防现代化。如果不搞国防现代化，那岂不是只有三个现代化了？”⑥ 江泽民主持军委工作后，高度重视国防现代化建设的战略作用。他明确指出，“建立巩固的国防是我国现代化建设的战略任务，是维护国家安全统一和全面建设小康社会的重要保障”⑦，必须把国防现代化建设摆在战略位置抓紧推进务求必成。他认为，国防现代化建设是一项宏大的系统工程，没有几代人的不懈努力，没有科学的发展战略是不行的。他强调，面对复杂的国际社会，如果不能形成与国家建设相协调的国防实力，就不能有力地保证国家安全。所以，脑子要复杂点，要加快国防现代化建设，这样，我们在整个国际斗争中腰杆子才能硬起来。胡锦涛根据时代发展要求，基于对我国安全形势既面临境外敌对势力西化、分化政治图谋的严峻挑战，又面临我国改革发展进入关键时期新矛盾新问题的复杂考验等战略判断，特别是人

① 《建国以来重要文献选编》第八册，中央文献出版社 1994 年版，第 247 页。
② 《建国以来重要文献选编》第八册，中央文献出版社 1994 年版，第 248 页。
③ 《建国以来重要文献选编》第八册，中央文献出版社 1994 年版，第 247 页。
④ 《毛泽东思想年编：1921—1975》，中央文献出版社 2011 年版，第 892 页。
⑤ 《邓小平文选》第三卷，人民出版社 1993 年版，第 348 页。
⑥ 《邓小平文选》第三卷，人民出版社 1993 年版，第 128 页。
⑦ 《中国共产党第十六次全国代表大会文件汇编》，人民出版社 2002 年版，第 41 页。

民军队建设“两个不相适应”的突出矛盾，强调要“把科学发展观作为国防和军队建设的重要指导方针”①，进一步推动了国防现代化建设融入国家现代化战略全局，实现适应国家安全和利益需求的国防现代化的跨越式发展。

面对国家安全环境的深刻变化，面对强国强军的时代要求，习近平主席鲜明提出“坚持走中国特色强军之路，全面推进国防和军队现代化”②使命任务，进一步明确国防现代化建设在党的强国强军事业总体布局中的战略定位，深刻揭示加强国防现代化建设是中国特色强国强军事业顺利推进的重要支撑力量和坚强安全保障，把我们党对国防现代化建设重要性的认识提高到了新的战略高度。习近平主席就国防和军队现代化建设作出了一系列新的战略决策、提出了一系列新的战略观念、采取了一系列新的战略举措，明确国防和军队现代化建设的奋斗目标、战略步骤和基本任务，明确力争到二〇三五年基本实现国防和军队现代化，到本世纪中叶把人民军队全面建成世界一流军队的战略部署。这一战略部署与实现“两个一百年”奋斗目标、实现中华民族伟大复兴的中国梦紧密相连，高度契合。新时代新征程，随着国内外形势的深刻变化，我国发展面临新的战略机遇、新的战略任务、新的战略阶段、新的战略要求、新的战略环境，实现国防和军队现代化进程与国家现代化进程相一致仍存在差距，必须不断巩固拓展国防和军队改革成果，大力度推进国防和军队现代化改革，着力解决制约国防和军队建设的体制性障碍、结构性矛盾、政策性问题，才能真正建成同我国国际地位相称、同国家安全和发展利益相适应的巩固国防和强大军队，为实现“两个一百年”奋斗目标和中华民族伟大复兴的中国梦提供坚强有力保证。

二、中国式国防现代化必须紧紧依靠中国人自己的力量，坚持自力更生为主与争取外援为辅相结合

历史上正反两方面的经验教训都表明，走好中国式国防现代化道路，必须坚持自力更生为主，这不仅是内因决定论的深刻体现，更是历史经验教训的现实印证。我国的国防现代化建设不能仅仅依靠外援，不可以对其抱有不切实际的幻想。外援虽然能够给我们带来一定程度上的帮助，实现某些领域的弯道超车，但只能是辅助作用，那些“造不如买”的提法，更不是长久之计。中国式国防现代化走的是符合中国国情军情的发展道路，

---

① 胡锦涛：《高举中国特色社会主义伟大旗帜 为夺取全面建设小康社会新胜利而奋斗——在中国共产党第十七次全国代表大会上的报告》，人民出版社2007年版，第42页。

② 《习近平著作选读》第二卷，人民出版社2023年版，第43页。

这就决定了只有坚持独立自主、自力更生为主才能形成中国式国防现代化的核心竞争力，增强社会主义国防现代化力量，有更多能力和底气应对国际上的各种复杂情况。早在 1945 年 1 月，毛泽东在陕甘宁边区劳动英雄和模范工作者大会上就深刻指出："我们是主张自力更生的。我们希望有外援，但是我们不能依赖它，我们依靠自己的努力，依靠全体军民的创造力。"① 在国防现代化建设上，他指出要依靠自己的力量，自己能生产、自己能制造的武器装备，应该发挥自身潜力去完成。毛泽东曾反复强调，现代化是买不来的，也买不起，这是因为帝国主义国家不可能允许我们顺利地实现国防现代化，关键时刻他们还会卡我们的脖子。新中国成立后，毛泽东对自力更生和争取外援关系的认识更加深刻，倡导独立自主、自力更生，但从不排斥外援，从不反对向国外学习。20 世纪 50 年代，毛泽东提出"必须向苏联的军事科学学习，以便迅速把我军提高到足以在现代化的战争中取胜的水平"②。坚持自力更生为主和争取外援为辅具有对立统一性，不同阶段的援助背后有不同的深刻原因，必须抓住这一点，正确看待其他国家对我们提供的帮助，认清背后的政治意图，在世界各国的矛盾中寻求自身国防现代化的发展点，增强国防力量。

邓小平一贯主张："中国的事情要按照中国的情况来办，要依靠中国人自己的力量来办。独立自主，自力更生，无论过去、现在和将来，都是我们的立足点。"③ "从五十年代中期到七十年代，即在建国三十二年多的时间里大体有二十几年，我们完全或基本上处于没有外援的状况，主要靠自力更生。没有外援也有好处，迫使我们奋发努力。在这种精神的激励下，我们在这个期间搞出了原子弹、氢弹、导弹，发射了人造卫星等等。所以，我们向第三世界朋友介绍的首要经验就是自力更生。当然，这并不是说不要争取外援，而是要以自力更生为主。这样，就可以振奋起整个国家奋发图强的精神，把人民团结起来，就比较容易克服面临的各种困难。"④ 江泽民和胡锦涛继承自力更生、争取外援的科技现代化方针，并加以深化。江泽民强调，要"坚持自主研究开发与引进国外先进技术相结合"⑤，要虚心学习人家的先进科学技术，把学习和引进先进技术同自己的创造结合起来，目的是要提高我们自己的科研和制造水平，搞出中国式的更好更新的东西。胡锦涛强调，要坚持自力更生和艰苦创业相结合，把加强自力更生与充分

---

① 《毛泽东选集》第三卷，人民出版社 1991 年版，第 948 页。
② 《建国以来重要文献选编》第四册，中央文献出版社 1993 年版，第 11 页。
③ 《十二大以来重要文献选编》(上)，人民出版社 1986 年版，第 3 页。
④ 《邓小平文选》第二卷，人民出版社 1994 年版，第 406 页。
⑤ 《十四大以来重要文献选编》(中)，人民出版社 1987 年版，第 1346 页。

发挥自身主动性和创造性结合起来。中国在一些领域已经具备实现技术跨越式发展的基础和条件，关键是要善于抓住一切可以抓住的机遇，实现中国科技由模仿向创新能力发展的转变，使自己掌握中国科技现代化的发展命运。

党的十八大以来，习近平主席立足党和国家发展全局，深刻阐明了加快高水平科技自立自强的必要性和紧迫性。从内因看，深入实施创新驱动发展战略，实现高水平科技自立自强，是全面推进中国式现代化的内在要求。从外部环境看，科技创新已经成为国际战略博弈的主战场，高水平科技自立自强已经成为影响我国国家安全的关键因素，是有效应对多元复杂安全风险和维护国家发展利益的重要保证。他强调："科技自立自强是国家强盛之基、安全之要"①，"实践反复告诉我们，关键核心技术是要不来、买不来、讨不来的"②。走高水平自立自强之路，需要通过自力更生倒逼自主创新能力的提升，才能突破西方国家的技术封锁，真正掌握竞争和发展的主动权。同时，走自立自强之路，也需要"实行高水平对外开放"③。"实行高水平对外开放"，就是要从过去的"规则跟随"型开放转向主动地"规则执行"型开放，通过深层次参与全球安全治理，逐步提高我国在全球中的话语权。在当代中国，只要我们把国家和民族发展放在自己力量的基点上，有重点地推动对外开放，依靠自己的力量求生存、谋发展，就一定能推动党和国家各项事业取得新的伟大成就。

三、中国式国防现代化必须正确处理好国防建设和经济建设的关系

正确处理好国防建设与经济建设的关系，事关中国式国防现代化的健康发展。对此，中国共产党的主要领导人都有着非常清醒地认识。1950 年 9 月，毛泽东明确指出："中国必须建立强大的国防军，必须建立强大的经济力量，这是两件大事。"④ 1956 年 4 月，毛泽东进一步指出："把军政费用降到一个适当的比例，增加经济建设费用。只有经济建设发展得更快了，

① 《习近平在湖北武汉考察时强调 把科技的命脉牢牢掌握在自己手中 不断提升我国发展独立性自主性安全性》，载《人民日报》，2022 年 6 月 30 日。

② 习近平：《论把握新发展阶段、贯彻新发展理念、构建新发展格局》，中央文献出版社 2013 年版，第 271 页。

③ 《习近平著作选读》第二卷，人民出版社 2023 年版，第 413 页。

④ 《中共中央文件选集（一九四九年十月——一九六六年五月）》第四册，人民出版社 2013 年版，第 132 页。

国防建设才能够有更大的进步。”① 在相对和平年代，国防现代化建设需要国家投资作为经济基础，为更好地服务于国家建设的整体大局，国防建设和经济建设应当统筹协调发展，形成良性互动。国防建设需要有足够的经济条件作为基础，经济建设需要有强大的现代化国防作为后盾，两者不可偏废。即使在特定的历史条件下，估计到中国可能即将面对战争的威胁，毛泽东突出强调必须加强国防建设，抓好战备工作时，他也没有孤立地只抓国防建设，而忽略经济和其他方面的建设。毛泽东加强国防和经济建设是一种科学的辩证思想，是一体推进国防和经济建设的重要保证。

党的十一届三中全会后，邓小平作出和平与发展是时代主题的重大判断，由此为国防建设和经济建设的正确发展提供了历史前提。邓小平指出，我国当前的国防建设，必须从社会主义初级阶段这个基本国情出发，服从于经济建设大局，在以经济建设为中心的国家大局下进行国防建设，促进实现经济建设与国防建设的协调发展。邓小平强调：“现代化建设的任务是多方面的，各个方面需要综合平衡，不能单打一。但是说到最后，还是要把经济建设当作中心。离开了经济建设这个中心，就有丧失物质基础的危险。其他一切任务都要服从这个中心，围绕这个中心，决不能干扰它，冲击它。”② 在集中精力加强经济建设的同时，要投入有限的力量，有计划、有重点、分步骤地加强国防建设，为未来可能发生的战争做好充分准备。江泽民在领导进行国防现代化建设的实践中，始终坚持“以经济建设为中心，经济建设与国防现代化建设两头兼顾、协调发展”③ 的战略方针。江泽民指出：“军队要服从和服务于国家经济建设大局，勤俭建军，积极支持和参加国家经济建设。”④ 1999 年之后，我国国防现代化投入得到“补偿性发展”。党的十六大之后，国防建设与经济建设的关系不再是服从关系，而是变为协调发展，表述为要“坚持国防建设与经济建设协调发展的方针，在经济发展的基础上推进国防和军队现代化”⑤，这是对两者关系的一个全新定位。胡锦涛统筹国防建设和军队建设，从全局、长远、大势上作出的新的战略考虑，他指出：“要依托国家经济社会发展，把国防建设融入现代化建设全局之中，统筹国防资源与经济资源，注重国防经济和社会经济、军用技术和民用技术、军队人才和地方人才的兼容发展，进一步形成国防建

① 《建国以来重要文献选编》第八册，中央文献出版社 1994 年版，第 247 页。

② 《邓小平文选》第二卷，人民出版社 1994 年版，第 250 页。

③ 《江泽民论有中国特色社会主义》（专题摘编），中央文献出版社 2002 年版，第 478—479 页。

④ 《江泽民文选》第二卷，人民出版社 2006 年版，第 36 页。

⑤ 《中国共产党第十六次全国代表大会文件汇编》，人民出版社 2002 年版，第 41 页。

设和经济建设相互促进、协调发展的良好局面。”①

国防建设和经济建设深度融合发展是以习近平同志为核心的党中央着眼国家安全和发展全局、实现富国强军相统一所提出的重大战略思想。习近平指出，如果经济建设和国防建设的关系处理不好，就会走弯路、吃苦头，必须坚持两大建设在发展时序上保持总体协调、步调一致。《关于经济建设和国防建设融合发展的意见》（以下简称《意见》）作为新中国成立以来党中央、国务院、中央军委颁布的第一个指导经济建设和国防建设融合发展的纲领性文件，在2016年习近平主持召开的中共中央政治局会议上审议通过。《意见》明确指出，经济建设和国防建设融合发展的主要目标是形成全要素、多领域、高效益的融合发展格局。为实现这一目标，必须深化改革破除融合障碍，注重创新驱动增强融合动力，注重开放包容拓展融合空间，注重协同联动形成融合合力，注重共用共享释放融合红利。习近平进一步明确，我们谋求国家两大建设融合发展，终极目标是要以领先于当代的物质技术力量为基础构建强大军事力量，赢得现代国家发展和安全的动态主导权。这就要求，我国的经济建设和国防建设必须与世界先进水平保持协调一致，甚至要建立起领先于世界的先进经济技术力量和国防力量，这样才能实现真正意义上的富国强军。习近平关于国防建设和经济建设深度融合发展的战略思想，对于推动经济建设和国防建设在更广范围、更高层次、更深程度上融合发展，具有重大而深远的战略意义。

四、中国式国防现代化必须坚持军民结合、平战结合

毛泽东高度重视军民结合与平战结合问题，他强调，军需与民用应当兼顾，在不同的任务中学会不同的本领，坚持军民结合、以军为主。同时，处理国防现代化建设中军民关系和平战关系时，不能是消极的、被动的，而是积极的、主动的、有所成效的。他指出，为适应平时和战时国家对军品需求相差悬殊的客观情况，国防工业要实行平战结合，担负两种职能，学会两套本领，既能生产军需品又能生产民用品，平时应参加国家经济建设，发挥先进设备的技术优势，在确保军品生产充足的基础上，根据国家计划和市场需要，积极安排民用品的生产，为国家发展和人民生活服务；战时国防工业应集中进行军品生产，为战争实际需要提供强大保障，并让民用工业在一定条件下掌握军品生产的能力，根据战时需求增加军用品的

① 胡锦涛：《在庆祝中国人民解放军建军80周年暨全军英雄模范代表大会上的讲话》，《人民日报》2007年8月2日。

生产。毛泽东还十分重视国防现代化建设中资源的有效利用，指出面对同种类型的工业生产，国防工业和民用工业的生产应当科学结合、避免资源浪费，就国防任务特点满足多方需要。

党的十一届三中全会后，中国进入改革开放新时期，经济建设成为党和国家的中心工作。正是在邓小平这一战略思想指导下，国防工业坚持军民结合的方针逐步明晰和确立起来。1979 年初，国务院、中央军委为发展国防科技和国防工业重新制订了“十六字方针”，即军民结合，平战结合，以军为主，以民养军。1982 年，邓小平在与军队领导同志的谈话中，对上述方针进行修改，以军为主改为军品优先，其他三句不变。这样，经过邓小平修改后的十六字方针是军民结合，平战结合，军品优先，以民养军。这一方针，既是对过去我国国防工业发展的成功经验的总结，也是对新时期国防工业发展方向的正确规定。1986 年，在谈到军工体制改革问题时，他批评了苏联式军工体制的弊端，指出：“苏联体制的突出问题是军事工业孤立地一马当先，带动不了民用工业，带动不了经济和技术。”[①] 从反思苏联僵化军工体制的角度，强调要把国防工业融入整个国家经济建设中去。江泽民继续推进国防工业走军民结合的路子。特别是党的十四大明确提出要在我国确立社会主义市场经济体制后，江泽民指出：“按照发展社会主义市场经济的要求，坚持军民结合、平战结合，建立和完善国防工业运行机制，提高军民兼容程度，增强平战转换能力，走出一条符合我国国情并反映时代特征的国防现代化建设道路。”[②] 在继承邓小平的有关军民结合思想的基础上，适应社会主义市场经济的发展，江泽民丰富并发展了这一思想，明确提出了“寓军于民”的思想。具体来讲，“寓军于民”有三层含义：一是坚持寓军于民，建设中国特色的国防工业体系；二是通用设施要能军能民，军民合用；三是军队后勤保障必须社会化。对此，江泽民指出：“坚持寓军于民，是一个关系国民经济和国防科技建设全局的重大问题。”[③] 胡锦涛对前三代领导集体关于国防工业和民用工业关系思想进行继承和发展，提出了“走中国特色军民融合式发展路子”[④] 战略思想。党的十六大之后，胡锦涛一再强调，国防动员是实现军民结合、寓军于民的重要组织形式；实现国防和军队建设又快又好发展，必须坚持军民结合、寓军于民，把国防和军队建设融入国家经济社会发展体系之中，能够利用民用资源的就不

---

① 《邓小平军事文集》第三卷，军事科学出版社、中央文献出版社 2004 年版，第 281 页。

② 《江泽民文选》第一卷，人民出版社 2006 年版，第 473 页。

③ 江泽民：《论科学技术》，中央文献出版社 2001 年版，第 209 页。

④ 《胡锦涛文选》第三卷，人民出版社 2016 年版，第 541 页。

自己铺摊子，能纳入国家经济科技发展体系的就不另起炉灶，能依托社会保障条件办的事都要实行社会化保障，从而把平战结合、军民结合、寓军于民的思想发展到了新的高度。

党的十八大以来，习近平对军民融合发展作出一系列重要论述和重大决策，并将其上升为国家战略，明确了“为什么融”“融什么”“怎么融”等一系列根本性、全局性、方向性问题。他强调：“坚持富国和强军相统一，强化统一领导、顶层设计、改革创新和重大项目落实，深化国防科技工业改革，形成军民融合深度发展格局，构建一体化的国家战略体系和能力。”① 在战略定位上，强调把军民融合发展上升为国家战略；在发展阶段上，指出我国军民融合发展刚进入由初步融合向深度融合的过渡阶段；在奋斗目标上，提出要加快形成全要素、多领域、高效益的军民融合深度发展格局；在总体要求上，强调贯彻落实总体国家安全观和新形势下军事战略方针；在实现途径上，指出要向军民融合发展重点领域聚焦用力。这些重要讲话精神，赋予了军民融合发展新的时代内涵，形成了完善、系统的中国特色军民融合发展战略思想，是习近平新时代中国特色社会主义思想的重要组成部分，把军民融合发展提升到了新高度、新境界、新水平。

五、建立独立完整的国防现代化工业体系，坚持发展尖端武器与常规武器并举

新中国成立 70 多年来，形成了完善的国防现代化工业体系，并逐步探索出了一条坚持发展尖端武器与常规武器并举的正确道路。毛泽东通过总结历史经验，结合我国社会主义现代化建设的具体实际，吸收苏联等其他国家的实践经验，从维护我国国家利益出发，制定和构建了中国式国防现代化工业体系。独立完整的国防现代化工业体系能够为提升军事对抗中人民军队的现代化作战力和打赢力提供可靠保障和坚实后盾。毛泽东提出了“两个拳头，一个屁股”的方针，强调只有优化国防工业的合理布局，筑牢配套的工业基础，才能形成完整的国防现代化工业体系。同时，武器装备的发展是国防工业体系实现现代化的重要方面，独立完整的国防工业体系必然离不开现代化武器装备的中国制造。1953 年，毛泽东指出：“依靠我们过去和较为落后的国内敌人作战的装备和战术是不够的了，我们必须掌握

① 习近平：《决胜全面建成小康社会 夺取新时代中国特色社会主义伟大胜利——在中国共产党第十九次全国代表大会上的报告》，人民出版社 2017 年版，第 54 页。

最新的装备和随之而来的最新的战术。"① 毛泽东坚持发展尖端武器与常规武器并举。1956年4月，毛泽东提出："不但要有更多的飞机和大炮，而且还要有原子弹。"② 常规武器为我国安全提供基本保障，原子弹、氢弹、人造卫星等尖端武器的发展，大大提升了我国在国际社会上的军事地位。我国研发尖端武器不是为了主动发起战争，而是为了破除帝国主义的高精尖武器垄断，抵御外国的军事威胁，为最坏的情况做最好的准备。一方面，要集中力量攻克尖端武器的技术瓶颈，使我国的军事武器能力得到大幅度提升；另一方面，要更加重视常规武器的不断改善优化，筑牢我国武器装备的发展根基，只有坚持两条腿走路，才能够走得稳、走得远。

国防现代化的重要标志，是武器装备现代化，邓小平从现代战争和新技术革命要求出发，明确提出要把"抓装备"摆在重要地位。他指出："一定要在国民经济不断发展的基础上，改善武器装备，加速国防现代化。"③ 并强调"军队装备也要有规划"④，要根据现有国力、国家可以提供的经济和技术条件以及我军武器装备建设的薄弱环节，区分轻重缓急、突出重点，把有限的财力、武力集中起来，通盘考虑、科学规划，集中力量取得成效，以此带动武器装备现代化的整体提高。邓小平提出坚持少而精的原则，以发展常规武器为主，重点发展一些核武器和其他尖端武器，以此带动国防现代化整体水平发展，这也符合我国国防现代化发展的具体国情军情。江泽民根据世界军事发展新形势明确指出："在当今世界上，一个国家如果不随着经济社会发展努力增强国防实力，提高军队的素质和武器装备水平，在现代技术尤其是高技术条件下的作战能力不强，一旦战争发生，往往陷于被动挨打的地位，国家利益、民族尊严和国际威望就要受到极大损害。"⑤ 他强调要适应世界新军事变革的趋势和未来作战需要，按照"突发事件有准备，局部战争有保障，威慑有手段，发展有基础"的目标，确立与之相适应的武器装备发展战略和发展思路。胡锦涛强调要切实搞好装备发展的科学筹划和顶层设计，加快我军高新技术武器装备的自主式、跨越式、可持续发展。

强国必须强军，强军必须利器。武器装备是军队现代化的重要标志，是军事斗争准备的重要基础，是维护国家安全、进行国际战略博弈的利器。只有拥有先进的武器装备，才能更好地震慑强敌、以武止戈。习近平指出，

---

① 《毛泽东年谱（一九四九——一九七六）》第二卷，中央文献出版社2013年版，第6页。
② 《毛泽东年谱（一九四九——一九七六）》第二卷，中央文献出版社2013年版，第567页。
③ 《邓小平文选》第二卷，人民出版社1994年版，第395页。
④ 《邓小平文选》第二卷，人民出版社1994年版，第20页。
⑤ 《江泽民文选》第一卷，人民出版社2006年版，第285页。

必须把装备建设放在国际战略格局和国家安全形势深刻变化的大背景下来认识和筹划，放在实现“两个一百年”奋斗目标、实现中华民族伟大复兴中国梦的历史进程中来认识和筹划，放在国防和军队现代化建设优先发展的战略位置来抓。当前，新一轮科技革命、产业革命、军事革命正快速演进，武器装备远程精确化、智能化、隐身化、无人化趋势更加明显，一些先进武器装备从技术上突破了时空界限，将改变传统战争的攻防格局。武器装备一旦形成代差，往往导致作战力量、作战指挥、作战方式的“非对称”，人和武器的数量优势将大大减弱，人的决策、指挥、精神等能动性作用将受到极大制约，以往的战术战法将被改变，甚至直接决定战争成败。必须“把装备建设得更好一些、更快一些”，才能在世界军事高新技术领域占有一席之地。我们深刻认识到，我国与发达军事强国相比，武器装备在很多方面还存在明显差距和短板，需要加快推进武器装备现代化全面建设。为此，习近平强调，必须充分认识推进武器装备现代化的紧迫性，更加积极主动地瞄着明天的战争加快发展武器装备，加紧构建武器装备现代化管理体系，才能全面提升我军武器装备的现代化水平，为实现建军一百年奋斗目标作出积极而有效的贡献。

新时代新征程，加快建设适应未来战场的中国式国防现代化仍在路上。党的二十大报告明确指出，要“研究掌握信息化智能化战争特点规律”。面向未来信息化智能化战争，塑造安全态势，遏制危机冲突、打赢局部战争，必须加快推动中国式国防现代化向适应信息化智能化的国防需求转变。因此，我们一定以更加坚定的意志、更加清醒的头脑、更为扎实的行动和更为有力的举措，积极探索更具中国特色的、面向未来战场的、能够掌握未来战场主动的中国式国防现代化规律，积极打造强大中国式国防现代化力量体系，为维护国家安全、民族尊严、国际威望、人民利益提供坚强有力保证。

马克思哲学观与“六个必须坚持”的世界观和方法论

李 兵[1]

一、为什么提出这个问题

党的二十大报告用“六个必须坚持”概括和阐述了习近平新时代中国特色社会主义思想的世界观和方法论以及贯穿这一思想始终的立场观点方法。报告原文是这样表述的：“实践没有止境，理论创新也没有止境。不断谱写马克思主义中国化时代化新篇章，是当代中国共产党人的庄严历史使命。继续推进实践基础上的理论创新，首先要把握好新时代中国特色社会主义思想的世界观和方法论，坚持好、运用好贯穿其中的立场观点方法。”[2] 报告接着用“六个必须坚持”，即必须坚持人民至上、必须坚持自信自立、必须坚持守正创新、必须坚持问题导向、必须坚持系统观念、必须坚持胸怀天下，阐述了这一世界观和方法论的理论内涵。首先，这段论述是在强调谱写马克思主义中国化时代化新篇章；其次，这段论述是要解决这一理论创新的世界观和方法论以及立场观点方法的问题；最后，这段论述是将世界观方法论和立场观点方法放在一起（用逗号隔开）阐述的，这样来看，把“六个必须坚持”既理解为习近平新时代中国特色社会主义思想的世界观和方法论，又理解为它的立场观点方法的集中体现是能够成立的。如果结合“谱写马克思主义中国化时代化新篇章”的历史使命和首先必须解决好实现理论创新的世界观和方法论问题来讲，我们不仅可以把“六个必须坚持”理解为这一思想的世界观和方法论，而且应该从马克思主义中国化时代化的理论创新，并且是在世界观和方法论层面的重大突破和

① 李兵，四川大学马克思主义学院教授。

② 《习近平著作选读》第一卷，人民出版社 2023 年版，第 15—16 页。

创新的高度来看待“六个必须坚持”的重要意义。正是基于这样的理解，我们认为，“习近平新时代中国特色社会主义思想的世界观和方法论”这一重要命题的提出，表明我们党不仅已经形成了以“十个明确”“十四个坚持”“十三个方面成就”为主要内涵用以指导党和国家各项事业的科学理论体系，使党的理论实现了以“三大规律”认识的深化为标志的具体内容上的创新，而且以“六个必须坚持”的世界观和方法论的概括和阐述为标志，实现了党的理论在世界观和方法论，亦即哲学层面的创新，它充分体现了当代中国共产党人不仅在指导和引领改革发展稳定、治党治国治军、内政外交国防的具体理论上达到了高度的自信和自觉，而且在看待和处理人和世界关系的基本态度和方式的“哲学理念”上，也就是哲学世界观和方法论的层面上达成了自信和自觉。

然而，由于“六个必须坚持”的话语方式和叙事方式是那样的平实和质朴，阐述的内容是那样的贴近我们的日常生活、那样的“接地气”，甚至同日常的“政治话语”“宣传话语”并没有拉开概念、命题和表述上的间距，与人们观念中关于本体论、认识论、辩证法、历史观、真理论、价值论等高深玄妙的哲学似乎存在较大的距离，因而也给人们包括学界带来了一些疑虑，这些疑虑概括起来说，就是“六个必须坚持”何以能够成为世界观和方法论，何以具有当代中国共产党人“哲学理念”的意蕴？这就引出了一个如何理解哲学或者“关于哲学本身的观念”，即哲学观的问题。可以这样说，如果不理解马克思在“哲学理念”上所实现的变革，不将“六个必须坚持”置于马克思哲学观的理论地平上加以审视，是很难真正在思想上，进而在实践上将其作为“世界观和方法论”，亦即关于看待和处理人与世界关系的基本态度和方式的理论来对待的。

二、马克思哲学观或哲学理念的变革

作为“千年第一思想家”的马克思首先是一个哲学家，应该是没有任何争议的。然而，人们在学习马克思、阅读马克思的时候，经常会遇到这样一个令人费解的问题：究竟什么是马克思的哲学？他的哪一个文本是他的哲学著作？这不仅是初学者普遍遇到的困惑，也是不少从事马克思主义理论教学和研究的人经常遇到的难题。无疑我们可以回到教科书，将其解说为辩证唯物主义和历史唯物主义，但是，即便如此，辩证唯物主义和历史唯物主义基本原理也是蕴涵在马克思恩格斯全部思想之中，很难从他们的哪一部（篇）著作或文章中指证出来。究其根本缘由，就是哲学在马克思那里已经发生了革命性的变革。马克思恩格斯指出：“在思辨终止的地方，在现实生活面前，正是描述人们实践活动和实际发展过程的真正的实证科学开始的地方。……对现实的描述会使独立的哲学失去生存环境，能够取而代之的充其量不过是从人类历史发展的考察中抽象出来的最一般的结果的概括。"① 可见，哲学在马克思那里已经不再是"喜欢幽静孤寂，闭关自守并醉心于淡漠的自我直观"② 的"从天国降到人间"的专注于"解释世界"的玄妙之学，而是"从人间升到天国"，以"改变世界"为己任的"关于现实的人及其历史发展的科学"。③

马克思集中谈论"哲学观"的文献主要是《莱茵报》时期的《第179号"科隆日报"社论》。在这篇长文中，马克思从哲学应不应该在报纸上谈论宗教和政治问题的角度切入，在批判反对哲学介入人们的现实生活的错误观点的过程中，论述了哲学的产生及其理论性质、形态和功能，表达了马克思对哲学的理解，结合马克思在其他文献中的相关论述，我们大致可以把握到他对哲学的理解即他的哲学观。

第一，哲学是"自己的时代""自己的人民"的产物。马克思说："哲学家的成长并不像雨后的春笋，他们是自己的时代、自己的人民的产物，人民最精致、最珍贵和看不见的精髓都集中在哲学思想里。"④ 马克思的理论先驱黑格尔曾深刻地指出："每个人都是他那时代的产儿。哲学也是这样，它是被把握在思想中的它的时代。妄想一种哲学可以超出它那个时代，这与妄想个人可以跳出他的时代，跳出罗陀斯岛，是同样愚蠢的。"⑤ 黑格尔这一被誉为"哲学的秘密现在被无情地揭示了"的论断，马克思深以为然，但又赋予了这一思想以更为深刻的内涵：哲学家不仅是"自己的时代的产物"，还是"自己的人民的产物"，哲学不过是在哲学家思维着的头脑中对人民"最精致、最珍贵和看不见的精髓"所达成的自觉，并以系统化的理论形式表达出来。人民作为历史的主体，具有理解时代精神的"存在论"上的优先地位，"意识在任何时候都只能是被意识到了的存在，而人们的存在就是他们的现实生活过程"。⑥ 这些关于时代的"意识"，或许表现为"愿望""诉求""倾向"等感性的、不系统的"意见"，而哲学"非常懂得生活"，它"所关心的是大家的真理，而不是某几个人的真理"，⑦ 它

---

① 《马克思恩格斯选集》第1卷，人民出版社2012年版，第153页。
② 《马克思恩格斯全集》第1卷，人民出版社1956年版，第120页。
③ 《马克思恩格斯选集》第4卷，人民出版社2012年版，第247页。
④ 《马克思恩格斯全集》第1卷，人民出版社1956年版，第120页。
⑤ 〔德〕黑格尔：《法哲学原理》，商务印书馆1961年版，第12页。
⑥ 《马克思恩格斯文集》第1卷，人民出版社2009年版，第525页。
⑦ 《马克思恩格斯全集》第1卷，人民出版社1956年版，第123、116页。

能够把人们心中所想但未必想明白、嘴里所说但未必说清楚的时代的“真理”，以清晰的、理性的、逻辑的形式表达出来。从这个意义上讲，哲学就是时代的口号、人民的心声。

第二，哲学是时代的精神上的精华。马克思说：“任何真正的哲学都是自己时代精神的精华。”① 这句几乎每个人都耳熟能详的名言，不仅与前面提及的思想高度的一致，而且又进一步深化了作为时代的产物、人民的产物的哲学的思想内涵。马克思首先用“真正的哲学”与“喜欢幽静孤寂、闭关自守并醉心于淡漠的自我直观”的“德国哲学”划清了界限。其次，强调哲学与“时代精神”密切相关。这里最重要的是如何理解“时代精神”，事实上，人们在引用这句名言的时候，对“时代精神”是缺乏理解的。联系马克思讨论这一问题的相关论述来看，所谓“时代精神”就是“人民最精致、最珍贵和看不见的精髓”，它往往以“时代的迫切问题”的形式表现出来。马克思说：“一个时代的迫切问题，有着和任何在内容上有根据的因而也是合理的问题共同的命运：主要的困难不是答案，而是问题。”哲学应该是最关切现实问题的，因为“问题”是“公开的、无所顾忌的、支配一切个人的时代之声。问题是时代的格言，是表现时代自己内心状态的最实际的呼声”。② 在马克思看来，“时代的迫切问题”与人民的心声是内在统一的，这不仅因为人民作为历史的“剧中人”和“剧作者”，是时代问题的“制造者”和“参与者”，而且，时代的“内心状态”也只能通过人民的呼声表达出来。再次，哲学是“时代的精神上的精华”。强调哲学是时代的精神上的精华，就意味着哲学不是时代精神的直接映现，而是经过哲学家“思维着的头脑”加工过的思想结晶，它以某种“整体”的形式通过一定的概念系统呈现出来。马克思在《政治经济学批判〈导言〉》中指出：“整体，当它在头脑中作为思想整体而出现时，是思维着的头脑的产物，这个头脑用它所专有的方式掌握世界，而这种方式是不同于对于世界的艺术精神的，宗教精神的，实践精神的掌握的。”③ 作为时代的精神上的精华的哲学是建立在对时代精神的反思的基础上。按照黑格尔的说法，“反思”是“以思想本身为内容，力求思想自觉其为思想”。④ 简言之，经过反思的时代精神是达到了自觉状态的时代精神，它是“时代的迫切问题”和人民的心声在本质和规律层面上的体现，并以严密的逻辑形式表现出来。

---

① 《马克思恩格斯全集》第1卷，人民出版社1995年版，第220页。
② 《马克思恩格斯全集》第1卷，人民出版社1995年版，第203页。
③ 《马克思恩格斯文集》第8卷，人民出版社2009年版，第25页。
④ 〔德〕黑格尔：《小逻辑》，商务印书馆1980年版，第38页。

第二，哲学是“世界的哲学”，是“文明的活的灵魂”。马克思在指证“任何真正的哲学都是时代的精神上的精华”之后，接着说道：“必然会出现这样的时代：那时哲学不仅从内部即就其内容来说，而且从外部即就其表现来说，都要和自己时代的现实世界接触并相互作用。那时，哲学对于其他的一定体系来说，不再是一定的体系，而正在变成世界的一般哲学，即变成当代世界的哲学。……它是文明的活的灵魂。哲学已成为世界的哲学，而世界也成为哲学的世界。”① 马克思认为，作为时代的精神上的精华的哲学，它必然在内容上与自己的时代高度契合，同时在外部表现上同自己时代的现实世界接触并相互作用。在他看来，“那种曾用工人的双手建筑起铁路的精神，现在在哲学家的头脑中树立哲学体系。哲学不是世界之外的遐想，就如同人脑虽然不在胃里，但也不在人体之外一样”②，它与从事现实的历史活动的人们是统一在一起的，是内在于这种活动之中的自觉意识。在发现无产阶级这一改变世界的“物质力量”之后，马克思把哲学和无产阶级的关系看成是“精神武器”和“物质武器”、“头脑”和“心脏”的关系，并把为历史服务的哲学的任务确定为揭露人“具有非神圣形象的自我异化”，即对尘世、对法、对政治的批判。在《关于费尔巴哈的提纲》中马克思完成了对唯心主义和旧唯物主义的批判和超越，对哲学家及其哲学的使命作了这样的总结性的表述：“哲学家们只是用不同方式解释世界，问题在于改变世界。”③

综合上述马克思关于哲学（或哲学家）的重要论断，不难看到，哲学在马克思那里已不再是对于“整个世界”的本质或本原的抽象议论，也不是纠缠于“物质和精神”“存在和思维”“主体和客体”等概念的思辨游戏。用他的话说：“我们的出发点是从事实际活动的人”，这样的“人”“不是处在某种虚幻的离群索居和固定不变状态中的人，而是处在现实的、可以通过经验观察到的、在一定条件下进行的发展过程的人”④。正是以“现实的人”和“现实的问题”为出发点，“对现实的描述会使独立的哲学失去生存环境，能够取而代之的充其量不过是从人类历史的考察中抽象出来的最一般结果的概括”。⑤ 由此可见，马克思实现了哲学理念上的根本变革，哲学不过是从考察“现实的人”的活动中得出的一般结论，是“关于现实的人及其历史发展的科学”。可见，他的哲学观具有“人民性”“时代

① 《马克思恩格斯全集》第 1 卷，人民出版社 1956 年版，第 121 页。
② 《马克思恩格斯全集》第 1 卷，人民出版社 1956 年版，第 120 页。
③ 《马克思恩格斯文集》第 1 卷，人民出版社 2009 年版，第 502 页。
④ 《马克思恩格斯文集》第 1 卷，人民出版社 2009 年版，第 525 页。
⑤ 《马克思恩格斯文集》第 1 卷，人民出版社 2009 年版，第 526 页。

性”“实践性”的鲜明特征。

三、“六个必须坚持”何以具有世界观和方法论的意义

在经过上述这番理论辨析之后，我们再回到开始的问题上。习近平新时代中国特色社会主义思想是当代中国马克思主义、21 世纪马克思主义，是中华文化和中国精神的时代精华。这一基本定位决定了这一科学理论体系必然内在地蕴涵着极为丰富和深邃的当代马克思主义哲学思想。党的二十大报告对这一思想的世界观和方法论作出的“六个必须坚持”的概括，不仅在理论内容上鲜明地体现了这一世界观和方法论对辩证唯物主义和历史唯物主义基本原理的继承和发展，而且在“哲学理念”即哲学观上深刻地秉持了马克思主义哲学的精神实质。

第一，“六个必须坚持”彰显了鲜明的“人民性”。习近平指出：“人民性是马克思主义的本质属性，党的理论是来自人民、为了人民、造福人民的理论，人民的创造性实践是理论创新的不竭源泉。”“中国共产党是为中国人民谋幸福、为中华民族谋复兴的党，也是为人类谋进步、为世界谋大同的党。”① 把“人民至上”和“胸怀天下”提升为“六个必须坚持”重要内容，充分体现了这一世界观和方法论对马克思主义本质属性和价值理想的坚守，同时，也深刻地揭示了理论创新的根据和方向。

马克思主义的立足点是“人类社会或社会的人类”，其归宿点是以“每个人的自由发展”为条件的“一切人的自由发展”。② 其理论所指向的运动是“绝大多数人的，为绝大多数人谋利益的独立的运动”③。从理论的来源上看，“共产党人的理论原理，决不是以这个或那个世界改革家所发明或发现的思想、原则为根据的。”“这些原理不过是现存的阶级斗争、我们眼前的历史运动的真实关系的一般表述。”④ 只有站稳人民立场、把握人民愿望、尊重人民创造、集中人民智慧，才能形成为人民所喜爱、所认同、所拥有的理论；只有不断拓展世界眼光，深刻洞察人类发展进步的潮流，积极回应各国人民普遍关切，为解决人类面临的共同问题作出贡献，同时，以海纳百川的宽广胸襟借鉴吸收人类一切文明成果，才能书写出作为时代精神精华的当代马克思主义理论篇章。“人民至上”和“胸怀天下”既是

① 《习近平著作选读》第 1 卷，人民出版社 2023 年版，第 16、18 页。

② 《马克思恩格斯文集》，第 2 卷，人民出版社 2009 年版，第 53 页。

③ 《马克思恩格斯文集》第 2 卷，人民出版社 2009 年版，第 42 页。

④ 《马克思恩格斯文集》第 2 卷，人民出版社 2009 年版，第 44—45 页。

马克思主义世界观和方法论及其立场观点方法的本质内涵和必然要求，也是当代中国共产党人基于自身的历史地位、时代方位、使命宗旨和实践要求看待和处理人和世界关系的基本态度和方式。

第二，“六个必须坚持”展现了厚重的“时代性”。习近平指出：“党的百年奋斗成功道路是党领导人民独立自主探索开辟出来的，马克思主义的中国篇章是中国共产党依靠自身力量实践出来的，贯穿其中的一个基本点就是中国的问题必须从中国的基本国情出发，由中国人自己来解答。”“我们从事的是前无古人的伟大事业，守正才能不迷失方向，不犯颠覆性错误，创新才能把握时代、引领时代。”① 将“自信自立”“守正创新”凝练为“六个必须坚持”的重要内容，充分体现了对辩证唯物主义和历史唯物主义基本原理的坚守，同时，又彰显了百年大党基于自身奋斗历程和伟大成就所确立起来的历史自信和理论自信。

中国共产党的“自信自立”“守正创新”不是凭空产生的，作为观念上的自觉，“自信自立”“守正创新”是以中国共产党在实践和理论两个层面的成功探索为基础的，具有坚实的“存在论”根据。马克思恩格斯指出：“意识在任何时候都只能是被意识到了的存在，而人们的存在就是他们的现实生活过程。”“不是意识决定生活，而是生活决定意识。”② 中国共产党的百年奋斗史就是一部从自身的探索和实践中不断获得自信自立的历史，也是一部坚持把马克思主义基本原理同中国的具体实际相结合，并在实践中不断丰富和发展这一科学理论的历史，它深刻地承载了“社会存在决定社会意识”的唯物论原理和“实践第一”的认识论原理，它使中国共产党逐步从自身的“现实生活过程”中找到了全部实践和理论的最高“本原”和终极根据，确立了解决中国问题的基本原则和路径，从而进一步夯实了“四个自信”的哲学思想根基，为中国共产党在新的历史条件下“以科学的态度对待科学、以真理的精神追求真理”，以高度的历史主动精神不断谱写马克思主义中国化时代化新篇章奠定了坚实的世界观和方法论基石。

第三，“六个必须坚持”凸显了强烈的“实践性”。习近平指出：“问题是时代的声音，回答并指导解决问题是理论的根本任务。”“万事万物是相互联系、相互依存的。只有用普遍联系的、全面系统的、发展变化的观点观察事物，才能把握事物发展的规律。”③ 将“问题导向”“系统观念”概括为“六个必须坚持”的重要内容，充分体现了这一世界观和方法论作

① 《习近平著作选读》第 1 卷，人民出版社 2023 年版，第 16—17 页。
② 《马克思恩格斯文集》第 1 卷，人民出版社 2009 年版，第 525 页。
③ 《习近平著作选读》第 1 卷，人民出版社 2023 年版，第 17 页。

为“时代的精神上的精华”的理论本性，同时，又凸显了中国化时代化马克思主义作为中国共产党人“实践智慧”的理论品格。

“问题导向”和“系统观念”是马克思主义哲学观的重要内涵，按照马克思的看法，作为时代声音的“问题”，是时代表达自己内心状态最实际的呼声，本质上既是时代性重大课题的呈现，也是人民意愿和诉求的反映。回答并指导解决时代性课题是马克思主义最重要的社会功能，无论马克思主义、列宁主义，还是毛泽东思想、中国特色社会主义理论体系、习近平新时代中国特色社会主义思想，都是在回答和指导解决重大时代课题的过程中形成和发展起来的。系统观念是唯物辩证法关于联系和发展的观点在世界观和方法论上的具体体现，也是毛泽东“矛盾分析方法”在当代中国马克思主义理论中的丰富和发展。通过历史看现实，透过现象看本质，统筹把握全局与局部、当前与长远、宏观与微观，主要矛盾和次要矛盾、特殊和一般的关系，不断提高战略思维、历史思维、辩证思维、系统思维、创新思维、法治思维、底线思维能力，是中国共产党应对各种复杂局面，不断推进党和国家事业向前发展的重要思想方法和工作方法。“理论在一个国家实现的程度，总是决定于理论满足这个国家的需要的程度。”① “凡是把理论引向神秘主义的神秘的东西，都能在人的实践中以及对这个实践的理解中得到合理的解决。”② “问题导向”“系统观念”作为把握时代精神和坚持唯物辩证法的关键，作为中国共产党人成功探索和实践的理论结晶，理应成为自己的世界观和方法论原则。

恩格斯指出：“现代唯物主义……这已经根本不再是哲学，而只是世界观，这种世界观不应当在某种特殊的科学的科学中，而应当在各种现实的科学中得到证实和表现出来。”③ 这一思想与前述马克思关于“哲学世界化”和“世界哲学化”的思想是深层一致的。正像马克思主义哲学存在于他的哲学批判、政治经济学批判、空想社会主义批判中一样，习近平新时代中国特色社会主义思想的世界观和方法论是对党的百年奋斗历史成就和经验，特别是新时代十年伟大成就和伟大变革的哲学概括，是贯穿这一思想始终的立场观点方法，是内在于这一科学理论体系之中的底层逻辑。黑格尔认为，“作为一个体系，需要有一个原理被提出并且贯穿在特殊的东西里面。”对于哲学理念，他认为“应该这样来理解那个理念，使得多种多样的现实，能被引导到这个作为共相的理念上面，并且通过它而被规定，在

① 《马克思恩格斯文集》第1卷，人民出版社2009年版，第12页。
② 《马克思恩格斯文集》第1卷，人民出版社2009年版，第501页。
③ 《马克思恩格斯选集》第3卷，人民出版社2012年版，第517页。

这个统一性里面被认识”[①]。“六个必须坚持”作为习近平新时代中国特色社会主义思想的“哲学理念”，就是这样的“原理”，就是这样的“理念”，它无疑具有当代中国共产党人世界观和方法论的意义，深刻体现了当代中国共产党人的哲学自信和自觉。

① 黑格尔：《哲学史讲演录》第2卷，商务印书馆1960年版，第384、385页。

中国共产党的历史主动与中国式现代化[①]

杨增崇　范嘉祥[②]

“历史主动”和“中国式现代化”是习近平总书记在中国共产党建党百年之际提出的重要概念。党的二十大报告要求全党同志“坚定历史自信，增强历史主动，谱写新时代中国特色社会主义更加绚丽的华章”[③]，提出“我们党成功推进和拓展了中国式现代化”，要“以中国式现代化全面推进中华民族伟大复兴”[④]，不仅将“增强历史主动”与“三个务必”一并提出，同时将中国式现代化提升到新时代新征程中国共产党的中心任务这一战略高度。两者都是具有深厚历史意蕴和宏远历史眼光的概念，这在学术界已经达成共识，关键在于要从什么样的角度和深度分析两者的历史唯物主义内涵，这关乎如何看待历史、如何面向未来。从字面上看，“历史主动”通常与“掌握”[⑤]、“把握”[⑥]、“增强”等动词搭配，或直接称作“历史主动精神”，是一种主体对待客观历史的精神状态；“中国式现代化”在历史叙事中称作“中国式现代化道路”，通常与“走出”[⑦]、

① 本文系国家社科基金重大委托专项“新时代中国特色哲学基本理论问题研究”（18VXK001）、北京市社会科学基金重点项目“历史、理论与现实三重维度下的伟大改革开放精神研究”（19LLKDA004）和“中国化马克思主义理论创新与教育宣传研究”北京高校中国特色社会主义理论研究协同创新中心（北京师范大学）项目的阶段性成果。

② 杨增崇，北京师范大学马克思主义学院副院长、教授、博士生导师；范嘉祥，北京师范大学马克思主义学院博士研究生。

③ 习近平：《高举中国特色社会主义伟大旗帜 为全面建设社会主义现代化国家而团结奋斗——在中国共产党第二十次全国代表大会上的报告》，人民出版社2022年版，第2页。

④ 习近平：《高举中国特色社会主义伟大旗帜 为全面建设社会主义现代化国家而团结奋斗——在中国共产党第二十次全国代表大会上的报告》，人民出版社2022年版，第22页。

⑤ 习近平：《在纪念辛亥革命110周年大会上的讲话》，《人民日报》2021年10月10日，第1版。

⑥ 《习近平谈治国理政》第四卷，外文出版社2022年版，第9页。

⑦ 《中共中央关于党的百年奋斗重大成就和历史经验的决议》，人民出版社2021年版，第8页。

“创造”① 等动词搭配，是一种主体在遵循和运用客观历史规律基础上做出的历史创造，也是接下来全面推进中华民族伟大复兴的道路选择。前者是主体掌握和运用历史规律的状态，后者是在这种状态下得到的历史结果；两者都是对百年党史、新中国史和改革开放史的总结，也都是向第二个百年奋斗目标进军的宏观要求。将这两个具有强烈历史底蕴和明确未来指向的概念，共置于一个整体当中加以研究，用联系和发展的观点分析内在逻辑，有助于更好把握中国式现代化的中国叙事与世界意义，探索坚定历史自信和增强历史主动的理论依据。

一、从“被动”到“主动”赋予“中国式”以历史条件

（一）先发国家“现代化”的资本逻辑输出与被动的民族史

研究中国式现代化首先要解决的是“中国式”何以可能的问题。如果从历史中抽象出来，“现代化”是一个具有普遍性和特殊性的概念。普遍性的一面是指人类社会从传统向现代社会转变的过程。包括经济、社会、文化和制度等在内的多种多样的现代化维度，都具有一个“普天下皆准”、全人类所共享的内涵与前途，如从野蛮到文明、从农业到工业、从农村到城市、从一元到多元、从封建到现代等。特殊性的一面则是不同国家和民族由于现代化起点与情境不同，在不同国情和历史文化背景下，现代化方式与道路各有不同。普遍性决定了“现代化”为世界舞台上经济状况、历史背景和文化习惯各自相异的国家和民族提供了交流对话“频道”，描绘了发展革新的共同前景；特殊性则决定了多种现代化模式共存的可能性——这本是“现代化”的积极表现。

如果回归到历史当中，“现代化”的消极方面则表现出来：缘起于西方的现代化将现代化道路“定于一尊”，一般意义的现代化强制变质为资本主义现代化的特殊形态，成为资本扩张和殖民掠夺乃至资本主义合乎“自生自发”秩序的“合理表达”，形成了现代化的“虚假的普遍性”。马克思重新还原了被遮蔽掉的特殊性。他没有直接采用“现代化”这种在当时语焉不详的说法，而是将矛头直指资产阶级，把其中的“特殊性”在逻辑上还原出来：“资产阶级，由于开拓了世界市场，使一切国家的生产和消费都成为世界性的了”②，“过去那种地方的和民族的自给自足和闭关自守状态，

① 《习近平谈治国理政》第四卷，外文出版社2022年版，第10页。
② 《马克思恩格斯文集》第2卷，人民出版社2009年版，第35页。

被各民族的各方面的互相往来和各方面的互相依赖所代替了"①，"使未开化和半开化的国家从属于文明的国家，使农民的民族从属于资产阶级的民族，使东方从属于西方"②。

马克思和恩格斯在这段经典描述中，将现代化的"世界性""各民族""互相往来"等普遍性加以承认，更将资产阶级对"自给自足和闭关自守状态"的民族、"未开化和半开化的国家"、"农民的民族"和"东方"的强制直截了当地揭示出来。资本逻辑主导的现代化并不是想将全人类平等地吸纳进现代化的"普遍圈子"当中，恰恰相反，是通过不断向后发国家输出特殊模式，以此满足剩余价值最大化需要。东方国家只是西方列强为了肆意掠夺廉价原材料和劳动力，以及倾销商品所争抢的势力范围。属于全人类的现代化美好图景在资本主义内在规律的支配下显得虚幻缥缈。

近代中国正是在"东方从属于西方"的世界格局下被动地开始了现代化。"帝国主义列强侵入中国的目的，决不是要把封建的中国变成资本主义的中国。帝国主义列强的目的和这相反，它们是要把中国变成它们的半殖民地和殖民地。"③ 洋务运动、戊戌维新、辛亥革命再到五四运动之前的新文化运动，无不是对外来刺激进行的"映射式"回应，各自从不同方面片面地回应了西方现代化带来的巨大撼动，也都没有改变"国家蒙辱、人民蒙难、文明蒙尘"的悲惨情境。传统性被打破了，新的现代性观念又迟迟不能内生地建立起来。这种情境当中的中华民族愈发展现出无力感，更无法形成一套成体系并且适合国情的现代化道路。被动的"反应"与"摹写"、被动的历史局面以及失败的现代化尝试已经在这段中国近代史中彰明较著地体现。五四运动以前的中国先进分子总是在资本主义的现代化发展逻辑下寻找救国方案，或者觉得对西方某一方面学得不够深，或者觉得需要学习西方时对某些方面进行抑制与改造。

因此，近代中国之所以在这段时间表现出巨大的"被动感"，归根结底在于作为指导性的现代化方案始终受制于先发国家资本主义现代化思想，始终建立在先发国家对现代化规律认识的基础之上。一旦后发国家有心或无心地接受了这个发展逻辑，也即是自甘、无奈或不自觉地处于"从属"的世界格局当中，处于被剥削压迫地位。中华民族发展史一被卷挟到世界历史的潮流当中，就展现出"历史被动"。这种"被动"，正是由于对世界历史大势和历史规律的茫然。这种境况持续了很长一段时期，"共计七十多

① 《马克思恩格斯文集》第 2 卷，人民出版社 2009 年版，第 35 页。
② 《马克思恩格斯文集》第 2 卷，人民出版社 2009 年版，第 35 页。
③ 《毛泽东选集》第二卷，人民出版社 1991 年版，第 628 页。

年中，中国人没有什么思想武器可以抗御帝国主义”[①]。

（二）通过科学理论的指导与马克思主义政党的组织掌握历史主动

中国人迫切需要一种在思想上能够摆脱对先发国家处于“依附”状态的理论，这种理论就是且只是马克思主义。马克思主义通过深刻批判资本及其扩张逻辑，直接否定了西方现代化的根本内核，成为开创现代化新道路的精神力量；通过分析资本主义根本矛盾，揭露资本主义现代化的必然衰落，揭示了西方世界贫富差距、两极分化经济危机和战争频发等社会矛盾的内在根源。马克思主义通过科学论证“两个必然”，提出“只有在伟大的社会革命支配了资产阶级时代的成果，支配了世界市场和现代生产力，并且使这一切都服从于最先进的民族的共同监督的时候”，资本主义现代化带来的巨大成果，才不会是“只有用被杀害者的头颅做酒杯才能喝下甜美的酒浆”[②]，从而探明了世界历史的走向。马克思主义以强大的真理力量，给予中国人认识历史客观规律的理论武器，“得出了那些被资产阶级狭隘性所限制或被资产阶级偏见束缚住的人所不能得出的结论”[③]。“自从中国人学会了马克思列宁主义以后，中国人在精神上就由被动转入主动。”[④]

当新鲜的理论一经传入，还需要在现实的土壤中生根发芽，才能产生改变世界的力量。“思想本身根本不能实现什么东西，思想要得到实现，就要有使用实践力量的人”[⑤]，掌握规律的是“现实的人”，遵循规律改造世界的也是“现实的人”。精神主动还需要由中国人民运用现实的革命实践转化为历史主动。马克思主义激发了中国受剥削压迫最深的无产阶级的主体性自觉：“无产阶级由于其身为无产阶级而不得不在历史上有什么作为，它的目标和它的历史使命已经在它自己的生活状况和现代资产阶级社会的整个组织中明显地、无可更改地预示出来了。”[⑥] 基本矛盾已经不以人的意志为转移地烙印在历史当中。历史主动被无产阶级及其政党掌握，并不是头脑中的想象，而是客观规律的结果。中国无产阶级无非是认识到本就伴随自己的苦难而属于自己的历史使命，实现了使命自觉，从而将规律转化为自觉主动行为，实现合规律与合目的的统一。为了实现历史使命，就需要政党将主体性诉求用纲领宣示出来，将一切全体受压迫人民的主体性唤醒并发动起来，需要政党起到“组织起来”的作用。建党以来，中国共产党

---

① 《毛泽东选集》第四卷，人民出版社 1991 年版，第 1514 页。
② 《马克思恩格斯文集》第 2 卷，人民出版社 2009 年版，第 691 页。
③ 《列宁选集》第四卷，人民出版社 2012 年版，第 285 页。
④ 《毛泽东选集》第四卷，人民出版社 1991 年版，第 1615 页
⑤ 《马克思恩格斯文集》第 1 卷，人民出版社 2009 年版，第 320 页。
⑥ 《马克思恩格斯文集》第 1 卷，人民出版社 2009 年版，第 262 页。

“把握历史主动，进行艰辛探索，不断推进马克思主义中国化时代化，指导中国人民不断推进伟大社会革命”①，用马克思主义激发人民的个性解放和个性发展，充分调动人民群众的主体性力量，发挥人民群众的首创精神。中国共产党让人民群众自觉地认识到自己在历史中不是盲目和无为的，相反是可以在遵循历史规律的基础上充分发挥主体精神进而改造世界的，是有“志气、骨气、底气”，并且“不信邪、不怕鬼、不怕压”的。自此，中国共产党带领中国人民将真理力量所赋予的“精神主动”发展成为具有改造世界力量的“历史主动”，为走出属于自己的现代化道路创造了历史前提。总结起来，掌握历史主动有两个基本要素，一是分析与掌握历史规律的理论武器——马克思主义，二是运用规律性认识组织革命实践并不断进行理论探索和创新的马克思主义政党——中国共产党。

二、在掌握历史主动中推进中国式现代化

历史主动是中国共产党带领中国人民通过掌握和运用客观历史规律所达成的状态。习近平总书记强调，要“把握历史发展规律和大势，始终掌握党和国家事业发展的历史主动”②，“深入研究历史发展规律和大势，始终掌握新时代新征程党和国家事业发展的历史主动”③，“对历史进程的认识越全面，对历史规律的把握越深刻，党的历史智慧越丰富，对前途的掌握就越主动”④，“在一百年的奋斗中，我们党始终以马克思主义基本原理分析把握历史大势，正确处理中国和世界的关系，善于抓住和用好各种历史机遇”⑤。习近平总书记关于“历史主动”的重要论述，有三个理论要点：一是将运用马克思主义基本原理“把握历史发展规律”作为“掌握主动”的先决条件，提出“拥有马克思主义科学理论指导是我们党坚定信仰信念、把握历史主动的根本所在”⑥；二是针对党和国家事业，突出中国共产党也是掌握主动的先决条件；三是指出把握历史规律是动态过程，强调“始终掌握”和“对历史规律的把握越深刻……对前途的掌握就越主动”的动态要求。从现代化的视角看，在不同历史时期，“规律”侧重点确是有

① 《习近平谈治国理政》第四卷，外文出版社2022年版，第9页。

② 习近平：《在党史学习教育动员大会上的讲话》，《求是》2021年第7期。

③ 《习近平谈治国理政》第四卷，外文出版社2022年版，第19页。

④ 《习近平谈治国理政》第四卷，外文出版社2022年版，第545页。

⑤ 《习近平谈治国理政》第四卷，外文出版社2022年版，第9页。

⑥ 习近平：《高举中国特色社会主义伟大旗帜 为全面建设社会主义现代化国家而团结奋斗——在中国共产党第二十次全国代表大会上的报告》，人民出版社2022年版，第17页。

所不同的：新民主主义革命和社会主义革命时期，为了推翻压在中国人民头上的“三座大山”，建立社会主义基本制度，为独立自主建设现代化开辟道路，“规律”多偏向于现代化的特殊性，即对资本主义现代化的批判；社会主义建设时期和改革开放和社会主义现代化建设新时期，“规律”偏向于对现代化的普遍性加以探索，如“四个现代化”的提出以及对市场的利用等；中国特色社会主义进入新时代，历经七十余年现代化实践之后，中国现代化开始强化特殊性内容，中国特色社会主义道路下建设现代化的规律探索愈发深入，“中国式现代化”独特意蕴也更为明显。从近代以来现代化发展历程来看，掌握历史主动就是中国共产党逐渐掌握并运用了“普遍性—特殊性”两个层面的现代化规律。

具体而言，普遍性的现代化规律体现在人类社会发展规律上，特殊性的现代化规律体现在社会主义建设规律上，“中国式现代化既切合中国实际，体现了社会主义建设规律，也体现了人类社会发展规律”①，两者共同构成了掌握历史主动的前一个要素；共产党执政规律，支撑了掌握历史主动的另一个要素，使共产党成为长期执政的马克思主义政党，三者构成一个有机整体。通过对三大规律的把握，中国共产党逐渐探索出“普遍性—特殊性”两个层面的现代化规律，并锻造出使用这两个武器的“战士”，推进和拓展了中国式现代化。

（一）掌握和运用人类社会发展规律，获得普遍意义的现代性

人类社会发展是有规律的。马克思基于工业革命和无产阶级运动的现实背景，阐明了生产力与生产关系、经济基础与上层建筑之间矛盾运动规律，“发现了人类历史的发展规律，即历来为繁芜丛杂的意识形态所掩盖着的一个简单事实”②，指明了推动人类社会发展的动力。马克思主义对人类社会发展规律的深刻揭示为中国现代化建设提供了思想指导和方法论原则。

第一，以推动生产力发展为中心，激发现代化发展的根本动力。该以什么作为区分传统与现代的标准？这是界定现代性的基本问题。马克思开创性地用物质生产方式定义现代性，看到了现代生产力的创造性力量。“17世纪18世纪从事制造蒸汽机的人们也没有料到，他们所制作的工具，比其他任何东西都更能使全世界的社会状态发生革命。”③ 他“从直接生活的物质生产出发阐释现实的生产过程”④，将一定的生产力和革命群众视为“实

① 《习近平谈治国理政》第四卷，外文出版社2022年版，第124页。
② 《马克思恩格斯文集》第3卷，人民出版社2009年版，第601页。
③ 《马克思恩格斯文集》第1卷，人民出版社2009年版，第561页。
④ 《马克思恩格斯文集》第1卷，人民出版社2009年版，第544页。

行全面变革的物质因素”，认为除此之外变革的观念“对于实际发展没有任何意义”①。经济繁荣是任何现代国家都要获取的普遍意义的现代性，生产力发展是资本主义现代化和社会主义现代化的共同特征。资产阶级之所以能产生世界性的力量，关键在于生产力的发展；想要融入世界历史的洪流当中，关键也是靠生产力的发展。近代中国对现代化问题进行了多次论战，无论是“中体西用”“全盘西化”还是“中西互补”，归根结底都是在文化之争的题目里绕圈子，而缺乏经济发展问题的实质性讨论，更没有有意识地将其摆到中心位置，与现实社会经济生活的极度落后形成鲜明对比。新中国成立之后，中国获得了现代化建设的制度基础与现实条件，中国共产党抓住了生产力这一根本，通过大规模工业化建设，建立起独立的比较完整的工业体系和国民经济体系，改革开放之后提出把党和国家工作中心转移到经济建设上来，实现了经济快速发展，生产力水平不断提高，为中国式现代化的生成与推进奠定物质基础。党的十八大以来，经过在理论和实践上的创新突破，“我国发展具备了更为坚实的物质基础、更为完善的制度保证”②，“我们党成功推进和拓展了中国式现代化”③。党的二十大报告依然强调高质量发展的首要性，指出“没有坚实的物质技术基础，就不可能全面建成社会主义现代化强国”④，体现了现代化层面对社会发展规律的认识。

第二，整体把握社会基本矛盾，推进全面现代化。马克思并不是“唯生产力论”者，社会基本矛盾是多因素相互制约的有机整体：一方面，合适的生产关系可以为生产力发展创造足够空间，另一方面，生产力和生产关系这对更为基础的矛盾的解决又依赖于经济基础和上层建筑之间矛盾的解决。人们在发挥主观能动性，推动社会发展的时候，要将社会基本矛盾作为一个整体加以把握和解决。在这种意义上，除了生产力本身的发展，还需要有适宜的经济体制相配套。同时，生产关系问题的解决，还要拓展到上层建筑，需要相适应的政治制度、社会制度、文化制度和生态文明制度。如果说经济现代化是生产力发展的必然结果，那么中国现代化目标的不断丰富完整就是整体把握基本矛盾的必然要求。党的二十大提出中国式

---

① 《马克思恩格斯文集》第1卷，人民出版社2009年版，第545页。

② 习近平：《高举中国特色社会主义伟大旗帜 为全面建设社会主义现代化国家而团结奋斗——在中国共产党第二十次全国代表大会上的报告》，人民出版社2022年版，第16页。

③ 习近平：《高举中国特色社会主义伟大旗帜 为全面建设社会主义现代化国家而团结奋斗——在中国共产党第二十次全国代表大会上的报告》，人民出版社2022年版，第22页。

④ 习近平：《高举中国特色社会主义伟大旗帜 为全面建设社会主义现代化国家而团结奋斗——在中国共产党第二十次全国代表大会上的报告》，人民出版社2022年版，第29页。

现代化的本质要求包括“实现高质量发展，发展全过程人民民主，丰富人民精神世界，实现全体人民共同富裕，促进人与自然和谐共生”① 五大方面，全面系统地把握了现代化的基本维度，背后的哲学逻辑之一，就是社会基本矛盾认识的深化，就是习近平新时代中国特色社会主义思想坚持系统观念的具体体现。中国共产党用制度变革将生产关系和上层建筑变革统筹起来，把制度现代化作为推动全面现代化的“网”，从而发挥制度优势，使得中国式现代化在普遍意义上的多维度中协调发展。

（二）掌握和运用社会主义建设规律，获得特殊意义的现代性

中国式现代化之所以称作“中国式”，更深层次的原因在于成功获得了特殊意义的现代性，并将其与普遍意义的现代性有机融合。习近平总书记强调，“中国式现代化，是中国共产党领导的社会主义现代化，既有各国现代化的共同特征，更有基于自己国情的中国特色”②。这句论断明显地将“中国特色”作为了逻辑重点。从历史主动的视角看，中国式现代化首先要在规律层面有跨越资本主义建设现代化的理论支撑，如果不能提供超越资本逻辑的规律性论证，那么中国式现代化就是一种偶发的、封闭的甚至是不可持续的现代化样态，把握历史主动在中国就无法彻底实现。另一方面，“中国特色”得以生成也离不开对中国特色社会主义建设规律的把握，使中国式现代化具有相对于其他社会主义国家的特征。

第一，坚持社会主义方向，体现相对资本主义现代化的特殊性。资本主义统治下的世界表现出人类社会高速发展和风险性破坏性兼具的两面性。梁启超本是西方文化的积极鼓吹者，却在亲历欧洲第一次世界大战之后，感叹“一百年物质的进步，比从前三千年所得还加几倍，我们人类不惟没有得着幸福，倒反带来许多灾难”②，俨然成为了现代性的反思者。20 世纪 80 年代之后，学者们开始广泛注意到这种现象，贝克和吉登斯认为现代性已经从传统意义上的积极推动力量，变异成为反对自身的破坏力量，即“自反现代化”。随着世界历史走到21 世纪，这种“自反现代化”的现象更为明显，构成了世界百年未有之大变局的一个方面，成为“人类向何处去”的问题之源。在这个意义上讲，“自反现代化”的愈发失控让整个人类历史都陷入“被动”局面。克服自反现代化的唯一方案就是克服现代化背后的资本逻辑。马克思认为，资本的形成与增殖过程从根本上具有生产的社会化与生产资料资本主义私人占有之间的矛盾，这是资本主义不可调和的内

---

① 习近平：《高举中国特色社会主义伟大旗帜 为全面建设社会主义现代化国家而团结奋斗——在中国共产党第二十次全国代表大会上的报告》，人民出版社 2022 年版，第 24 页。

② 梁启超：《欧游心影录》，商务印书馆 2014 年版，第 18 页。

在矛盾，也是现代社会财富与灾难并存的根本原因。“赋予新的生产方式以资本主义性质的这一矛盾，已经包含着现代的一切冲突的萌芽。”① 解决资本现代化的冲突，就是要将社会的生产力从私有者手中归还给社会，使社会化的生产力不再是工人的异己力量，用社会主义生产调节“使交换、生产及他们发生相互关系的方式重新受自己的支配”②，从而以人的全面发展代替资本增殖为目的，消解社会关系的对抗性。中国共产党在社会主义建设过程中推进现代化进程，实现中国特色社会主义道路与中国式现代化道路的有机融合、自成一体。在这一过程中，通过对社会主义本质论、动力论、阶段论、战略论和发展目标论等方面的探索，逐步深化对社会主义建设规律的认识。习近平新时代中国特色社会主义思想坚持人民至上，充分发挥人的主体精神和人民群众在历史中的主体地位，将对历史规律的把握转化为人民群众改造世界的力量，在社会主义建设规律为内在逻辑的现代化道路中实现超越，确立并强化了中国式现代化的社会主义属性。

第二，基于中国国情，体现相对其他社会主义国家现代化的特殊性。中国式现代化既与资本主义现代化有所区别，也与其他社会主义国家现代化有所区别，体现出习近平新时代中国特色社会主义思想“坚持自信自立”的世界观和方法论。中国作为一个大国，在当今社会主义国家中具有人口规模巨大、国际影响力深远和历史文化深厚的特点。首先，人口规模巨大意味着现代化任务艰巨，必须兼顾需要与现实，“发展途径和推进方式也必然具有自己的特点”③。中国式现代化始终坚持以人民为中心，朝着扎实推进全体人民共同富裕的方向不断前进，同时基于规律的认识，坚定历史自信，保持历史耐心，分步骤、分阶段地解决当下最重要的事，使得全体人民的生活水平极大提高。其次，中国式现代化不能脱离世界历史独立发展，而是与世界历史深度互动。“每一个单个人的解放的程度是与历史完全转变为世界历史的程度一致的”④，中国在世界历史中实现人的全面发展目标，不可回避地成为世界社会主义运动的中流砥柱，对世界历史产生重大影响，在人类现代文明殿堂中发挥巨大作用。这是中国式现代化较之于其他社会主义国家必须承担的世界责任。最后，中华优秀传统文化是中国式现代化的先在力量，是中国式现代化不可能拒斥的历史前提。由于中国的现代性起初不是在传统社会中自发生长起来的，不具备西方现代化用百余年时间

---

① 《马克思恩格斯文集》第9卷，人民出版社2009年版，第287页。

② 《马克思恩格斯文集》第1卷，人民出版社2009年版，第539页。

③ 习近平：《高举中国特色社会主义伟大旗帜 为全面建设社会主义现代化国家而团结奋斗——在中国共产党第二十次全国代表大会上的报告》，人民出版社2022年版，第23页。

④ 《马克思恩格斯文集》第1卷，人民出版社2009年版，第541页。

将传统性与现代性消化融合的历史条件，甚至本身作为一种资本殖民带来的外来元素，与本土的传统性具有较强的对立性。随着中国共产党逐渐加深特殊层面现代化规律的认识，现代性的获取与发展开始从本土传统文化中挖掘和改造，现代性同本土传统文化具有更强的契合性。习近平总书记指出："如果没有中华五千年文明，哪里有什么中国特色？"① 习近平新时代中国特色社会主义思想将马克思主义基本原理同中华优秀传统文化相结合，对传统文化进行现代化的继承、吸收与改造，将中华文化的独特底蕴有机融入中国式现代化，其中蕴含着本土传统性创造性转化与创新性发展规律。

（三）掌握和运用共产党执政规律，锻造现代化建设的领导力量

中国的现代化实践事实上就是一场社会革命，这场社会革命将实现共产主义作为最高理想和最终目标。"现代社会主义力图实现的变革，简言之就是无产阶级战胜资产阶级，以及通过消灭一切阶级差别来建立新的社会组织。"② 为了实现这一远大目标，社会革命是艰巨和复杂的，必须分阶段分步骤加以完成。每当党和国家事业发展处于一个新的历史方位，马克思主义政党都必须勇于自我革命，以适应社会革命的需要，"只有在革命中才能抛掉自己身上的一切陈旧的肮脏东西，才能胜任重建社会的工作"③。中国共产党在不断自我革命的过程中，坚守马克思主义政党底色，巩固长期执政地位，以跳出历史周期率的主动解答，为中国式现代化提供根本保障。

一方面，在建设马克思主义政党的基础上领导中国式现代化。中国共产党首先是马克思主义政党，这是在马克思主义指导下掌握和运用人类社会发展规律，尤其是掌握和运用社会主义建设规律所必须要求的。无产阶级是同资本主义相对立的阶级中"真正革命的阶级"，肩负解放全人类的历史使命，"无产阶级在反对有产阶级联合力量的斗争中，只有把自身组织成为与有产阶级建立的一切旧政党不同的、相对立的政党，才能作为一个阶级来行动"④。只有马克思主义政党才能领导人民群众精神上摆脱资本逻辑的钳制，实践上开辟超越资本现代化的道路。中国共产党不断深化对共产党执政规律的认识，坚持加强党的全面领导和党中央集中统一领导，建立党内学习制度，完善党的组织制度，健全为人民执政、靠人民执政的各项

---

① 《习近平谈治国理政》第四卷，外文出版社 2022 年版，第 315 页。
② 《马克思恩格斯文集》第 3 卷，人民出版社 2009 年版，第 389 页。
③ 《马克思恩格斯文集》第 1 卷，人民出版社 2009 年版，第 543 页。
④ 《马克思恩格斯文集》第 3 卷，人民出版社 2009 年版，第 228 页。

制度，强化马克思主义政党属性和“底色”，成为中国式现代化的根本标识。

另一方面，在建设长期执政的马克思主义政党的基础上领导中国式现代化。“无产阶级的运动必然要经过各种发展阶段；在每一个阶段上都有一部分人停留下来，不再前进。”① 这种“停留”的危害是巨大的。马克思主义政党是社会革命的领导力量，一旦歇歇脚、松口气，就可能落后于迅速变革的人类实践，就可能对历史规律的新变化把握不清，只有总能够在相衔接的历史任务之间顺利过渡，只有总能更新应对环境变化的手段，才能开创新的生命力，进而永葆生机活力。马克思主义政党是否具有先进性和纯洁性直接决定了是否能够长期执政，是否长期执政则直接决定了党和国家事业能否掌握历史主动、社会主义现代化进程能否向前推进。百年来中国共产党始终以赶考精神书写历史，为的就是在日新月异的现代化进程中始终走在时代前列，永远保持生机活力，永远保持领导核心地位，百年来中国共产党不断提高党的执政能力和领导水平，完善全面从严治党制度，成为中国式现代化行稳致远的根本保障。

总的来看，中国式现代化的本质要求，体现了中国共产党人对三大规律的把握。“坚持中国共产党领导，坚持中国特色社会主义”是中国式现代化的本质属性，是对中国式现代化的根本规定，体现的是对“三大规律”的整体把握，根本决定了“人民至上”在“中国式现代化的本质要求”这一整体当中的显性表达。“实现高质量发展，发展全过程人民民主，丰富人民精神世界，实现全体人民共同富裕，促进人与自然和谐共生”分别对应推进中国式现代化的物质文明、政治文明、精神文明、社会文明和生态文明五大方面，是立足于人类社会发展规律所突出的全面现代化思想，社会主义建设规律则贯穿其中，通过中国特色社会主义的鲜明底色发挥作用。“推动构建人类命运共同体，创造人类文明新形态”是中国共产党在把握人类社会发展规律基础上，对人类文明发展给出的中国方案，突出了中国式现代化在普遍意义上的现代化层面要承担的世界责任。中国式现代化的本质要求是一个内在逻辑严密的整体，其中对“三大规律”的运用与发展也是整体性的，是中国共产党人在掌握和运用历史规律并不断掌握历史主动的过程中形成的，体现了习近平新时代中国特色社会主义思想的世界观和方法论在现代化规律层面的具体运用。

---

① 《马克思恩格斯文集》第 10 卷，人民出版社 2009 年版，第 393 页。

三、掌握历史主动的民族叙事与世界意义

历史规律是动态发展的，因而掌握历史主动是一个动态过程，在此基础上开辟的中国式现代化同样在动态中推进。立足当下，该如何看待历史主动与中国式现代化的未来走向？按照民族史和世界史的双重叙事逻辑是其中一个分析角度，也与前文逻辑一脉相承。

（一）民族叙事："中华民族伟大复兴历史进程不可逆转"的自信缘由

正如前文所分析的，从民族史和世界史的关系上看，近代中华民族发展史的被动在于对世界性现代化规律的茫然与无力，在世界历史面前表现为依附和被裹挟，中华文明蒙尘，中华民族发生"衰落"。民族史由"被动"走向"主动"则在于科学理论指导和政党组织对主体性自觉的唤醒，现代化建设不断推进，中国在世界历史中逐渐跟上时代甚至引领时代，中华民族走向复兴。历史走到今天，实现中华民族伟大复兴依然是掌握历史主动的阶段性目标，这是民族叙事的必然结论，也是全体中国人民的共同期盼。就过程而言，为了达成国家富强和人民幸福的美好夙愿，现代化建设是必须一以贯之的道路，必须"以中国式现代化全面推进中华民族伟大复兴"①，中国式现代化是推进中华民族伟大复兴的途径、动力和支撑②。由此，近代以来的中华民族发展史有了较为清晰的逻辑线索。中国共产党百年来掌握历史主动的历史给了中国人民坚定历史自信的事实证明，其中对历史规律的科学认识与运用则给了中国人民坚定历史自信的理性缘由。毛泽东针对党内存在的悲观情绪，将中国革命高潮的行将到来比作"躁动于母腹中的快要成熟了的一个婴儿"③，这种革命家的历史自信并非可望而不可即的空洞，而是建立在规律性认识和科学分析基础之上。同样地，"实现中华民族伟大复兴进入了不可逆转的历史进程"也是基于历史规律做出的科学判断，是"中国人民的前进动力更加强大、奋斗精神更加昂扬、必胜信念更加坚定，焕发出更为强烈的历史自觉和主动精神"④ 的必然结果。认识和运用历史规律是掌握历史主动的条件，也是坚定历史自信的

---

① 习近平：《高举中国特色社会主义伟大旗帜 为全面建设社会主义现代化国家而团结奋斗——在中国共产党第二十次全国代表大会上的报告》，人民出版社 2022 年版，第 22 页。

② 颜晓峰：《全面把握以中国式现代化推进中华民族伟大复兴的理论内涵和时代意义》，《思想理论教育导刊》2022 年第 3 期。

③ 《毛泽东选集》第一卷，人民出版社 1991 年版，第 106 页。

④ 习近平：《高举中国特色社会主义伟大旗帜 为全面建设社会主义现代化国家而团结奋斗——在中国共产党第二十次全国代表大会上的报告》，人民出版社 2022 年版，第 16 页。

底气。

当然，认识历史规律也不是一蹴而就的，掌握历史主动也不可能一劳永逸。历史不存在着预先和既定的“规律”，随着实践条件和发展阶段的变化，“历史规律”注定要在具体层面动态地发生变化，同时由于认识能力的限制，认识规律也势必是持续性的任务，关键在于是否能够运用马克思主义不断进行理论探索和创新，对历史进程作出新的科学的判断。习近平总书记反复强调掌握历史主动的历时性和发展性，强调要在历史发展和人类实践中把握“主动”，而不是将任何理论作为一种教条套用在任何发展阶段上。“当代中国正在经历人类历史上最为宏大而独特的实践创新，改革发展稳定任务之重、矛盾风险挑战之多、治国理政考验之大都前所未有，世界百年未有之大变局深刻变化前所未有，提出了大量亟待回答的理论和实践课题。”① 过去中国现代化主要是将普遍意义的现代化规律更好地运用在实践当中，特别是在2001年加入世贸组织之后，往往是融入经济全球化的历史潮流，顺势而上，借势而为。随着中国式现代化的推进发展，新发展阶段上要面临更复杂国际环境、更艰巨改革任务，顶风而上，造势而为，势必要回答一系列“前所未有”的时代课题，形成更多原创性规律性认识，理论探索和创新的重要性愈发凸显。

掌握历史主动也必须认识到历史发展是前进性与曲折性的统一。历史是向前发展的，但发展的过程不可能一帆风顺；中华民族伟大复兴的历史进程不可逆转，但国内现代化进程难免会遇到挫折与阻碍。掌握历史主动不意味着历史完全按照人们的主观意愿平稳向前发展，而是基于历史规律，既坚信新事物战胜旧事物的必然，又积极应对出现的风险挑战，总体上表现为历史自信。在深入分析国内外环境的深刻变化之后，习近平指出“进入新发展阶段……是危机并存、危中有机、危可转机”，要“勇于开顶风船，善于转危为机”②。立足于百年政党新起点，习近平强调，我们党一步步走过来，很重要的一条就是“不断提高应对风险、迎接挑战、化险为夷的能力水平”③。这些表述都蕴含着“危”与“机”的辩证联系。风险挑战是现代化进程中的矛盾体，有消极效应的一面，倘若不及时干预或者不能有效干预，就可能演化成严重的社会危机，又有积极效应的一面，有时反倒成为“历史变革时机”“伟大转折点”。面对重大风险挑战，由“危”到“机”的方向性转化依靠的就是历史大势的支撑，顺应历史大势的变革就会

---

① 《习近平谈治国理政》第四卷，外文出版社2022年版，第30页。
② 习近平：《正确认识和把握中长期经济社会发展重大问题》，《求是》2021年第2期。
③ 习近平：《在党史学习教育动员大会上的讲话》，《求是》2021年第7期。

消弭风险，在变局中迅速占据主动地位，借势将现代化进程整体升级；违背历史大势的变革或迟滞回应，就可能阻滞甚至中断现代化进程。“我们必须增强忧患意识，坚持底线思维，做到居安思危、未雨绸缪，准备经受风高浪急甚至惊涛骇浪的重大考验。”① 归根结底，应对中国式现代化道路上的各种风险挑战，要求正确看待历史规律的发展性，始终在历史运动中掌握历史主动。

认识历史规律是一个持续走向绝对认识的动态过程，这只是掌握历史主动的一个方面。掌握历史主动是绝对性和相对性的统一，绝对性源自人类认识历史规律的彻底性。人类终将完全认识历史规律，终将充分理解生产力性质与规律，对生产力实现完全自觉的运用。到那时，“人们自己的社会行动的规律，这些一直作为异己的、支配着人们的自然规律而同人们相对立的规律，那时就将被人们熟练地运用，因而将听从人们的支配”，到那时，“人们才完全自觉地自己创造自己的历史”②，人们彻底地获得了历史主动，也就实现了向“自由王国”的飞跃。掌握历史主动的前景是更为宏远广阔的，它基于理论逻辑，为走好中国式现代化道路和全面推进中华民族伟大复兴指明了前途。

（二）世界叙事：“人类世界向何处去”的当代回答

当人们不了解自然规律时，人类在风雨雷电地震等极端自然天气和自然灾害面前往往表现为恐惧和无助，甚至将其视为更加神秘力量的“惩罚”与“震怒”。随着自然科学的逐步发展，人们对自然规律的掌握逐渐深入，曾经使人类谈之色变的自然现象具有了规律性的解释，自然风险已经具有预防、消减甚至预测的现实性与可能性，恐惧的心态也就随之弱化或消解了，人们可以基于认识自然规律，发挥出改造自然的力量。人类社会所要遇到的风险挑战也是如此。面对层出不穷、性质各异的全球性社会风险，人类表现出迷惘彷徨的消极心态，本质上是对世界历史走向的担忧与沉思。当今世界，第三世界国家占世界人口的大多数，却在人类历史走向世界历史后的百余年时间里，始终整体处于被剥削的边缘地位，总体上没有在世界现代化进程中得到充分发展。世界范围内的贫富分化愈发严重，并且随着现代化风险的全球不平等流动，反而加剧了贫富差距，落后国家没有充分享受现代化的益处，却要承受现代化负面因素的积聚。发达国家是由资本主义国家组成的，它们在马克思本人之后的时代表现出相当强的适应和

---

① 习近平：《高举中国特色社会主义伟大旗帜 为全面建设社会主义现代化国家而团结奋斗——在中国共产党第二十次全国代表大会上的报告》，人民出版社2022年版，第27页。

② 《马克思恩格斯文集》第3卷，人民出版社2009年版，第564页。

变化能力，尤其是应对严重威胁资本主义继续存在的能力，比如用失业保险、社会保障和公共政策等福利待遇缓解劳资矛盾，或者应对周期性的金融和其他经济危机，仿佛宣告资本主义依然是人类的“终极文明形态”。但矛盾的缓解不意味着资本主义基本矛盾的取消，发达国家经济危机的应对也是以本土劳动者和中产阶级破产，以及金融风险全球分担为代价。当整个世界历史在资本主义统治下，愈发表现出“被动感”，就愈发需要一种对世界历史有深刻洞见的理论，给出认识历史规律的方法与原则。

马克思主义之所以在21世纪依然焕发贯穿时空的真理力量，原因就在于它依然是解决“人类世界向何处去”的重要哲学答案。“马克思主义行”的原因之一也在于其关怀人类历史的宏大视野，反映无产阶级这个“民族独特性已经消灭”①阶级的理论诉求，代表全人类共同利益取向，给出了掌握世界历史主动的科学答案。“马克思主义为人类社会发展进步指明了方向，是我们认识世界、把握规律、追求真理、改造世界的强大思想武器。”②按照这个逻辑，也就回答了一个理论问题——如果说西方现代化创造了西方现代文明，那么中国式现代化创造“人类文明新形态”何以实在可能？中国式现代化何以丰富和发展人类现代文明的宝库？归根结底，原因就在于指导中国式现代化的是代表全人类共同利益与价值的马克思主义，是中国化时代化的马克思主义。中国式现代化是中国共产党和中国人民通过对共产党执政规律、社会主义建设规律和人类社会发展规律的把握形成推进的。创造出这种文明形态，固然要在实践上掌握本民族的历史主动，开辟诞生于本国的现代化道路，但指导着这一国实践的理论，从一开始就是超越于一国特殊性，反映世界历史走向，关乎全人类命运的科学理论。革命的实践需要革命的理论指导，革命的理论也会随着革命实践逐渐深入展现出更为深远的理论力量。伴随中国式现代化在实践上与世界现代化互动更为紧密，当代中国马克思主义、21世纪马克思主义在理论上的全人类价值也会被世人更加深刻地认识到。

当然，马克思主义是发展中的真理。“坚持以马克思主义为指导，是要运用其科学的世界观和方法论解决中国的问题，而不是要背诵和重复其具体结论和词句，更不能把马克思主义当成一成不变的教条”③，需要中国这个世界上最大的社会主义国家通过现代化实践将理论不断丰富发展。“以中

---

① 《马克思恩格斯文集》第1卷，人民出版社2009年版，第567页。

② 《习近平谈治国理政》第四卷，外文出版社2022年版，第30页。

③ 习近平：《高举中国特色社会主义伟大旗帜 为全面建设社会主义现代化国家而团结奋斗——在中国共产党第二十次全国代表大会上的报告》，人民出版社2022年版，第18页。

国式现代化全面推进中华民族伟大复兴”是新时代新征程中国共产党的中心任务，中国式现代化既是全面推进中华民族伟大复兴的动力与途径，也是中国与世界紧密互动的话语体系和实践桥梁。可以预见到，从中国式现代化到人类文明新形态，意味着中国式现代化要基于“三大规律”的有机统一，对现代化规律进行原创性的探索。这种原创性探索表现在两个方面：一方面，扬弃西方国家特殊意义上的现代性，借以强化中国式现代化的特殊性，走好自己的路，办好自己的事；另一方面，针对深刻改变了的世界发展的趋势和格局，世界现代化所遇到的共同挑战以及人类历史走向的重大课题，超越西方国家现代化依托先发优势所形成的现代性，提炼出更多“普遍意义”上的现代化规律。习近平新时代中国特色社会主义思想是中国式现代化的指导思想，深刻回答了“建设什么样的社会主义现代化强国、怎样建设社会主义现代化强国”这一重大时代课题，在世界观和方法论层面以全新的视野全面系统地深化了“三大规律”的认识，是增强历史主动的根本思想武器。中国式现代化将在中国化时代化马克思主义的指导下，全面形成“新现代性”，为人类实现现代化提供新的选择，赋予全人类把握世界历史主动的理论智慧。

二、马克思主义经典著作和基本理论研究

21 世纪语境中如何理解马克思的现代性批判

王凤才[1]

“现代性”是一个历久弥新的话题。在 21 世纪语境中，如何理解马克思的现代性批判？这是一个既有重大理论价值又有重要现实意义的问题。要想理解马克思的现代性批判，首先是要澄清什么是现代性。在此基础上，第二步是揭示人们对待现代性的不同立场。第三步是本文的重心，即具体分析马克思对待现代性的态度。最后，得出我们自己的结论。

一、什么是现代性？

关于现代性，可谓众说纷纭——不同时期、不同国家、不同学者赋予“现代性”以不同含义，即使同一个时期、同一个国家，甚至同一个学者也会对“现代性”作出不同阐释；但有一点似乎是共同的，那就是都承认“现代性”与“现代”“现代化”密切相关。

当然，对于“现代”“现代化”也有各种不同阐释。关于“现代”（neue zeit/modern）一词的起源，不同人有不同说法。例如，在《历史研究》中，英国历史哲学家汤因比将人类历史（=人类文明史）分为：黑暗时代（公元 675—1075），中世纪（1075—1475），现代时期（1475—1875），后现代时期（1875 至今）。这样，“现代时期”就是指文艺复兴和启蒙运动时期。在《美学标准及对古代与现代之争的历史反思》中，接受美学创始人、德国美学家姚斯（Hans Robert Jauss）认为，“现代”一词最早出现在公元 10 世纪末，是指从古罗马帝国到基督教世界的过渡时期。法兰克福学派第二代学术领袖哈贝马斯指出，最早出现于公元 5 世纪的“现代”（modernus）概念，在欧洲被反复使用——尽管在内容上有所不同，但

---

① 王凤才，复旦大学特聘教授、哲学学院博士生导师、教育部长江学者特聘教授。

都表达一种新的时间意识，强调古今之间的“断裂”。可见，人们对“现代”概念的界定是不同的。

对于“现代”，尽管有不同看法，但主流观点是文艺复兴和启蒙运动开启了西方文明的“新时代”（=现代）。再严格一点说，从笛卡尔到黑格尔属于“现代早期”；黑格尔之后，西方世界进入了“现代后期”。至于20世纪60年代开始的“后现代”，那也许并不是一个新的历史时期，毋宁说是一种新的思维方式。

与“现代”相关联，对“现代化”（modernisierung/modernization）也有各种不同理解，但M. 韦伯的理解几乎成为范本。在M. 韦伯那里，现代化=合理化=解放+奴役（“铁的牢笼”）；而艺术则具有两重性，即商品化+救赎性（“诸神纷争”）。在《交往行为理论》（1981）中，哈贝马斯说，虽然M. 韦伯研究了合理性的不同形式，不仅将合理性区分为形式/目的合理性和实质/价值合理性，而且将合理行为、合理生活指导与合理化世界观联系在一起，但在M. 韦伯那里，目的合理性行为概念才是理解合理性概念的关键。因为他认为社会现代化就是资本主义经济与现代国家的分离，或曰社会现代化就是工具理性合理化，所以他并没有真正解决合理化与现代化的关系问题，既没有找到现代文明危机的根源，也没有指出通向未来文明的出路。鉴于此，要想恰当地解决M. 韦伯提出的极为紧迫的社会合理化问题，那就需要一个交往行为理论。①

如果说，“现代化”是一种客观发生的历史过程；那么，“现代性”（modernität/modernity）就是对这个客观历史过程的逻辑概括。在《后民族状况——政治文集》（1998）中，在谈到“现代性”为什么会成为一个哲学话语时，哈贝马斯指出，17世纪后期，法国古典主义美学领域的“古今之争”奠定了审美现代性观念的基础。自18世纪后期开始，“现代性”已经成为一个哲学话语。“现代性的自我理解不仅是通过理论的‘自我意识’、通过针对所有传统的自我批判立场刻画的，而且也是通过‘自我规定’和‘自我实现’的道德观念和伦理观念刻画的。”②

其实，在《现代性的哲学话语》（1985）中，哈贝马斯就将笛卡尔确立的主体性原则视为现代性的基本原则，同时断定这个原则使现代世界进步与异化并存。所以，哈贝马斯断定，关于现代性的最初探讨中就包含着

---

① Vgl. Jürgen Habermas, Theorie des kommunikativen Handelns, Bd. 1. Frankfurt/M.: Suhrkamp 1995, S. 23–24.

② Jürgen Habermas, Die postnationale Konstellation, Politische Essays, Frankfurt/M.: Suhrkamp 1998, S. 199.

对现代性的批判。18 世纪末，黑格尔首先提出了现代性的自我批判与自我确证问题，创立了启蒙辩证法原则。而一旦有了这个原则，现代性的自我确证问题就能做到万变不离其宗。所以说，尽管黑格尔不是第一位现代哲学家，“却是第一个意识到现代性问题，并清楚阐释现代性概念的哲学家”①。

可以看出，哈贝马斯对“现代性”的界定，尽管与法兰克福学派第一代批判理论家有所不同，但也继承了《启蒙辩证法》（1947）的基本精神。霍克海默、阿多尔诺视阈中的启蒙纲领，就是使世界祛魅、消除神话，并用知识推翻幻想。在他们看来，启蒙并非专指西方文明中的理性精神；在最广泛的意义上，启蒙追寻进步思维的目标，努力使人从恐惧中摆脱出来，并将人确立为（自然和社会）主人。②

众所周知，《启蒙辩证法》的核心问题就是：为什么在科技进步、工业文明发展似乎可以给人们带来幸福的时候，在理性之光普照世界大地的时候，“人们没有进入真正的人性完善状态，而是深深地陷入了野蛮状态”③？在这里，霍克海默、阿多尔诺以人与自然关系为主线，以神话与启蒙关系为核心，对启蒙理性进行了深刻的批判。他们不仅揭示了“神话已经是启蒙，启蒙倒退为神话”的过程；而且阐明了启蒙精神的实现过程，就是进步与倒退相交织、文明与野蛮相伴生的过程。因此，启蒙精神最终走向了自我毁灭。

如此以来，根据《启蒙辩证法》的精神实质，我们就可以将“现代性”内涵界定为：所谓启蒙现代性，就是一种以征服、支配自然为出发点，以科学知识万能、技术合理性至上为特征，以人类中心主义为核心，以历史进步为目标的文明乐观主义。简言之，启蒙现代性的核心价值就是，理性至上、科技万能、个体中心、文明进步。④ 对于这样一种“现代性”，霍克海默、阿多尔诺除了激进地批判之外，似乎也没有其他的处理方式。从《启蒙辩证法》中，既可以看出本雅明对霍克海默、阿多尔诺的影响——“从来没有一座文明的丰碑不同时也是一份野蛮的文献”⑤；也可以看到，

---

① 〔德〕哈贝马斯：《现代性的哲学话语》，曹卫东译，译林出版社 2004 年版，第 51 页。

② Vgl. Max Horkheimer/Th. W. Adorno, Dialektik der Aufklärung, Frankfurt/M.: Fischer 2016, S. 9.

③ Max Horkheimer/Theodor Wiesengrund Adorno, Dialektik der Aufklärung, Frankfurt/M.: Fischer 1988, S. 1.

④ 参见王凤才：《从批判理论到后批判理论——对批判理论三期发展的批判性反思（上）》，《马克思主义与现实》2012 年第 6 期。

⑤ Vgl. Walter Benjamin, Über den Begriff der Geschichte, in: Gesammelte Schriften Bd. Ⅰ.2, Frankfurt/M.: Suhrkamp Taschenbuch Verlag 2013, S. 696.

霍克海默、阿多尔诺对待“现代性”悲观立场的最终确立。

二、对待现代性的四种立场

在《后民族状况》中，哈贝马斯不仅考察了“现代”概念的历史演变，界定了“现代性”的内涵；还区分了现代性的两个传统：一是古典现代性概念（从黑格尔、马克思，经过M. 韦伯、青年卢卡奇，一直到霍克海默、阿多尔诺）。在哈贝马斯看来，古典现代性概念立足于规训社会与被伤害的个体主体性之间的抽象对立，与总体化的理性批判纠缠在一起，因囿于意识哲学框架，最终走进了死胡同。二是语言哲学转向之后的现代性概念——这里又有两种不同对待现代性的态度，即后现代主义的“告别现代性”；哈贝马斯本人的“重建现代性”①。这样，在哈贝马斯视野里，对待现代性实际上有三种不同态度：（1）“古典现代性”——在这里，现代性的自我确证与自我批判结合在一起，即既坚持现代性又批判现代性，或者说，在“批判”现代性中“确证”现代性。因而甚至可以说，古典现代性观念，实质上就是“现代性批判”。（2）“告别现代性”——致力于现代性的规范自我理解的“克服”，从而从理性批判走向“理性的他者”（Das Andere der Vernunft）。（3）“重建现代性”——致力于对有歧义的古典现代性概念进行主体间性转化。

事实上，根据人们对待现代性的不同态度，我们可以区分对待现代性的四种不同立场：

（1）坚持现代性（现代主义者）。现代主义者，尤其是现代自由主义者，大都坚持现代性，即承认启蒙现代性的核心价值——理性至上、科技万能、个体中心、文明进步；现代主义者，尤其是现代自由主义者，大都是理性主义者、科技进步主义者、个体中心主义者、文明乐观主义者。我们知道，自从文艺复兴尤其是启蒙运动以来，文明乐观主义或曰乐观主义文明论一直是近代西方文化的主流。例如，培根提出的“知识就是力量”，成为肯定技术理性的启蒙精神的标志，在笛卡尔主义精神氛围中逐渐形成一种进步理论；伏尔泰等人有着以科技理性重建文明社会的梦想；康德、尤其是黑格尔把人类理性推向了顶峰，并相信人类历史是不断进步的过程；马克思、恩格斯明确提出“科学技术也是生产力”，高度评价科学技术对社会历史进步的推动作用。此外，冯特奈尔、孔多塞、达尔文、斯宾塞、泰

① Jürgen Habermas, Die postnationale Konstellation, Politische Essays, Frankfurt/M.: Suhrkamp 1998, S. 195.

勒、摩尔根等人，也是文明乐观主义者。所谓文明乐观主义或曰乐观主义文明论，实际上是指文明进步论或文明进化论，它认为人类文明是不断进步的，科技进步就是文明进步。随着科学技术不断进步，生产工具越来越先进，生产力与经济发展越来越快，经历原始文明——农业文明——工业文明——后工业文明不断转型，社会制度越来越合理，文化越来越发达，人们的生活质量越来越高。总之，人类文明会有一个美好的未来。①

（2）告别现代性（后现代主义者）。在《现代性的哲学话语》中，哈贝马斯说，在黑格尔之后，现代性话语出现了三个视角，即黑格尔左派、黑格尔右派和尼采。然而，无论黑格尔还是嫡传左派或右派，都未曾想对现代性成就提出严肃质疑。只有尼采试图打破西方理性主义框架，认定人们对现代性已经无可奈何，故尼采放弃了对主体理性的再修正，并放弃了启蒙辩证法原则。换言之，尼采依靠超越理性视阈的激进的理性批判，最终建立起了权力理论的现代性概念。哈贝马斯指出，自尼采开始，现代性话语的讨论局面发生了天翻地覆的变化。从此以后，现代性话语不再坚持解放内涵，并在两个方向上被发扬光大：一是从海德格尔到德里达；二是从巴塔耶到福柯。“如果说尼采打开了后现代的大门；那么海德格尔与巴塔耶则在尼采基础上开辟了两条通往后现代的路径。”② 然而，从黑格尔到马克思，经过尼采到海德格尔和德里达，或巴塔耶和福柯，对现代性的批判最终都没有走出主体理性批判模式；但主体理性以及自我意识结构只是理性的一个侧面，而非全部理性。③

（3）重建现代性（哈贝马斯）。在《时代诊断：12 篇短论（1981—2001）》（2003）中，哈贝马斯豪迈地宣称，现代性是一项未完成的规划、现代性还要继续发展，但是必须用政治意志和政治意识加以引导，因而需要对现代性话语进行重建。④ 正是由于此，哈贝马斯被誉为“最后一个现代主义者”。当然，即使哈贝马斯，也不免受到后现代主义的冲击——他不仅讨论了现代性与后现代性的兴起与发展问题，而且还说“要澄清常常被人忽视的交往行为理论的多元主义特质”⑤ ——“多元性”“相对性”“非

① 参见王凤才：《批判与重建——法兰克福学派文明论》，社会科学文献出版社 2004 年版，第 4 页。

② 〔德〕哈贝马斯：《现代性的哲学话语》，曹卫东译，译林出版社 2004 年版，第 121 页。

③ 参见王凤才：《如何理解批判理论的“政治伦理转向”》，载王凤才主编《批判理论研究丛书》，人民出版社 2015 年版。

④ Jürgen Habermas, Zeitdiagnosen, Zwölf Essays, Frankfurt/M.: Suhrkamp 2003, S. 7.

⑤ Jürgen Habermas, Faktizität und Geltung, Beiträg zur Diskurstheorie des Rechts unddes demokratischen Rechtsstaats, Frankfurt/M.: Suhrkamp1992, S. 9.

确定性”，这是后现代主义的基本特征之一。

（4）现代性与后现代性之间（阿多尔诺）。在现代性问题上，阿多尔诺既不同于哈贝马斯，又不同于霍耐特：哈贝马斯试图重建现代性，因为现代性是“一项未完成的规划”；霍耐特试图揭示现代性悖谬，因为现代性具有“社会病理学”（Pathologien des Sozialen）[①] 特征；阿多尔诺则试图解构现代性，因为现代性主要是指主体首要性、同一性逻辑、等价交换原则[②]。不过，在《美学理论》中，尽管阿多尔诺始终贯穿着非同一性思维的否定性这条主线，但他在强调现代艺术自主性的同时，也承认现代艺术的社会性。当然，面对异化的社会现实，模仿“自然美”的“艺术美”，即具有真实性的现代艺术的意义就在于，对异化的社会现实具有反思、批判、否定的功能。其实，在阿多尔诺的美学理论中，“现代主义”是一个主音符。就像维尔默所说，阿多尔诺对主体的批判已显露出后现代主义倾向，但与后现代主义的区别在于：对和解哲学的态度不同。在对和解哲学决定性拒绝这一点上，“后现代主义似乎比阿多尔诺略胜一筹”[③]。当然，在阿多尔诺那里，和解哲学视角最终并非代表着反对非理性主义而捍卫理性主义、捍卫永不终结的辩证法的努力。事实上，阿多尔诺的例子已经表明，对主体进行语言哲学的解中心化迫使理性批判相对化：主体理性批判并不触及话语合理性，而是触及理性的某种不充分的、坏的或反常的使用。当然，相对化并不意味着批判必要性的减弱；而更多地意味着划界（只有在这个界限内，理性批判才有意义），而不是要么陷入形而上学中要么陷入玩世不恭中。通过对有意义的理性批判划界，理性本身，还有主体就又一次获得了机会。不过，这个机会与启蒙理性曾经向（理性与主体）许诺的那个机会不同。“那么，这究竟是什么样的机会呢？这是一个带着我又回到现代性与后现代性的问题。”[④]

三、马克思对现代性的批判

在马克思视阈中，“现代性”主要包含两个方面：一是科技理性，二是

① Axel Honneth, Das Andere der Gerechtigkeit. Aufsätze zur praktischen Philosophie, Frankfurt/M.: Suhrkamp 2000, S. 12.

② 参见王凤才：《阿多尔诺现代性解构的批判性反思》，《东岳论丛》2022 年第 1 期。

③ Albrecht Wellmer, Zur Dialektik von Moderne und Postmoderne, Frankfurt/M.: Suhrkamp1985, S. 99.

④ Albrecht Wellmer, Zur Dialektik von Moderne und Postmoderne, Frankfurt/M.: Suhrkamp1985, S. 100.

资本逻辑。对于前者，马克思基本上持肯定态度。在他那里，“现代性” = 启蒙理性。“社会地控制自然力以便经济地加以利用，用人力兴建大规模的工程以便占有和驯服自然力，——这种必要性在产业史上起着最有决定性的作用。”① 当然，他也看到了“现代性悖论”，即启蒙理性在带来历史进步的同时，也畸变为工具理性支配。“技术的胜利，似乎以道德的败坏为代价换来的。随着人类愈益控制自然，个人却似乎愈益成为别人的奴隶或自身的卑劣行为的奴隶。甚至科学的纯洁光辉仿佛也只能在愚昧无知的黑暗背景上闪耀。”② 对于后者，马克思基本上持否定态度。在他那里，“资本”是一个肮脏的东西。当然，他也看到了“资本”的积极作用，即“资本”瓦解了等级制和等级观念，催生了自由平等的“等价交换”和“自由平等”观念。

（1）从根本上说，马克思是一个现代主义者，因而是现代性的坚持者。他坚持现代性的基本价值理念，即马克思是一个理性主义者、科技进步主义者、文明乐观主义者，故不太可能是一个生态主义者。例如，马克思明确提出“科学技术也是生产力”，高度评价科学技术对社会历史进步的推动作用，认为资产阶级在它不到一百年的统治中所创造的生产力，比过去一切时代所创造的全部生产力还要多、还要大。在《共产党宣言》中，马克思说，自然力的征服，机器的采用，化学在工业和农业中的应用，轮船的行驶，铁路的通行，电报的使用，整个大陆的开垦，河川的通航，仿佛用法术从地下呼唤出来的大量人口——过去哪一个世纪能料想到有这样的生产力潜伏在社会劳动里呢？对此，恩格斯作了精彩阐述：“没有一个人能像马克思那样，对任何领域的每个科学成就，不管它是否已实际运用，都感到真正的喜悦。但是他把科学首先看成是历史的有力杠杆，看成是最高意义上的革命力量。”③

（2）当然，马克思又不同于一般的现代主义者，尤其是不同于现代自由主义者，而是反对自由主义者所信奉的个体中心主义，因而并非毫无保留地坚持现代性。在《马克思主义的起源》中，英国学者 R. N. 伯尔基曾经说过，马克思主义属于欧洲政治思想与社会理论传统中的主流，它是自由主义政治观念、社会观念、哲学观念的发展。就是说，马克思主义发源于自由主义，它接受并改造了自由主义的基本价值观念。因而，如果没有自由主义这一广阔的背景，马克思主义将是不可思议的，也将不会存在。或

① 《马克思恩格斯全集》第 23 卷，人民出版社 1972 年版，第 561 页。
② 《马克思恩格斯全集》第 12 卷，人民出版社 1962 年版，第 4 页。
③ 《马克思恩格斯全集》第 19 卷，人民出版社 1972 年版，第 372 页。

者说，现代社会主义（理论和运动）的早期阶段，在马克思主义成型过程中占有非常重要的地位。但是，这些社会主义的激进思想遗产仅仅是附属于马克思主义的外在形式；至于马克思主义的内核或实质，恰恰是欧洲文化主流传统（即自由主义）的发展，即马克思主义是现代政治激进主义的产物，它根本上回到了自由主义最早阶段的民主要求。对于 R. N. 伯尔基的这些观点，撇开意识形态标准不谈，即使从学术上讲恐怕也是存在问题的。在我们看来，与其说马克思主义是自由主义观念的发展，毋宁说是共和主义（社群主义）的极致发展。①

（3）马克思不仅不完全赞同现代性，相反还极力批判现代性，尤其是现代性的拜物教特征——商品拜物教、货币拜物教、资本拜物教。在《资本论》中，马克思在论述资本的原始积累过程时说，“资本来到世间，从头到脚，每个毛孔都滴着血和肮脏的东西”②。也就是说，资本主义的原始积累过程就是征服、奴役、掠夺、杀戮的过程。诚然，马克思对资本主义现代性的批判，是植根于对社会阶级结构和社会劳动决定性作用的社会学分析，而非仅仅停留于道德评判。然而，既不像“塔克–伍德命题”所强调的那样，马克思没有采取正义立场、道德视角对资本主义进行批判，即马克思反对正义论、是一个非道德主义者或反道德主义者，又不能像 G. A. 科恩、胡萨米所认为的那样，正义立场是马克思主义的核心范畴，马克思从道德视角谴责了资本主义的非正义性。

（4）实际上，马克思对现代资本主义的批判，是事实判断与道德判断、科学分析与价值评判的统一。因而，将马克思完全视为一个“非道德主义者”，甚至“反道德主义者”，或完全视为一个“道德主义者”，都是片面的。其实，马克思是一个具有科学精神的道德主义者，也是一个具有道德信念的科学主义者。在《〈黑格尔法哲学批判〉导言》中，马克思指出，“对宗教的批判最后归结为人是人的最高本质这样一个学说，从而也归结为这样的绝对命令：必须推翻使人成为被侮辱、被奴役、被遗弃和被蔑视的东西的一切关系”③。马克思还说，的确，路德战胜了虔信造成的奴役制，是因为他用信念造成的奴役制代替了它。理论在一个国家实现的程度，总是取决于理论满足这个国家的需要的程度。因而，光是思想力求成为现实是不够的，现实本身应当力求趋向思想。哲学把无产阶级当做自己的物质

---

① 参见王凤才、谢静：《马克思主义起源新阐释——读读 R. N. 伯尔基的〈马克思主义的起源〉一书》，《当代国外马克思主义评论》第 8 辑，人民出版社 2010 年版，第 179—208 页。

② 《马克思恩格斯文集》第 5 卷，人民出版社 2009 年版，第 871 页。

③ 《马克思恩格斯文集》第 1 卷，人民出版社 2009 年版，第 11 页。

武器，同样，无产阶级也把哲学当做自己的精神武器。“哲学不消灭无产阶级，就不能成为现实；无产阶级不把哲学变成现实，就不可能消灭自身。”[①]

毫无疑问，在马克思那里，政治经济学批判与伦理道德批判是有机统一的，二者缺一不可；过分强调一个方面而淡化、忽视甚至否定另一个方面，都是不可取的，甚至是错误的。当然，在关于马克思主义现代性理论的传统阐释中，有过分强调政治经济学批判而忽视伦理道德批判的倾向，以至于反向激发许多学者强调马克思思想的“道德维度”。例如，在“再思马克思：哲学、批判、实践——缺少什么?”国际学术研讨会（柏林，2011）上，法兰克福学派第三代学术领袖霍耐特指出，在历史文献和政治文献中，马克思设想的具体的社会群体或主体，在历史发展过程中是变化的；但《资本论》缺乏道德维度，它仅仅是经济目的合理性的行为主体，包容占据支配地位的资本主义自我增殖过程的线性膨胀和愚蠢的现实的力量。这样，历史过程的变化实际上就是不可能的。因而，政治经济学批判必须考虑到社会学或政治学维度。[②] 当然，霍耐特的上述说法也有不准确之处，但他对道德维度、社会学维度、政治学维度的强调却是值得认真思考的。

结　语

综上所述，“现代性”作为一个哲学话语，不同人赋予了它不同含义；从而导致人们对待现代性有不同态度，并出现了四种不同立场，即坚持现代性（与批判现代性融合在一起）、告别现代性、重建现代性、在现代性与后现代性之间。马克思既是现代性的坚持者，又是现代性的批判者。在21世纪语境中，如何重新理解马克思的现代性批判？这是一个既有重大理论价值又有重要现实意义的话题。

在马克思那里，“现代性”主要包含两个方面：一是科技理性（基本肯定，但也看到了“现代性悖论”），二是资本逻辑（基本否定，但也承认资本的积极作用）。从根本上说，马克思是一个现代主义者，故是现代性的坚持者；但他又不同于一般的现代主义者，因而并非毫无保留地坚持现代性；他不仅不完全赞同现代性，相反还极力批判现代性，尤其是现代性的拜物教特征；他对现代资本主义的批判，是事实判断与价值判断、科学分析与

---

① 《马克思恩格斯文集》第1卷，人民出版社2009年版，第18页。

② 参见王凤才：《国外马克思主义研究报告2012·德国》，人民出版社2012年版，第91页。

道德评判的统一，因而，他既是一个具有科学精神的道德主义者，也是一个具有道德信念的科学主义者。

在对待现代性问题上，我们不能因为现代性的弊端而拒斥现代性，甚至重返前现代性，或走向后现代性；不能因为主体性的狂妄而拒斥主体性，甚至重返集体至上性；不能因为科学技术的消极效应而拒斥科学技术，甚至重返神话状态；而是要协调现代性、前现代性、后现代性的关系，协调个体主体性、集体主体性、主体间性的关系，协调工具理性与价值理性的关系，协调道德与伦理的关系，协调个体主义与共同体主义的关系。

换言之，既要承认现代性的普遍主义内涵，又要考虑中国的特殊情况（所谓“后发外生现代化”）；既要有世界眼光，又要有中国立场；既要吸收、借鉴现代化的积极成果，又要减少、避免现代性的负面效应；走出一条具有中国特色的现代化之路，确立一个具有中国特色的新文明类型。也许，这就是在21世纪语境中重新理解马克思的现代性批判的价值所在。

继承百年伟业，为马恩著作编译事业再建新功

李朝晖[①]

马恩著作是广大干部群众学习马克思主义、广大理论工作者研究马克思主义必不可少的基础文本，《马恩全集》旨在尽可能全面地呈现马克思恩格斯各种样态的文稿文献，在马恩著作版本体系中处于基础之基础的地位。

在整个世界范围内，编译出版《马恩全集》历史悠久，最早可以追溯到1883年。马克思于这年3月18日逝世后，当时德国社会主义工人党领导人威廉·李卜克内西曾提出一个出版《马克思全集》的计划，但这个计划在当时的条件下无法实现。恩格斯一直对出版全集这个想法很感兴趣，他在1895年4月15日给理·费舍的信中说，“我倒是有一个计划——把马克思和我的小文章以全集形式重新献给读者。”[②] 恩格斯还多次谈到：全集应该将全部著作按时间顺序编排，文本应该以其历史形态呈现，加上前言和脚注等。这些原则基本上都在后来各个版本的全集编辑中得到体现。

恩格斯于1895年8月5日去世后，德、俄等国很多有志之士做了大量工作，全面收集马克思恩格斯著作、书信和手稿，详细制订目录，一一制作影印件，积极为编辑《马恩全集》准备资料。但是马克思恩格斯的著述卷帙浩繁，全集的编辑出版必然是一项浩大的长期工程，专门的机构和合格而稳定的编译队伍是必不可少的条件，只有俄国十月革命胜利、世界上第一个社会主义国家诞生后，这些条件才成熟起来。1920年代初，编辑出版两种不同版本全集的工作差不多同时启动：1923年6月1日俄共中央决定，由马恩研究院负责编辑出版《马恩全集》俄文版（后称俄文第1版），1928—1947年，俄文第1版共出版28卷（33册，第20卷未能出版）。俄文第1版编辑出版工作开始一年之后，即1924年7月7日，共产国际第五次

① 李朝晖，中央党史和文献研究院第五研究部马恩著作编译一处处长、译审。

② 《马克思恩格斯文集》第10卷，人民出版社2009年版，第702页。

代表大会决定，编辑出版《马恩全集》历史考证版（MEGA[1]，即历史考证版第1版），也就是原文版。1927年，MEGA[1]出版第1卷，因纳粹上台，1935年不得不完全停止这项工作，一共只出版12卷。

在随后的十几年里，又有大量马克思恩格斯的遗著不断被发掘出来；此外，俄文第1版译文不准确等不足之处也日益显现，被认为是一个“令人不满意的”的版本。因此，二战之后，苏共中央马恩列研究院开始研究编译出版《马恩全集》俄文第2版，这一版最后确定的计划是出版39卷。第1卷于1954年问世，1966年，这一计划全部完成。但由于此间又陆续发现不少马恩遗稿，有的来不及编入相应卷次，于是研究院决定继续出版补卷，到80年代初，俄文第2版一共出版了50卷。俄文第2版是一个相对完备的全集版本，它所确定的编辑原则、编排体例、收文范围等，基本上为当时世界其他社会主义国家以及意大利、日本等国出版《马恩全集》所遵循。

甚至《马恩全集》德文版在这些方面也变动很少。德国统一社会党中央1954年作出出版《马恩全集》德文版的决定，从1956年到1968年，德文版先是出版了39卷，然后开始出补卷，不过补卷只出了4卷，因此《全集》德文版一共出了43卷。这一版的重要意义在于，它为当时世界其他国家编译《马恩全集》提供了大多数原文。之所以说是大多数原文，是因为马恩著作只有60%是用德语写成，有30%是用英语写成，还有10%是用法语等其他语种写成。因此，即使是德文版，也有一部分文献是需要翻译的。在提供原文方面，《马恩全集》英文版也具有特殊意义。它由莫斯科进步出版社、纽约国际图书出版公司和伦敦劳伦斯–威沙特出版社共同编辑出版，1975年出版了第1卷，2004年终于出齐，跟俄文第2版一样，共50卷。

在《马恩全集》编辑出版方面，最辉煌的一个工程就是编辑出版《马恩全集》历史考证版第2版（MEGA[2]）。其实，在编译出版俄文第2版的同时，编辑出版原文版的想法一直没有被放弃。1965年，这方面的工作有了实质进展：原苏共中央马列研究院和德国统一社会党马列研究院组成双边编辑委员会，开始研究出版《马恩全集》历史考证版第2版，这一版将以原文形式呈现马克思恩格斯全部著作、文章、手稿、书信、摘录和边注。1975年有了第一个成果：第二部分第1卷得以出版。苏联解体、东欧剧变一度危及这一项目的继续开展，不过这一项目在统一后的德国最终得以保存下来，从此一直在推进。MEGA[2]这一全集版本计划出114卷，现在每年大约出版1卷，目前一共出版了大约70卷。

从上面对世界《马恩全集》编译史的简介中可以看出，全集的编辑出版从一开始就沿着两条路径进行，一条是俄文版的路径，在俄文第2版那里趋于完备，世界其他国家当时编译全集也大都走的是这一路径；另一条是历史考证版的路径，第一个历史考证版不幸夭折，幸而第二个历史考证版得以继续进行。这两条路径在编排上也有共同点，那就是将《资本论》及其手稿与其他门类的文章、著作和手稿分开编排，马恩的书信也单独编排，因此，在这两条路径的全集中，第一部分都为著作卷，收入马恩生前正式发表的文章、正式出版的著作以及手稿；第二部分都为经济卷，收入《资本论》及其手稿；第三部分都为书信卷，收入马恩相互之间的书信以及他们给第三人的书信（MEGA^{2}还收入其他人给马恩的书信）。两条路径的不同之处在于：第一，历史考证版第 2 版收入的是马恩写作时的原文。第二，历史考证版第 2 版收文更加全面，例如，它增加了一个第四部分，计划出 32 卷，完整收录马克思恩格斯的摘录笔记和边注。第三，资料更为详细，每一卷除正文卷外，还配备了一个厚度与正文卷相当甚至更厚的资料卷。

中国共产党是一个马克思主义政党，自成立以来就十分重视马恩著作的翻译和传播，很早就开始把马克思恩格斯的重要著作陆续译成中文。新中国成立后，编译条件有了质的改善。1953 年 1 月 29 日，毛泽东主席亲自批准关于成立中央编译局的决定，决定指出："中央决定将中央俄文编译局与中共中央宣传部斯大林全集翻译室合并，并以此二单位为基础成立马恩列斯著作编译局，其任务是有系统地、有计划地翻译马克思、恩格斯、列宁、斯大林的全部著作。"中央编译局最先启动的是《斯大林全集》和《列宁全集》的编译工作。苏联开始编译出版《马恩全集》俄文第 2 版后，编译《马恩全集》中文版的条件也成熟了。全集编译工作在 1955 年全面开启，1956 年 12 月，第 1 卷与读者见面，1985 年 12 月，最后一卷出版，这标志着《马恩全集》中文版 50 卷全部出齐，这个中文版现在被称为《马恩全集》中文第 1 版，第 1 版以当时所能达到的最高系统性和全面性为中国的马克思主义研究提供了厚实的文本基础。

但中文第 1 版也有不可忽视的缺陷，它主要依据俄文第 2 版编译，因此不可避免地承接了俄文第 2 版在收文、编排和资料编写等方面的局限性；它的译文主要译自俄文，而不是马恩写作时的原文，因此俄译文的不足在大多数情况下也不得不沿袭下来。此外，国际马恩著作编辑工作也在继续开展，新的考证、研究和编辑成果不断涌现，把这些重要的成果及时传递到中国来，是深入学习马克思主义、深化中国的马克思主义研究的必然要求。因此，1986 年，中共中央书记处作出编译《马恩全集》中文第 2 版的决定。

《马恩全集》中文第 2 版在中文第 1 版的基础上开展，以《马恩全集》历史考证版第 2 版为主要依据，同时参考德、英、俄等其他版本。二版力图尽可能地多汲取历史考证版和其他版本在收文和考证上的最新成果，所有译文将根据马恩写作时的原文翻译或重新校订，所有资料（包括卷末注、脚注、文献索引、人名索引、名目索引等）将在充分吸收最新研究成果的基础上重新编写。总的来说，中文第2版立足中国的实际，试图对上述两条路径扬长补短，发扬光大，是一个力图对两者进行融合的版本。

《马恩全集》中文第2版打破了中文第1版“著作卷+经济卷+书信卷+补卷”的结构，将一版11卷补卷中的文章按时间编入相应卷次，像MEGA²一样，采取“四部分”结构，即“著作卷+经济卷+书信卷+摘录卷”。新增卷次的分布为：第一部分著作卷由原来的22卷扩充到29卷，新增7卷。第二部经济卷由原来的4卷扩充到17卷，新增13卷。第三部分书信卷由原来的13卷增加到14卷，新增1卷。第四部分摘录卷暂定10卷，全部为新增。整个第1版共50卷，而整个第2版暂定共70卷。

《马恩全集》中文第2版第一部分著作卷包括第1—29卷。由于新的编辑原则的要求，这一部分在卷次的划分以及收文上与一版有较大区别，并且每一卷都在不同程度上增加了一些一版所没有收入的文献，有的卷次也删除了少量一版所误收的文献。以第1卷为例，中文第1版第1卷收入的是马克思1842—1844年的著作以及恩格斯1839—1844年的著作，而中文第2版第1卷专门收入马克思1833年到1843年3月所写的全部著作，恩格斯的相关著作收入第2卷（第2卷专门收入恩格斯1833年12月到1842年10月所写的全部著作）。中文第2版第1卷除收入原第1卷相应时期马克思的著作外，还将原第40卷即补卷中的相关内容也收了进来。关于这一卷的增补和删除，该卷前言里的介绍如下：“本卷收入的文献比《马克思恩格斯全集》第1版相应时期有关卷次收入的文献增加8篇，其中政论文章2篇：《摩泽尔记者的辩护。C摩泽尔河沿岸地区的种种主要弊端》、《〈莱茵报〉编辑部关于停止发表〈摩泽尔记者的辩护〉续篇的声明》；附录6篇：《卡尔·马克思的博士学位证书》、《对汉诺威一个囚犯的异端裁判所式的虐待》、《关于〈莱茵报〉遭到查封的备忘录》、《莱茵报社股东的备忘录》、《莱茵报社非常全体会议记录》、《莱茵报社例行全体会议记录》。原第1版中的《路德是施特劳斯和费尔巴哈的仲裁人》一文，经考证不是出自马克思的手笔，本卷不再收入。”①

《马恩全集》中文第2版第二部分即《资本论》及其手稿部分包括第30—45卷。这一部分相较于一版作了很大的扩充。一版这一部分只有4卷

① 《马克思恩格斯全集》第1卷，人民出版社2006年版，第12页。

共6册，即《资本论》第1—3卷[①]以及被称为《资本论》第4卷的《剩余价值理论》[②]。马克思恩格斯生前，《资本论》第1卷光德文版就出了四个版本，而中文第1版中的《资本论》第1卷其实是根据《资本论》第1卷德文第4版翻译的，中文第2版新增了《资本论》第1卷德文第1版和法文版，因为德文第1版、法文版和德文第4版在篇章结构和表述上有较大区别。此外，中文第1版第26卷收入的剩余价值理论部分，其实只是马克思的1861—1863年手稿中对资产阶级经济学家有关理论进行分析批判的部分。1861—1863年手稿包括马克思所写的23个笔记本，马克思亲自编了页码，共1472页，而剩余价值理论部分大约只包括马克思1862年春到1863年1月所写的第VI—XV笔记本。

《马恩全集》中文第2版第二部分的具体情况如下：

表1 《马克思恩格斯全集》中文第2版第30—46卷内容

卷次	内容
第30卷	马克思1857—1858年手稿的前半部分
第31卷	马克思1857—1858年手稿的后半部分 马克思1859年出版的《政治经济学批判。第一分册》马克思在1859—1861年写的3篇经济学手稿
第32—37卷	马克思的1861—1863年手稿
第38—39卷	马克思1863—1965年手稿
第40卷	马克思1867—1882年的手稿，分3册： 上册：1867—1868的手稿 中册：1868—1870的手稿 下册：1871—1882的手稿
第41卷	《资本论》第2、3卷恩格斯的编辑稿
第42卷	《资本论》第1卷德文第1版
第43卷	《资本论》第1卷法文版
第44卷	《资本论》第1卷德文第4版
第45卷	《资本论》第2卷
第46卷	《资本论》第3卷

可见，《马恩全集》中文第2版第二部分实际上收入了马克思写作《资本论》时留下的全部手稿和恩格斯的全部编辑稿，而《资本论》部分，除

① 见《马恩全集》中文第1版第23—25卷。

② 见《马恩全集》中文第1版第26卷，分上中下3册。

《资本论》第1卷德文第2版和第3版以及英文版之外，其余版本全部收入。

《马恩全集》中文第2版书信部分包括第47—60卷，这一部分与著作卷部分一样，在卷次的划分以及收文上与一版有一定的区别，并且每一卷也在不同程度上增加了一些一版所没有收入的文献，有的也删除了少量一版所误收的文献。此外在编排上也与一版有所不同。在一版书信卷中，每一卷都将马克思恩格斯彼此之间的书信编为第一部分，而把马克思恩格斯给其他人的书信编为第二部分。二版不再采用这种编排法，而把马克思和恩格斯的信，无论对方是谁，都按时间顺序排列在一起。不过，$MEGA^2$还将其他人给马恩的信也收入进来，新的中文版没有沿袭$MEGA^2$的这种做法。

《马恩全集》中文第2版摘录卷包括第61—70卷（暂定）。马克思从青年时代就养成了记读书笔记的习惯，因此留下了巨量的摘录和札记，恩格斯也留下一些摘录，但数量远远少于马克思。有很多马克思的摘录笔记现在大家都耳熟能详，如《巴黎笔记》《布鲁塞尔笔记》《伦敦笔记》《引文笔记》等，其实译成中文的只有很少一部分，主要散见于一版各补卷中。中文第2版这一部分可以说基本上是新增的，不过现在还没有正式启动编译工作。

$MEGA^2$收文齐全这一特点，还表现在，很多情况下同一篇文章存在由马恩本人翻译的不同语言的版本，$MEGA^2$往往会以原文全文收入这些不同语言的版本。例如，《〈社会主义从空想到科学的发展〉1892年英文版导言》一文，恩格斯还亲自把它译成德文，以《论历史唯物主义》为题发表在《新时代》杂志上。$MEGA^2$将这篇文章的英文版和德文版都收入正文卷中。但是，无论中译文译自哪种文字，在表述上往往差别很少，没有必要重复收文，但又绝对不能将这些珍贵文献弃之不用。因此，中文第2版采取的方法是，用脚注对不同版本的文字差别加以说明。以《〈社会主义从空想到科学的发展〉1892年英文版导言》为例，它的德译文《论历史唯物主义》的起始点和行文中恩格斯所作的修改，我们都通过脚注予以说明，感兴趣的读者可以借助这些说明了解《论历史唯物主义》这篇文章的样貌。下面是我们加的两条脚注①：

> ①本文的德译文以《论历史唯物主义》为题发表在《新时代》杂志上，在德译文中，从开头到此处的这7段文字被删去。——编者注

① 《马克思恩格斯全集》第29卷，人民出版社2021年版，第363页。

②在德译文中，“体面人物”的后面加有“即英国庸人”。——编者注

MEGA[2]在资料卷（Apparat）中对每一篇文章的成文过程和传播情况作了充分的说明，它的注释对重大历史事件、文字典故等也作了说明，这些说明我们都可以取其精华，收入卷末注、篇末注和脚注中。它的各种索引也是我们编写中文第2版各种索引的重要依据。特别值得一提的是它的异文表（Variantenverzeichnis），它列入的是马恩著作同一种语言的不同版本的文字改动和手稿的文字改动。在马恩文献中，同一篇文章，往往保存下来的既有草稿，又有誊清稿、修改稿或已经发表的文字，不同稿本在表述上往往存在一定的差别，但这些差别又没有大到有必要重复收文的程度，对于这种情况，MEGA[2]在它的资料卷开设了一个异文表，其中详细列出不同版本的文字差别。如果是手稿，上面就留有马恩的改动痕迹，MEGA[2]也在异文表中详细列出马恩删除、替换或增添的文字，呈现整个改动过程。对于这些内容，新的中文版的处理办法是，在脚注中加以说明。如果读者对马恩文章的修改过程感兴趣，就可以参考这些脚注。

举一个关于草稿和誊清稿的例子。《未来的意大利革命和社会党》是恩格斯用法文写成的文章，草稿和誊清稿都保存了下来，存在一定的文字差异。正文依据誊清稿翻译，对于两个稿本的文字差别则加有如下的脚注①：

①在草稿中不是“共和主义者”，而是“马志尼主义者”。——编者注

②在草稿中没有“正如马克思所说”这几个字。——编者注

③参看马克思《路易·波拿巴的雾月十八日》，《马克思恩格斯全集》中文第2版第11卷第139—140页。——编者注

④在草稿中，这句话的后面还有一句话：“而我们要看看他们是否是认真的。”——编者注

《马恩全集》中文第2版1995年出版第1卷，目前已经出版35卷，除第四部分笔记卷编译条件相对来说还不太成熟，因此还没有正式启动外，其他部分都有进展。其中第二部分经济卷进展最快，已出版卷次包括第30—39卷、第40卷（上）以及第42—46卷，只有第40卷（中）和第40卷（下）以及第41卷还没有出版。著作卷在进度上仅次于经济卷，总共29

① 《马克思恩格斯全集》第29卷，人民出版社2021年版，第537页。

卷中已出版15卷，包括第1—3卷、第10—14卷、第16卷、第19卷、第21卷、第25—26卷、第28—29卷，2025年将出版第22卷，2026年将出版第7卷。至于书信卷，现已出版第47—50卷，2024年底将出版第51卷。

马克思恩格斯的著作传入中国已超过一百年，中国的《马恩全集》编译工作也已进行了70多年，一代又一代的编译人员经过长期的经验积累，已经找到了中文版的编译规律，形成了一定的工作程序。译文校订有一个初校、定稿和审稿的过程，资料编写也一样，以此来保证编译质量的高标准和稳定性。

当前，马克思主义中国化时代化正在向纵深发展。马克思恩格斯著作是马克思主义的源头，探索理论渊源，厘清源流变化，原著原文是必不可少的基础。党的二十大提出“两个结合”和“六个必须坚持”，成为马恩著作编译和马克思主义研究的根本遵循，为这项工作指明了前进方向。新时代新征程，马恩著作编译者也一定会更加努力地工作，尽可能快地提供高质量编译成果，满足广大干部群众和理论工作者的迫切需要，为马克思主义中国化时代化作出新的贡献。

从中国早期马克思主义与第二国际的复杂关系看唯物史观阶段的形成及其特点[①]

何　萍[②]

十月革命的胜利和五四运动的爆发，猛烈地冲击了20世纪20年代的中国思想界，从这场思想激荡中走出来的中国早期马克思主义者以十月革命的社会主义观为指导，研究世界历史运动，探寻中国社会变革的道路。这种探寻具体到哲学领域，就是以十月革命的社会主义观为理论框架，吸取第二国际马克思主义理论家们阐发的唯物史观的积极成果，建构中国的革命的唯物史观，从而推动了中国史观的变革，为辩证唯物主义在中国的传播和应用奠定了思想基础。因此，我们要了解马克思主义哲学中国化进程中何以会出现一个唯物史观阶段，要了解这个阶段的特点及其在马克思主义哲学中国化进程中的作用和地位，就不能不研究中国早期马克思主义与第二国际的复杂关系。鉴于此，本文将马克思主义哲学中国化置于世界马克思主义思想史的语境之中加以考察，探究中国早期马克思主义与第二国际复杂关系构成的原因，分析中国早期马克思主义者对待第二国际的态度与中国革命史学观和中国历史研究范式的建构及其特点，真实地展现20世纪20年代唯物史观在中国传播与再创造的全貌。

一、中国早期马克思主义与第二国际复杂关系的构成

中国早期马克思主义与第二国际复杂关系的构成，是在中国人知晓并

① 本文系国家社会科学基金重大项目“中国共产党对马克思主义哲学的原创性贡献研究”（21&ZD046）成果。

② 何萍，武汉大学哲学学院教授、博士生导师，马克思主义理论与中国实践湖北省协同创新中心研究员，武汉大学人文社会科学院驻院研究员。

接受了十月革命的社会主义观之后。这一事实隐藏了中国马克思主义与第二国际复杂关系构成的深层原因，值得我们去发掘和思考。

众所周知，早在十月革命之前，社会主义学说就混杂在西方各种思潮中传入中国，为中国人所知晓。不过，当时传入中国的社会主义学说是十分庞杂的，有傅立叶的空想社会主义，有马克思恩格斯的科学社会主义，有第二国际的改良社会主义等。在这些社会主义学说中，傅立叶的空想社会主义和马克思恩格斯的科学社会主义都只是被当作西方思潮介绍到中国来，并没有为中国人所采纳，唯有第二国际的改良社会主义得到了中国资产阶级思想家的重视。当然，中国资产阶级思想家因其立场不同，对第二国际的改良社会主义的态度亦有不同。中国资产阶级改良派康有为及其弟子梁启超在他们的相关著作中介绍过傅立叶的空想社会主义和第二国际的改良社会主义，但是，他们并不赞成在中国实行社会主义。在他们看来，社会主义是在欧美资本主义国家中工人阶级与资产阶级之间斗争不断发展的基础上产生的，而中国既无阶级，亦无阶级斗争，这也就是说，中国缺乏社会主义的阶级基础，没有实行社会主义的可能性，因此，中国只能以改良的方式走资本主义的道路。与之不同，中国资产阶级革命家孙中山则从第二国际的改良社会主义中看到了有益的东西，这就是，为民生而斗争。孙中山将其融于他的三民主义之中，明确地提出，三民主义中的“民生主义”就是社会主义。从孙中山将民生主义等同于社会主义这一点来看，孙中山所接受的社会主义其实是第二国际中的改良社会主义，并非第二国际左派主张的革命的社会主义，而且孙中山也不主张在中国实行社会主义，更不希望在中国进行社会主义革命，他吸取第二国际的改良社会主义中的民生思想，不过是为了使中国能在发展工业的过程中避免资本主义的祸害。诚如他在同盟会机关报《民报》的发刊词中所说：“吾国治民生主义者，发达最先，睹其祸害于未萌，诚可举政治革命、社会革命毕其功于一役。”[①]由此可见，孙中山虽然没有像康有为和梁启超那样排斥社会主义，但也没有把社会主义提升到世界观的高度来对待。在他那里，社会主义不过是用于完善中国资本主义制度的手段，并不可以作为中国现代化的道路。孙中山对待社会主义的这种态度，固然与孙中山的资产阶级立场有关，但也与第二国际的改良社会主义的性质相关，因为第二国际的改良社会主义的一个根本点，就是把社会主义置于资产阶级的羽翼之下，使社会主义能够为资产阶级所接受。这样一来，批判第二国际的修正主义和改良主义思想，就成为了中国早期马克思主义者传播十月革命的社会主义观和马克思的唯

① 《孙中山全集》第1卷，中华书局2006年版，第289页。

物史观的思想起点。正是在这个思想起点上，中国早期马克思主义者把研究第二国际与阐发马克思的唯物史观学说紧密地结合起来，一方面批判第二国际的修正主义和改良主义思潮，为在中国传播和研究马克思的革命学说扫清思想障碍，另一方面以十月革命的社会主义观为世界观和方法论来吸取第二国际马克思主义理论家们阐发的唯物史观中的积极成果，创造中国的革命的唯物史观。这就构成了中国早期马克思主义与第二国际之间的复杂关系。

这一复杂关系的构成，首先体现在《新青年》于1919年5月出版的第6卷第5号以“马克思研究号”为题刊发的一组文章中。该组文章是李大钊担任该期的“轮值编辑”时组织的。李大钊组织刊发这组文章，是为了澄清世人对马克思学说的种种误解，“使这为世界改造原动的学说，在我们的思辨中，有点正确的解释”①。出于这一动因，这组文章主要以译文和评介文为主，其内容可大致分为三类：一类是翻译日本和英国学者论述俄国革命的文章，比如起明翻译的英国作者 Angelo S. Rapoport 的论文《俄国革命之哲学的基础》（下）、渊泉翻译的日本马克思主义者河上肇的《马克思的唯物史观》；一类是介绍欧美社会主义运动中出现的各种思潮的代表人物思想的文章，比如克水的《巴枯宁传略》；一类是介绍马克思学说的文章，比如顾兆熊的《马克思学说》、凌霜的《马克思学说的批评》、陈启修、渊泉的《马克思研究》、刘秉麟的《马克思传略》、李大钊的《我的马克思主义观》（上）等。综合这三类文章，可以看出，这组文章并非都是谈马克思的学说的，文章的作者也不都是马克思主义者，但这组文章有一个共同点，就是对第二国际的修正主义持批判态度，在十月革命的社会主义革命观的框架下阐发马克思的革命学说。② 自这组文章刊发后，《新青年》又相继刊发了李达的《讨论社会主义并质梁任公》《马克思派社会主义》和《评第四国际》等文。在这些文章中，李达批判了以梁启超为代表的资产阶级改良派对社会主义的歪曲，介绍了国际上社会主义学说发展的历史和各种不同的社会主义观。在《马克思派社会主义》的结论中，李达写道：“中国何时能够发生社会革命？中国社会革命究竟采用何种范畴的社会主义，大概也是要按照国情和国民性决定的。未到实行的时候，我们也不能预先见到，所以不敢说中国应实行多数主义③，却又不敢说中国一定不适宜

① 《李大钊文集》第3卷，人民出版社1999年版，第15—16页。

② 关于这组论文内容的详尽分析，请见何萍：《新文化运动与马克思主义哲学中国化的开启》，《学术月刊》2022年第1期。

③ 李达在这里讲的“多数主义”，即布尔什维主义，主要讲列宁在《国家与革命》一书中阐发的革命的社会主义观。——本文作者注

多数主义。”① 李达在这里虽然没有肯定布尔什维主义的社会主义道路能在中国走得通，但他肯定改良派主张的社会主义道路在中国是无法走得通的。

其次，这一复杂关系的构成还体现在蔡和森赴法勤工俭学后撰写的系列论著中。蔡和森既是中国早期的革命家和马克思主义者，也是中国共产党早期的马克思主义理论家。1919 年底，蔡和森与向警予、妹妹蔡畅和母亲葛健豪等前往法国勤工俭学。在此期间，他广泛地阅读和钻研了马克思主义的文献，深入地研究了法国乃至整个欧洲的工人运动和社会主义运动，研究了十月革命以来世界无产阶级革命形势的变化，很快接受了马克思主义学说，成为新民学会的第一个马克思主义者。他的学术成就主要体现在三个方面：第一个方面是在给毛泽东、陈独秀的书信中报道世界革命的情势，明确提出中国必须走十月革命的道路，在哲学上必须以唯物史观为基础；第二个方面是研究法国与欧洲的工人运动、研究世界革命，撰写了《法兰西工人运动的最近趋势》等有关探讨第二国际的理论与实践的论文，指出改良主义思潮在第二国际工人运动中的泛滥是第二国际破产的根本原因，以此论证中国走十月革命道路的必然性和合理性。这些思想集中体现在他撰写的《马克思学说与中国无产阶级革命》《中国劳动运动应取的方针》等论文中；第三个方面是研究和吸取第二国际的唯物史观的思想成果，将其运用于研究中国古代史、近代史和中国共产党史，建构了中国历史研究范式。这一研究的最重大成果就是于 1924 年成稿的《社会进化史》和于 1926 年上半年应莫斯科中山大学旅俄支部邀请所作的报告《中国共产党的发展（提纲）》。这些都使蔡和森成为了中国共产党早期最杰出的马克思主义理论家之一。

如果我们对与上述文献相关的这一时期的中国马克思主义者的思想成果作一理论上的提炼，就可以清晰地看到，中国早期马克思主义与第二国际的复杂关系是在十月革命的社会主义观的理论框架下构成的。于是，十月革命的社会主义观的性质和其理论研究状况决定了中国早期马克思主义者对待第二国际的基本态度。

首先，十月革命的社会主义观的革命性为中国早期马克思主义者提供了社会主义革命的世界观，从而形成了中国早期马克思主义与第二国际的社会主义观的复杂关系。中国早期马克思主义者接受的是十月革命的社会主义观，因此，在对待第二国际社会主义学说的态度上，根本不同于中国资产阶级的思想家。中国资产阶级思想家，或坚决拒斥社会主义，或只接受第二国际的改良社会主义观。与之不同，中国早期马克思主义者以十月

① 《李达文集》第 1 卷，人民出版社 1980 年版，第 104 页。

革命的社会主义观来研究和审视第二国际的社会主义观，对第二国际的修正主义和改良主义的观点持否定态度，对第二国际左派坚持的革命的社会主义观持肯定态度，对第二国际左派批判伯恩施坦修正主义的理论和实践更是持赞赏态度。比如，李达在《介绍几个女社会革命家》和《李卜克内西传》两篇文章中，就介绍和肯定了德国社会民主党的左派领袖罗莎·卢森堡、蔡特金和李卜克内西的著作和思想；蔡和森在《法兰西工人运动的最近趋势》一文中，分析了法国、比利时、德国和奥地利等国的社会党和工团破产的原因，肯定了李卜克内西和罗莎·卢森堡反抗德国社会民主党内的修正主义和改良主义的斗争。① 这些具体的分析，以及由此而形成的对第二国际社会主义观既有否定又有肯定的态度，为中国早期马克思主义者接受第二国际的唯物史观打下了思想基础。

其次，十月革命的社会主义观的理论研究状况决定了中国早期马克思主义与第二国际的唯物史观②的复杂关系。十月革命的哲学基础是列宁哲学，但列宁哲学的形成和发展本身就有一个过程。在 1908 年之前，列宁受到第二国际的唯物史观的影响，用有机整体观阐发马克思的《资本论》，反对自由主义民粹派的代表人物米海洛夫斯基把马克思的唯物史观曲解为经济唯物主义，强调马克思的唯物史观是有关社会形态的学说，他也用这个观点来分析俄国资本主义经济的发展，指明了俄国资本主义发展的特点及其前景。自 1908 年开始，列宁为了论证布尔什维克党的理论基础、研究帝国主义现象和世界无产阶级革命的规律，相继写了《唯物主义和经验批判主义》和《哲学笔记》，发展了马克思主义的认识论和辩证法。这一过程表明，列宁的辩证唯物主义的认识论和辩证法才是十月革命的哲学基础。然而，这个严格意义上的十月革命的哲学基础，并不是在十月革命取得胜利的那一刻就被人们认识到的，而是在 20 世纪 20 年代中期至 30 年代苏联哲学界围绕着列宁有没有哲学、马克思主义哲学史上有没有一个列宁阶段的争论中才被明确地提出来加以探讨。这样一来，从 1917 年十月革命胜利到 20 世纪 20 年代中期，十月革命的哲学基础就出现了一个理论空场，而用于填补这个理论空场的，就是第二国际的唯物史观。

第二国际的唯物史观之所以能够在十月革命胜利的初期填补十月革命的哲学基础出现的理论空场，是由两个方面的原因决定的。第一个原因是，

① 参见《蔡和森文集》上，人民出版社 2013 年版，第 91—96 页。

② 这里所说的第二国际的唯物史观特指第二国际的马克思主义理论家们阐发的唯物史观。这种唯物史观的一个重要特点，就是用有机整体观来阐发马克思提出的经济基础决定上层建筑的基本原理，强调马克思的经济基础决定上层建筑原理是有关社会形态的学说。

第二国际的马克思主义理论家是在恩格斯亲自指导和培养下成长起来的，在理论上深受恩格斯晚年哲学思想的影响。恩格斯晚年的哲学思想是他和马克思创立的唯物史观的继承和发展。继承，是就坚持他和马克思创立的唯物史观理论的革命性而言的；发展，是就它吸取了19世纪末的自然科学和人文社会科学的新成就、研究了19世纪末资本主义社会的新变化，提出了唯物史观的新观点，阐发了唯物史观的有机整体观而言的。这表明，恩格斯晚年的唯物史观理论，既是革命的，又能够解释资本主义发展的新现象。第二国际的马克思主义理论家们在接受恩格斯晚年的唯物史观时，在哲学理论的研究上，不断吸取当时自然科学领域新发展起来的生命科学、生理学、生物学、地理学、地质学、进化论的思想资源和人文科学领域新发展起来的历史哲学、考古学、人类学和社会学的思想成果，以有机整体观来阐发历史唯物主义的基本原理；在对世界历史变化的研究上，将恩格斯晚年的唯物史观的基本原理运用于研究帝国主义现象，创造了马克思主义的帝国主义理论；在意识形态领域，以马克思恩格斯的唯物史观的革命观点批判以伯恩施坦为代表的第二国际的修正主义和改良主义思潮。这些思想表明，第二国际的唯物史观的基本原理本质上是批判的、辩证的和革命的。这些理论虽然由于各种原因没能有效地阻止第二国际工人运动中的改良主义思潮的泛滥而导致了第二国际的破产，但这些理论本身对修正主义的理论和实践是持批判态度的。正因为如此，这些理论在十月革命的哲学基础出现空场的情况下，也能够被世界各国的马克思主义者拿来，用于批判第二国际的修正主义和改良主义思潮。

第二个原因是，十月革命所具有的世界历史的必然性。不可否认，十月革命是在俄国具体的历史条件下发生的，有着俄国革命的特殊性，但同样不可否认的是，十月革命是恩格斯开创的第二国际的马克思主义理论传统和工人运动的实践的继承和发展，因而与第二国际的工人运动和马克思主义理论之间有着内在的关联。正因为有了这种内在的关联，所以，在十月革命的哲学基础出现空场的情况下，世界各国的马克思主义者就可以用第二国际的马克思主义理论家们阐发的唯物史观来分析世界革命的总趋势，选择本国的革命道路。正是这样，中国早期马克思主义者所接受的唯物史观，无论是从欧美传入的，还是从日本传入的，其实都是第二国际的唯物史观。从另一方面看，十月革命的社会主义革命观在很多方面又有着不同于第二国际的社会主义革命观的许多特点，因此，仅仅用第二国际的唯物史观理论是不能够充分地说明十月革命的思想及其所引起的世界无产阶级革命的问题的。这就要求世界各国的马克思主义者在接受第二国际的唯物史观时，要结合本国的情况对第二国际的唯物史观的革命性和思维传统进行辨析，有选择地吸取其中的合理要素，创造适合本民族革命发展的唯物史观。正是这样，中国早期马克思主义者在接受第二国际的唯物史观时，又加入了中国历史观变革的向度。于是，十月革命的社会主义观和中国历史观的变革，就成为了中国早期马克思主义者接受第二国际的唯物史观的理论框架。在这个理论框架下，中国早期马克思主义者，一方面以十月革命的社会主义观来阐发马克思的唯物史观中的革命理论，另一方面又以中国历史观的变革为尺度，来辨析和吸取第二国际的唯物史观的思想成果，使马克思的唯物史观中国化，从而创造了中国的革命的唯物史观理论。由此决定，中国早期马克思主义者创造的革命的唯物史观理论，既带有浓厚的第二国际的唯物史观的有机整体观的特色，又有着鲜明的中国特点。这就构成了中国早期马克思主义与第二国际的唯物史观的复杂关系。

在中国早期马克思主义者那里，十月革命的社会主义观与唯物史观之间有着内在的联系，十月革命的社会主义观是理解和阐释马克思的唯物史观的世界观和方法论，也是接受和吸取第二国际的唯物史观的前提，于是，研究十月革命与世界革命的关系，确立十月革命的社会主义观，就成为中国早期马克思主义者接受唯物史观的第一个维度，这是世界革命的维度；第二国际的唯物史观赋予了马克思的唯物史观时代特征，是世界各国马克思主义者阐释马克思的唯物史观的思想资源，于是，辨析和吸取第二国际的唯物史观的思想成果，就成为了中国早期马克思主义者接受唯物史观的第二个维度，这是20世纪初马克思主义哲学发展的时代维度；中国早期马克思主义者研究唯物史观的目的在于用马克思的唯物史观学说分析中国的政治、经济和文化状况，研究中国革命的规律，寻找实现中国社会变革的切实可行的道路，而要实现这一目的，就需要建构新的历史观，实现中国史观变革，于是，努力地使唯物史观中国化，建构中国的革命的唯物史观理论，就成为中国早期马克思主义者接受唯物史观的第三个维度，这是中国史观变革的维度。中国早期马克思主义者就是在这三个维度的张力中研究唯物史观，建构了中国革命史学观和中国历史研究范式。

二、第二国际唯物史观史研究成果的吸取与中国革命史学观的建构

马克思的唯物史观之所以能够在19世纪末至20世纪初得到大的发展，成为世界马克思主义哲学发展的主导形态，不仅仅是因为《共产党宣言》《资本论》等著作被翻译成各种文字在世界范围内出版，更重要的是因为第

二国际的马克思主义理论家们从哲学史的高度考察了唯物史观的思想起源，对唯物史观的基本原理作了学理上的论证，进而建构了唯物史观的思想体系，使唯物史观成为了成熟的马克思主义哲学形态。这就是第二国际的马克思主义理论家们研究唯物史观史的成就。中国早期马克思主义者在接受第二国际的唯物史观时，充分吸取了第二国际的这一思想成果，以中国历史观的变革为主题，考察了马克思的历史进步观的思想起源及其内涵，建构了中国革命的史学观。

中国早期马克思主义者之所以重视和吸取第二国际的唯物史观史的研究成果，是因为第二国际的马克思主义理论家们研究唯物史观史，既是对唯物史观的基本原理的科学论证，又是对马克思的唯物史观理论的再创造。作为对唯物史观的基本原理的科学论证，第二国际的马克思主义理论家们考察了马克思的唯物史观与17—18世纪发展起来的历史哲学之间的批判继承关系，说明马克思的唯物史观本质上属于历史哲学的传统；马克思创立唯物史观对于人类思想发展所作出的卓越贡献，也就在于他深入分析了资本主义的生产方式，揭示了现代社会的规律，解决了先前的历史哲学未能解决的问题，把人类历史的说明建立在社会物质运动的基础之上，从而使历史学成为一门科学。作为对马克思的唯物史观理论的再创造，第二国际的马克思主义理论家们把唯物史观史的研究与本民族的哲学传统相结合，创造了具有民族文化特色的唯物主义历史观。对于这一点，我们只要比较一个拉布里奥拉和普列汉诺夫的唯物史观史的研究成果，就一目了然了。拉布里奥拉和普列汉诺夫同是第二国际的马克思主义理论家，他们研究唯物史观史的目的都是揭示马克思的唯物史观的思想起源，论证马克思的经济基础决定上层建筑的基本原理是人们观察社会历史的科学方法。但是，由于他们身处不同的国家，其哲学传统不同、面临的哲学问题不同，所以，他们研究唯物史观史的论题亦不相同：拉布里奥拉是意大利马克思主义哲学的创始人，他继承了意大利文艺复兴以来的历史主义传统，以人性和人的自由为论题来考察马克思的唯物史观与17—18世纪以来的人性和人的自由观的联系和区别，说明马克思的唯物史观产生的革命性意义就在于揭开了蒙在人性和人的自由观念上的宗教面纱，发现了人性和人的自由的现实的社会基础——人的实践活动，从而创立了实践哲学的历史观念①；普列汉诺夫是俄国马克思主义哲学的创始人，他继承了俄国革命民主主义的一元论的唯物论的历史哲学传统，以社会存在与社会意识的关系为论题来考察

① 对于拉布里奥拉的这一思想的详细论述，请见何萍：《马克思主义哲学史教程》（上），人民出版社2009年版，第二编第三章。

马克思的唯物史观的形成，叙述了历史哲学从中世纪的神学观到18世纪的唯心史观，再到19世纪复辟时期的历史观、空想社会主义的历史观、德国古典哲学的理性史观的发展，说明这些历史观已经对人类历史发展中的许多问题都作了有益的说明，但始终没能说明社会制度的起源，没能走出社会制度与人们的意见之间的逻辑矛盾，因而不能使历史学成为一门真正的科学。马克思对于历史观的杰出贡献，就在于他发现了生产力是一切历史现象产生和变化的根源，破解了社会制度与人们的意见之间的逻辑矛盾，创立了辩证唯物主义的历史观，使历史学成为了一门真正的科学。[①] 如果把拉布里奥拉和普列汉诺夫的唯物史观史研究置于马克思的世界历史理论的语境中加以对比，我们就会发现，拉布里奥拉的唯物史观史研究和普列汉诺夫的唯物史观史研究实则是对《共产党宣言》中的“世界文学”思想的一种阐释。他们强调马克思的唯物史观与近代历史哲学传统的联系，强调马克思的唯物史观的现实基础是现代资本主义社会，旨在揭示马克思的唯物史观的世界历史普遍性，证明马克思的唯物史观是建立在批判资本主义社会的基础之上的社会主义的历史观，因而可以应用于批判和改造各民族的传统历史观，建立革命的社会主义历史观；他们选择以本民族的哲学问题为唯物史观的研究论题，证明马克思的唯物史观的世界性与民族性不是绝对对立的，不是以世界性来否定民族性，而是把各民族现代文化的创造作为世界性的基础，强调世界性即是各民族在现代文化的基础上创造出来的文化的共同性。拉布里奥拉以人性和人的自由为论题来讲唯物史观史，实则是把马克思的唯物史观的普遍原理应用于批判和改造意大利的历史主义哲学传统，建构意大利的社会主义历史观；普列汉诺夫以社会存在与社会意识的关系为论题来讲唯物史观史，实则是把马克思的唯物史观的普遍原理应用于改造俄国革命民主主义的一元论的唯物论的哲学传统，建构俄国的社会主义历史观。既然如此，那么，中国的马克思主义者也可以用马克思的唯物史观的普遍原理来改造中国近代哲学的进化论，建构中国的社会主义革命的历史观。受第二国际的唯物史观史研究的这一启发，中国早期马克思主义者自觉地将马克思的唯物史观的普遍原理应用于改造中国近代哲学的进化论，以历史进步观为论题，开展唯物史观史的研究，建构了中国革命的史学观。

中国早期马克思主义者之所以要以历史进步观为唯物史观史的研究论题，是因为历史进步的问题是中国近代历史观变革的核心问题。中国近代

---

① 对于普列汉诺夫的这一思想的详细论述，请见何萍：《马克思主义哲学史教程》（上），人民出版社2009年版，第二编第四章。

哲学的进化论，说到底，是以进化来讲中国社会的进步问题；陈独秀创办《新青年》，高举“科学”与“民主”两面大旗，也是讲中国社会的进步问题。不过，陈独秀所讲的“科学”与“民主”的进步观与中国近代哲学的进化论所讲的进步观是有区别的：中国近代哲学的进化论讲的是改良主义的进化观，而陈独秀所讲的“科学”与“民主”的进步观是包含了西方社会主义思想的具有革命的辩证法精神的进步观。由于这一区别，陈独秀和李大钊在成为马克思主义者后，面临的最重大的理论课题，就是要阐发马克思的历史进步观念，建构中国的革命史学观，取代中国的旧史学观。为此，李大钊吸取了第二国际马克思主义理论家们研究唯物史观史的方法，探究了马克思的历史进步观的思想起源及其内容。

在《史论》一文中，李大钊首先解答了何为历史观的问题。在他看来，历史学的任务不是考证历史资料，而是以人生为“准据”，“欲得一正确的人生观”①，因此，史学的研究对象必是人类社会，“一切史的纪录，都为他所占领”②。所谓历史观，就是对人类社会种种现象的解释。从这个角度看，历史观早在古代就有了。但是，古代的历史观，不论是讲人类命运的，还是讲王者、圣人、英雄豪杰的，抑或是讲道德教化的，都是把人类命运归“宗于神道、归于天命”③，因而都带有宗教的气味，未能使历史学成为一门科学。直到近代，哲学家们才提出了要使历史学成为一门像自然科学那样的科学的任务。但是，这个任务，在马克思之前的哲学家们那里，虽然做了种种努力，但都没能完成，只有马克思通过研究资本主义社会，发现了生产力决定生产关系、经济基础决定上层建筑的规律，确立了研究人类社会进化的方法，科学地解答了人类历史进步的问题，才使历史学成为了一门像自然科学那样的科学。这便是马克思的唯物史观产生的革命性意义。李大钊由此得出结论：马克思的唯物史观是从近代历史哲学中产生出来的，是近代历史哲学的批判继承；马克思的唯物史观的重大贡献就在于以经济基础决定上层建筑的原理解答了人类历史进步的问题。进而，李大钊以历史进步为论题，对马克思的历史进步观的起源及其内容作了唯物史观史的考察。

李大钊认为，马克思的历史进步观不是凭空出现的，而是在解答近代哲学家们提出的有关历史进步的难题中产生出来的。从这一观点出发，李大钊依据康德以来的哲学家们对历史进步问题的探讨，将近代的历史观概

---

① 《李大钊文集》第3卷，人民出版社1999年版，第227页。
② 《李大钊文集》第3卷，人民出版社1999年版，第227页。
③ 《李大钊文集》第3卷，人民出版社1999年版，第227页。

括为四类："曰，退落的或循环的历史观与进步的历史观；曰，个人的历史观与社会的历史观；曰，精神的历史观与物质的历史观；曰，神教的历史观与人生的历史观。"① 进而，李大钊把这四类历史观解答的问题归结为两个：一个是"以历史行程的价值的本位为准"②，说明社会的演化问题，或论社会的演化是一个由昌盛而衰亡的过程，或论社会的演化是一个周而复始的过程，或论社会的演化是一个由野蛮而开明的过程，总之，是对社会是否进步的说明；一个是"以历史进展的动因为准"③，探究历史进步的动力，或把历史进步的动力归于神权、精神、个人，或把历史进步的动力归于人生、物质、社会。李大钊指出，那些把人类社会演化看作是退落或循环的、把历史进步的动力归于神权、精神、个人的历史观都"可称为旧史观"④，而那些把人类社会演化看作是进步的、把历史进步的动力归于人生、物质、社会的历史观都"可称为新史观"⑤。中国人接受马克思的唯物史观，就是要树立新史观，抗辨旧史观。那么，中国人应当如何树立新史观呢？为了解决这个问题，李大钊考察了自康德以来的哲学家们对人类进步问题所作的有价值的探讨。他认为，自康德以来，对人类社会演化和历史进步的最高动因作出有价值说明的哲学家有鲍丹、孟德斯鸠、孔道西⑥、桑西门⑦、韦柯、孔德等，这些哲学家对人类历史进步所作的唯物主义的说明是马克思创立唯物史观的思想基础，因此，研究唯物史观史，就是要考察马克思的唯物史观与这些哲学家的思想之间的关系，要说明马克思是如何从吸取这些哲学家的有价值的思想中发展出自己历史进步观念的。

从这一观点出发，李大钊发掘了这些哲学家的历史进步观中所蕴含的唯物主义思想。他认为，这些哲学家们从文化的经验和进化的角度阐发民族的进步，都是唯物史观的。比如，鲍丹"确认历史是整个的一个进步的径路"⑧、把地理与气候纳入人种进化的考察之中，就是一种唯物史观。还有，韦柯的《新科学》"从人间历史的经验的事实归纳，以图于此树立人类性之道德的原理、政治的原理、权利的原理、法律的原理"⑨，这一研究方

---

① 《李大钊文集》第3卷，人民出版社1999年版，第228页。
② 《李大钊文集》第3卷，人民出版社1999年版，第228页。
③ 《李大钊文集》第3卷，人民出版社1999年版，第228页。
④ 《李大钊文集》第3卷，人民出版社1999年版，第229页。
⑤ 《李大钊文集》第3卷，人民出版社1999年版，第229页。
⑥ 孔道西（Condorcet），今译孔多塞。
⑦ 桑西门（Saint-Simon），今译圣西门。
⑧ 《李大钊文集》第3卷，人民出版社1999年版，第252页。
⑨ 《李大钊文集》第3卷，人民出版社1999年版，第282页。

法“带唯物的倾向”，“与黑格尔全然相反，颇有马克思派的倾向”[①]。此外，孔道西主张“在智力的进步，与自由、道德的进步，并天赋人权的尊重间，有不可解的联合；并为破除偏见主张科学的效果”[②]，这是在进步的学说里“看出一个启蒙的工具，就是对于动摇不稳的偏见的建筑物，与以最后的打击”[③]，“认政治进步的标的，即在平等。平等是社会的努力的目的——革命的理想”[④]。桑西门是空想社会主义者，他继承和发展了孔道西的历史观，早年曾主张知识的历史观，之后转向了经济的历史观，强调历史的动力是产业，并在此基础上提出了阶级学说，“认产业者阶级为社会的基本阶级，为历史的原动力。他以此阶级的发达及其社会的地位变动，说明法兰西的历史”[⑤]。这些历史哲学在以文化的进化来说明历史进步时，都包含了唯物史观的思想，但都没有使唯物史观成为一门像自然科学那样的严密科学。真正使唯物史观成为一门科学的是马克思，而马克思能够把历史学提到与自然科学同等的地位，就在于以经济史为中心概括了文化史的全体。他说：“马氏认社会的构造是个整个的东西，有其基址，亦有其上层；经济关系是其基址，观念的形态是其上层；上层与基址相合而成此构造。马氏虽认上层的变动随着基址的变动而变动，但绝不是把社会构造的整个全体，裂为零碎的东西，而以基址概全构造，以经济史概全文化史，概全历史学。”[⑥] 分析这段话，我们可以把李大钊对马克思的唯物史观的理解概括为两点：第一点，李大钊把历史的进步看作是文化的进步，认定历史的进步需要由文化的进步来说明，这是以文化研究为核心的历史哲学的观点；第二点，李大钊反对把马克思的经济基础决定上层建筑的原理碎片化，将其变成各单个因素的机械拼凑，而是以有机整体观来阐发马克思的经济基础决定上层建筑的原理，认定马克思的经济基础决定上层建筑的原理讲的是社会形态的更替问题，重在说明社会形态是如何从经济基础的变化中演化出来的。

李大钊对马克思的唯物史观的这两点理解，无疑是受了第二国际马克思主义理论家们的有机整体观的影响，比如，拉布里奥拉在阐发马克思的经济基础决定上层建筑的原理时，就批评过“因素论”，强调马克思的经济基础决定上层建筑的原理是一个有机整体，并从动态的角度描述两者之间

① 《李大钊文集》第3卷，人民出版社1999年版，第282页。
② 《李大钊文集》第3卷，人民出版社1999年版，第287页。
③ 《李大钊文集》第3卷，人民出版社1999年版，第287页。
④ 《李大钊文集》第3卷，人民出版社1999年版，第288页。
⑤ 《李大钊文集》第3卷，人民出版社1999年版，第298页。
⑥ 《李大钊文集》第3卷，人民出版社1999年版，第314页。

的相互作用。同样地，李大钊在阐发马克思的经济基础决定上层建筑原理时，也反对宿命论者将其解释成经济决定论，强调这是一个社会形态的概念。但是，李大钊又不把自己对唯物史观的理解局限于第二国际的马克思主义理论家们阐发的有机整体观上，而是结合中国历史观的变革，从方法论上阐发了经济基础决定上层建筑原理中所蕴藏的历史观变革的内容。在《唯物史观在现代史学上的价值》一文中，李大钊明确地提出，马克思的唯物史观讲的历史，不是政治的历史，而是“人在社会上的历史，亦就是人类的社会生活史”①，因此，我们要知道马克思是如何使历史观成为一门科学的，要了解这门科学的深刻内容，就必须深入地研究马克思的“社会”概念。李大钊认为，马克思的“社会”概念有三层含义：第一，马克思的“社会”概念讲的是人的社会生活的全体，包括社会的组织结构、社会的生活条件、社会阶级等，同时，从这个社会生活的全体中发现了社会生活变化和进展的最后原因，即经济，并用经济的运动来探寻社会阶级和社会生活的各种表现和变化，这样，马克思就用物质的进化否定了近代历史哲学的神学史观、宗教史观和政治史观，把唯物史观建立在社会经验的基础之上。第二，马克思的“社会”概念讲的是民族的全体人民，因而它所确立的是人民史观。李大钊指出：马克思的唯物史观“不是一种供权势阶级愚民的器具，乃是一种社会进化的研究，而社会一语，包含着全体人民，并他们获得生活的利便，与他们的制度和理想。这与特别事变、特别人物没有什么关系。一个个人，除去他与全体人民的关系以外，全不重要；就是此时，亦是全体人民是要紧的，他不过是附随的。生长与活动，只能在人民本身的性质中去寻，决不在他们以外的什么势力。最要紧的，是要寻出那个民族的人依以为生的方法，因为所有别的进步，都靠着那个民族生产衣食方法的进步与变动。”② 李大钊把人民性作为马克思的唯物史观的重要内容，虽然保留了他先前的民彝史观的合理内容，但又与他先前的民彝史观有着本质的区别：他先前的民彝史观中讲的人民性只是有着性善要求和选择的民众，而他理解的马克思的唯物史观中讲的人民性则是在现代经济生活中，为了争取自身的解放而展开阶级斗争的无产阶级。第三，马克思的“社会”概念讲的是人的改造社会的活动。李大钊认为，马克思的唯物史观不同于旧历史观的方法就在于，它不是只讲物质的运动，还要讲人的活动；不是把人的活动看作是社会之外的东西，而是看作推动社会进步的力量。他说：“旧历史的方法与新历史的方法绝对相反：一则寻社会情状的

---

① 《李大钊文集》第3卷，人民出版社1999年版，第317页。

② 《李大钊文集》第3卷，人民出版社1999年版，第320页。

原因于社会本身以外，把人当作一只无帆、无楫、无罗盘针的弃舟，漂流于茫茫无涯的荒海中，一则于人类本身的性质内求达到较善的社会情状的推进力与指导力；一则给人以怯懦无能的人生观，一则给人以奋发有力的人生观。这全因为一则看社会上的一切活动与变迁全为天意所存，一则看社会上的一切活动和变迁全为人力所造，这种人类本身具有的动力可以在人类的需要中和那赖以满足需要的方法中认识出来。”① 李大钊在这里所讲的人类的需要，不是人的情感需要，而是人在从事生产活动中形成的改造世界的需求和意志。李大钊认为，肯定人的改造社会的需求和意志，并联系人的这种社会活动来讲历史的进步，正是马克思的唯物史观与宿命论的历史观的根本区别。

通过对马克思的“社会”概念内涵的上述三点阐释，李大钊把马克思的政治经济学理论与阶级斗争学说有机地结合起来，建构了一个融人的精神改造与经济组织变革于一冶的唯物史观。他把这个唯物史观的内容概括为：“以人道主义改造人类精神，同时以社会主义改造经济组织。”② 这个唯物史观的建构标志着中国早期马克思主义者已经走出了中国近代哲学的进化论的历史观，建构了中国马克思主义的革命史学观。这个史学观是进化论的，但不是中国资产阶级思想家所阐发的改良主义的进化论，而是以生产力的进步和社会形态的变革为中心的历史进步论，是一种崭新的中国历史观。

三、第二国际人类进化史研究成果的吸取与中国历史研究范式的建构

李大钊建构的中国马克思主义的革命史学观，不仅给中国马克思主义者分析中国现实的经济、政治和文化，思考中国道路问题，提供了科学的世界观和方法论，而且从根本上颠覆了以儒家为内核的中国传统的史学观，实现了中国的史学革命。

以儒家为内核的中国传统史观就是李大钊所说的旧史观。这种旧史观有两个根本缺陷：其一，这种史观未经历史哲学的过滤，没有确立历史法则，不过是一种经验史观，根本达不到历史科学的水平；其二，这种史观只是在政治和思想层面上评价中国帝王个人的思想和道德行为，以此说明中国王朝更替的原因，本质上是一种循环论的、个人的历史观，而非进步

① 《李大钊文集》第3卷，人民出版社1999年版，第320—321页。
② 《李大钊文集》第3卷，人民出版社1999年版，第35页。

的、社会的历史观。这种历史观虽然受到了中国近代哲学的进化论的挑战，但并没有被摧毁。真正摧毁这个旧史观的，是中国早期马克思主义者建构的中国革命的史学观，而中国革命的史学观之所以能摧毁中国的旧史观，就在于它是以马克思的唯物史观为理论基础，以中国历史研究为内容，实现了从理论到研究方法的全面革新。在理论上，中国早期马克思主义者分别从形式和内容上阐发马克思的唯物史观，建构了中国革命的史学观：在形式上，中国早期马克思主义者通过唯物史观史的研究，把中国史学研究提升到历史哲学的水平，确立了中国史学的理性法则，使中国史学成为了一门历史科学；在内容上，中国早期马克思主义者以历史进步论为论题，阐发马克思的经济基础决定上层建筑的基本原理，把寻找中国政治和思想变迁的社会动因作为中国历史研究的对象，拓展了中国史学的研究领域，克服了中国传统史学研究的狭隘性，为中国人重新书写中国历史提供了一个崭新的理论框架。在研究方法上，中国早期马克思主义者将中国革命的史学观应用于考察中国历史从古代到近代的发展，把中国历史研究置于世界历史的语境之中，剖析了中国古代史和近代史的特点，揭示了中国历史从古代而近代变迁的根本原因，建构了中国历史研究范式。从这个角度看，蔡和森的“综合革命说与进化说”既是中国革命的史学观，也是中国历史研究范式。

“综合革命说与进化说”是蔡和森赴法国勤工俭学期间研究世界革命和马克思的唯物史观的重要思想成果。1921 年 2 月 11 日，蔡和森在写给陈独秀的信中概述了自己的这一思想：“窃以为马克思主义的精髓在综合革命说与进化说（Revolution et evolution）。专恃革命说则必流为感情的革命主义，专恃进化说则必流为经济的或地域的投机派主义。马克思主义所以立于不败之地者，全在综合此两点耳。”① 在这里，蔡和森所说的革命说，是马克思的建立在资本论和阶级斗争基础上的革命学说，其中，资本论揭示了世界历史的趋势和社会革命的历史必然性，阶级斗争学说揭示了现代社会的阶级结构，即无产阶级和资产阶级两大阶级的对立；蔡和森所说的进化说，是以拉法格的“经济决定论”为蓝本的马克思主义的人类进化史学说。这个学说遵循恩格斯的《家庭、私有制和国家起源》的学术理路，把人类进化史作为唯物史观研究的主题，通过考察财产的起源来说明人类的进化史；蔡和森所说的综合，就是用十月革命的社会主义观来整合马克思的革命学说与人类进化史学说。这样一种综合本身就是唯物史观的理论创新：首先，以十月革命的社会主义观来整合马克思的革命学说与人类进化史学说，是

① 《蔡和森文集》上，人民出版社 2013 年版，第 78 页。

把唯物史观置于19世纪末至20世纪初的世界无产阶级革命的语境中加以考察，赋予了马克思的革命学说时代内容；其次，把人类进化史的研究纳入唯物史观的研究视野，是把马克思的社会结构理论与社会进化理论融为一体，不仅丰富了唯物史观的理论内容，而且为人们研究世界史和民族史提供了理论框架。有了这个理论框架，中国马克思主义者就可以从一个崭新的视角来研究中国历史，建构中国历史研究范式。

从中国历史研究范式建构的角度分析，蔡和森的“综合革命说与进化说”确立了两个重要的研究视野：第一，通过探究十月革命在俄国爆发的原因，确立了研究人类进化史的世界革命视野。十月革命发生于政治、经济、文化落后的俄国，这不是一个偶然的现象，而是有着历史的必然性。那么，这个历史必然性是什么呢？蔡和森认为，就是马克思在《资本论》中提出的东方从属于西方、农业文明从属于工业文明、工业不发达国家从属于工业发达国家的基本原理。他以这条原理来分析十月革命发生的原因，指出：“因为西方工业国文明国的资本帝国主义常常可以掠夺一些殖民地或势力地带以和缓他本国‘剩余生产’‘剩余劳动’的两种恐慌，而分余润于其无产阶级（贿买工头及工联领袖，略加一般劳动者的工资，设贫民学校以及可以买工人欢心的慈善事业，使工人阶级感怀恩惠）；因此西方大工业国的无产阶级常常受其资本家的贿买笼络而不自觉，社会党、劳动党中改良主义投机主义盛行，而与资本主义狼狈相倚，此所以社会革命不发生于资本集中，工业极盛，殖民地极富之英、美、法，而发生于殖民地极少，工业落后之农业国俄罗斯也。因为俄罗斯在经济地位上久已隶属于西方工业国，而他那上古式的农业生产法又抵当法（小机械农业）、美（大机械农业）机器的农业生产法不住；所以农产品一入国际市场不能与法、美相竞，因此农民及无产阶级受国际的经济压迫便异常之大，加以大战破产，社会革命遂起。”[①] 在这一分析中，蔡和森阐发了双重的历史必然性：一重是帝国主义时代的世界历史必然性，即西方资本主义国家对东方落后国家的掠夺和剥削，以及帝国主义国家为争夺殖民地而引发的世界大战，造成世界的政治危机和经济危机的历史必然性；一重是帝国主义时代世界无产阶级革命的必然性，即东方被压迫民族、殖民地国家对帝国主义的反抗。这双重的历史必然性，不仅能够说明十月革命的历史必然性，而且也能够把中国纳入世界无产阶级革命的语境中加以考察。这就论证了从世界历史、世界无产阶级革命的视角来研究中国历史的合理性和必要性。第二，用十月革命发生的世界历史必然性来思考拉法格的“经济决定论”，把拉法格的人

① 《蔡和森文集》上，人民出版社2013年版，第79页。

类进化史的研究视域从西方扩展到东方，确立了人类进化史研究的东西方比较视野。不可否认，拉法格的“经济决定论”是一种具有强烈的革命性和批判性的学说。在拉法格眼里，研究人类的经济进化史，就是以经济现象的革命性和批判性来阐明资本主义的内在矛盾，论证无产阶级革命的必然性。然而，由于拉法格身处西方资本主义社会，又是第二国际的马克思主义理论家，所以，他所研究的人类进化史都是以西方的社会形态为经验原型，讲的是西方社会的私有制起源和资本主义的经济运动，因而他讲的国际无产阶级革命，严格地说，只是欧洲的无产阶级革命。在《财产及其起源》一书中，除了在论述摩尔根的学说时描述了欧洲以外的氏族社会的经济运动之外，他所论及的人类进化的每一个时代，无论是原始氏族社会、奴隶制社会、封建社会，还是资本主义社会，都是采用西方国家的经验原型，希腊的宫殿、挪威和瑞典的巨大住宅遗迹、法国的土地制度、英国的棉纺织业和商业等，就是他研究人类进化史的经验原型。正是通过分析这些经验原型，他揭示了氏族经济解体的原因，揭示了封建经济向资本主义经济转变的必然性，也通过分析资本主义经济和政治，论证了国际无产阶级形成及其进行斗争的必然性。这些使得他的人类进化史研究不能不带有浓厚的西欧色彩。他所描述的人类财产形式的演进，实则是西欧私有制从萌芽、发展到资本主义私有制的经济运动过程；他所讲的资本主义的经济形式及其内在矛盾，实则是西欧资本主义的经济运动过程；他所勾勒的国际无产阶级革命的图景，实则是以欧洲为中心的西方国家的无产阶级革命。在这些论述中，即便是论及东方国家的无产阶级革命，那也只是从西欧资本主义的世界扩张以及由此而引起无产阶级革命的世界化的角度而言的，所以，在他眼里，无论是资本主义经济的发展，还是无产阶级革命，是没有国别和地区差别的。正如他在《财产及其起源》的结尾处所论述的：“资本没有祖国；哪里有利可图，它就投向哪里；它不分人种和民族的差别地剥削一切生产者；在工业、商业和金融企业中它把他们集结起来，混合起来和联合起来。凡它扎了根之处，那里就建立起一种同样的文化，同样的风俗和同样的习惯。它以同样的自私的利息，同样的暴利的贪欲去刺激自己的占有者，又以同样的贫困和过度的劳动去惩罚工人；它在工人的心中放进了同样的反抗的渴望，这种反抗的渴望越过海洋和国境把他们联合成为统一的国际的阶级——无产阶级。这个阶级到处都组织起来和行动起来，准备占领太阳底下的位置和夺取国家政权。”① 对于拉法格的这些思想，蔡和森是赞同的，但是，作为一个中国的马克思主义者，蔡和森更为关心的

① 〔法〕拉法格：《财产及其起源》，王子野译，三联书店1962年版，第167—168页。

是中国的无产阶级革命问题，因此，在人类进化史的研究中，他不仅要研究西方国家的文化、经济和政治的演进，而且要研究东方国家的文化、经济和政治的演进。在《社会进化史》中，蔡和森对人类进化的各个时代的考察，都同时选取了西方国家和东方国家的典型形态作为经验原型，并对其进行比较研究。在叙述家族史时，他批评历史学家们在研究近代的家族时，只讲西方近世的一夫一妻制，而不知道在西方近世的一夫一妻制之外，“东方还有一夫多妻制存在，西藏还有一妻多夫制存在”①；在研究母权制度瓦解和父权制兴起时，他对比分析了东方国家和西方国家的不同状况，指出，当西方国家因畜牧业的发展和铁器的发明进入了私有制社会的时候，东方国家的劳力“除维持消费外，还不能产生有价值的剩余物品”②；在考察血族集产制时，他对比分析了俄罗斯氏族的“密尔”制与日耳曼氏族的“马尔克制”的区别、印度的土地制度与英国的土地制度的区别等③。蔡和森正是通过东方国家与西方国家的典型经验原型的对比分析，确立了复杂多元的非线性的世界历史视野，而当他用这一视野来研究中国的古代史、近代史和中国共产党的历史时，就提出了研究中国历史的原则，建构了中国历史研究范式。

蔡和森并没有研究中国古代史的专著。他的中国古代史研究主要体现在他的《社会进化史》一书中。在这本书中，蔡和森把中国古代史作为人类的社会进化史的一部分加以研究，既是对他的“综合革命说与进化说”的历史叙述，也是对中国古代史研究方法论的一种探索。从方法论的角度看，蔡和森研究中国古代史的基本思路是，从人类进化的一般性与特殊性的结合上来考察中国古代史。在蔡和森那里，人类进化的一般性具有两层含义：一层是人类进化从古代到现代经历的各个阶段适合于世界上任何地区、民族和国家；一层是人类进化的各个时代的解体都是由经济的原因造成的这一原理适合世界上任何地区、民族和国家。人类进化的特殊性，是指不同地区、民族和国家因其经济形式不同、历史环境不同而有特殊性。蔡和森就是按照这个基本思路，分析中国古代社会的特点和解体的原因。在《社会进化史》的第一篇论述家庭的演进时，蔡和森研究了东方与西方各地区、民族和国家的家庭形式的演进，指出，中国宗法的大家庭不像西方社会那样，随着私有制的出现、一夫一妻制的产生而解体，而是长期存在，“简直统御中国有史以来的家庭生活”，即便是无数次的变法，都无法

① 《蔡和森文集》上，人民出版社 2013 年版，第 463 页。
② 《蔡和森文集》上，人民出版社 2013 年版，第 484 页。
③ 见《蔡和森文集》上，人民出版社 2013 年版，第 520—525 页。

将其“完全剿灭”①，究其根本原因在于，这种宗教大家族“完全是建筑在农业的经济基础上面”②，因此，它只会随着农业经济的解体而解体，而中国农业经济的解体不是自发的，而是国际资本入侵的结果，因此，中国大家庭直到最近几十年，由于受到国际资本帝国主义的压迫和影响，“才迅速的崩溃起来”③。在《人类进化史》的第二篇论述古代村落的经济形式时，蔡和森专设“村落社会在中国之遗迹”一章，对中国村落集产制的遗迹进行了考据研究，阐明了中国村落集产制经济的特点。他写道：“相传一块井田为九百亩，中为公田，以其余八百亩分配于八家，每家得一百亩，即所谓‘一夫百亩’。‘夫’就是指已婚成家的家长；授田年龄，以三十娶妻成家者为合格，到了六十岁又要将所授土地复返于公，而不得买卖或私相授受；然地有肥瘠，有的年年可以耕种，有的要休一年或二年才得再耕种，故《周礼》说：不易之家地百亩，一易之地二百亩，再易之地三百亩（郑司农注：不易之家，岁种之，故家百亩；一易之地休一岁，地薄，故家二百亩；再易之地休二岁后种，故家三百亩）。在村落或部落时代，土地主权属于村落或部落所共有；后来政治统一，遂集中于统治者天子诸侯之手，又由他们的手以再分配于人民，故有‘溥天之下莫非王土’之言。‘王’一面为统治权的代表，一面又为领土主权所属的代表。耕地分配之外，又有宅地的分配，各家皆得宅地五亩；耕地须按期缴还于公，宅地则许其永业，至于山林川泽以及牧地，则概由公家保留。”④ 此外，他还考据了中国古代的“籍田”与“园囿”，描述了中国古代的生产方式。他指出：“狩猎为野蛮时代生产方法，园圃为半开化中期的发明，及农业发达二者都成为副业。中国古代帝王于籍田之外，又设园设圃以存太古之遗习，其后则完全变成为游乐场所而忘其本。在周朝的时候，囿中豢养禽兽，以供习田猎并备军国之用。相传文王之囿方七十里，是向人民公开的，其后齐宣王有四十里之囿，则已成为他独乐的场所（见《孟子》）。可见帝王诸侯在园囿也同籍田一样，都是太古遗下来的痕迹。”⑤ 在这一分析中，蔡和森把中国的村落集产制置于人类古代村落经济形式中加以考察，说明它是人类经济形式演进中的一个阶段，又通过考据中国村落集产制的遗迹，阐明了中国村落集产制经济的特殊性。蔡和森对中国古代社会的结构和经济形式的研究在《人类进化史》中所占的篇幅并不大，但是，这些研究却为中国马克

① 《蔡和森文集》上，人民出版社2013年版，第491页。
② 《蔡和森文集》上，人民出版社2013年版，第491页。
③ 《蔡和森文集》上，人民出版社2013年版，第491页。
④ 《蔡和森文集》上，人民出版社2013年版，第529页。
⑤ 《蔡和森文集》上，人民出版社2013年版，第530页。

思主义者用唯物史观研究中国古代史提供了一个范本。李达受此影响，在他的《现代社会学》一书中专列《家族》《氏族》《国家》三章，从人类学古史出发阐释唯物史观。李达还指导他的学生吕振羽用唯物史观研究中国古代史，并在为吕振羽的《中国社会史纲》所写的《序》中，通过评价该书来阐明用唯物史观研究中国古代史的方法："著者对中国史发展阶段的划分，先把中国史和世界史作比较的研究，以探讨其一般性；又从中国史本身所具有的种种固有的独物之点，以指出其特殊性。"① 从影响李达并通过李达的指导而传到吕振羽，蔡和森的中国古代史研究对中国 20 世纪 20—30 年代史学革命产生了深远的影响。

在中国近代史的研究中，蔡和森运用唯物史观的基本原理分析中国的政治问题，提出了用唯物史观研究中国问题的革命原则。中国的政治问题应该以什么方式来解决？是以革命的方式来解决，还是以改良的方式来解决？这个问题在陈独秀与胡适之间曾经展开过尖锐的争论：陈独秀主张用革命的方式来解决中国的政治问题，而胡适则主张用联省自治这样的改良方式来解决中国的政治问题。对于陈独秀与胡适之间的这一争论，蔡和森是支持陈独秀而反对胡适的。但是，蔡和森不是停留于政治层面上评判陈独秀和胡适主张的对错，而是从历史观的层面剖析陈独秀和胡适主张的历史观基础。蔡和森指出，胡适主张联省自治的历史观基础是"'统一'史观"②，这种历史观的特点是，在创法改制的层面上思考中国的政治问题，主张用议会式的方式来解决中国的政治问题；陈独秀主张政党领导下的革命的历史观基础，是唯物史观，这种历史观的特点是，在经济的层面上，用阶级斗争的观点来分析中国的政治问题，主张用革命的方式来解决中国的政治问题。对于这两种历史观，蔡和森并不是简单地判定谁对谁错，而是从分析中国的政治乱源入手，阐明用唯物史观分析中国的政治问题的必然性和必要性。在《武力统一与联省自治——军阀专政与军阀割据》一文中，蔡和森分析了资本主义的世界扩张带给中国农业经济的变化和中国政治的变动，指出，"因为资本主义的东侵，民主革命的潮流自然也要随着波及东方被侵略民族的弱国和经济落后国。故中国在国际资本帝国主义数十年严重压迫之下，便发生了'改革内政以图自强'的革命运动。然国内农业手工业的经济基础虽日被压迫，日见崩坏，国际资本帝国主义却不容许其起一种强大普遍的变化，因而经济地位上强有力的革命阶级没有形成，不过少数觉悟的革命党，凭借饱受外国刺激的外埠华侨势力，奋斗不息，

① 《李达文集》第 1 卷，人民出版社 1980 年版，第 606 页。

② 《蔡和森文集》上，人民出版社 2013 年版，第 110 页。

勉强完成辛亥革命罢了。故中华民国，乃是革命阶级羽毛未丰，将就封建的旧支配阶级势力，与之调和妥协而后苟且成立的。这样一来，更加以国际帝国主义扶植旧势力以图自便的捧袁空气之压迫（当时捧袁外论，英美主之，压力极大，对于民党吹毛求疵的疑惧或诋毁，极力制造中国非袁则亡，则惹干涉，则不被承认等空气。），及全国还无革命意识的小资产阶级和平，统一，妥协，等倾向之鼓荡，自然新政权不得不完全落于封建的军阀与官僚之手。由此就形成十年以来军阀专政和军阀割据的封建残局。自帝制，复辟，以至今后假名统一与联治之争，那一役不是根源于未曾解除武装而且反为新统治之主人的封建余孽呢？所以今日不但直，奉，皖，各系军阀为前清遗下的北洋派之嫡系；就是川，湘，滇，奥等经过民主革命领域的新军阀，也是在这封建政治的残留局面之下孳乳出来的。"[①] 这一事实表明，中国乱源"在封建的旧势力之继续；而不在胡适之先生那种新发明的'统一'史观"[②]。由此，蔡和森得出结论：胡适用他的"统一"史观作的"那种牵强皮相的分析是很谬误的"[③]，只有用唯物史观作的分析才是科学的。这样，蔡和森就通过考察中国的近代史，证明了用唯物史观分析中国乱源和解决中国的政治问题的科学性。进而，蔡和森用唯物史观分析了中国的政治问题，得出了与陈独秀同样的结论：中国十年以来的内乱与战争"乃是封建的旧支配阶级与新兴的革命阶级之争"[④]，"在这种情形下，一切政治问题，不是创法改制可以解决的，换过说，就是非继续革命，完全打倒军阀，解除封建阶级的武装不能解决"[⑤]，也就是说，中国唯一的出路"只有贯彻民主革命"[⑥]。据此，蔡和森反驳胡适："但我要明白告诉适之先生：你这种英国式的议会政策用在政治问题解决后——即封建的军阀被推翻后——是有点作用的；若用来解决政治问题乃是绝对不可能的，因为在军阀没有铲除的时代，省议会无法免掉他们的制造，强奸，蹂躏和压迫，如此而可望充分发展地方的潜势力，来和军阀作战，来推翻军阀吗？故适之先生当承认：你这种和平改良的议会政策，原先想借议会来推翻军阀，结果只有军阀推翻议会，这是武人政治下的必然律，证以过去现在的事实，没有人可以否认的。适之先生一若承认过去为法治而不为武人政治，故将督军总司令权力扩张之原因归于地方之无'权'；又若承认今后也为法

① 《蔡和森文集》上，人民出版社 2013 年版，第 109—110 页。
② 《蔡和森文集》上，人民出版社 2013 年版，第 110 页。
③ 《蔡和森文集》上，人民出版社 2013 年版，第 110 页。
④ 《蔡和森文集》上，人民出版社 2013 年版，第 110 页。
⑤ 《蔡和森文集》上，人民出版社 2013 年版，第 111 页。
⑥ 《蔡和森文集》上，人民出版社 2013 年版，第 113 页。

治而非武人政治，故主张赋地方潜势力以合法的‘权’，使之到省议会里面去与军阀作战，并‘大胆’肯定打倒军阀割据的第一步在联省自治。但我们也可以大胆告诉适之先生：打倒军阀割据的第一步在民主的革命。”① 通过对唯物史观与胡适的“统一”史观的对比分析，蔡和森阐明了唯物史观与中国的政治革命观的内在联系，确立了用唯物史观研究中国问题的革命原则，推进了唯物史观的中国化。

蔡和森研究中国共产党党史的思想成果，主要体现在他于1926年应莫斯科中山大学旅俄支部邀请所作的报告《中国共产党史的发展（提纲）——中国共产党的发展及其使命》中。蔡和森在作这个报告时，中国共产党成立仅五年。但就在这短短的五年间，中国共产党领导了中国的工人运动、农民运动和学生运动，把中国反对帝国主义和封建主义的斗争提升到政治斗争的高度，在理论上，提出了自己的民族革命理论。中国共产党在这五年间取得的实践的和理论的成就，按照蔡和森的说法，已经超过了俄国共产党二十余年的历史和西欧工人阶级政党百年或数十年的历史。那么，中国共产党为什么能够在这短短的五年时间内取得如此巨大的成就？蔡和森认为，这是因为中国共产党的创立有一个很高的思想起点——十月革命。基于此，蔡和森梳理了中国共产党的思想史。他分析了十月革命对于中国知识分子脱离美国的资产阶级民主思想的控制转而接受俄国的社会主义思想，成为了中国的先进分子的影响；论述了中国共产党在成立初期开展的反对无政府主义派、李汉俊和戴季陶主义的斗争；论述了中国共产党将马克思列宁主义与中国革命相结合提出的中国民族革命理论的内容。在这一思想史的研究中，蔡和森虽然没有具体论述唯物史观的基本原理，但论述了中国共产党的唯物史观的思想基础——以十月革命为基础的马克思列宁主义，并以此把中国共产党的马克思列宁主义思想与无政府主义、戴季陶主义区别开来，论证了中国共产党的唯物史观不是经济主义的，而是革命的；中国共产党的民族革命理论就是中国共产党的革命的唯物史观的具体化。

从运用唯物史观研究中国古代史，到运用唯物史观的基本原理分析中国近代史中的政治问题，提出用唯物史观研究中国问题的革命原则，再到论述中国共产党的马克思主义列宁主义理论的形成和发展，蔡和森建构了中国历史研究范式，展示了他的“综合革命说与进化说”的中国意义。

从中国早期马克思主义与第二国际复杂关系的构成到中国革命的史学观的创造和中国历史研究范式的建构，不难看出，第二国际是中国早期马

① 《蔡和森文集》上，人民出版社2013年版，第112—113页。

克思主义者接受和理解马克思的唯物史观的一个不可或缺的视角。透过这个视角，我们可以看到中国早期马克思主义哲学创造的三个特点：第一，中国早期马克思主义哲学创造是在 19 世纪末至 20 世纪初世界马克思主义哲学的平台上展开的，十月革命的社会主义观是中国早期马克思主义者的世界观，亦是研究唯物史观的理论框架；第二，受第二国际唯物史观的影响，中国早期马克思主义者把马克思的唯物史观置于近代历史哲学的传统中加以阐释，发展了马克思主义的有机整体观；第三，中国革命的唯物史观创造的中国意义在于建构了中国革命的史学观和中国历史研究范式，推动了中国史学革命，为辩证唯物主义在中国的传播和再创造作了理论上和思想上的准备。这三个特点表明，唯物史观传入中国的过程亦是中国马克思主义哲学创造的过程，中国早期马克思主义者创造的中国革命的唯物史观是马克思主义哲学中国化的第一个理论形态，鲜明地体现了马克思主义哲学中国化第一个阶段的特点。

全过程人民民主对马克思主义民主理论的创新发展

朱艳圣[①]

全过程人民民主是习近平新时代中国特色社会主义思想关于人民民主理论的最新理论创新成果，是马克思主义民主理论的创新发展，是马克思主义民主理论发展的新境界。全过程人民民主是在坚持“两个结合”中形成的社会主义民主政治的理论和实践体系，是中国共产党在新时代对马克思主义民主理论的重大创新和发展。

第一，全过程人民民主创新发展了马克思主义关于“真正的民主制”思想，突出了民主的价值原则，将民主与人的发展、共产主义联系起来。习近平指出，“民主是全人类的共同价值，是中国共产党和中国人民始终不渝坚持的重要理念”。[②] 这一重要论断创新发展了马克思主义民主理论，确立了民主的价值原则，将民主与人类的未来发展、与共产主义统一起来。全过程人民民主是真实管用的民主，是实现人类解放的必由之路，是通向共产主义的必由之路。

马克思的民主理论是从分析政治国家和市民社会开始的，但其落脚点在于人。在马克思看来，市民社会是政治国家的基础和前提，政治国家没有家庭的自然基础和市民社会的人为基础就不可能存在。马克思指出，不是国家制度创造人民，而是人民创造国家制度。作为国家制度的一种，民主制度是人的自由产物，也就是自由发展的人创造了民主制度。“在民主制中，国家制度、法律、国家本身，就国家是政治制度来说，都只是人民的自我规定。”[③] 国家是抽象的，而人民是具体的、实际的存在。因而，民主制是“从人出发”，是人民主权的体现，是人民意志的表达，是人民诉求的

① 朱艳圣，中央党史和文献研究院第四研究部马克思主义发展史研究处长、研究员。
② 习近平：《在中央人大工作会议上的讲话》，《求是》2022 年第 5 期。
③ 《马克思恩格斯全集》第 3 卷，人民出版社 2002 年版，第 41 页。

完善。但在现实世界，在人类历史的发展长河中，人自身的发展受到外在条件的束缚和制约，并不能使人自由发展，从而现代国家不可能实现人的普遍本质和人民的利益。正如马克思所指出的，“在民主制中，形式的原则同时也是物质的原则。因此，只有民主制才是普遍和特殊的真正统一。”① “真正的民主制”在现实的人民中有自己的基础，那就是现实的人民自己的创作。而要实现民主制，真正的民主制，人自身的解放是人自由发展的必要条件。

在现代国家中，由于私有财产和私有制，人和人的劳动被异化，人被奴役、被束缚而不能实现其本质。在《论犹太人问题》中，马克思指出，“任何解放都是使人的世界和人的关系回归于人自身。”② 但在不同的历史阶段，这种解放是局部的、不彻底的，只有在共产主义，人才能回归其本身，实现其本质。马克思指出，政治革命把市民社会从封建主义下解放出来，实现了政治解放，即消灭等级制、同业公会和特权，这是历史的进步。但是，政治解放实现的是资产阶级的民主自由，还不是人的解放，而只是为人的解放创造了前提。人的真正解放要求突破政治解放的历史局限性，对社会进行改造，消灭私有制，消灭人的生活本身的异化。“只有当现实的个人把抽象的公民复归于自身，并且作为个人，在自己的经验生活、自己的个体劳动、自己的个体关系中间，成为类存在物的时候，只有当人认识到自身‘固有的力量’是社会力量，并把这种力量组织起来因而不再把社会力量以政治力量的形式同自身分离的时候，只有到了那个时候，人的解放才能完成。”③ 共产主义就是这样一种实现了人自由而全面发展的社会。只有在共产主义，在“私有财产即人的自我异化的积极的扬弃，因而通过人并且为了人而对人的本质的真正占有；因此，它是人向自身、向社会的即合乎人性的人的复归”④。恩格斯在1845年底的《在伦敦举行的各族人民庆祝大会》一文中明确提出：“民主在今天就是共产主义”。《共产党宣言》更是提出，未来的社会“将是这样一个联合体，在那里，每个人的自由发展是一切人的自由发展的条件”。从以上可以看出，马克思恩格斯将民主理解为人的自由发展的根本条件，只有实现真正的民主，人类才能获得解放，而真正实现人的自由发展将是在未来的共产主义。也就是说，民主的真正的彻底实现就是人的自由发展，就是共产主义。

① 《马克思恩格斯全集》第3卷，人民出版社2002年版，第40页。
② 《马克思恩格斯全集》第3卷，人民出版社2002年版，第189页。
③ 《马克思恩格斯全集》第3卷，人民出版社2002年版，第189页。
④ 《马克思恩格斯全集》第3卷，人民出版社2002年版，第297页。

中国共产党是以马克思主义为指导的政党。从建党伊始，中国共产党就把实现共产主义作为党的最高理想。中国共产党进行的新民主主义革命推翻了压在中国人民身上的三座大山，结束了中国人民长期被压迫被奴役的历史，解除了中国人民身上的外在压迫和束缚，为实现中国人民的自身解放奠定了基础。新中国的成立，彻底废除了列强强加给中国的不平等条约和帝国主义在中国的一切特权，实现了中国从几千年封建专制统治向人民民主的伟大飞跃。中国人民从此把命运牢牢地掌握在自己手中，成为国家、社会和自己命运的主人。随后进行的土地改革，彻底消灭在中国延续几千年的封建制度的基础——地主阶级的土地私有制，农民真正成为土地的主人。1954 年 9 月中国通过的宪法规定，中华人民共和国是工人阶级领导的、以工农联盟为基础的人民民主国家，一切权力属于人民，确定了中国人民行使当家作主权利的政治制度。自此，中国建立了以人民代表大会制度为载体的民主政治发展道路。尽管如此，中国的人民民主之路并没有止步于此，而是在实践中继续发展，在发展中继续完善，并逐步形成了全过程人民民主。

在发展人民民主的同时，中国也在大力发展生产力。没有高度发达的生产力，就没有强大、丰富的物质生活作为实现人民民主的基础。民主从来都不是建立在沙滩上的空中楼阁，更不是虚无缥缈的海市蜃楼。亚里士多德在《政治学》中提出的政治理想是至善和幸福生活。他认为，“世有三善，身外诸善，身体诸善，灵魂诸善”①。而所谓“身外诸善”就是充足的物质生活条件。幸福生活重在灵魂诸善，即富足的精神生活。亚里士多德关于政治的这种观点与马克思非常接近。马克思所构想的共产主义就是在一个生产力高度发达的社会。在那里，人的物质生活、精神生活得到极大满足，从而实现人的自由发展。这就是说，从资本主义社会过渡到共产主义，一定是生产力高度发展，物质十分丰富。只有在充足的物质生活条件下，人才能实现全面发展。西方政治学学者通过相关调查或数据也证明，经济繁荣与政治民主有着非常强的相关性。如李普塞特就提出：“一个国家越富裕，它准许民主的可能性就越多。”② 戴蒙德也认为，“一个国家为了成为一个民主政体，首先要取得经济上的发展。”③ 科恩甚至直接指出，“在世界各地，民主的改进与普及甚至保持，其严重障碍之一是不能实现民

① 〔古希腊〕亚里士多德：《政治学》，商务印书馆 2003 年版，第 457 页。
② 〔美〕李普塞特：《政治人：政治的社会基础》，上海人民出版社 2021 年版，第 23 页。
③ 〔美〕拉里·戴蒙德：《民主的精神》，群言出版社 2013 年版，第 13 页。

主的物质条件。"① 这说明，在实现人民民主的道路上，中国必须大力发展生产力，为人民民主奠定坚实的物质基础。

在新中国成立之初，中国面临的主要问题就是如何在一个经济文化比较落后的国家建设社会主义。在社会主义改造基本完成以后，中国所要解决的主要矛盾就是人民日益增长的物质文化需要同落后的生产力之间的矛盾。经过多年的艰苦奋斗，尤其是改革开放四十多年的发展，中国的生产力水平得到极大提高，中国在2010年成为仅次于美国的世界第二大经济体。进入新时代以后，中国社会主要矛盾转化为人民日益增长的美好生活需要和不平衡不充分的发展之间的矛盾。以习近平同志为核心的党中央深化对民主政治发展规律的认识，提出全过程人民民主的重大理念。这是马克思主义民主理论在新时代的创新发展，开辟了马克思主义民主理论的新境界。

全过程人民民主非常重视民主的价值原则，注重人的全面发展。对美好生活的向往是人民的共同追求和普遍目标。不断实现人民对美好生活的向往，是二十大报告的明确目标。这一目标是在解决温饱问题基础上的小康社会提出的。与此相对应的就是共同富裕的目标。解决了绝对贫困，人民的需求更多，人的发展更全面，人的价值就会得到更大的体现。可以说，在小康社会，人的全面发展与价值实现有了现实的物质条件。而共同富裕则从经济平等的角度实现全社会的最大共识。经济平等不是绝对的平均主义，而是构建一个拥有庞大中等收入群体的社会。在这样的社会，人的潜能被充分激发，人的价值被充分尊重，人的全面发展就得到最大实现。从这个意义上讲，全过程人民民主是中国特色社会主义在新时代的体现，是中国特色社会主义民主政治发展的必然结果。

第二，全过程人民民主创新发展了马克思主义关于人民主权的思想，突出了民主的人民性，将民主贯穿于人民的实践之中，充分发挥人民的自主性和创造性。习近平指出，一个国家民主不民主，关键在于是不是真正做到了人民当家作主。而要做到人民当家作主，就要坚持以人民为中心，坚持国家一切权力属于人民。人民当家作主是社会主义民主政治的本质特征。发展社会主义民主政治，就是要用制度体系保证人民当家作主。

"民主是什么呢？它必须具备一定的意义，否则它就不能存在。因此全部问题在于确定民主的真正意义。"② 马克思指出，"国家是抽象的东西。

① 〔美〕科恩：《论民主》，商务印书馆1988年版，第282页。

② 《马克思恩格斯全集》第10卷，人民出版社1998年版，第315页。

只有人民才是具体的东西。"① 在此基础上，国家制度本身具有与意识同步发展、与现实的人同步发展的规定和原则，也就是说，只有人，只有现实的人成为国家制度原则时民主才有可能。尽管民主制是一切形式的国家的已经解开的谜，但"在民主制中，国家制度本身只表现为一种规定，即人民的自我规定。"这样，民主制作为一种国家制度，可以从其本身中得到理解，那就是人民是民主制的本质，民主制的内容和形式均要体现人民本身。"在民主制中，任何一个环节都不具有与它本身的意义不同的意义。每一个环节实际上都只是整体人民的环节。"② "民主制独有的特点是：国家制度在这里毕竟只是人民的一个定在环节。"③ 离开人民，民主制就不是真正的民主制，而是虚伪的民主制。在资本主义阶段，其民主制只是资产阶级的民主制，而不是无产阶级的民主制。只有在社会主义，民主制才能回归其本义，回归人民本身。为此，人民必须首先取得政权，保障其自身权利。只有人民的权利得到了充分保障，人民的自主性和创造性才能得到极大发挥。

人民是历史的创造者，更是国家制度的创造者。在资本主义社会，资产阶级是统治者，无产阶级是被统治者。无产阶级不仅被排除在民主之外，还使其与民主对立起来。《共产党宣言》指出，"工人革命的第一步就是使无产阶级上升为统治阶级，争得民主。"④ 这表明，无产阶级将在推翻资本主义制度之后实行民主。实行民主之后，人民将参与国家事务，并把国家事务上升为人民事务。这样，民主将贯穿人民创造历史的实践之中，体现在人民参与国家治理的全过程，而不仅仅是体现在所谓的选举上。而在现实的资本主义社会，民主基本是与选举划等号。事实上，资产阶级早期是通过选举而获得政权的。但这并不意味着，选举就是民主的。毕竟，在资本主义国家，管理国家的仍然是资本家，人民只是按照资本家设定的程序进行投票，并没有真正参与国家管理。

在自由资本主义时期，所谓的民主制是相对封建的君主制而言的。所谓的选举也只是资产阶级和上层贵族的游戏，普选权并未普及，选举资格受到财产、性别、职业、教育等多方面的严格限制，选举权和被选举权只是有产者的特权。在此时，追求普选权就成为当时工人运动的主要政治目标。马克思批判资本主义民主，主要是因为资本主义民主只是资产阶级的

---

① 《马克思恩格斯全集》第3卷，人民出版社2002年版，第38页。
② 《马克思恩格斯全集》第3卷，人民出版社2002年版，第39页。
③ 《马克思恩格斯全集》第3卷，人民出版社2002年版，第40页。
④ 《马克思恩格斯文集》第2卷，人民出版社2009年版，第52页。

民主，而不是工人阶级的民主和人民的民主。在马克思看来，“现代共和制是资产阶级统治的最完善的形式”，“现代的国家政权不过是管理整个资产阶级的共同事务的委员会罢了”。恩格斯更是一针见血地指出，资产阶级的力量全部取决于金钱，资产阶级“用金钱的特权代替已往的一切个人特权和世袭特权”。正是通过“选举权和被选举权的财产资格的限制，使选举原则成为本阶级独有的财产”。资产阶级的统治是通过代议制实现的，而代议制只是有产者的游戏，其所产生的政府也是资产者政府。当时的资产阶级非常害怕普选制。马克思也曾乐观预言，“实行普选权的必然结果就是工人阶级的政治统治”①。但是，只要资本主义制度仍然保持不变，无论谁上台执政，都是保持资产阶级的统治。现代西方历史已经表明，即使是工人阶级性质的政党执政，其所能做的就是改良，即在维护资本主义制度的前提下改善工人阶级的处境，而做不到真正使人民当家作主。正如熊彼特所指出的，“目前民主程序的形式和机构，正和民主基本原则本身一模一样，是资产阶级世界的结构和利害关系所产生的结果。”② 只有打碎资产阶级国家机器，才能建立起属于人民的、新的社会主义制度。

新中国的成立，是中国人民当家作主的真实体现。中国走上社会主义道路是长期社会历史发展和人民实践的最终结果。在建立社会主义制度的过程中，人民政协发挥了非常重要的作用。人民政协是中国共产党领导的以工农联盟为基础的人民民主统一战线的组织形式。参加政协的有中国共产党、各民主党派、各人民团体、人民解放军、各地区、各民族以及海外华侨的代表。人民政协的广泛代表性使其具有代表全国人民的性质，从而获得了全国人民的支持和拥护。人民政协通过的《共同纲领》确立了“以新民主主义即人民民主主义为中华人民共和国建国的政治基础”，并确立了政治、经济、文化等基本制度，为向社会主义过渡做了重要准备。1954年9月，一届全国人大一次会议通过《中华人民共和国宪法》。这是一部社会主义类型的宪法，体现了人民民主原则和社会主义原则。人民代表大会制度是我国的根本制度，是中国人民在人类政治制度史上的伟大创造，是中国人民翻身作主、掌握自己命运的必然选择。

习近平指出：“社会主义民主不仅需要完整的制度程序，而且需要完整的参与实践。”③ 保证和支持人民当家作主不是一句口号、不是一句空话，

---

① 《马克思恩格斯全集》第11卷，人民出版社1995年版，第411页。

② 〔美〕约瑟夫·熊彼特：《资本主义、社会主义与民主》，商务印书馆2021年版，第486页。

③ 《习近平谈治国理政》第2卷，外文出版社2017年版，第292页。

必须落实到国家政治生活和社会生活之中，保证人民依法有效行使管理国家事务、管理经济和文化事业、管理社会事务的权力。党的十八大以来，中国共产党深化对民主政治发展规律的认识，提出全过程人民民主的重大理念。全过程人民民主就是在巩固现有的以中国共产党领导的多党合作和政治协商制度的基础上，发展最广泛的爱国统一战线，形成全面、广泛、有机衔接的人民当家作主制度体系，构建多样、畅通、有序的民主渠道。国家管理和社会事务管理是一个系统工程，只有人民的广泛参与，国家管理和社会管理才能形成良好的互动和循环，才能推动整个社会目标的实现。投票只是民主参与的一个环节。习近平指出，推进全过程人民民主建设，要把人民当家作主具体地、现实地体现到党治国理政的政策措施上来，具体地、现实地体现到党和国家机关各个方面各个层级工作上来，具体地、现实地体现到实现人们对美好生活向往的工作上来。由此出发，人民依法实行民主选举、民主协商、民主决策、民主管理、民主监督，依法通过各种途径和形式参与国家管理和社会管理。一个国家民主不民主，关键在于是不是真正做到了人民当家作主，要看人民有没有投票权，更要看人民有没有广泛参与权。没有人民的广泛参与，人民的主体性和主动性就无从谈起。从中可以看出，全过程人民民主理论就是要让人民参与到国家治理和发展的全过程，充分发挥人民的主体性和主动性，真正实现人民的主权和当家作主。全过程人民民主将民主贯穿于国家政治生活和社会生活之中，突出马克思主义民主理论的人民性，生动展现了马克思主义民主理论的精髓。

第三，全过程人民民主创新发展了马克思主义关于民主实践的思想，突出民主的实践性，将民主实践与制度安排结合起来，作为推进社会进步的手段和工具，实现社会主义。习近平指出，民主不是装饰品，不是用来做摆设的，而是要用来解决人民需要解决的问题的。如何把民主价值和理念转化为科学有效的制度安排，转化为具体现实的民主实践，需要注重历史和现实、理论和实践、形式和内容有机统一，找到正确的体制机制和方式方法。全过程人民民主就是真正民主之路，是解决人民走向社会主义、共产主义前进道路上各种问题的最优途径。

马克思在《法兰西内战》中指出，巴黎公社奠定了真正民主制度的基础，“公社是一个实干的而不是议会式的机构，它既是行政机关，同时也是立法机关。”这个由工人阶级创造的国家机关重新收回国家权力，使其从统治社会、压制社会的力量变成社会本身的生命力，这是“人民群众获得社会解放的政治形式”①。不仅如此，公社还“可以使劳动在经济上获得解放

① 《马克思恩格斯文集》第3卷，人民出版社2002年版，第195页。

的政治形式”①。公社要做的就是把土地和资本变成自由的联合的劳动的工具，从而使个人所有制成为现实。而这就是共产主义的发展方向。“工人阶级并没有期望公社做出奇迹……他们知道，为了谋求自己的解放，并同时创造出现代社会在本身经济因素作用下不可遏止地向其趋归的那种更高级形式，他们必须经过长期的斗争，必须经过一系列将把环境和人都加以改造的历史过程。”② 在马克思看来，无产阶级的民主政权不仅是“社会解放的政治形式”，而且是“劳动在经济上获得解放的政治形式”。而“选举、投票，即使全体一致，也解决不了什么问题”③。要达到这个目的，工人阶级就必须通过自身的实践去创造。

恩格斯指出，在资本主义制度，虽然以民主的名义推出了一些措施，但是，“这些措施不是对人民一点好处没有，就是仅仅使人民的需求得到一定限度的满足，以便保证一定的社会安宁；再不然就只是一些没有人能够兑现的空洞诺言，——在后两种情况下不仅没有好处，而且有害。”④ 为此，恩格斯非常赞同“改革报”提出的措施，即“我们所需要的不是英国资产阶级那套权宜的办法，而是一种能伸张正义，满足一切人的需求的社会经济制度”⑤。由此可以看出，马克思恩格斯非常注重民主的实践性，注重民主在具体的实践过程中发挥其应有的作用，即保障人民权利，提高人民参与度，改善人民的生活，推动社会进步。

在资本主义发展初期，民主确实对历史和社会的进步起了非常巨大的作用，但随着时间的推移，民主的作用逐渐局限于选举和投票。一些西方学者也意识到这个问题，但在资本主义制度下，资本主义民主不会有任何改变，反而会使西方民主出现机能失调，造成各种乱象和混乱。如熊彼特就将民主定义为竞争性选举的政治方法、制度安排，即“民主方法就是那种为作出政治决定而实行的制度安排”⑥，而“选民投票的首要作用是产生政府”⑦。虽然罗伯特·达尔认识到民主不仅仅是选举，还包括多种利益集团在决策中的作用，但是，经济不平等可能导致政治权力的不平等，从而使得富裕的个人或集团在政治过程中拥有更大的影响力。虽然利普哈特提

---

① 《马克思恩格斯文集》第 3 卷，人民出版社 2002 年版，第 158 页。

② 《马克思恩格斯文集》第 3 卷，人民出版社 2002 年版，第 159 页。

③ 《马克思恩格斯全集》第 48 卷，人民出版社 2007 年版，第 342 页。

④ 《马克思恩格斯全集》第 4 卷，人民出版社 1958 年版，第 381 页。

⑤ 《马克思恩格斯全集》第 4 卷，人民出版社 1958 年版，第 382 页。

⑥ 〔美〕约瑟夫·熊彼特：《资本主义、社会主义与民主》，商务印书馆 2021 年版，第 396 页。

⑦ 〔美〕约瑟夫·熊彼特：《资本主义、社会主义与民主》，商务印书馆 2021 年版，第 401 页。

出意在使各方广泛参与的共识民主政治模式，但这仍然没有逃脱选举与投票的西方民主模式。这些西方学者看到了资本主义民主的局限性，也在试图改进其方式，但资本主义民主的本质决定了其必将由社会主义民主所替代。

新中国成立后，社会主义民主政治经历了显著的发展和完善。在社会主义制度的建立过程中，中国共产党充分发挥民主优势，确立人民代表大会制度，形成了中国共产党领导的多党合作和政治协商制度，通过政治协商会议等形式，各党派和无党派人士共同参与国家大政方针的协商。中国社会主义民主政治建设从新中国成立时起就是在社会主义制度的框架下充分发扬人民民主，使人民群众广泛参与到社会主义建设的各项事业中来。人民群众也充分发挥主人翁精神，在政治、经济、社会、文化等各个领域发挥着重要的作用。这些制度是根据中国的实际情况制定的，对于坚持和巩固社会主义，充分发扬人民民主，保证国家长治久安，巩固国家统一，实现各阶层、各党派、各民族的大团结，起着决定性的作用。

改革开放以来，中国共产党坚持中国特色社会主义政治发展道路，发展社会主义民主，取得重大进展。党从国内外政治发展得失中深刻认识到，坚定中国特色社会主义制度自信首先要坚定对中国特色社会主义政治制度的自信，建设社会主义民主政治。发展社会主义政治文明，必须使中国特色社会主义政治制度深深扎根于中国社会土壤，照抄照搬他国政治制度行不通，甚至会把国家前途命运葬送掉。新时代以来，我们党深化对民主政治发展规律的认识，提出全过程人民民主的重大理念。与西方重视选举民主或投票民主不同的是，全过程人民民主既重视人民的选举权和投票权，也重视协商。人民通过选举、投票行使权利和人民内部各方面在重大决策之前进行充分协商，尽可能就共同性问题取得一致意见，这是中国社会主义民主的两种重要形式，共同构成了中国社会主义民主政治的制度特点和优势。要保障和实现人民当家作主的权利，就必须拥有完备的制度体系。人民代表大会制度、中国共产党领导的多党合作和政治协商制度、民族区域自治制度和基层群众自治制度，共同构成了我国社会主义民主政治的基本制度框架和体系。这四项制度将国家层面的民主制度与基层范畴的民主制度有机地结合在一起，通过不同层次、不同方面的功能更好地展现我国民主政治的广泛性和包容性。这就使社会主义政治制度体系的内容更为全面、更为丰富，结构更为完整，功能更为强大。

中国积极发展全过程人民民主，健全全面、广泛、有机衔接的人民当家作主制度体系。中国坚持和发展人民代表大会制度，通过人民代表大会制度实现党的领导、人民当家作主、依法治国三者有机统一；坚持用制度体系保障人民当家作主，支持和保证人民通过人民代表大会行使国家权力。人民代表大会制度是实现全过程人民民主的重要制度载体。在全过程人民民主的完整制度链条中，人民代表大会制度居于根本性地位、具有全局性功能，集中体现了国家一切权力属于人民。人民代表大会制度是中国人民当家作主的最高实现形式，是保证人民群众的意愿和呼声成为国家意志、融入国家治理的民主程序。一个国家民主不民主，要看人民有没有投票权，更要看人民有没有广泛参与权。全过程人民民主从各层次各领域扩大人民有序参与。人大代表经由民主选举产生，人民的知情权、参与权、表达权、监督权落实到人大工作各方面各环节全过程，确保党和国家在决策、执行、监督落实各个环节都能听到来自人民的声音。人民代表大会制度的运行，涵盖民主选举、民主协商、民主决策、民主管理、民主监督各个环节，涉及经济、政治、文化、社会、生态文明等各个方面，是全过程人民民主的重要实践平台。

第四，全过程人民民主创新发展了马克思主义关于民主制是普遍和特殊的真正统一的思想，突出民主个体的特殊性和民主形式的多样性，将实现民主的形式与各国具体实践统一起来，丰富民主的实现形式。在深刻理解经典作家关于民主实现形式探讨的基础上，习近平总书记通过分析和对比国外民主形式后指出，“实现民主有多种方式，不可能千篇一律。用单一的标尺衡量世界丰富多彩的政治制度，用单调的眼光审视人类五彩缤纷的政治文明，本身就是不民主的。”①

马克思在《黑格尔法哲学批判》中指出，民主制是普遍和特殊的真正统一。“一切国家形式都以民主为自己的真实性”。恩格斯在《英国状况：英国宪法》中指出，“英国最近的将来是民主制。然而是怎样的民主制！不是那种曾经同君主制和封建制度对立的法国大革命的民主制，而是这种同中间阶级和财产对立的民主制。……英国所走向的民主制是社会的民主制。”恩格斯随后指出，“单纯的民主制并不能消除社会的祸害。……这个阶段也只是一个过渡，是最后一种纯粹政治的手段，这一手段还有待进行试验，从中必定马上会发展出一种新的要素，一种超出一切政治事物的原则。这种原则就是社会主义的原则。”恩格斯在另一篇文章《瑞士的内战》中还指出，“文明国家的民主即现代的民主跟挪威的民主或旧瑞士的民主都毫无共同之处。前者所力求实行的既不是挪威的制度，也不是旧瑞士的制度，而是和它们有天渊之别的另一种制度。”从这可以看出，马克思恩格斯对民主制的历史发展有着清楚的理解和认识，不同历史阶段、不同国家的

① 习近平：《在中央人大工作会议上的讲话》，《求是》2022年第5期。

民主实现形式是不同的。民主是历史的、具体的、发展的，各国民主植根于本国的历史文化传统，成长于本国人民的实践探索和智慧创造，民主道路不同，民主形态各异。

事实上，民主的概念、理论和实现形式从古代到近代再到现代，不断在丰富和发展。从古至今，民主理论可谓是丰富多彩，形形色色，并有不同的称谓，如直接民主、代议民主、精英民主、多元民主、自治民主、参与民主、协商民主、自由主义民主、共和主义民主等。这些民主理论虽然从不同角度阐释民主，但其最根本的就是不同历史发展阶段，每个国家都会根据其实际情况选择适合自己的民主实现形式。亚里士多德在其《政治学》中就指出，平民、寡头和共和政体的类别起因于城邦构成部分的差异。这就是说，每个城邦政体的选择源于其具体的实际情况，如雅典的城邦民主。托克维尔在谈到美国的民主时就指出，“他们的环境、起源、智慧而且特别是民情，使得人民主权得以建立和保持下来”①。利普哈特在考察1945—2010年期间的36个民主国家时指出，民主模式应该有多数民主模式与共识模式之分②。所谓的多数民主模式有英国、新西兰、多多巴斯等三种接近于威斯敏斯特民主模式。所谓的共识民主模式有瑞士和比利时以及欧盟的共识模式。两党制是多数民主模式的典型特征，多党制则是共识民主模式的典型特征。他最后得出结论，共识民主国家的绩效远胜于多数民主国家③。从中就可以看出，民主理论是随着时代的发展而不断演进、深入，民主实现形式则随着历史的发展而呈现多元化。

世界上根本就没有相同模式的民主形式，各国人民也有权选择自己的发展道路和制度模式。从当前的民主国家看，没有任何一个国家的民主模式与另一个国家相同。现在非常流行的民主制度安排主要有议会制政府与总统制政府两种。这两种制度安排中，行政机关与立法机关的关系有着非常巨大的差异。在议会制政府模式下，行政机关对立法机构负责，行政首脑如首相由议会选出。而在总统制政府模式下，总统由普选或由普选选举产生的总统选举团选出，其任期由宪法规定。即使是同为总统制政府的国家，美国与韩国就有着巨大的差异，美国是两党轮流坐庄，韩国则是多党制。同为君主立宪制的国家，英国与日本有很多不同，英国是两党轮流执政，日本是名义上的多党制，实际上是自民党一党独大。在纯粹的议会制政府和总统制政府之外，还有不同类型的混合制政府。在最受关注的选举

① 〔美〕托克维尔：《论美国的民主》，群言出版社2015年版，第32页。

② 〔美〕阿伦·利普哈特：《民主的模式》，北京大学出版社2006年版，第4页。

③ 〔美〕阿伦·利普哈特：《民主的模式》，北京大学出版社2006年版，第222页。

制度方面，虽然大部分国家实行普遍、平等、直接（或间接）、秘密的选举原则，但各国在选举公式、选区规模、选举门槛等方面存在明显的区别。在选举制度方面，目前主要有相对多数制和比例代表制以及这两种的混合制。即使是比例代表制，其也有名单比例代表制、混合选区比例代表制以及单记可转让投票制等。这充分说明，各个国家的民主实践都是各国根据一定民主原则结合本国具体的实际情况而形成的，民主实现形式本身就是多样的，不存在某种固定或单一的模式。

中国的民主是人民民主。中国的民主制度是中国共产党团结带领全国各族人民实现从几千年封建专制政治转向人民民主的伟大政治文明成果，是中国对人类政治文明的重大贡献。新中国成立后，中国确立人民代表大会制度、中国共产党领导的多党合作和政治协商制度、民族区域自治制度，人民当家作主的政治架构、经济基础、法律原则、制度框架基本确立并不断发展，中国的民主大厦巍然耸立起来。改革开放和社会主义现代化建设新时期，党领导人民坚定不移推进社会主义民主法治建设，坚持中国特色社会主义政治发展道路，坚持党的领导、人民当家作主、依法治国有机统一，积极稳妥推进政治体制改革，巩固和发展人民代表大会制度，进一步完善中国共产党领导的多党合作和政治协商制度、民族区域自治制度、基层群众自治制度等基本政治制度，民主发展的政治制度保障和社会物质基础更加坚实。党的十八大以来，以习近平同志为核心的党中央，立足新的历史方位，深刻把握中国社会主要矛盾发生的新变化，积极回应人民对民主的新要求新期盼，深刻吸取古今中外治乱兴衰的经验教训，全面总结中国民主发展取得的显著成就，团结带领人民发展全过程人民民主，中国的民主发展进入历史新时期。全过程人民民主，是中国共产党团结带领人民追求民主、发展民主、实现民主的伟大创造，是党不断推进中国民主理论创新、制度创新、实践创新的经验结晶。全过程人民民主，是近代以来党团结带领人民长期奋斗历史逻辑、理论逻辑、实践逻辑的必然结果，是坚持党的本质属性、践行党的根本宗旨的必然要求。全过程人民民主，既有鲜明的中国特色，也体现全人类共同价值，为丰富和发展人类政治文明贡献了中国智慧、中国方案。

全过程人民民主具有完整的制度程序。在中国，国家各项制度都是围绕人民当家作主构建的，国家治理体系都是围绕实现人民当家作主运转的，这些制度程序形成了全面、广泛、有机衔接的人民当家作主制度体系，构建了多样、畅通、有序的民主渠道，有效保证了党的主张、国家意志、人民意愿相统一，有效保证了人民当家作主。人民代表大会制度是中国的根本政治制度，是中国人民当家作主的根本途径和最高实现形式。中国共产党领导的多党合作和政治协商制度，真实、广泛、持久代表和实现最广大人民根本利益、全国各族各界根本利益，避免了西方政党制度代表少数人、少数利益集团的弊端。民族区域自治制度是中国的一项基本政治制度。在这一制度框架下，中华民族大团结的局面不断巩固，各族人民交往交流交融日益广泛、深入，中华民族共同体意识不断增强。基层民主是全过程人民民主的主要体现。我国实行的以村民自治制度、居民自治制度和职工代表大会制度为主要内容的基层群众自治制度，丰富了民主形式，拓宽了基层群众有序参与民主的渠道，充分彰显了全过程人民民主的广泛性和真实性。全过程人民民主实现了过程民主和成果民主、程序民主和实质民主、直接民主和间接民主、人民民主和国家意志相统一，是全链条、全方位、全覆盖的民主，是最广泛、最真实、最管用的社会主义民主。

总之，全过程人民民主理念极大丰富了马克思民主理论，是马克思主义民主理论发展的新境界。全过程人民民主植根于新时代的社会主义民主政治实践，体现了中国共产党以人民为中心的发展思想，深刻把握了社会主义民主政治的本质特征和实践要求，是中国共产党人对民主政治发展规律的认识，实现了马克思主义民主理论中国化时代化的新飞跃。

试论《莱茵报》时期马克思思想的黑格尔法哲学思想底色

何建津　王　铮①

《莱茵报》时期马克思开始了从理论高度展开现实批判的第一次尝试，使用的理论武器是他在大学期间深入钻研过的黑格尔哲学和青年黑格尔派哲学。大学时代马克思至少四次钻研哲学，尤其是对黑格尔哲学著作的通读、与“博士俱乐部”中青年黑格尔派成员的交往，以及为研究古希腊、古罗马时期的三派自我意识哲学（即伊壁鸠鲁哲学、斯多葛派哲学、怀疑派哲学）所做的资料准备和《博士论文》的撰写，让马克思尤为推崇人的自我意识。如果说，马克思理解的自我意识哲学体系在一定意义上是黑格尔哲学在马克思那里产生的回响，那么，马克思所理解的伊壁鸠鲁哲学则在相当程度上隐含着他对青年黑格尔派尤其是布鲁诺·鲍威尔的自我意识哲学的理解。因此，当马克思以思想斗士的形象投身现实批判时，我们可以看到明显的黑格尔哲学和青年黑格尔派哲学的烙印。马克思《莱茵报》期间的黑格尔哲学思想底色主要体现在如下四个方面：第一，在客观普遍性与个体特殊性的辩证统一中把握自由；第二，哲学是关于理性、自由和人的现实生活的科学；第三，现代国家法的理论基础是人权哲学；第四，自然法是实定法的价值灵魂。

一、在客观普遍性与个体特殊性的辩证统一中把握自由

自由，是黑格尔法哲学探讨的核心问题，“自由精神及其定在既是《法哲学原理》的全部思想精髓，亦是理解《法哲学原理》全部奥秘的向导，而一般与个别、普遍与特殊、抽象与具体、必然与偶然、主观与客观，则

---

① 何建津，中共福建省委党校福建行政学院哲学部主任、教授；王铮，中共福建省委党校福建行政学院讲师。

是思想把握自由精神的基本范畴"①。

19 世纪 40 年代初，伴随资本主义的发展，德国人争取自由的要求日益高涨。此时，普鲁士新国王弗里德里希·威廉四世于 1841 年 12 月 24 日以捍卫出版自由的姿态颁布新的书报检查令。这一新检查令虽然表面上不赞成对作家的写作活动加以限制，但实际上比老国王弗里德里希·威廉三世 1819 年颁布的书报检查制度增加了更多限制。为此，马克思于 1842 年 2 月为《德国年鉴》撰写了未能公开发表的《评普鲁士最近的书报检查令》。在这篇文章中，马克思主要立足于黑格尔法哲学关于自由要在客观普遍性与个体特殊性的辩证统一中实现的原理，批判了普鲁士书报检查令在若干问题上割离客观普遍性与个体特殊性：

第一，在制度与个人的关系问题上。马克思认为，出版物受到限制是 1819 年颁布的书报检查法令造成的，因此，真正要取消对出版物的限制，就应该废除 1819 年的法令；但是，新颁布的书报检查令却要求检查官切实遵守该法令的有关规定。这种要求隐含的逻辑是：1819 年以来出版自由受到限制是书报检查官没有切实遵守该法令造成的。马克思认为，这种逻辑意味着"把制度本身的客观缺点归咎于个别人"。这种"为了保全事物的本质——当前的制度"而"牺牲人这个工具"的做法，是"虚伪自由主义的表现方式"②。在马克思看来，制度代表事物的本质，因此从本质上改善事物，就应该改善制度。马克思的这一观点带有明显的黑格尔法哲学的烙印。因为根据黑格尔的法哲学原理，国家及其制度作为伦理实体是人的自由意志的现实体现，即人的自由意志已经完全以自在自为的方式实现出来，在其中普遍的法与个体的人已经不存在矛盾。如果现实的制度与个体人存在矛盾，那说明现实的制度还不符合普遍的法的要求。因此，要消除矛盾就必须改善制度，使其真正实现普遍性与个体特殊性的统一。

第二，在真理与探讨真理的方式问题上。普鲁士的书报检查令要求真理探讨者以某种指定的形式即"严肃和谦逊地"的方式探讨真理。马克思认为这一要求会使真理探讨者"忘记事物的本质"③，从而使探讨脱离真理。马克思认为，探讨真理不仅要求我们正确理解真理，而且要求我们以合乎真理的方式探讨真理。他说"精神的实质就是真理本身"④，而自由就是精神的实质，因此，合乎真理本性要求的探讨真理的方式就是自由：一

---

① 高兆明：《〈黑格尔法哲学原理〉导读》，商务印书馆 2010 年版，第 7 页。

② 《马克思恩格斯全集》第 40 卷，人民出版社 1985 年版，第 5 页。

③ 《马克思恩格斯全集》第 40 卷，人民出版社 1985 年版，第 6 页。

④ 《马克思恩格斯全集》第 40 卷，人民出版社 1985 年版，第 7 页。

方面，真理探讨者根据“对象本身的性质”① 或“事物本质的要求去对待各种事物”②；另一方面，真理探讨者以精神个体性的形式表现事物或对象，这些不同的表现形式作为“真理的各个分散环节最终都相互结合在一起”③。因为真理在内容上是普遍的，在形式上是个体的；是“真理占有我，而不是我占有真理”④。也就是说，是我去表现真理，而不是真理表现我；或者说，是我服从真理，而不是真理服从我。这意味着普遍性的真理要通过多样的精神个体性形式表现自己。总之，马克思认为书报检查令指定人们用“严肃和谦逊”这一种风格探讨真理，既“损害了客体⑤的权利”也“损害了主体⑥的权利”⑦，从根本上歪曲了真理，抽象地理解真理。而法律的最高要求就是符合真理，因此，书报检查令是不法的。

第三，在作品是否准予发表的标准问题上。新书报检查令规定“对政府措施所发表的见解，其倾向首先必须是善良的”⑧。马克思认为，作品倾向代表作者的“个体性”和他的“思想方式”，这是特殊性和主观性的东西。而根据黑格尔的法哲学，作为实体法的法律，应该体现法的普遍性和客观性，它们“仅仅适用于实体性权利关系范围，而不适用于纯粹的主观精神范围”⑨，即法律仅仅调节人们的行为，而不应追究人的主观倾向。从这个意义上说，追究作品倾向的法律是一种“没有客观标准的法律”，“乃是恐怖主义的法律”⑩，“是对公民名誉的一种侮辱”⑪。同时，这种法律赋予一些人追究另一些人“倾向”的权力，“取消了公民在法律面前的平等”⑫，不仅破坏了团结，而且违背黑格尔法哲学关于实体法的普遍性品质。

第四，在如何选择编辑问题上。新检查令规定出版物的编辑由书报检察官批准，而且只批准书报检察官认为有学术才能、地位与品性的人担任。而 1819 年的检查令则只是要求出版者为编辑缴纳押金，选择编辑的权力则

---

① 《马克思恩格斯全集》第 40 卷，人民出版社 1985 年版，第 8 页。

② 《马克思恩格斯全集》第 40 卷，人民出版社 1985 年版，第 8 页。

③ 《马克思恩格斯全集》第 40 卷，人民出版社 1985 年版，第 8 页。

④ 《马克思恩格斯全集》第 40 卷，人民出版社 1985 年版，第 7 页。

⑤ 即探讨对象。——本文作者注

⑥ 即真理探讨者。——本文作者注

⑦ 《马克思恩格斯全集》第 40 卷，人民出版社 1985 年版，第 9 页。

⑧ 《马克思恩格斯全集》第 40 卷，人民出版社 1985 年版，第 16 页。

⑨ 高兆明：《心灵秩序与生活秩序：〈黑格尔法哲学原理〉释义》，商务印书馆 2014 年版，第 340 页。

⑩ 《马克思恩格斯全集》第 40 卷，人民出版社 1985 年版，第 16 页。

⑪ 《马克思恩格斯全集》第 40 卷，人民出版社 1985 年版，第 17 页。

⑫ 《马克思恩格斯全集》第 40 卷，人民出版社 1985 年版，第 17 页。

仍然属于出版者。也就是说新检查令"剥夺了报纸出版者本人的全部意志"[①]。按照黑格尔关于"法的理念是自由""实体法是自由的定在"观点，剥夺自由意志的法律肯定是不法的。至于书报检查官批准的任职编辑的三条资格，其问题在于：(1) 如果书报检查官自己没有万能的学术才能，他该如何判断编辑的学术才能；(2) 一个人的学术才能和品性就"足以当做作家的保证"[②]，学术才能、地位和品性三者之间也很少有联系，因此，如果将地位这种"极其确定的东西"与学术才能和品性这种"极其不确定的东西"联系在一起，容易导致人们根据"不确定的东西要依赖确定的东西"这一"必然的逻辑规律"[③] 得出错误的结论：学术才能和品性是由地位决定的，或者没有地位的学术才能和品性都是成问题的。马克思认为，地位是"纯粹的偶然性"的、具有"想象意义"的个体性[④]，地位是"个别的要求"[⑤]，学术才能则是"精神的表现"，是报刊出版这一"事物本身的要求"[⑥]。新书报检查令将学术才能这种符合事物本身要求的普遍性、地位这种个别的偶然性同时作为检查官批准编辑的任职资格，其实是"以普遍性的感动力宣布了某种纯粹个人的东西"[⑦]，即表面上包含着普遍性、客观性，其实是偶然性和主观任性在实定法中占据了主导地位。这意味着检查令"同法令发生冲突"[⑧]。这也就是黑格尔法哲学所说的，实定法背离了自然法[⑨]。

第五，在书报检查官问题上。按照黑格尔的法哲学，国家是实现人的自由意志的法治体系，是人的自由意志得以实现的最高伦理实体，真正的国家制度是客观普遍性与个体特殊性的统一。但是普鲁士的书报检查制度只体现了书报检查官个人的主观任性：判断思想产品的性质本来应该有符合法的要求的客观标准，书报检查制度也提出由"有才能的人"担任检查官，但对"检查官的才能在客观的内容方面并没有更详细的规定"[⑩]，这样事实上是将其判断标准完全交给"个人的关系"和"检查官的机智"[⑪]，即

① 《马克思恩格斯全集》第 40 卷，人民出版社 1985 年版，第 24 页。
② 《马克思恩格斯全集》第 40 卷，人民出版社 1985 年版，第 26 页。
③ 《马克思恩格斯全集》第 40 卷，人民出版社 1985 年版，第 26 页。
④ 《马克思恩格斯全集》第 40 卷，人民出版社 1985 年版，第 27 页。
⑤ 《马克思恩格斯全集》第 40 卷，人民出版社 1985 年版，第 25—26 页。
⑥ 《马克思恩格斯全集》第 40 卷，人民出版社 1985 年版，第 25 页。
⑦ 《马克思恩格斯全集》第 40 卷，人民出版社 1985 年版，第 27 页。
⑧ 《马克思恩格斯全集》第 40 卷，人民出版社 1985 年版，第 26 页。
⑨ 〔德〕黑格尔：《法哲学原理》，范扬、张企泰译，商务印书馆 1982 年版，第 5 页。
⑩ 《马克思恩格斯全集》第 1 卷，人民出版社 1956 年版，第 28 页。
⑪ 《马克思恩格斯全集》第 1 卷，人民出版社 1956 年版，第 29 页。

检查官既可以根据作品的形式（如写作风格是否谦逊、严肃），也可以根据作品的“倾向”决定是否允许出版，从而导致检查官个人的任性可以决定“整个阶级的人的生存”①。这样“检查官的专横”（说到底是“总督署的专横”）通过书报检查令被“巧妙地伪装成客观规定的逻辑结论”②。这种制度背后隐藏着的原则是：官员全能和公众无能。马克思认为，这种原则是隐藏在普鲁士德国一切制度中的痼疾③；这一原则如同在刑事诉讼中将法官、原告和辩护人都集中在一个人身上是违背心理学规律的一样，是违背法的客观规律的。而且，更荒谬的是，这个原则并没有在制度中彻底贯彻，即具有无限权力的全能官员本应承担“大得无可比拟的责任”却“不负重责”④。可见，这种制度是与黑格尔法哲学所要求的遵循法的客观规律的要求相违背的。在这里马克思根据黑格尔法哲学中的国家学说，把对普鲁士书报检查制度的批判上升到对整个普鲁士国家制度的批判。

二、哲学是关于理性、自由和人的现实生活的科学

《第179号“科伦日报”社论》是马克思为了批判《科伦日报》主编海尔梅斯在出版自由、历史观、国家观以及宗教等问题上的观点而撰写的一篇论战性理论文章。该文最突出的特点之一是，马克思在哲学上坚持黑格尔关于哲学是一门关于理性和自由的科学，同时又表现出他试图克服黑格尔哲学在形式上的僵化、晦涩，创立一种直接关联人的现实生活世界，更具现实批判性的“最新哲学”⑤。

针对海尔梅斯认为在基督教那里，“科学研究最大的结果一向都只为证实基督教的真理而服务”的观点⑥，马克思驳斥说，历史上一切哲学学说都曾受到基督教责备，近代一些科学家也被基督徒责备为无神论者，新教神学家也断言宗教与理性不能一致⑦。也就是说，各方面的事实都表明，基督教从来就认为自己与代表理性的哲学和科学是对立的。这种对立突出表现在，宗教恪守特殊的教义，而哲学探求普遍真理。正如马克思在文中所说：“哲学是问：什么是真理？而不是问：什么被看做真理？它所关心的是

---

① 《马克思恩格斯全集》第1卷，人民出版社1956年版，第29页。
② 《马克思恩格斯全集》第1卷，人民出版社1956年版，第29页。
③ 《马克思恩格斯全集》第1卷，人民出版社1956年版，第30页。
④ 《马克思恩格斯全集》第1卷，人民出版社1956年版，第30页。
⑤ 《马克思恩格斯全集》第1卷，人民出版社1956年版，第128页。
⑥ 《马克思恩格斯全集》第1卷，人民出版社1956年版，第114页。
⑦ 《马克思恩格斯全集》第1卷，人民出版社1956年版，第114—115页。

大家的真理，而不是某几个人的真理；哲学的形而上学的真理不知道政治地理的界限；至于‘界限’从哪里开始，哲学的政治真理知道得非常清楚，而不会把个人世界观和民族观的幻想的视野和人类精神的真正的视野混淆起来。”① 可见，在此时的马克思看来，哲学是探求超越个人、宗教、政治、地理和民族的，代表人类时代精神的普遍性真理的一门科学。这种哲学不正是黑格尔哲学所代表的普遍性的世界精神吗？而且马克思此时认为，历史正是由这种时代性的世界精神开辟道路。

马克思还在哲学与“哲学的敌人”的对比中，表达了哲学的本性：“你们（即‘哲学的敌人’）没有经过研究就谈论这些问题，而哲学是在研究之后才谈论的；你们求助于感觉，哲学则求助于理性；你们是在咒骂，哲学是在教导；你们许诺人间天堂和人间，哲学只许诺真理；你们要求人们信仰你们的信仰，哲学并不要求人们信仰它的结论，而只要求检验疑团；你们在恐吓，哲学在安慰。”② 总之，哲学启发人们在理性的引导下追求真理，“哲学的敌人”则以独断的方式和非理性的情感要求人们服从。

马克思还认为，现在已经到了真正的哲学和“自己时代的现实世界接触并相互作用”的时候。马克思承认哲学、尤其是德国哲学的确向来就具有远离现实、冷静内向和晦涩艰深的特性，这与习惯于以紧张状态及时关注社会热点的报纸的确有很大不同，而且这种特性，也决定了哲学不可能以报纸作为它的主要传播形式。但是，真正的哲学并不关注与人无关的彼岸世界，当然也不是关注属人世界的具体问题，而是以哲学抽象的方式关注整个属人世界；因此，哲学家和真正的哲学既与自己的时代、自己的人民息息相通，又仅仅代表时代和人民精神中的精华，即真正的哲学是自己时代精神的精华，是文明的活的灵魂；不仅如此，哲学也与属人世界相互作用，当然作用的方式不像具体实践活动一样是直接的，而是反思性的，即通过反思人类实践活动中的精神间接作用于世界。

在这里马克思提出了与黑格尔哲学在表现形式上不同、但本质上相同的哲学观和世界观，即哲学成为“世界的哲学”，世界也因为哲学而成为“哲学的世界”③。注意，这里的“世界”并不完全指地理空间意义上的世界，而是同时指哲学的内容，即就内容来说现在的哲学以更加直接的方式关照人的现实生活，进入人的生活世界，从而使哲学越来越以人的生活世界哲学的形态而非超人的形态表现出来，因而表现出更加适应报纸的性质。

---

① 《马克思恩格斯全集》第 1 卷，人民出版社 1956 年版，第 114 页。
② 《马克思恩格斯全集》第 1 卷，人民出版社 1956 年版，第 123 页。
③ 《马克思恩格斯全集》第 1 卷，人民出版社 1956 年版，第 121 页。

马克思正是在地理空间和现实内容这两个意义上说“哲学已成为世界的哲学”。而所谓“世界也成为哲学的世界”，意思是现在人们要开始学会以哲学的方式而不是仅以实证的态度看待和对待人生活的现实世界，即要像黑格尔哲学所揭示的那样，认识到“凡是现实的都是合理的，凡是合理的都是现实的”，或者说要学会用自由这个合理性尺度辩证看待、批判对待现实世界，因为现实是本质和实存的统一，是展开过程中的必然性，只有合乎自由理性这个本质的现实，才具有必然性，如果无批判地或非哲学地看待和对待现实世界，只能叫做以“坏的主观性”把握表达性现实，它与客观性现实则相去甚远。

三、现代国家法的理论基础是人权哲学

历史观和国家观是黑格尔法哲学中相互联系的两个重要问题。在黑格尔看来，人类历史是以自由为核心的、合目的的展开进程，“世界历史无非是‘自由’意识的进展”①；自由的一切合乎理性的发展在（现代）国家中均可以得到以实现②。

黑格尔法哲学中的上述观点在马克思对海尔梅斯历史观和国家观的批判中得到体现。

海尔梅斯认为“宗教是国家的基础”③，宗教兴衰是历史更替的依据。他认为，古代世界的民族或国家的消亡，是因为其宗教观上的谬误由于科学上的成就而暴露出来，从而导致宗教消亡，并因此导致民族和国家消亡。马克思认为，首先，这不符合历史事实，因为在古代社会，由于宗教崇拜的是自己的民族、国家，因此，宗教会随着国家消亡而消亡④，而不是相反；其次，这种观点会推导出荒谬的结论，即似乎只要科学避而不谈宗教的谬误，古代世界就不会毁灭⑤；再次，海尔梅斯在宗教与科学关系上前后矛盾：他时而认为古代宗教是建立在谬误基础上，因此，它们会随着科技进步而消亡，进而引起国家消亡；时而认为，在基督教那里，“科学研究最大的结果一向都只为证实基督教的真理而服务”⑥。

① 〔德〕黑格尔：《历史哲学》，王造时译，上海书店出版社 1999 年版，第 19 页。

② 〔德〕黑格尔：《精神哲学》，杨祖陶译，人民出版社 2006 年版，第 343 页。

③ 《马克思恩格斯全集》第 1 卷，人民出版社 1956 年版，第 112 页。

④ 《马克思恩格斯全集》第 1 卷，人民出版社 1956 年版，第 114 页。

⑤ 《马克思恩格斯全集》第 1 卷，人民出版社 1956 年版，第 114 页。

⑥ 《马克思恩格斯全集》第 1 卷，人民出版社 1956 年版，第 114 页。

海尔梅斯认为，人民生活的兴衰取决于宗教生活的兴衰[①]。马克思认为，历史事实是有时候国家衰而宗教兴：如古代世界快毁灭的时候，希腊神话被亚历山大里亚学派作为永恒真理来证明[②]。而大量的历史事实是国家兴则哲学兴而非宗教兴：如希腊内部极盛的时期，是艺术、哲学等排斥宗教的伯利克里时代；希腊外部极盛的时期，是否定永恒精神和宗教之神的亚里士多德时代；罗马极盛的时候是伊壁鸠鲁哲学、斯多亚哲学和怀疑派哲学成为的罗马人信仰的时代。因此，在马克思看来，海尔梅斯的历史观完全不符合历史事实，甚至颠倒了历史。

海尔梅斯不仅用宗教的兴衰解释历史的变迁，还认为国家应受宗教支配，甚至认为“现代国家就是‘基督教的’国家”，其任务就是使教徒联合起来[③]。马克思反驳说，法国作为现代国家其1830年宪章赋予人民政治平等权利时是以是否为“法国人”而非“基督徒”身份为依据；普鲁士法赋予国家元首的职责也不是“镇压异端的谬误和保证其臣民的来世幸福”，而是“保护个人之一切不受暴力侵犯”[④]；虽然普鲁士大部分地区的法律都规定“未经教会认可的婚姻就是姘居”，但普鲁士法也同时承认教会不认可的婚姻具有“民法”效力，这意味着普鲁士婚姻也部分地摆脱了“教会”势力束缚[⑤]。总之，虽然有的国家还建立在基督教基础上、国家法律的有些内容还受宗教的束缚，但是，上述国家法律所规定的权力和权利都越来越明显地表现出以“人”权而非神权为依据。这说明国家越来越符合现代国家的概念，婚姻也越来越符合“科学的、道德的、合理的婚姻概念”[⑥]。我们知道，在黑格尔那里，符合概念的事物才是实在的事物，概念的逻辑运动就是现实事物本身的运动。马克思用概念运动批判现存事物，再一次表明黑格尔法哲学对此时马克思思想的深刻影响。

以马克思为代表的“真正的哲学”与以海尔梅斯为代表的“哲学的敌人”的根本分歧还体现在国家观上：究竟是“把宗教变成国家法的理论”还是把哲学作为国家法的理论[⑦]。在马克思看来，“哲学的敌人”所谓基督教国家要把“宗教变成国家法的理论”的设想既与历史上的宗教国家不相符，也与国家的现实状况不相符，本质上不过是利用宗教为国家专制制度

---

① 《马克思恩格斯全集》第1卷，人民出版社1956年版，第113页。
② 《马克思恩格斯全集》第1卷，人民出版社1956年版，第114页。
③ 《马克思恩格斯全集》第1卷，人民出版社1956年版，第117页。
④ 《马克思恩格斯全集》第1卷，人民出版社1956年版，第117页。
⑤ 《马克思恩格斯全集》第1卷，人民出版社1956年版，第117—118页。
⑥ 《马克思恩格斯全集》第1卷，人民出版社1956年版，第117页。
⑦ 《马克思恩格斯全集》第1卷，人民出版社1956年版，第125页。

辩护。从历史来看，在真正的宗教国家里国家的真正首脑应该是宗教之神，国王要服从教皇，即政治隶属于教会，而普鲁士德国国王弗里德里希·威廉三世早在1837年就因不同宗教间（天主教徒与新教徒）通婚所生子女的信教问题与罗马教皇发生冲突，并以叛国罪逮捕了科伦大主教①，即神权已经不能支配普鲁士政权，因此，早已不是真正意义上的宗教国家；从现实状况来看，这些“哲学的敌人”本身就存在宗教精神生活与世俗实际生活的分裂与对立：如一方面他们会因为个人权利、自由或财产受侵犯而诉诸法律和法庭，另一方面又因此想到福音书诸如“当人家打了你的左脸，你们要把右脸也送上去”“此生苦难较之来世的幸福算不了什么”“你们的财宝并不在这个世界上”等之类的宗教教导，并因此意识到“王者之物必归王者、圣灵之物必归圣灵”② 或者上帝的归上帝、凯撒的归凯撒。这意味着宗教并不是现实普鲁士德国国家法的理论基础。相反，他们的个人权利、自由、财产需要获得法律的保护，说明以自由理性为核心的人权哲学需要成为国家法的理论基础；从国际关系来看，即使是罗马教皇也反对加入以宗教为基础建立的神圣国家同盟，而仅仅主张各国信仰基督教的人民通过教会而不是国家外交建立普遍联系③。这意味着即便宗教最高权威也反对把宗教作为国际法的理论基础。总之，历史与现实、国家法和国际法都表明把宗教作为国家的基础已经丧失了历史合理性。那么，现代国家法的理论是什么呢？马克思认为，是以自由、理性为核心的哲学。

现代国家的国家法是以自由理性为核心的哲学。为了进一步驳斥海尔梅斯关于“宗教应该成为国家法的理论”的观点，确立自由理性的哲学作为国家法的地位，马克思以两种情况说明国家完全可以不依附宗教、有宗教存在的国家也并不一定是宗教（教会）国家：一种情况是，同是基督教徒却生活在政治制度各不相同的国家里，而不去评定这些不同国家形式（制度）的价值。如基督徒“有的在共和政体的国家，有的在君主专制的国家，有的在君主立宪的国家”④。基督徒的生活可以不问国家政治制度差异，说明国家形式的法并不是来自基督教社会的本质，而是来自“国家本身的实质”、“国家的本性”，即“人类社会的本质”⑤。另一种情况是，同一个国家有多个平等的教派。这种情况下，只要国家平等对待各个教派，不以一个教派去指责其他教派为异端，“不去侵犯各个教派的权利”，“不把

① 《马克思恩格斯全集》第1卷，人民出版社1956年版，第710页。
② 《马克思恩格斯全集》第1卷，人民出版社1956年版，第125页。
③ 《马克思恩格斯全集》第1卷，人民出版社1956年版，第125页。
④ 《马克思恩格斯全集》第1卷，人民出版社1956年版，第127页。
⑤ 《马克思恩格斯全集》第1卷，人民出版社1956年版，第127页。

教义变成个人和他作为国家公民的存在之间的唯一纽带"①，那么，各个教派就不会把国家当作教会，他们向国家要求的就不是教权，而是人权。而阐明人权和人类社会本质的正是哲学，而不是宗教，因此，以哲学为基础的国家，就是符合人性的国家，"符合于实现理性自由的国家的概念"②。因为哲学在政治领域所做的事情就是引导人们"用人的眼光来观察国家"，"从理性和经验中而不是从神学中引申出国家的自然规律"③。总之，现代国家的国家法是以人的自由理性为核心的哲学。它既与宗教国家（包括基督教国家）不兼容，也不同于"从前的国家法"。因为从前的国家要么"根据本能，例如功名心、善交际"，要么根据个人的理性，而不是公共的理性来看国家。现代国家法"它是根据整体的思想而构成自已对国家的看法。它认为国家是一个庞大的机构，在这个机构里，必须实现法律的、伦理的、政治的自由，同时，个别公民服从国家的法律也就是服从自己本身理性的即人类理性的自然规律"④。换言之，现代国家既不是以宗教为基础，也不是以人的本能和个人的理性为基础，而是以个人与国家相统一的自由理性为基础。这种国家作为"合乎理性的社会的存在"具有社会教育的作用，它通过教育"把个人的目的变成大家的目的，把粗野的本能变成道德的意向，把天然的独立性变成精神的自由；使个人和整体的生活打成一片，使整体在每个个人的意识中得到反映"。总之，这种国家是"相互教育的自由人的联合体"⑤。

综上所述，马克思通过批判海尔梅斯，第一次比较系统地阐述了对真正的哲学的理解。这种哲学观虽然也试图改变黑格尔哲学晦涩艰深的风格和体系僵化的缺陷，但仍在黑格尔精神哲学的范围内阐述；此外，马克思还在批判海尔梅斯的过程中较系统地阐述了与黑格尔法哲学理念基本一致的国家观，即哲学是国家法的基础，国家是人的自由得以实现的现实定在的最高形式；同时，马克思在历史观上也表现出与黑格尔的基本一致，即历史是由时代精神开辟前进的道路，或者说，历史的变迁是受精神支配的。总之，海尔梅斯的历史观与他的国家观有内在联系，同时与马克思的国家观和历史观完全对立。在海尔梅斯那里，国家以宗教为基础，国家兴衰取决于宗教兴衰，因此，他竭力维护基督教作为普鲁士国教的地位；而在当时的马克思看来，国家以哲学为基础，国家的兴衰取决于国家是否体现了

① 《马克思恩格斯全集》第 1 卷，人民出版社 1956 年版，第 126 页。
② 《马克思恩格斯全集》第 1 卷，人民出版社 1956 年版，第 127 页。
③ 《马克思恩格斯全集》第 1 卷，人民出版社 1956 年版，第 128 页。
④ 《马克思恩格斯全集》第 1 卷，人民出版社 1956 年版，第 129 页。
⑤ 《马克思恩格斯全集》第 1 卷，人民出版社 1956 年版，第 118 页。

作为时代精神精华的哲学。

四、“自然法”是“实定法”的价值灵魂

在西方法哲学发展史中，存在自然法学派和规范法学派的分歧。自然法学派认为，人生于自然，人的权利也来自自然；在自然界，特别是在人的自然本性中，存在着一个理性的秩序，这个秩序提供一个独立于人（国家立法者）意志之外的客观价值立场。黑格尔的法哲学属于自然法。在黑格尔看来，法律、道德、政治等领域的具体规范或实定法，应当以自然法为价值根据。自然法是实定法的价值灵魂。马克思为《莱茵报》写的《莱茵省议会关于林木盗窃法的辩论》一文，从黑格尔法哲学的立场出发，批判莱茵省议会制定的林木盗窃法违背自然法理念所要求的普遍性、必然性要求，变成了维护林木所有者的私人物质利益和特权的工具。马克思从行为定性、立法精神等几个方面对林木盗窃法及其立法者展开了批判：

首先，在行为定性上，马克思认为法律应该根据人的行为对财产权的危害程度确定行为的性质和罪行，但立法者为维护自身的物质利益任意加重行为的罪行。

在莱茵省议会各等级代表就林木盗窃法展开辩论时，首先谈到的问题是什么行为才构成林木盗窃。辩论的结果是，捡枯枝、偷枯树和盗伐林木均为盗窃。在马克思看来，盗伐林木是明显侵害林木及其所有者利益的行为；偷取林木所有者砍倒的林木（即偷枯树）是偷窃财产的行为；但是捡枯枝没有使“任何东西同财产脱离”，而“只是执行财产本质所做出的判决”，因为林木所有者占有的树木“已经不再占有它身上落下的树枝了”①。因此，三种行为的意图（盗伐林木的意图是占有并侵害他人财产；偷枯树的意图是偷窃他人财产；捡枯枝的意图是执行财产本质所做出的判决）、作用的对象（盗伐林木、偷枯树、捡枯枝的作用对象分别是活树木、砍倒的树木、枯树枝）不同，从而行为性质也不同。

马克思在分析了这三种行为与财产权的关系后，从黑格尔法哲学的视角对林木盗窃法进行批判，指出现实的法律应该“是事物的法的本质的普遍和真正的表达者”，“事物的法的本质不应该去迁就法律，恰恰相反，法律倒应该去适应事物的法的本质”②。法的本质在这里表现为，人的不同行为与财产权的关系。我们知道，财产权在黑格尔的抽象法当中是人格权的

---

① 《马克思恩格斯全集》第1卷，人民出版社1956年版，第138页。
② 《马克思恩格斯全集》第1卷，人民出版社1956年版，第139页。

定在、自由的基础。马克思在这里从三种行为与财产权的关系进行分析，本质上是从人与人之间的自由意志的关系来看待法与不法。可见，根据黑格尔的法哲学原理，立法的首要原则是实定法要符合自然法，否则就是不法。但是立法者总是以自身的物质利益为标准，当问题涉及森林条例违反者的利益时，立法者不区分行为的性质，将偷枯树、捡枯枝、盗伐林木，一概定性为盗窃；而当问题涉及林木占有者的利益时，立法者又承认不同行为的差别，认为盗窃林木时“凡用锯子代替斧头者，一律加重治罪”[①]。这无疑是违背自然法的不法。看来不是立法者的能力水平问题，而是他们的利益在起作用。

马克思认为违反自然法的实定法会给国家和人民都带来危害。从人民的角度来说，把偷枯树、捡枯枝等同于盗伐林木这种“不考虑任何差别的残酷手段”，“是一种消灭了作为法的结果的惩罚”，它会“使惩罚毫无效果”，因为在这种法律中人民只能看到惩罚，而看不到罪行，它会带来一种无可救药的祸害——“使人民变坏”[②]。从国家的角度来看，把捡枯树、偷枯树当作盗窃林木的犯罪来处理，说明掌握立法权的私人利益总是力图把一个人触犯其私人利益的行为扩大为这个人的整个为人[③]，这种做法违背了现代国家的立法精神。马克思从现代国家的立法精神的高度指出，每个人都是国家的公民，作为公民他通过千丝万缕的生活神经与国家联系在一起；因此，立法者不能因为这个人是森林条例的违反者，就否定他是一个“保卫祖国的战士”、是“法庭应该倾听其发言的证人”、是“一个执行着社会义务”的集体成员、是“一个神圣的家主”等其他职能[④]。因此，如果立法者为了自己的私人利益把不是犯罪的行为列入犯罪的领域，无异于砍断自身的活的肢体，这对国家是最严重、最有害的危险。

其次，在立法精神上，自由的人类法应该为一切穷人要求习惯权利，同时废除特权者的习惯权利。

为了维护穷人的利益，马克思从立法的角度为穷人捡枯枝的习惯权利进行辩护。马克思认为权利有两种：法定权利和习惯权利。在世界史上的不自由时期，人类生活在由法律固定的不平等状态中。这种法律是体现人的不自由的动物法或者说是法的动物形式。过去，社会的特权者不仅享有不平等法律中的法定权利，还要求体现自己不合理欲求的习惯权利；而穷

① 《马克思恩格斯全集》第1卷，人民出版社1956年版，第140页。
② 《马克思恩格斯全集》第1卷，人民出版社1956年版，第139页。
③ 《马克思恩格斯全集》第1卷，人民出版社1956年版，第149页。
④ 《马克思恩格斯全集》第1卷，人民出版社1956年版，第149页。

人则没有这种动物法中的法定权利，仅靠没有法律形式的习惯权利苟活。现在这种动物形式的法已经失去了现实合理性。人们需要的是真正体现自由的人类法，是具有普遍性和必然性的平等的法律。在这种法治国家中，现实中的不平等现象只是享有平等权利的人们自己创造的差别，“不过是平等的各色折光而已”①，而不是权利上的不平等。这意味着，过去的特权者和穷人都将享有平等的法定权利；但是，他们的习惯权利，由于这种立法的片面性，遭遇了不同命运：特权者过去的习惯权利大多被废除，少部分具有合理性的习惯权利，成为法定权利；但是穷人的习惯权利由于启蒙立法受片面的理智所支配而被忽视了。对启蒙立法的片面性马克思展开了详细分析。

首先，从法定权利的角度看，启蒙立法的片面性体现在：在处理私权的时候，把过去特权等级的一些法定权利，如私有财产权受保护的权利，变成普遍性的权利，而过去穷人所没有的法定权利如基本的生存权，却没有通过立法补充进去。正如马克思所说“只限于把已有的权利固定起来并把它们提升为某种具有普遍意义的东西；而在没有这些权利的地方，它们也不去制定这些权利”②。马克思以修道院为例说明这种立法的片面性：修道院的财产在变成私有财产的时候，修道院得到了赔偿，但是过去靠修道院的偶然援助为生的贫民生存权却没有在修道院私有化的过程中得到任何法律上的保障。其次，从习惯权利的角度看，启蒙立法的片面性表现在：体现特权者狂妄欲求的习惯权利中哪怕有一点点合理合法的内容，都通过启蒙立法变成了合法的要求，而穷人过去那种仅仅因为特权者的偶然让步才享有的权利，却不仅没有在立法中得到体现，反而被取消了。如捡枯树枝的权利。

总之，启蒙立法的片面性用马克思的话说：“这些立法对于那些既有权利而又受习惯保护的人是处理得当的，但是对于那些没有权利而只受习惯保护的人却处理不当。”③

那么，为什么比“不自由的法”进步的启蒙立法仍然是片面的？在马克思看来，这是某些所有权的不固定性和立法者的理智的片面性之间的矛盾造成的。马克思说：“贫民的任何习惯权利都是来自某些所有权的不固定性。”④ 而所谓所有权的不固定性，就是说这些所有权既不是绝对公共的，

① 《马克思恩格斯全集》第 1 卷，人民出版社 1956 年版，第 142 页。
② 《马克思恩格斯全集》第 1 卷，人民出版社 1956 年版，第 144 页。
③ 《马克思恩格斯全集》第 1 卷，人民出版社 1956 年版，第 144 页。
④ 《马克思恩格斯全集》第 1 卷，人民出版社 1956 年版，第 145 页。

也不是绝对私人的，而是公私的混合物；但是，立法者运用的思维工具是理智。这里的理智，也就是黑格尔所说的知性思维（与之相对的是辩证思维或理性思维）。这是一种非此即彼的思维形式，或者说没有上升到概念辩证运动层次的非辩证思维。这种思维为了确定事物的性质，必须从无机的整体中抽出部分的东西。这种思维在启蒙立法中的具体运用表现为它把在罗马法中找到的抽象私权范畴运用于具有公私二重性或不稳定性的所有权上，即将其明确为私有权。马克思认为启蒙立法者运用片面的理智思维确权，一方面用统一原则否定了中世纪混合的、二重的所有权（容易导致公地的悲剧）；另一方面忽视了四个方面的情况：第一，取消了国家对所有权的特权；第二，只注意了占有者的私权，忘记了还有非占有者的私权；第三，没有看到有些所有权的对象，由于它们的自发性和偶然存在，永远不能具有私有权的性质，而只属于先占权的范围（如岛屿）；第四，取消了贫民那种源于所有权不固定性的习惯权利。马克思以枯枝为例说明先占权和由先占权这种不固定的所有权所产生的贫民的习惯权利。他认为，如同社会中的贫富对立一样，自然界中枯枝和树木也是对立的：如果说树木是属于林木所有者的，那么与树木失去了有机联系的枯枝，就是“一种仁慈的、比人类力量还要人道的自然力”，“夺取了私有制永远也不会自愿放手的东西”[①]，馈赠给贫民的不定财物。对这种不定财物的先占权就是贫民在自己的活动中发现的习惯权利，贫民在拾集活动中发现的野生果实、收割后落在地里的麦穗等自然力的产物，都是有先占权的不定财物，都是贫民习惯权利的源泉。但启蒙立法者运用理智思维明确私有权时取消了贫民的这种习惯权利，同时这种习惯权利也没有在国家里找到应有的位置；莱茵省议会的林木盗窃法更是把贫民的这种习惯权利变成了富人的独占权。如林木所有者以林中野果已成为交易品为由，要求从古至今就存在的贫民采集林中野果和草莓这种具有习惯权利的行为定性为盗窃。与黑格尔一样，马克思也认为，贫民阶级的存在是市民社会的一种必然[②]。如何解决贫困问题？马克思按照黑格尔的法哲学提出，现代国家应该给贫民阶级本身以运用自己权利的现实可能性（包括习惯权利）[③]，同时有责任通过公共机构而不是私人慈善为这些贫民提供物质或权力上的救助。如果国家因不够仁慈、富裕和慷慨没有承担起这个责任，立法者也不应该通过立法把那种由环境造成的过错变成犯罪，而“应该以最伟大的人道精神把这一切当作社会混乱

① 《马克思恩格斯全集》第1卷，人民出版社1956年版，第147页。
② 《马克思恩格斯全集》第1卷，人民出版社1956年版，第147页。
③ 《马克思恩格斯全集》第1卷，人民出版社1956年版，第148页。

来纠正"[①]。马克思这里具体所指即现代国家的立法者不应该把因贫困而捡枯枝的习惯权利剥夺，不应该把拾枯树这种仅仅违反森林条例的行为过错加重处罚变为盗窃林木的犯罪。这是现代国家的立法原则。[②] 但是莱茵省议会的立法者为了维护自己的私人利益，"把过去不算犯罪的行为了列入犯罪的领域"[③]，是"自私自利的和怯懦的立法的写照"[④]。

以上几篇政论文比较深入地反映了马克思大学毕业后至 1843 年 3 月退出《莱茵报》之前的哲学思想以及受此支配的政治立场。不过，需要指出的是，从马克思写给阿·卢格等人的书信来看，虽然这期间他事实上是以黑格尔哲学和青年黑格尔派哲学作为批判现实的思想武器，但此时的马克思无论对黑格尔、还是青年黑格尔派都不是无条件认同，他对包括鲍威尔，尤其是以梅因为代表的黑格尔左派中柏林"自由人"甚至持强烈批判的态度。马克思对黑格尔哲学的不满表现在两个方面，一是其哲学在形式上的晦涩和僵化。这在《第 179 号科伦日报社论》阐述他所谓"最新哲学"时有论述。二是黑格尔法哲学对普鲁士君主政体的维护与赞美。对青年黑格尔派一些成员的不满表现在：第一，他们对"自由"的理解有偏差，即把自由理解为"摆脱一切思想的自由"[⑤]，"从无拘无束的、长裤汉式的、且又随意的形式上看待自由"[⑥]，因而他们批判文章多是发空论、唱高调，没有具体事实和实际知识，以致马克思成为《莱茵报》的主编后拒绝发表梅因等柏林"自由人"的文章；第二，他们醉心于抽象哲学争论，脱离实际生活，把哲学局限于对神学的激进批判，如马克思在 1842 年 2 月、3 月两次在给卢格的信中批评自己的老师、朋友鲍威尔致力于以晦暗的笔调进行神学批判，而不是把哲学与政治更紧密地结合在一起，进行自由而彻底地叙述，在马克思看来要"更多地在批判政治状况当中来批判宗教，而不是在宗教当中来批判政治状况"，因为"宗教本身是没有内容的，它的根源不在天上"[⑦]；第三，他们对来自法国、英国的共产主义和社会主义这种新的世界观在没有真正研究之前就进行不适当、甚至不道德地运用[⑧]。

马克思此时所表现出的上述思想特质，一方面表明马克思即便在充分

---

① 《马克思恩格斯全集》第 1 卷，人民出版社 1956 年版，第 148 页。
② 《马克思恩格斯全集》第 1 卷，人民出版社 1956 年版，第 148 页。
③ 《马克思恩格斯全集》第 1 卷，人民出版社 1956 年版，第 149 页。
④ 《马克思恩格斯全集》第 1 卷，人民出版社 1956 年版，第 150 页。
⑤ 《马克思恩格斯全集》第 1 卷，人民出版社 1956 年版，第 41 页。
⑥ 《马克思恩格斯全集》第 1 卷，人民出版社 1956 年版，第 42 页。
⑦ 《马克思恩格斯全集》第 1 卷，人民出版社 1956 年版，第 43 页。
⑧ 《马克思恩格斯全集》第 1 卷，人民出版社 1956 年版，第 42 页。

汲取他人思想成果的思想成长期，也始终保持一个思想家独立思考和批判性吸收、运用他人成果的思想品质，另一方面也预示着他在往后的思想发展过程中必定与黑格尔、青年黑格尔派等人的思想诀别。

马克思“抽象劳动”批判的哲学审视[①]

寇东亮[②]

“抽象劳动”批判是马克思建构劳动价值论和剩余价值论的理论思维支点之一，也是马克思分析和批判资本主义生产方式的核心向度之一。以抽象劳动为内核的劳动二重性学说，既是理解马克思政治经济学批判的枢纽，也是理解马克思关于资本主义文明“二重化”悖谬的社会批判理论的原点。马克思“抽象劳动”批判肇始于《巴黎手稿》，成熟和完善于《资本论》，贯穿马克思思想发展的整个进程。马克思“抽象劳动”批判，既是一种政治经济学批判，更是一种价值哲学批判。

一、“抽象劳动”批判的“人本学”向度：“人伦—精神”与“分离—颠倒”

在西方思想史上，黑格尔最早提出“抽象劳动”概念。黑格尔认为，政治经济学不仅仅是商业和制造业的范围，同时也是伦理的一个基础层面[③]。黑格尔力图把德国哲学的“教养”因素注入古典政治经济学劳动概念，赋予劳动概念一种人类精神的自我塑造和自我解放的意义。

青年黑格尔在耶拿时期《人伦的体系》（1802—1803）草稿中将劳动设定为构建“人伦的体系”的起点。黑格尔此时所说的劳动是近代社会特有的为了交换的劳动，这种劳动不再是为了直接满足个人的需要，而是旨在

① 本文系国家社会科学基金重大项目“中国共产党百年对马克思主义的整体性原创贡献研究”（21&ZD019）阶段性成果。

② 寇东亮，陕西师范大学哲学学院教授、哲学博士。

③ 〔美〕诺曼·莱文：《马克思与黑格尔的对话》，周阳等译，中国人民大学出版社 2016 年版，第 57 页。

满足整个社会的、总体性的需要。“对于劳动本身同样在这时有一种要求：它想得到承认，想拥有普遍性的形式；这是一种普遍的方式，是一切劳动的一种规则，这种规则是某种自为存在着的东西”。[①] 这种“自为存在”的规则，使劳动成为一种具有普遍性的、社会性的劳动。“在个人需要的范围与他为此从事的活动之间出现了全民族的劳动，任何一个人的劳动从其内容来看，无论对于大家的需要，还是对于满足他的一切需要的符合程度，都是一种普遍的劳动，这就是说，具有一种价值。”因而，“他的劳动变为一种形式的、抽象的和普遍的劳动”[②]。黑格尔认为，由于抽象的普遍的劳动建构了“劳动—需要体系”，所以它在人伦意义上推动了主体间的普遍的相互依赖和相互承认。黑格尔在《精神现象学》中论述了“个别的人在他的个别的劳动里本就不自觉地或无意识地在完成着一种普遍的劳动”[③] 的逻辑，从精神生成的角度把劳动规定为人对自然的一种加工和塑造，是一种“否定性行动”的“理性活动”，强调人的自我意识要在劳动对象中、在他人的承认中实现。在《法哲学原理》中，黑格尔更多在分工的抽象化所带来的精神进步的肯定性联系中阐述劳动，揭示抽象劳动与分工、生产增长、人际关系等之间的意义关联，把劳动作为所有权的根据，认为劳动是人格从特殊性上升到普遍性的“陶冶”中介。“劳动中普遍的和客观的东西存在于抽象化的过程中，抽象化引起手段和需要的细致化，从而也引起了生产的细致化，并产生了分工。个人的劳动通过分工而变得更加简单，结果他在其抽象的劳动中的技能提高了，他的生产量也增加了。同时，技能和手段的这种抽象化使人们之间在满足其他需要上的依赖性和相互关系得以完成，并使之成为一种完全必然性。”[④]

在黑格尔那里，抽象是一种从可感现实中获得的普遍性，即同一性和一般性，抽象是一种在思想中展开的过程。在黑格尔精神哲学体系中，“抽象劳动”是人类精神自我发展的一个积极的、必然的中介环节。所以，黑格尔所谓的抽象劳动，“既不是特殊意义上的体力劳动，也不是特殊意义上的脑力劳动，而是在绝对本体论的意义上充满精神的”[⑤]。马克思从这里看

① 《黑格尔全集》第 6 卷，郭大为、梁志学译，商务印书馆 2017 年版，第 259 页。

② 《黑格尔全集》第 6 卷，郭大为、梁志学译，商务印书馆 2017 年版，第 261 页。

③ 〔德〕黑格尔：《精神现象学》上卷，贺麟、王玖兴译，商务印书馆 1979 年版，第 234 页。

④ 〔德〕黑格尔：《法哲学原理》，范扬、张企泰译，商务印书馆 2017 年版，第 239 页。

⑤ 〔德〕卡尔·洛维特：《从黑格尔到尼采：19 世纪思维中的革命性断裂》，李秋零译，三联书店 2019 年版，第 357 页。

到黑格尔的贡献，即“把劳动看做人的本质，看做人的自我确证的本质”①。既然“抽象劳动”只是精神发展的一个中介和环节，那么，黑格尔必然会意识到抽象劳动的限度。抽象劳动是对具体劳动丰富规定性的剥离，内含一种对于劳动的异己规定性。黑格尔注意到机器生产条件下抽象劳动的消极意义，如劳动整体性的分割、劳动多样性的消解、生命有机体的肢解等。“生产的抽象化使劳动越来越机械化，到了最后人就可以走开，而让机器来代替他。”② 马克思认为，黑格尔关于劳动中“苦恼的意识”、“高尚的意识与卑鄙的意识”的斗争等思想，“紧紧抓住人的异化不放——尽管人只是以精神的形式出现——，所以它潜在地包含着批判的一切要素”③。

马克思最早在1844年《巴黎手稿》（即《1844年经济学哲学手稿》和《詹姆斯·穆勒〈政治经济学原理〉一书摘要》）中提及“抽象劳动”。巴黎时期的马克思承接的是黑格尔《精神现象学》《法哲学原理》等关于“抽象劳动”的思想。在《巴黎手稿》第一笔记第Ⅰ部分结尾，马克思设问道：“把人类的最大部分归结为抽象劳动，这在人类发展中具有什么意义？”④ 马克思接着这个设问做出了一个判断：“劳动在国民经济学中仅仅以谋生活动的形式出现”⑤。这里显现了“抽象劳动”与“谋生劳动”的某种同一性。如果从《巴黎手稿》的主题来看，马克思这里所谓“抽象劳动”更可说是对“异化劳动”本质的一个总体性概括，它包含特定主体立场和价值哲学批判意蕴。

在马克思关于“把人类的最大部分归结为抽象劳动”的论断中，“人类的最大部分”是指以工厂工人为代表的劳动者。只有立足以工人阶级为代表的劳动者立场，才能真正看到资本主义劳动的异化本质，并洞穿这种异化劳动的“抽象”特质。这种抽象集中表现为颠倒和分离。《巴黎手稿》的“抽象劳动”批判借助费尔巴哈人本学和黑格尔精神辩证法，揭示资本主义劳动中人与物、主体与客体、目的与手段、人的需要与动物需要、个人需要与社会需要、少数人需要与大多数人需要等的“颠倒”，抨击资本主义劳动作为一种异己力量对人的感性生命的侵蚀和压制。国民经济学家虽然把劳动看作人的本质，但由于他们“不考察不劳动时的工人，不把工人作为人来考察”⑥，从而把具有丰富的、活生生的、有个性的“人类的最大

① 《马克思恩格斯文集》第1卷，人民出版社2009年版，第205页。

② 〔德〕黑格尔：《法哲学原理》，范扬、张企泰译，商务印书馆2017年版，第239页。

③ 《马克思恩格斯文集》第1卷，人民出版社2009年版，第204页。

④ 《马克思恩格斯文集》第1卷，人民出版社2009年版，第124页。

⑤ 《马克思恩格斯文集》第1卷，人民出版社2009年版，第124页。

⑥ 《马克思恩格斯文集》第1卷，人民出版社2009年版，第124页。

部分”即工人看做是作为商品的人，把作为他们的感性生命活动的劳动，“变成抽取一切活动的纯粹抽象”①。这种“纯粹抽象”一方面是商品交换意义的，即“把劳动只看成交换价值”②，如工人作为商品的价格、劳动产品的交换价值等；另一方面是工人劳动的强制性、机械性和片面性，“工人在精神上和肉体上被贬低为机器，变成抽象的活动和胃”③。抽象劳动即简单劳动、片面劳动、机器劳动等。“在马克思这里，劳动是‘抽象的’，不再是在精神的一种积极的普遍性的黑格尔式意义上，而是在抽象掉在劳动中要作为整体证实自身的具体的人的整体性的消极意义上。这种抽象的极端就是，劳动者不是以建设性的方式表现自己的生命，而是被迫仅仅为了找到一份劳动，就在劳动中出卖自己。”④

马克思认为，“颠倒”源于资本主义劳动的内在“分离”。这种分离在一般意义上表现为，劳动、资本和地产彼此的分离，一种劳动同另一种劳动、一种资本同另一种资本、一种地产同另一种地产的分离，劳动同劳动报酬、资本同利润、利润同利息以至地产同地租的分离，生产和消费、活动和精神在不同的个人之间的分离，等等。在这些分离中，马克思最为瞩目资本主义劳动中存在的四重“分离”，即劳动者与劳动产品的分离，劳动者与劳动活动的分离，人与自己“类”本质的分离，人与人的分离。这四重分离的核心在于，“劳动同它自身的分离等于工人同资本家的分离，等于劳动同资本的分离”⑤。这一分离是资本主义私有制的本质，它既是异化劳动的表现，也是异化劳动的根源。这种“分离”使人类积累的劳动抽象为资本，变异为支配他人劳动的权力，使人与人的关系抽象为工人与资本家的阶级对立关系。劳动的这种“分离”，使劳动成为一种异化的抽象劳动。

需要强调的是，《巴黎手稿》关于“抽象劳动”的理解，是以否定古典劳动价值论为前提的，总体上囿于费尔巴哈人本学原则，因而，此时的“抽象劳动”更可谓一个人道主义“术语”，尚不是一个具有科学内涵规定和外延指向的理论“概念”。但由于《巴黎手稿》呈现了一副关于“抽象劳动”的经济学—哲学研究的草图，开启了“抽象劳动”的哲学—政治经

---

① 《马克思恩格斯文集》第1卷，人民出版社2009年版，第226页。

② 《马克思恩格斯文集》第1卷，人民出版社2009年版，第128页。

③ 《马克思恩格斯文集》第1卷，人民出版社2009年版，第120页。

④ 〔德〕卡尔·洛维特：《从黑格尔到尼采：19世纪思维中的革命性断裂》，李秋零译，三联书店2019年版，第371页。

⑤ 〔德〕马克思：《詹姆斯·穆勒〈政治经济学原理〉一书摘要》，〔德〕马克思：《1844年经济学哲学手稿》，人民出版社2000年版，第176页。

济学批判之路，为科学的“抽象劳动”概念的形成孕育了重要的思想胚胎。同时，马克思后来在建构科学“抽象劳动”概念的过程中，也实质性地传承了《巴黎手稿》“抽象劳动”所内蕴的一般伦理批判原则。

二、“抽象劳动”批判的“商品学”向度：劳动力商品与生命时间伦理

马克思在《资本论》及其手稿中建构了科学的“抽象劳动”概念。这一概念的建构，成为马克思创建科学劳动价值论和剩余价值论的最重要理论逻辑原点和支点。在马克思看来，劳动力成为商品，是货币转化为资本的关键。这里的原因并不在于劳动力商品的价值，而在于劳动力商品的使用价值。与一般商品的使用价值不同，劳动力商品的使用价值具有特殊性，“它的使用价值本身具有成为价值源泉的独特属性，因此，它的实际消费本身就是劳动的对象化，从而是价值的创造”①。劳动力商品使用价值的使用不仅能够创造价值，而且能够创造大于劳动力自身价值的价值。马克思认为，“对商品的**使用价值**本身的考察属于**商品学**”②。马克思在“商品学”意义上，通过对劳动力商品使用价值的性质、属性、地位、作用及其变化规律的考察，揭示了资本主义“抽象劳动”与劳动力商品买卖、剩余价值生产、工人阶级生存境遇等之间的本质性关系。

在“商品学”意义上，抽象劳动就是商品生产中“人类劳动力在生理学意义的耗费”③，即体力和脑力的耗费。抽象劳动意味着，生产各种不同使用价值的具体劳动的一定的、有用的、具体的性质被抽象掉了，各种不同具体劳动被同质化、量化和简化为等同的、无差别、一般的人类劳动，即一般人类劳动力的耗费。这种同质化、量化和简化“表现为一种抽象，然而这是社会生产过程中每天都在进行的抽象。把一切商品化为劳动时间同把一切有机体化为气体相比，并不是更大的抽象，同时也不是更不现实的抽象”④。

在与资本相对峙的意义上，劳动力“是工人的用于一定目的的、因而是在一定的形式下表现出来的生命力本身”⑤。在存在样态上，劳动力只

---

① 《马克思恩格斯文集》第5卷，人民出版社2009年版，第195页。

② 《马克思恩格斯全集》第32卷，人民出版社1998年版，第60—61页。

③ 《马克思恩格斯文集》第5卷，人民出版社2009年版，第60页。

④ 《马克思恩格斯全集》第31卷，人民出版社1998年版，第423页。

⑤ 《马克思恩格斯全集》第30卷，人民出版社1995年版，第223—224页。

“是单纯抽象的形式，是创造价值的活动的单纯可能性，这种活动只是作为才能，作为能力，存在于工人的身体中”①。历史地看，只有在劳动力所有者与资本所有者完全分离和高度对立的资本主义社会，劳动力才成为商品，劳动力商品使用价值的使用只有在与资本的结合中，才能成为实际的、创造价值的生产活动。因此，只有在以交换价值和剩余价值生产为根本目的的资本主义社会，一切劳动才表现为“人类劳动力在生理学意义上的耗费”，才表现为“抽象劳动”。因此，抽象劳动是人类劳动的历史性规定，是资本主义劳动的特有属性。针对“劳动的价值”的论调，马克思通过区分劳动与劳动力，强调劳动力的耗费是创造商品价值的唯一源泉，是创造剩余价值的源泉。“劳动的价值无非是劳动力的价值。”② 就理论的革命性而言，马克思超越古典经济学的“劳动价值理论”而走向“劳动力价值理论”，这是马克思与英国古典经济学家在价值理论上的根本差别。③ 或许只有在这个意义上，我们才能真正理解马克思何以说他的劳动二重性学说是理解政治经济学的枢纽。

作为“劳动力在生理学意义的耗费”的抽象劳动概念，实际上蕴含深度的生命政治批判向度和生命时间伦理理念。保罗·维尔诺认为，“要想理解‘生命政治’这一术语的理性内核，我们应该从另外一个概念开始，一个来自哲学观点的更复杂的概念：劳动力（labor-power）的概念”④。工人的活体生命是劳动力的基质，它包含能力、潜力、活力，劳动力的发挥即劳动本身。马克思把这种作为生命力的脑体活动本身称为“活劳动”，并用“造形”“火焰”“酵母”等词比喻这种活劳动的创造力意义。资本家特别关注作为劳动力商品载体的工人的“生命”。因为，在资本主义生产方式中，“资本是死劳动，它像吸血鬼一样，只有吮吸活劳动才有生命，吮吸的活劳动越多，它的生命就越旺盛”⑤。对资本占有者来说，“活劳动是替积累起来的劳动充当保存并增加其交换价值的手段”⑥。资本对劳动力的统治、支配和剥削，表现为资本家围绕资本增值对工人的身体、需要、消费、工作时间、日常生活等“生命要素”的筹划、控制和规训。

在资本主义雇佣劳动中，工人劳动力的耗费表现为生命时间的耗费。

---

① 《马克思恩格斯全集》第30卷，人民出版社1995年版，第255页。

② 《马克思恩格斯文集》第3卷，人民出版社2009年版，第58页。

③ 俞吾金：《被遮蔽的马克思》，人民出版社2012年版，第268—269页。

④ ［意］保罗·维尔诺：《诸众的语法：当代生活方式的分析》，董必成译，商务印书馆2017年版，第104页。

⑤ 《马克思恩格斯文集》第5卷，人民出版社2009年版，第269页。

⑥ 《马克思恩格斯文集》第1卷，人民出版社2009年版，第726页。

工人的生命时间被资本主义生产时间结构所统摄和控制。在资本主义生产中，“尽管时间是价值的尺度，但由‘社会必要劳动时间’所表达的整体性中介并不是一种时间的运动，而是一种实质时间在空间中向抽象时间的变形，也就是说，从特殊变成普遍再变回特殊。这一空间中的中介建构了一种抽象的、同质化的时间框架，它保持不变，并被作为运动的尺度。由此，个体的行动发生在抽象时间之中，且以抽象时间为参照尺度，但无法改变这一时间”①。这样一来，时间本身便独立于人的活动，成为一种抽象的、绝对的、均质的时间，成为规定商品价值量的绝对尺度。这种抽象时间成为商品价值的计量单位和经济核算单位，服从和服务于资本增值的需要。工人的全部生命时间变异为劳动时间，“工人不过是人格化的劳动时间”②。于是，抽象劳动表现为抽象时间，工人被一种严密的时间体制所管控和支配。“工人终生不外就是劳动力，因此他的全部可供支配的时间，按照自然和法律都是劳动时间，也就是说，应当用于资本的自行增殖。”③ 在资本主义生产中，劳动时间采取工作日的形式。无限度追逐剩余劳动的资本，不仅突破工作日的道德极限，而且突破工作日的身体极限。“资本把积蓄、更新和恢复生命力所需要的正常睡眠，变成了恢复精疲力竭的有机体所必不可少的几小时麻木状态。在这里，不是劳动力维持正常状态决定工作日的界限，相反地，是劳动力每天尽可能达到最大量的耗费（不论这是多么强制和多么痛苦）决定工人休息时间的界限。资本是不管劳动力的寿命长短的。它唯一关心的是在一个工作日内最大限度地使用劳动力。它靠缩短劳动力的寿命来达到这一目的。”④

消灭时间统治、时间剥夺和时间剥削，彰显时间的生命价值和人本意义，是马克思“抽象劳动”批判的重要价值取向。在马克思看来，时间是人的生命的本质。“时间实际上是人的积极存在，它不仅是人的生命的尺度，而且是人的发展的空间。”⑤ 马克思力图揭示时间的生命本质意义，凸显时间作为“人的积极存在”的意义。马克思认为，随着社会生产力的高度发展和生产资料私有制的消灭，财富的尺度将不再是劳动时间，而是可以自由支配的时间。这种自由时间是个人受教育、发展智力、履行社会职能、进行社交活动、自由运用体力和智力、创造科学和艺术等的时间。“一

① 〔加〕莫伊舍·普殊同：《时间、劳动与社会统治：马克思的批判理论再阐释》，康凌译，北京大学出版社 2019 年版，第 341 页。

② 《马克思恩格斯文集》第 5 卷，人民出版社 2009 年版，第 281 页。

③ 《马克思恩格斯文集》第 5 卷，人民出版社 2009 年版，第 306 页。

④ 《马克思恩格斯文集》第 5 卷，人民出版社 2009 年版，第 306—307 页。

⑤ 《马克思恩格斯文集》第 7 卷，人民出版社 2009 年版，第 532 页。

旦直接形式的劳动不再是财富的巨大源泉，劳动时间就不再是，而且必然不再是财富的尺度，因而交换价值也不再是使用价值的尺度。群众的剩余劳动不再是一般财富发展的条件，同样，少数人的非劳动不再是人类头脑的一般能力发展的条件。于是，以交换价值为基础的生产便会崩溃。”① 资本主义生产方式的崩溃意味着，劳动作为人的能力本身的发挥而成为人的生活的第一需要，成为人的生命价值实现和自由全面发展的活动。在马克思看来，这将是一个持久的历史过程。马克思把工作日的缩短视为从“必然王国”到“自由王国”跃迁的根本条件。也是在这个意义上，马克思肯定工人为争取缩短工作日而展开的斗争及其历史意义。

三、“抽象劳动”批判的“价值学”向度：价值形式与劳动正义

在马克思看来，抽象劳动在其现实形式上表现为劳动力耗费的凝结或凝固。“处于流动状态的人类劳动力或人类劳动形成价值，但本身不是价值。它在凝固的状态中，在对象化的形式上才成为价值。”② 商品价值体现的是一般人类劳动力耗费的单纯凝结，它是“社会实体的结晶”③。这种“结晶”以货币、资本、利润、利息等价值形式表现出来。“商品在它的价值形态上蜕掉了它的自然形成的使用价值的一切痕迹，蜕掉了创造它的那种特殊有用劳动的一切痕迹，蛹化为无差别的人类劳动的同样的社会化身。”④ 抽象劳动是价值的实体，价值实体是物化了的抽象劳动。

“价值形式”分析，是马克思理解资本主义生产方式的立足点和切入点。因为，“劳动产品的价值形式是资产阶级生产方式的最抽象的，但也是最一般的形式”⑤，也是资产阶级社会“经济的细胞形式”⑥。抽象劳动是“形成价值的实体”或“价值实体”。但是，“劳动产品只是在它们的交换中，才取得一种社会等同的价值对象性，这种对象性是与它们的感觉上各不相同的使用对象性相分离的”⑦。因此，马克思称商品价值的对象性是一

① 《马克思恩格斯全集》第 31 卷，人民出版社 1998 年版，第 101 页。
② 《马克思恩格斯文集》第 5 卷，人民出版社 2009 年版，第 65 页。
③ 《马克思恩格斯文集》第 5 卷，人民出版社 2009 年版，第 51 页。
④ 《马克思恩格斯文集》第 5 卷，人民出版社 2009 年版，第 130—131 页。
⑤ 《马克思恩格斯文集》第 5 卷，人民出版社 2009 年版，第 98—99 页注释（32）。
⑥ 《马克思恩格斯文集》第 5 卷，人民出版社 2009 年版，第 8 页。
⑦ 《马克思恩格斯文集》第 5 卷，人民出版社 2009 年版，第 90 页。

种“幽灵般的对象性”①。就是说，商品的价值或交换价值“只存在于我们的抽象中，或者不妨说只存在于各个商品所有者的抽象中，对于各个商品所有者来说，商品作为使用价值放在仓库里，作为交换价值放在心上”②。但是，马克思强调商品价值的实现并不仅仅是思维的过程，从根本上说，“它只是在交换过程中才成为现实”③。不同的具体劳动只有通过交换才能呈现为一般的抽象劳动。更重要的是，交换价值代表了商品生产者在生产和交换过程中的社会身份，“这种特定的社会身分，决不是来自人的个性，而是来自以商品这个特定形式来生产产品的人们之间的交换关系”④。可见，作为价值实体的抽象劳动体现的是一种社会关系。马克思的抽象劳动概念表达了资本主义“价值形式”真实的社会抽象过程，抽象劳动反映了不同商品所有者之间平等交换不同使用价值的关系。同时，商品价值不是以生产商品的个别劳动时间测定的，而是以生产商品的社会必要劳动时间测定的。抽象劳动作为生产商品所耗费的社会必要劳动时间，具有社会平均劳动的性质，“是不同质的劳动的社会强制的均等化的结果”⑤，因而体现了不同生产者之间的竞争关系。总之，在马克思看来，“抽象劳动”是一种发生在商品社会中的现实的抽象，价值是这种“现实的抽象”的社会表现形式。

古典政治经济学将资本主义的各种收入形式当作既定前提，从各种创造财富的不同具体劳动中形而上地抽象出“劳动一般”，把这种“劳动一般”视为财富形式的共同点，并基于“劳动一般”，将资本、土地、劳动等理解为单纯的生产要素，据此论证资本和雇佣劳动关系的自然永恒性。庸俗经济学提出劳动—工资、资本—利息、土地—地租“三位一体公式”，混淆资本与生产资料、土地与土地私有权、劳动力与劳动、劳动与雇佣劳动等，把资本、土地、劳动等一概视为财富，并且把这三种财富看做是利润、地租和工资这三种收入的源泉。这样一来，资本主义生产方式就既不存在资本对劳动的剥削，也不存在资本增殖（即利润）对价值规律的背离。同时，资产阶级政治经济学囿于商品交换领域，把劳动与资本的剥削关系描绘成一种买者和卖者之间的自由契约关系，描绘成一种基于自由平等的伦理中立事实。如此一来，资本对劳动的统治、压迫、奴役、剥削等，就被

---

① 《马克思恩格斯文集》第5卷，人民出版社2009年版，第51页

② 《马克思恩格斯全集》第31卷，人民出版社1998年版，第437页。

③ 《马克思恩格斯全集》第31卷，人民出版社1998年版，第436页。

④ 《马克思恩格斯全集》第31卷，人民出版社1998年版，第489页。

⑤ 〔德〕豪格主编：《马克思主义历史考证大辞典》第1卷，俞可平等编译，商务印书馆2018年版，第57页。

一种所谓基于独立的商品占有者即资本占有者和劳动占有者之间的自由平等的买卖关系所遮蔽，资本主义生产方式因此具有了伦理的正当性和正义性。作为古典经济学的完成者，李嘉图虽然“有意识地把阶级利益的对立、工资和利润的对立、利润和地租的对立当做他的研究的出发点”，发现了工人、资本家、土地占有者之间经济利益的对立，初步看到阶级矛盾与阶级斗争的经济根源，但他仍然“天真地把这种对立看做社会的自然规律。这样，资产阶级的经济科学也就达到了它的不可逾越的界限”①。“阶级关系”构成了古典政治经济学不可逾越的界限。

马克思指出：“价值概念完全属于现代经济学，因为它是资本本身的和以资本为基础的生产的最抽象的表现。价值概念泄露了资本的秘密。”② 马克思在全面理解生产力与生产关系、生产的物质过程及其社会形式、劳动过程与价值形成过程等辩证关系中，揭示了商品的价值形式及其本质。“商品形式在人们面前把人们本身劳动的社会性质反映成劳动产品本身的物的性质，反映成这些物的天然的社会属性，从而把生产者同总劳动的社会关系反映成存在于生产者之外的物与物之间的社会关系。”③ 因此，在对资本主义“价值形式”的分析中，“凡是资产阶级经济学家看到物与物之间的关系（商品交换商品）的地方，马克思都揭示了人与人之间的关系”④。马克思通过以抽象劳动为内核的劳动二重性学说，揭示了资本主义生产中物与物的关系所掩盖的人与人之间的关系（阶级关系），突破了古典政治经济学“不可逾越的界限”。

在马克思看来，“资本是一种关系，而且是一种对活劳动能力的关系”⑤。资本主义是一种“资本”无偿占有“劳动”剩余价值的现代剥削制度。“资本是资产阶级社会的支配一切的经济权力”⑥，是资本主义社会起决定作用的生产关系。资本对劳动的统治和奴役，集中表现为，“创造资本关系的过程，只能是劳动者和他的劳动条件的所有权分离的过程，这个过程一方面使社会的生活资料和生产资料转化为资本，另一方面使直接生产者转化为雇佣工人”⑦。资本对劳动的无偿占有和剥削，集中表现为，“一切剩余价值，不论它后来在利润、利息、地租等等哪种特殊形态上结晶起

---

① 《马克思恩格斯文集》第5卷，人民出版社2009年版，第16页。
② 《马克思恩格斯全集》第31卷，人民出版社1998年版，第180页。
③ 《马克思恩格斯文集》第5卷，人民出版社2009年版，第89页。
④ 《列宁选集》第2卷，人民出版社2012年版，第312页。
⑤ 《马克思恩格斯全集》第31卷，人民出版社1998年版，第72页。
⑥ 《马克思恩格斯全集》第30卷，人民出版社1995年版，第49页。
⑦ 《马克思恩格斯文集》第5卷，人民出版社2009年版，第822页。

来，实质上都是无酬劳动时间的化身。资本自行增殖的秘密归结为资本对别人的一定数量的无酬劳动的支配权”①。所以，与“三位一体”公式不同，马克思的结论是，利润、工资、利息、地租等都是价值和抽象劳动的表现形式。马克思通过揭示商品所有权规律转变为资本主义占有规律，强调劳动与资本的分离对工人来说是致命的。在资本主义生产中，工人的“活劳动只不过是这样一种手段，它使对象化的死的劳动增殖价值，赋予死劳动以活的灵魂，但与此同时也丧失了它自己的灵魂，结果，一方面把已创造的财富变成了他人的财富，另一方面只是把活劳动能力的贫穷留给自己”②。资本积累必然产生“两极分化”，“在一极是财富的积累，同时在另一极，即在把自己的产品作为资本来生产的阶级方面，是贫困、劳动折磨、受奴役、无知、粗野和道德堕落的积累”③。在资本主义生产中，“劳动＝创造他人的所有权”④，劳动者的劳动付出和劳动所得是完全不对等的。贫困积累是资本积累的必然产物。

消除资本对劳动的统治和剥削，解放劳动，维护以无产阶级为代表的劳动者的利益，实现基于劳动的正义，是马克思“抽象劳动”批判的根本政治立场。马克思指出：“只要社会还没有围绕着劳动这个太阳旋转，它就绝不可能达到均衡。”⑤ 马克思这里所说的“均衡”，就其本质而言是指在消除了资本对劳动的统治和剥削、社会“围绕着劳动这个太阳旋转”的共产主义社会中人与自然界、人与人的和谐状态。“共产主义并不剥夺任何人占有社会产品的权力，它只剥夺利用这种占有去奴役他人劳动的权力。”⑥为达此目的，马克思认为，从理论革命的意义上说，要用“劳动的政治经济学”取代“资本的政治经济学”⑦，建构以劳动正义为基础的“工人阶级政治经济学”。从实践革命的意义上说，要建立一种把劳动者与生产资料直接结合起来的生产资料社会所有制，通过“社会预见指导社会生产”，实现自由平等的“联合劳动”。

---

① 《马克思恩格斯文集》第 5 卷，人民出版社 2009 年版，第 611 页。

② 《马克思恩格斯全集》第 37 卷，人民出版社 2020 年版，第 461 页。

③ 《马克思恩格斯文集》第 5 卷，人民出版社 2009 年版，第 743—744 页。

④ 《马克思恩格斯全集》第 30 卷，人民出版社 1995 年版，第 192 页。

⑤ 《马克思恩格斯全集》第 18 卷，人民出版社 2019 年版，第 627 页。

⑥ 《马克思恩格斯文集》第 2 卷，人民出版社 2009 年版，第 47 页。

⑦ 《马克思恩格斯文集》第 3 卷，人民出版社 2009 年版，第 12 页。

梁赞诺夫版《共产党宣言》的历史价值和时代意义

姚 颖[①]

1923年，正值《共产党宣言》问世75周年，由达·梁赞诺夫主编的《共产党宣言》俄文版在莫斯科国家出版社出版，这是俄共（布）中央马克思恩格斯研究院出版的第一个出版物。这部《共产党宣言》（以下称“梁赞诺夫版《共产党宣言》”）不是一本薄薄的小册子，而是一部非常厚重的书。笔者研究采用的是第二版，书名为“共产主义宣言”（Коммунистический манифест），64开本，共343页。这部书中包含了丰富的资料，特别是梁赞诺夫为其撰写了63条编者注释，占据了全书超过了三分之一的篇幅，是一部供学习研究用的版本。这个版本在当时的《共产党宣言》出版史和传播史上是前所未见的。梁赞诺夫版《共产党宣言》一经出版在当年就再版了三次。其中第二次再版时，梁赞诺夫对其中的脚注、注释和附录作进一步修改或增加，并撰写新的编辑前言。直到1932年，苏共中央马克思恩格斯列宁研究院（1931年马克思恩格斯研究院与列宁研究院合并后的更名）才编译出版了《共产党宣言》新的俄文版本。在新版出版前的近十年中，梁赞诺夫版《共产党宣言》出了14版，总印数达到150万册。恩格斯在《共产党宣言》1892年波兰文版序言中指出：“根据《宣言》用某国文字发行的份数，不仅可以相当准确地判断该国工人运动的状况，而且可以相当准确地判断该国大工业发展的程度。”[②] 由此可见，梁赞诺夫版《共产党宣言》在苏俄的广泛传播，对于推动苏俄马克思主义传播和社会主义建设起到了一定的催化作用，具有重要的历史价值和时代意义。

---

① 姚颖，中央党史和文献研究院第五研究部研究员。

② 《马克思恩格斯文集》第2卷，人民出版社2009年版，第23页。

一、梁赞诺夫版《共产党宣言》出版前的情况介绍

《共产党宣言》俄译本是各类主要语种文本中译者和版本较多的译本之一，在1917年十月革命前，能见到的俄译本至少有十五六种之多①，但最主要的有三个版本。

一是巴枯宁译本。1869年底，日内瓦《钟声》杂志社印刷所出版了由巴枯宁翻译的《共产党宣言》俄译本。马克思和恩格斯虽然在《共产党宣言》1872年德文版序言、1882年俄文版序言和1888年英文版序言中几次提过这个俄译本的情况，但对其并不满意，因为它不大准确，有些地方还歪曲了马克思和恩格斯原意。

二是普列汉诺夫译本。1882年，《共产党宣言》普列汉诺夫译本问世，该译本由首个俄国马克思主义团体“劳动解放社”在日内瓦出版。该译本是根据《共产党宣言》1872年德文版翻译的，得到了马克思和恩格斯的高度评价，恩格斯称赞它“是目前我看到的所有译本中最好的译本”②。他们还为其撰写了“1882年俄文版序言”，这是马克思生前为《共产党宣言》撰写的最后一个序言。因此，普列汉诺夫译本也是在俄国被重印和再版最多的译本。本文考察的梁赞诺夫版《共产党宣言》，其正文正是在普列汉诺夫译文的基础上进行校订的。

三是瓦·瓦·沃洛夫斯基译本。该译本于1906年由圣彼得堡知识出版社出版，考茨基为其撰写了序言，其上收录了马克思和恩格斯为德文版所写的全部序言及注释。译者沃洛夫斯基更注重译文的真实性，努力克服普列汉诺夫译本中一些不确切的表述和政治性的错误。苏联马克思主义文献学家Л. А. 列文把这个译本称为“第一个公开出版的布尔什维克的《宣言》版本”③。

1917年十月革命胜利后，为了集中收集和整理马克思恩格斯的全部文献遗产，研究和筹备出版马克思主义创始人的经典著作文集，在列宁的倡议和支持下，俄共（布）中央成立了世界上第一个也是当时唯一一个收集和出版马克思恩格斯著作的“学术实验室和国际中心”——马克思恩格斯研究院，由梁赞诺夫任首任院长。早在1918年，梁赞诺夫就在列宁的要求

---

① 参见姚颖：《〈共产党宣言〉在俄国十月革命前的翻译与传播》，《马克思主义与现实》2011年第2期。

② 《马克思恩格斯全集》第36卷，人民出版社1975年版，第46页。

③ Л. А. Левин, *«Манифест коммунистической партии» в России*, М.: Госкультпросветиздат, 1956, стр. 151.

下，与工作人员一起在欧洲收集马克思、恩格斯和其他工人运动活动家的文献遗产、手稿资料，以及社会主义史和革命运动史方面的报刊文献。研究院正式成立后的最主要工作也是收集和整理这些珍贵的文献。

到1923年秋，梁赞诺夫与德国社会民主党达成了一项关于授予研究院拥有手稿和书信的影印件及其出版权的原则性协议，同时从德国带回来7000张未发表的马克思手稿的影印件①。在这些影印件中间，他发现了一份《共产党宣言》的草稿，推测为《〈共产党宣言〉第三章计划草稿》。②1923年11月20日，梁赞诺夫在莫斯科社会主义学院的一次会议上作了关于汇报研究院收集马恩文献遗产情况的报告，特别谈到了这份草稿的发现过程："在这一笔记本③中我还偶然发现了另外一份手稿，这份手稿之所以吸引了我的注意力，与我过去两年中更多从事于《共产党宣言》的研究有关。在更为仔细地检查了手稿之后，我发现了这样的日期：'47年11月'，其文字内容是《共产党宣言》某一章的草稿，包含对其中要点所列的明细，在这些要点中批判了当时的社会主义文献。我高兴地做出了这样的判断，就是我在这份笔记中或许发现了《共产党宣言》的第一份草稿。"④ 从梁赞诺夫所写的这段文字中可以看出，为出版新版《共产党宣言》，他不仅做了资料上的准备，更做了理论上的准备——"过去两年中更多从事于《共产党宣言》的研究"。

梁赞诺夫分别于1919—1920年和1921—1922年在斯维尔德洛夫斯克大学和社会主义学院马克思主义培训班上主持过《共产党宣言》的讨论课。为准备课堂内容，他对共产主义者同盟的历史、《共产党宣言》的创作史以及文献中涉及的历史作了大量研究。在梁赞诺夫版《共产党宣言》第二版编辑前言中，他指出："如果不了解《共产党宣言》的历史前提，即社会主义思想史和法国大革命之后的无产阶级斗争发展史的话，就不可能理解在《宣言》中第一次得到阐述的科学共产主义。只有在研究工人运动史和19世纪前半叶社会主义史的文献资料的基础上，才有可能准确地确定《宣言》作者们对这段历史所做的新的贡献，确定他们独创的理论思想成果。要知道，这个作为整个国际工人运动纲领的《宣言》，本身就是社会主义史上的

---

① 参见 *Литературное наследство К. Маркса и Ф. Энгельса. История публикации и изучения в СССР*, М.: Политиздат, 1969, стр. 107.

② 参见《马克思恩格斯全集》第42卷，人民出版社1979年版，第384页。

③ 指梁赞诺夫在德国社会民主党的档案库中发现的包含有《工资》手稿并被马克思注明写作日期和地点为"1847年12月于布鲁塞尔"的笔记本。

④〔苏〕达·梁赞诺夫：《马克思和恩格斯文献遗产研究的最新进展》，李乾坤译，《江苏社会科学》2017年第1期。

国际著作。当然，它是德国人写的，但如果我们忘记了，其作者是两个掌握和领悟英法两国历史上一切成果的德国人的话，如果我们忘记了，马克思和恩格斯比拉萨尔更有权说出他们自己写的每一行、用他们的时代的知识武装起来的字的话，如果我们忘记了《宣言》不仅是社会主义思想史上的、而且是人类思想史上的一个里程碑，同时也是人类文明史上的一个新纪元的话，它就是一个谜。”①

在编辑马克思主义经典著作的过程中要注重对马克思主义史、社会主义发展史、无产阶级工人运动史等问题的研究，这是梁赞诺夫一贯坚持的编辑理念，是他为组织和从事编辑马克思主义经典著作所做的必要的理论准备。围绕这一工作，他在收集和整理马克思和恩格斯的著作遗产的基础上，编撰出版与马克思和恩格斯同时代的哲学家、经济学家和历史学家的经典著作，梳理介绍共产主义者同盟、第一国际相关历史资料。在许多由他撰写的前言、序言、文章中都表达了这个编辑理念。1927 年 10 月，梁赞诺夫在报告马克思恩格斯研究院的活动时进一步明确地重申：“如果我们想讨论马克思主义的起源与发展，就必须拟定两个路径：什么造就马克思主义起源，什么推动马克思主义发展；也就是说，既要确定其历史根源，还要阐述清楚在历史进程中马克思从事实践活动的表现形式。这是一项双重任务：重现马克思主义在思想和实践两个层面的历史根源。”② 梁赞诺夫版《共产党宣言》的重要历史价值，不仅在于其中提供了丰富而全面的参考资料，更重要的是它体现了梁赞诺夫对“编研结合”理念的坚持与贯彻，以编带研，以研促编，编研结合，才能使历史与现实连接起来、互动起来，从而真正达到理解理论和以史鉴今的目的。

二、梁赞诺夫版《共产党宣言》的结构与内容

梁赞诺夫版《共产党宣言》全书由五个部分组成。正文前的内容为第一部分，依次包括：初版编辑前言、第二版编辑前言、梁赞诺夫撰写的《共产主义者同盟》一文、恩格斯的《1847 年的运动》③（在梁赞诺夫版中的题目为《1847 年的革命运动》）一文。后两篇文章被梁赞诺夫称为“历史序言”，为第二版新增的内容。

---

① К. Маркс и Ф. Энгельс：*Коммунистический манифест*（С введением и примечаниями Д. Рязанова. второе дополненное издание）, М. Государственное издательство, 1923, стр. 6.

② Д. Рязанов, “Деятельность Института К. Маркса и Ф. Энгельса и его ближайшие задачи”, *ЛетописиМарксизма*, *т.* V, М-Л.: Государственное Издательство, 1928, с. 5.

③ 参见《马克思恩格斯全集》第 4 卷，人民出版社 1958 年版，第 505—515 页。

第二部分是《共产党宣言》的正文部分。其中包括《共产党宣言》的1872年德文版序言、1883年德文版序言、1890年德文版序言、1892年波兰文版序言、1893年意大利文版序言，以及《共产党宣言》正文。其中恩格斯的波兰文版序言和意大利文版序言首次以俄文发表。正文以普列汉诺夫的译文为底本，但文本对照德文原文作了认真的校订，修改了许多错误或不准确的表述。① 对此，梁赞诺夫在初版编辑前言中作了非常详细的说明："现存好多种《宣言》的俄文版译本，如巴枯宁的、普列汉诺夫的、鲍斯的、沃洛夫斯基的等。它们中间最好的是普列汉诺夫译本。在参考还是在1870年就出版的巴枯宁译本后，俄国马克思主义奠基人更正了巴枯宁在术语方面的错误，并在很大程度上恢复了19世纪40年代黑格尔主义者的一些旧文风。然而，尽管普列汉诺夫的翻译有很大的优点，但也包含了许多令人遗憾的疏漏和不合适的地方。因此，在放弃对《宣言》进行新的翻译时，我们则以普列汉诺夫译本为基础，对其进行了认真的重新修订，尽可能不违反语言规范的要求，同时也提供了相当准确和完整的翻译。"②

第三部分为"编者注释"，这就是占全书三分之一篇幅、由梁赞诺夫撰写的63条注释。在梁赞诺夫版《共产党宣言》第二版中，他"根据C.瓦西里契科（С. Васильчеко）同志的建议并在他的帮助下"，为这些注释加上了小标题，"部分注释还可以代替索引"，这也是第二版区别于第一版的修改和补充。③ 这63条注释的小标题分别为：1. 1847年对共产党人的迫害；2. 哈克斯特豪森、毛勒、摩尔根；3. 中世纪经济的崩溃和世界贸易的发展；4. 工场手工业；5. 工业革命与机器生产的发展；6. 资产阶级的政治演变；7. 交换的发展与现金的统治；8. 资本的革命性；9. 资本主义的地理分布状况；10. 世界市场在数量和质量上的增长情况；11. 资本主义制度下交往手段和交通运输的发展；12. 城乡分离；13. 资本的积累；14. 资本主义和人对自然力的征服；15. 关于危机的理论和历史；16. 无产阶级的历史发展；17. 工场手工业和大工业时期的分工；18. 劳动与劳动力；19. 工厂专制；20. 女工与童工；21. 工人贷款给资本家；22. 中小资产阶级的无产阶

---

① 苏联学者认为，尽管普列汉诺夫译本与巴枯宁译本在性质上根本不同，是科学俄译本的代表，但仍存在许多歪曲马克思恩格斯思想的地方，特别是与列宁对《共产党宣言》的部分译文相比较，会看到一些错误的术语和不精确的表述方法，这些地方"因普列汉译夫转向了孟什维克的立场，越来越成为他的机会主义观点的后盾。"参见 И. Прейс，"Юбилейное издание《Манифеста Коммунистической партии》"，*Большевик*，1948. №4.

② К. Маркс и Ф. Энгельс：*Коммунистический манифест*（С введением и примечаниями Д. Рязанова. второе дополненное издание），М. Государственное издательство，1923，стр. 3.

③ К. Маркс и Ф. Энгельс：*Коммунистический манифест*（С введением и примечаниями Д. Рязанова. второе дополненное издание），М. Государственное издательство，1923，стр. 6.

级化；23. 工人反抗资本主义的方式；24. 对无产阶级的精神剥削；25. 工会运动的起源与发展；26. 工人阶级的政治组织。宪章运动；27. 资产阶级社会内部的对立。无产阶级对这种对立的利用；28. 无产阶级、平民和农民阶级。剥削形式的重大意义；29. 无产阶级和尊重法律；30. 和平演变与社会革命。无产阶级运动的国际性质；31. 资本主义的积累——工人阶级的贫困与堕落。剥夺剥夺者；32. 共产党人和工人政党；33. 封建主义所有制和资产阶级所有制；34. 资本的历史特征；35. 私有制和个人财产。共产主义社会的分配原则；36. 资本对劳动的支配；37. 资产阶级的个性和人性；38. 资产阶级的勤劳和无产阶级的懒惰；39. 物质生产和精神生产；40. 法律准则的永恒性；41. 资产阶级社会中的家庭；42. 工人与祖国；43. 阶级斗争和历史过程；44. 在社会科学和自然科学中的辩证法；45. 无产阶级专政；46. 共产党人在过渡时期的纲领；47. 中央集权制与国家；48. 反动的浪漫主义；49. 封建的社会主义；50. 基督教的社会主义；51. 西斯蒙第；52. 真正的社会主义；53. 蒲鲁东；54. 资产阶级的慈善事业；55. 巴贝夫；56. 伟大的空想主义者；57. 法国与德国的共产主义者；58. 欧文主义者和宪章派；59. 英国和北美的共产党人与工人组织；60. 法国和瑞士的共产党人与激进派；61. 共产党人与波兰问题；62. 德国共产党人的任务；63. 共产党人和民主主义者。

第四部分为附录。梁赞诺夫在这部分中收录了当时所能找到的与《共产党宣言》有关的所有历史文献，包括 5 篇文献：1. 1847 年 9 月在伦敦出版的共产主义者同盟机关刊物《共产主义杂志》试刊号的俄译文；2. 恩格斯《共产主义原理》俄译文；3.《共产主义者同盟章程》俄译文；4. 马克思和恩格斯《共产党在德国的要求》俄译文；5.《1500 年到 1848 年在社会主义史和工人运动史中重要事件编年史》（简称《编年史》）。其中《共产主义杂志》试刊号和《共产主义者同盟章程》为第二版新增的附录。1928 年《共产党宣言》问世 80 周年时，梁赞诺夫版《共产党宣言》出版了第五版。他在附录中又增加了两篇文献，这样，附录中收录的文献从 5 篇增加到 7 篇。这两篇文献作为附录五和附录六放在《编年史》前，并为此写了一个简短的“第五版编辑前言”，说明这两篇文献的内容：“根据领导鼓动宣传工作的同志们的要求，我们在附录五中转载了中央委员会在 1850 年 3 月和 6 月下发给地方组织的两份通告①，在附录六中转载了由我找

① 即马克思和恩格斯为共产主义者同盟中央委员会起草的《中央委员会告共产主义者同盟书。1850 年 3 月》和《中央委员会告共产主义者同盟书。1850 年 6 月》。参见《马克思恩格斯全集》第 7 卷，人民出版社 1959 年版，第 288—299、359—366 页。

到的中央委员会同年起草的共产主义者和布朗基主义者的协议草案①。这些文件为关于无产阶级不断革命和无产阶级专政问题提供了极为重要的资料。"② 不断地在附录中增加与《共产党宣言》相关的新材料，这符合梁赞诺夫一直强调的"只有把握《宣言》产生的那个历史时代才能理解它"③的编辑理念和研究精神。

第五部分为插图。在梁赞诺夫版《共产党宣言》第二版中有 6 幅插图，分别是：马克思 1867 年的肖像；恩格斯在 19 世纪 40 年代的肖像（1928 年出版的梁赞诺夫版《共产党宣言》第五版中，这幅肖像被替换成了恩格斯在 19 世纪 70 年代的肖像）；马克思亲手写的"共产党宣言"手稿的一页④；恩格斯 1847 年 11 月写给马克思的一封书信的片段；《共产党宣言》德文第一版封面；《共产主义杂志》试刊号封面。

1929 年，梁赞诺夫版《共产党宣言》中的正文与恩格斯的《共产主义原理》一起被收录到《马克思恩格斯全集》俄文第一版第 5 卷中。

三、梁赞诺夫版《共产党宣言》中注释的重要价值

梁赞诺夫版《共产党宣言》中的注释形式多样，用处不同，而且专门区分了"评注"和"注释"两种概念。梁赞诺夫认为他编写的 63 条只能算作"注释"，尽管这些阐释详细的注释作为全书的单独部分占了三分之一的篇幅。揭示和分析此版注释的形式和内容，对于提高我们编译马克思主义经典著作事业中的资料和编辑工作水平具有重要启示。

关于"评注"与"注释"的区别。梁赞诺夫把为《共产党宣言》作的注分为两种，一种他称为"комментарий"（评注），另一种被称为"примечание"（注释）。"комментарий"一词指"注解，注释；注文，注脚"，复数形式"комментария"具有"评论、评述、述评；议论；解释"之意。因此，"комментарий"一词偏向于"评论和注解"，即在注中评论

① 即马克思和恩格斯于 1850 年 4 月中旬代表共产主义者同盟跟旅居伦敦的布朗基派法国流亡者、英国宪章主义者的革命派代表达成的一项有关建立"世界革命共产主义者协会"的协议。参见《马克思恩格斯全集》第 7 卷，人民出版社 1959 年版，第 605—606、677 页。

② К. Маркс и Ф. Энгельс: *Коммунистический манифест*（С введением и примечаниями Д. Рязанова. пятое издание）, М. -Л.: Государственное издательство, 1928, стр. 6.

③ К. Маркс и Ф. Энгельс: *Коммунистический манифест*（С введением и примечаниями Д. Рязанова. второе дополненное издание）, М.: Государственное издательство, 1923, стр. 1.

④ 这一页手稿的头两行有马克思夫人燕妮的手迹。

的性质多一些，篇幅较长。“примечание”一词指“附注、注解①、注释；按语”，是为帮助读者扫除阅读的障碍，加深对正文内容的理解，而提供必要的参考材料和说明，一般篇幅较短，是一种狭义的注释。基于一贯坚持的编辑理念，梁赞诺夫认为，应该为《共产党宣言》俄文版编写一份“详细的评注”。“从《共产党宣言》发表到1923年初已经过了75年。尽管如此，《宣言》的整体基本结构几乎没有任何过时的地方。但是，就像一切历史文献一样，它也具有自己时代的印迹，因此只有联系那个历史时代，即它产生的时代才能理解它。《宣言》中所指出的一系列现象都已经成为了历史。同时，它还需要补充大量的事实。这就是为什么这样迫切地感觉需要对《宣言》作详细的评注。”② 但是，这并不是一件简单的工作，梁赞诺夫提出了编写评注的三个原则：“这种评注应该满足下列条件。第一，它应该提供其社会革命运动的历史，这个运动让作为第一个国际共产主义组织纲领的《宣言》得以产生；第二，它应该考察《宣言》中所有基本思想的起源、起因，并以此确定它在人类思想史上的地位，同时还应该指明马克思和恩格斯在其中作出的区别于前人的真正的新贡献；第三，它应该指出，《宣言》在哪些方面经受住了历史的批判，在哪些方面还需要修改和补充。”③ 可见，梁赞诺夫提出的为《共产党宣言》编写评注是非常有难度的工作，这需要提供马克思主义史和国际工人运动史方面的资料、马克思恩格斯生平传记和思想发展方面的资料，以及能够对《共产党宣言》的历史地位和贡献给予评价。梁赞诺夫虽然对马克思主义发展史和经典文献十分熟悉，但他仍然认为自己的水平还达不到编写评注的程度。因此，他把自己编写的63条称为“注释”。

梁赞诺夫版《共产党宣言》第一版出版后，63条注释引起很大的社会反响，许多读者建议梁赞诺夫为《宣言》编写评注。对于这个建议，他在第二版编辑前言的开篇给予了回应：“为了避免误解，我认为必须强调的是，我现在不是作评注，我在前面已经说明了评注的任务，我只是作了一些注释。……我……主持过《共产党宣言》的讨论课，他们让我觉得，如

① 1977年，人民出版社出版了《〈共产党宣言〉俄文版注解》一书，这本小册子是武汉大学外语系俄语翻译组专门翻译了梁赞诺夫版《共产党宣言》(1923年) 中所附的这些编者注释，“作为一种注释经典著作的资料翻译出版，以供了解马列著作注释工作的历史情况”。在这里，翻译组就把“примечание”一词译为“注解”。

② К. Маркс и Ф. Энгельс: *Коммунистический манифест* (С введением и примечаниями Д. Рязанова. второе дополненное издание), М.: Государственное издательство, 1923, стр. 3.

③ К. Маркс и Ф. Энгельс: *Коммунистический манифест* (С введением и примечаниями Д. Рязанова. второе дополненное издание), М. Государственное издательство, 1923, стр. 3–4.

果没有对社会主义和工人运动史作一系列的解释和阐述，我们党校的学员们，甚至是那些学得很好的学员们，也不能很好地掌握《宣言》的丰富内涵。但是，在与学员和学生的实际交流中对这些理论思想著作做些讲解是一回事，而把这些讲解写到纸上则是另一回事。后者要求大量的、耐心细致的准备工作，没有这些，很多情况就会论据不足，或者引起争论，特别是在那些传统的解释需要认真的重新审核的地方。”“要使《宣言》的评注能解释他的历史，并追溯其思想中所有发展的起源，还是将来的事情，需要一系列的准备工作。正因为如此，在收到为《宣言》撰写评注的建议后，我拒绝了，并决定只限于作些必要的注释。”① 从上述引文我们可以看出，梁赞诺夫对待马克思主义经典著作的严谨的治学态度。

马克思和恩格斯十分重视自己著作或译著中的注释②问题。仅以马克思耗费毕生精力研究撰写的《资本论》第1卷为例，几乎无一页无注，少则十几个字，多则上千字。这些注释不仅有说明引证材料的出处和版本的作用，而且内容丰富，旁征博引，文笔犀利，纵横开阖，具有极高的科学价值。因此，就其注释来说，充分体现了马克思宏大精深的思想和严谨求实的文风。③ 马克思逝世后，恩格斯承担起了编辑和出版马克思文献遗产的重担，他把为需要发表的马克思文献作注释和写序言看作是一项只有自己才能胜任的工作。他在1891年6月29日给卡尔·考茨基的信中指出：“我曾经允许党以单行本出版一些马克思篇幅不大的著作，不加注释和序言。超过这个限度，我就不能同意了。”④ 他还在1894年12月17日给劳拉·拉法格的信中说，他打算发表拉萨尔给马克思的信，这些书信已经由马克思的小女儿艾琳娜打印好了，但是“需要加注释，查对很久以前的一些事实以及我自己过去和摩尔的通信，还要写一篇讲究词令的序言”⑤。从这些书信我们可以看出，恩格斯对编辑马克思遗著中的注释工作的重视程度。事实上也是如此，以《共产党宣言》1888年英文版和1890年德文版为例，恩格斯为前者新加了10个注释，为后者新加了6个注释（均包括序言中的注释）。加这些注释的目的有二，一是让不了解德语的英国读者减少阅读障碍，二是随着距离《共产党宣言》德文第一版发表时间的拉长，加上一些

① К. Маркс и Ф. Энгельс: *Коммунистический манифест*（С введением и примечаниями Д. Рязанова. второе дополненное издание）, М. Государственное издательство, 1923, стр. 5–6.

② 在这里的注释是广义上的，即对正文中某一部分文字加以解释、补充、考证、订正或评论的附加文字。

③ 参见王惠宁：《马克思〈资本论〉注释的科学价值》，《学术论坛》1983年第6期。

④ 《马克思恩格斯文集》第10卷，人民出版社2009年版，第614页。

⑤ 《马克思恩格斯文集》第10卷，人民出版社2009年版，第681页。

必要的关于史实的注释，有助于广大读者在了解相关历史背景的基础上理解文本的内容。

《共产党宣言》是一篇集马克思主义哲学、政治经济学和科学社会主义于一体的马克思主义经典文献，虽然马克思和恩格斯写得已经很通俗易懂、言简意赅，但其中还是涉及了许多重要的历史背景和事实，这对于一个经济文化落后的东方国家的广大人民群众来说，想要真正理解其中的理论内涵，还是有一定困难。因此，梁赞诺夫强调要在历史研究的基础上编辑《共产党宣言》，希望能为其编写“详细的评注”，其根本目的也是帮助广大马克思主义研究者和人民群众更好更快地理解和接受《共产党宣言》的内容，掌握马克思主义基本理论精髓，从而促进马克思主义在苏俄的快速传播。他虽然自谦自己没有能力为《共产党宣言》撰写评注，但实际上，他撰写的 63 条注释的内容和体量都已经达到了评注的程度。

梁赞诺夫版《共产党宣言》注释解析。梁赞诺夫版《共产党宣言》中的注释形式分为两种，一种是脚注，脚注包括作者注，即马克思和恩格斯本人加的注，以及编者注，即梁赞诺夫加的注。另一种就是在正文的后面单独列出的“编者注释”，相当于篇末注。脚注一般每页重新编号，注码用星号“＊”加一个反圆括号“)”，组成“＊)”置于所注文字的后面。如果一页中有两个或两个以上的脚注，就增加注码中的星号数量，如＊)、＊＊)……。脚注中的作者注和编者注为混排，不分开排印，但梁赞诺夫在编者注的注文后加上他的名字和姓的缩写“*Д. Р.*”，并用斜体字标识。正文中共有脚注 14 条。其中作者注共 9 条，分布情况为：1883 年德文版序言中 1 条，1890 年德文版序言中 1 条，第一章中 2 条，第三章中 4 条，第四章中 1 条。编者注共 5 条，基本都在各版序言中，分布情况为：1872 年德文版序言中有 1 条，1883 年德文版序言中 1 条，1890 年德文版序言中 3 条。

这 5 条编者注作用是：第一，对马克思和恩格斯在不同著作中提到的相关文本内容作相互参照的提示。例如，在 1872 年德文版序言中，马克思和恩格斯指出“……所以这个纲领现在有些地方已经过时了”，梁赞诺夫在此处加了一个编者注，内容为：“对《宣言》实践纲领中某些原则的批评，同志们可以在恩格斯提到的马克思的小册子《法兰西内战》（由列宁编辑的译自德文的俄译本，第 37—46 页）中找到。”① 第二，对马克思和恩格斯提到的某一文本或事件的进一步解释和说明。例如，在 1883 年德文版序言的开篇，恩格斯说到了马克思已经长眠于海格特公墓了。在这里梁赞诺

① К. Маркс и Ф. Энгельс：*Коммунистический манифест*（С введением и примечаниями Д. Рязанова. второе дополненное издание），М. Государственное издательство，1923，стр. 48.

夫加了一个编者注，说明马克思于 1883 年 3 月 14 日在伦敦逝世。[①] 再如，在 1890 年德文版序言中，恩格斯讲到 1886 年在巴黎《社会主义者报》上刊载《共产党宣言》新的法译文时，梁加了的编者注，指出这个法译文是劳拉·拉法格和保尔·拉法格翻译的。[②] 第三，说明引文的出处。例如，在 1890 年德文版序言中，恩格斯大段引用了他和马克思为普列汉诺夫俄文版《宣言》撰写的 1882 年俄文版序言的内容，但由于这篇序言的德文原稿遗失，所以恩格斯是自己从俄文翻译成德文发表在这篇序言中的。在此处，梁赞诺夫加了一个注，指出关于这段内容他给俄国读者提供的就是俄文原文本，[③] 不再译来译去。第四，指出马克思恩格斯在序言中的小笔误。例如在 1890 年德文版序言中，恩格斯说 1882 年出版的第二个俄译本是由查苏利奇翻译的，梁赞诺夫用编者注更正了这个错误，他指出："恩格斯错了：俄译本不是由查苏利奇翻译的，而是普列汉诺夫。巴枯宁的译本出现在 1870 年。亚历山大二世遇刺后的几个月内俄文版序言写完了。"[④]

63 条"编者注释"的注码形式为：用阿拉伯数字加一个反圆括号"）"，组成"1）、2）、3）……"置于每一段或每几段的结尾，全篇按顺序编号。注文按注码顺序排列并加了小标题。编者注释在正文中的分布为：引言中 1 条（注释 1），第一章中 30 条（注释 2—31），第二章中 16 条（注释 32—47），第三章中 11 条（注释 48—58），第四章中 5 条（注释 59—63）。从注码标注的位置和注文的内容上看，这些注释很像是对某一段或某几段内容的评注，每一条都很长，少则三四百字，多则四五千字。但梁赞诺夫在注文中提供的更多的是历史背景和对马克思和恩格斯观点的梳理，其中会引用马克思和恩格斯其他著作中的相关内容作为解释，而不是以他自己的议论或评论为主。例如，梁赞诺夫对《共产党宣言》引言中的第一段加了注 1"1847 年对共产党人的迫害"。《共产党宣言》的原文为：

> 一个幽灵，共产主义的幽灵，在欧洲游荡。为了对这个幽灵进行神圣的围剿，旧欧洲的一切势力，教皇和沙皇、梅特涅和基

---

① 参见 К. Маркс и Ф. Энгельс：*Коммунистический манифест*（С введением и примечаниями Д. Рязанова. второе дополненное издание），М. Государственное издательство，1923，стр. 49.

② 参见 К. Маркс и Ф. Энгельс：*Коммунистический манифест*（С введением и примечаниями Д. Рязанова. второе дополненное издание），М. Государственное издательство，1923，стр. 52.

③ 参见 К. Маркс и Ф. Энгельс：*Коммунистический манифест*（С введением и примечаниями Д. Рязанова. второе дополненное издание），М. Государственное издательство，1923，стр. 50.

④ К. Маркс и Ф. Энгельс：*Коммунистический манифест*（С введением и примечаниями Д. Рязанова. второе дополненное издание），М. Государственное издательство，1923，стр. 50.

佐、法国的激进派和德国的警察，都联合起来了。①

梁赞诺夫编写的注文为：

1846年当选登上教皇宝座的庇护九世，在当时曾被认为是个“自由主义者”，可是他对待社会主义的敌视态度，一点也不亚于在1848年革命前就充当欧洲宪兵的俄国沙皇尼古拉一世。全欧洲反动势力的公认首领奥帝国的首相梅特涅，刚好在这个时期与基佐特别接近。基佐是著名的历史学家、法国的内阁大臣，也是大金融资产阶级和工业资产阶级的思想家，他是无产阶级的不共戴天的死敌。根据普鲁士政府的要求，基佐曾把马克思从巴黎驱逐出境。德国警察不但在德国，就连在法国、比利时，甚至在瑞士都对共产党人大加干扰，他们千方百计地破坏共产党人的宣传活动，迫使他们转入地下活动。法国的激进分子——马拉、卡诺和马利不仅同社会党人与共产党人，而且也同当时以赖得律-洛兰和弗洛孔为首的社会主义民主党人展开论战。②

这段注文清晰而简要地介绍了马克思在第一段中提到的每一个反动人物或派别的政治立场，解释了反动势力联合起来对共产党人进行的“神圣的围剿”，以及以马克思为首的共产党人所遭到的迫害。

再以注释8“资本的革命性”为例。这是对第一章第18段内容所作的注释。第18段原文内容为：

资产阶级除非对生产工具，从而对生产关系，从而对全部社会关系不断地进行革命，否则就不能生存下去。反之，原封不动地保持旧的生产方式，却是过去的一切工业阶级生存的首要条件。生产的不断变革，一切社会状况不停的动荡，永远的不安定和变动，这就是资产阶级时代不同于过去一切时代的地方。一切固定的僵化的关系以及与之相适应的素被尊崇的观念和见解都被消除了，一切新形成的关系等不到固定下来就陈旧了。一切等级的和固定的东西都烟消云散了，一切神圣的东西都被亵渎了。人们终

① 马克思、恩格斯：《共产党宣言》，人民出版社2014年版，第26页。

② 《〈共产党宣言〉俄文版注解》，武汉大学外语系俄语翻译组译，人民出版社1977年版，第5—6页。

于不得不用冷静的眼光来看他们的生活地位、他们的相互关系。①

梁赞诺夫用马克思《资本论》第一章中的一段话作为对上述内容的注释：

> 只要手工业和工场手工业构成社会生产的普遍基础，生产者对专一生产部门的隶属，他的职业的原有多样性的破坏，就成为发展的必要因素。在这一基础上，每一个特殊的生产部门都通过经验找到适合于自己的技术形态，慢慢地使它完善，而一当达到一定的成熟程度，就迅速地使它固定下来。除商业提供的新的劳动材料外，劳动工具的逐渐改变也会不时地引起变化。一旦从经验中取得适合的工具，工具就固定不变了；工具往往世代相传达千年之久的事实，就证明了这一点……现代工业从来不把某一生产过程的现存形式看成和当作最后的形式。因此，现代工业的技术基础是革命的，而所有以往的生产方式的技术基础本质上是保守的。现代工业通过机器、化学过程和其他方法，使工人的职能和劳动过程的社会结合不断地使社会内部的分工发生革命，不断地把大量资本和大批工人从一个生产部门投到另一个生产部门。②

梁赞诺夫从《资本论》第1卷中引用的这段引文完美地对《宣言》原文内容进行了补充和阐释，并且又将马克思前后时期的思想关联在了一起。

上述例证可见，梁赞诺夫为《共产党宣言》俄文版加的注释是需要对马克思主义经典著作、马克思主义史、马克思主义基本原理极为精通才能做到的，从这个意义上讲，带有梁赞诺夫作注释的《共产党宣言》的内在价值不言而喻。1928年版的第五版“前言”开篇就解释了没有进一步对注释进行补充或修改的原因：“新版在《共产党宣言》发表80周年的时候出版了。遗憾的是，其他一些紧迫的工作仍然使我无法不仅将笔记转化为详细的注释，并对其进行补充或修改。”但同时也预告了他将专门写一部著作对《共产党宣言》作评注。③

---

① 马克思、恩格斯：《共产党宣言》，人民出版社2014年版，第30—31页。

② 《马克思恩格斯全集》第44卷，人民出版社2001年版，第559—560页。

③ К. Маркс и Ф. Энгельс: *Коммунистический манифест* (С введением и примечаниями Д. Рязанова. второе дополненное издание), М. -Л.: Государственное издательство, 1928, стр. 7.

四、结论

从梁赞诺夫版《共产党宣言》的结构和内容上看，这部单行本在马克思主义经典著作编纂与传播史上开创了科学编辑马恩著作遗产的先河。这本书结构上有五个部分，但从内容上看，其实就是两个部分——主要部分为作者著述本身，即正文；另一部分为编者为其加上的和编写的各种资料。正文不仅指马克思恩格斯的著作，还包括作者的序言。资料部分则为编辑前言、注释（包括脚注）、附录和插图。应该说，这个单行本只是梁赞诺夫科学编辑马克思主义经典著作的第一步。1927 年和 1928 年，马恩研究院先后出版了由他主持编辑的《马克思恩格斯全集》历史考证版（MEGA[1]）第一部分第 1 卷和《马克思恩格斯全集》俄文第一版第 1 卷，其中更是体现了他卓越的编辑理念和明晰的编辑体例。即使到今天，虽然我们对编辑经典著作的理念认识得更加明确，对编辑全集、文集、选集、单行本、选编本等版本的体例也设计得也更加科学，但不应该忘记梁赞诺夫所做出的贡献，不应该忽视梁赞诺夫版《共产党宣言》的开创性作用和价值。

从梁赞诺夫版《共产党宣言》的注释上看，他把注释分为脚注和篇末注，这也是今天在编译《马克思恩格斯全集》中文版等经典著作版本体系中仍然在使用的加注形式。梁赞诺夫所编写的“编者注释”更倾向于是对《宣言》某一段或某几段内容的注解，与今天对注释的理解有所不同。通过对梁赞诺夫编写的注释的考察，可以看出梁赞诺夫对经典著作及马克思主义史的熟悉程度，这启示我们，编译一部高质量的马克思主义经典著作并不只是一项翻译工作，更要考察编译者的理论水平和研究能力。编、研、译三者结合于一身才能准确编译出马克思主义经典著作。

马克思方法论视域中的叙述方法探赜[①]

鲍　金　　黄　婧[②]

在谈到马克思所使用的方法等方法论问题时，各种马克思主义教科书和学者论著大多会指涉唯物辩证法、矛盾分析方法、理论与实际相统一、逻辑与历史相统一等方法。从整体来看，上述方法均是在研究方法的意义上得以成立，而作为“必须与研究方法不同”的叙述方法[③]，则至今没有进入到马克思主义教科书的方法论内容中，与此同时也只有较少的学者发表了关于马克思叙述方法的研究成果。如果缺少关注马克思自己所重视的叙述方法及其与研究方法的关系，那么马克思主义方法论的研究就是不完整、不全面的。有鉴于此，我们需要深入研究作为与研究方法既相联系又相区别的叙述方法，完整揭示马克思方法论视域中的叙述方法及其意蕴。开展这一工作，对于坚持马克思方法论的指导地位、厘清马克思主义理论乃至人文社会科学方法论的内在层次，从而完善中国式现代化的叙事体系，具有重要的意义。

一、马克思方法论视域中叙述方法的规定及其特征

马克思方法论以马克思所使用的各种方法为研究对象，探究马克思方法的渊源、原则、内容和运用，从而为人们理解和掌握马克思的各种方法阐明依据、指明方向。从马克思方法论的视域来看，马克思方法的突出特征是马克思非常明确地区分出研究方法和叙述方法。如果说研究方法是作

---

① 本文系研究阐释党的十九届六中全会精神国家社科基金重点项目“基于智能技术建设具有强大凝聚力和引领力的社会主义意识形态研究”（22AZD062）成果。

② 鲍金，上海交通大学马克思主义学院副院长、教授、博士生导师；黄婧，上海交通大学马克思主义学院硕士研究生。

③ 《马克思恩格斯文集》第5卷，人民出版社2009年版，第22页。

者在认识和把握事物过程中所采取的视角、方式、原则、路径的话，那么叙述方法就是作者将研究过程的思维成果表达、阐述出来，从而使读者理解和掌握的方法。马克思重点强调了叙述方法和研究方法的差异："在形式上，叙述方法必须与研究方法不同。研究必须充分地占有材料，分析它的各种发展形式，探寻这些形式的内在联系。只有这项工作完成以后，现实的运动才能适当地叙述出来。这点一旦做到，材料的生命一旦在观念上反映出来，呈现在我们面前的就好像是一个先验的结构了。"① 透过这段重要论述，我们可以在与研究方法相对照的意义上，来把握叙述方法的基本规定和重要特征。

第一，叙述方法建立在研究方法的基础之上，是作者对某些问题的研究达到一定程度的产物，因此叙述方法具有后发性、条件性。就作者关于任何一个问题的研究过程来看，通常都是作者先行地研究事物的"现实的运动"，然后再把研究的结果以一定的形式叙述出来。很明显，作者的"研究"在先，而"叙述"在后，作者的"叙述"需要以一定完成度的研究过程为条件，否则叙述及其方法就会缺少基础而无法展开。因此从研究顺序的角度来看，叙述方法相比于研究方法具有后发性和条件性。不过需要注意的是，研究顺序上叙述方法的后发性，又会转化为对读者而言的易感性和先发性，即当读者面对作者的文本时，容易感受到的是作者的叙述方法，而非研究方法，读者只能通过对叙述方法的理解来尝试把握作者的研究方法。

第二，叙述方法的对象是作者运用研究方法之后所得到的"现实的运动"，如果不采取适当的叙述方法，那么研究方法所把握的"现实的运动"就无法呈现出来，更无法被读者所感知，因此叙述方法具有呈现性、中介性。作者的"研究"所面对的直接对象是事物的"现实的运动"，即事物的原体，而"叙述"所面对的直接对象则是作者所把握到的事物的"现实的运动"，这是经过作者思维和语言所反映的事物本体，即被把握在思维中的事物原体。与此同时，正是因为"叙述"的对象是被把握在思维中的事物原体，所以"叙述"就需要将作者"思维中的事物原体"向叙述的目标即读者展现出来，以便让读者通过作者的"叙述"来感知、理解和把握事物的原体，即事物的"现实的运动"。不难看出，相比于研究过程及其方法所把握的事物的原体，作者的"叙述"过程及其方法是事物原体的二次方，这种二次方一方面要表现出作者所把握到的事物的原体，另一方面要直接面向读者的思维和理解过程，叙述方法发挥着二重中介的作用：叙述方法既是事物的原体通过作者的叙述向读者传达从而被读者把握的中介，也是

① 《马克思恩格斯文集》第5卷，人民出版社2009年版，第22页。

读者借助作者的叙述理解事物原体的中介。如果缺失这一表现于作者之外、中介于事物原体和读者理解之间的过程，那么作者的一切研究就无从呈现、读者的一切理解也无从入手。正是在这种意义上，叙述方法是不可替代、极端重要的方法。

第三，叙述方法的运用过程侧重于“叙述”，即对研究所得到的结果进行表述、表达和阐述，这是一个充分发挥语言、修辞的外显过程，而研究方法的运用侧重于“研究”，即对研究对象的现象、本质、规律等进行理解和把握，这是一个强调思考、探究的内隐过程，因此叙述方法具有外在性、表现性。“叙述”是一种将作者研究所得到的思维结果外在地表现出来的过程，是一种以合适的语言向读者表达、阐述、传播的过程。因此，“叙述”不仅要考虑作者的研究结果是否以及在多大程度上显现出来，更要考虑读者对作者研究结果的感知程度、接受程度和评价程度，而“研究”不需要面对读者，只需要作者沉浸于事物的“现实的运动”当中，只需要作者去思考和探究事物的原体，而不涉及向读者的表达、阐述和传播。如果说“研究”是作者独立探索的内隐过程，那么“叙述”则是作者与读者的交流过程，这是叙述方法与研究方法的重要差异所在。由于叙述方法的“两头兼顾”“左右平衡”，所以叙述方法就内在地蕴含着作者如何运用语言和修辞来表现研究结果的问题，同时也内在地蕴含着读者如何借助于作者的语言和修辞来理解作者研究结果的问题，因此叙述方法不仅遵循着研究的规律，而且遵循着语言的规律、表达的规律、传播的规律，这使得叙述方法能够呈现出极为丰富的方法论意蕴。

第四，叙述方法所得到的结果在外观上表现为一个“先验的结构”，这一“先验的结构”当然不能等同于事物客观的结构，因此叙述方法具有现成性、“先验性”。叙述的起点是作者对事物“现实的运动”进行研究所得到的结果的表述，而叙述的终点则是作者对事物“现实的运动”的完整表述。就作者完成叙述方法之后所得到的结果而言，呈现在读者面前的往往是一个形式完整、结构合理、内容充实、逻辑一致、意义充分的文本载体，这一文本载体在实质上当然不是事物“现实的运动”的表现，即文本所反映的结构和顺序并不对应于事物“现实的运动”的结构和顺序。然而，这一文本载体在形式上很容易被看成是事物“现实的运动”本来就具有的结构和顺序，即被看成是事物的现成的结构或“先验的结构”。正是在这种意义上，黑格尔才会“陷入幻觉”，把事物“实在”看成是“自我综合、自我深化和自我运动的思维的结果”。① 不难看出，我们指认叙述方法所具有

① 《马克思恩格斯全集》第30卷，人民出版社1995年版，第42页。

的现成性、“先验性”属于叙述方法的表面的特征，这一点恰恰意味着读者不应当停留于作者的叙述方法，而是应当透过作者的叙述方法去把握事物“现实的运动”。

二、叙述方法的价值：影响读者理解的重要变量

既然叙述方法是关于叙述的方法，而叙述不是作者的自言自语，它在本质上是作者将自己思想观点以适当方式传递给读者的过程，因此叙述方法的最高指针不是类似于研究方法那样，总是以研究对象的性质为界限，而是以读者的理解为原则，这使得叙述方法涉及作者和读者的交流是否可能，叙述方法成为影响读者能否合理理解文本的重要变量。

马克思曾从叙述的角度谈论对自己著作的苛刻态度：“不论我的著作有什么缺点，它们却有一个长处，即它们是一个艺术的整体，但是要达到这一点，只有用我的方法，在它们没有完整地摆在我面前时，不拿去付印。”①这里所说的“方法”，不仅包括研究方法，而且包括叙述方法，因为不以适当的叙述方法表现出来的思维成果，不可能获得读者的理解和掌握，要实现“艺术的整体”，那么除了研究过程要运用多种研究方法之外，还要运用合适的叙述方法。因此，叙述方法是马克思非常重视的方法，马克思甚至重视到对叙述方法不满意就不拿去付印的程度。实际上，从叙述方法的角度看，《资本论》第2、3卷以及马克思多数文本均没有在马克思生前出版，一个重要原因便是马克思不愿意把叙述得还不满意或不成熟的文本拿出来供人阅读，这体现出马克思对自己写作的极高要求。在保证文本能够被读者理解的基础上，合适的叙述方法当然还要遵循事物本身的客观逻辑。马克思指出：“叙述的辩证形式只有明了自己的界限时才是正确的。”② 这里的“界限”便是事物本身的客观逻辑或研究对象的客观性质。正是在这个意义上，马克思强调：“我们的叙述方法自然要取决于对象本身的性质。”③与研究方法类似，叙述方法在本质上不过是以文本的形式反映事物“现实的运动”及其客观规律的思维活动，不过是“移入人的头脑并在人的头脑中改造过的物质的东西而已”④。因此，叙述方法同样需要接受事物本身的客观逻辑的裁量。

---

① 《马克思恩格斯文集》第10卷，人民出版社2009年版，第231页。
② 《马克思恩格斯全集》第31卷，人民出版社1998年版，第398页。
③ 《马克思恩格斯全集》第2卷，人民出版社1957年版，第7页。
④ 《马克思恩格斯文集》第5卷，人民出版社2009年版，第22页。

叙述方法关系到读者能否理解和在多大程度上理解作者的思想观点。读者要了解作者的思想观点，总是从阅读作者的著作、接触作者的叙述方法开始，进而去理解包括研究方法在内的思想观点。在这种意义上，叙述方法是造成读者第一印象的直接因素，更是接受学术评价的重要方面。马克思针对黑格尔的叙述方法指出：当“材料的生命一旦在观念上反映出来，呈现在我们面前的就好像是一个先验的结构了”①。由于黑格尔“把实在理解为自我综合、自我深化和自我运动的思维的结果”，因此尽管他采取了“从抽象上升到具体”的研究方法和叙述方法，他的叙述方法仍然是思辨式、先验式的，而这种叙述方法受到了马克思、恩格斯的彻底批判。

我们以恩格斯对杜林著作的批判为例。由于作为研究对象的杜林著作叙述领域极为庞杂，导致恩格斯的批判必须要依据“对象本身的性质”而走向“详尽”：“批判之所以这样详尽，还可以归因于另外两种情况。一方面，这样做使我在这本书所涉及到的很不相同的领域中，有可能正面阐发我对这些在现时具有较为普遍的科学意义或实践意义的争论问题的见解。”② 可以说，杜林著作的叙述方法对恩格斯《反杜林论》乃至马克思主义带来了至少三方面的效应：一是杜林著作所叙述的内容的浅薄反向地导致了恩格斯的批判必须详尽，“对象本身的性质迫使批判不得不详尽，这样的详尽是同这一对象的学术内容即同杜林著作的学术内容极不相称的”③。二是杜林著作所叙述的领域的广泛正向地导致了恩格斯批判领域的广泛，并间接地影响到马克思主义的组成部分。杜林的著作涉及包括哲学、政治经济学和社会主义等在内的极为广泛的叙述领域，因此当恩格斯在一定程度上“亦步亦趋地”批判杜林著作时，就很自然地造成了《反杜林论》的三编内容，即第一编哲学、第二编政治经济学和第三编社会主义，由此直接影响到被长久以来所理解的马克思主义三个组成部分：哲学、政治经济学和科学社会主义。可见，马克思主义三个组成部分的叙述结构不仅与恩格斯的杜林批判有着直接的关系，而且与杜林著作的叙述领域有着间接的关系，这恐怕是叙述方法影响读者理解的一个非常典型的文本案例。三是叙述方法的“形式”特征要求读者能够透过叙述方法来把握作者的思想观点。叙述方法只能呈现于文本的表面，即带有“形式”的外在性特征，这使得单纯通过叙述方法来把握作者的思想观点是远远不够的。恩格斯提醒读者在阅读他的杜林批判时，“不要忽略我所提出的各种见解之间的内在联

---

① 《马克思恩格斯文集》第5卷，人民出版社2009年版，第22页。

② 《马克思恩格斯文集》第9卷，人民出版社2009年版，第8页。

③ 《马克思恩格斯文集》第9卷，人民出版社2009年版，第8页。

系。我现在已有充分的证据，表明我在这方面的工作不是完全没有成效的”①。在文本的形式上，恩格斯从哲学、政治经济学和社会主义这三个叙述领域展开论述，这使得后世的马克思主义者就直接地把马克思主义把握为哲学、政治经济学和社会主义三个部分。由于“形式”的特征显而易见、突出明确，所以马克思主义三个组成部分的观点长期流传下来，而恩格斯的“非形式”的思想观点，即“所提出的各种见解之间的内在联系”，由于它们隐藏在文本的内部和深处，因此就给后世马克思主义的理解和把握在客观上造成了困难。这一现象说明，不能仅仅根据叙述方法来把握作者的思想观点，而是结合叙述方法，深入到文本的内部和深处，才有可能合理地把握作者的思想观点。

三、叙述方法的运用：以《资本论》为例

叙述方法是一种因文本而异的方法，即使研究同样的对象，不同的文本也可能采取迥然不同的叙述方法，比如黑格尔哲学和马克思哲学的叙述方法有很大差异，斯密经济学和马克思政治经济学的叙述方法更是不同，即使是马克思的《1844 年经济学哲学手稿》《1857—1858 年经济学手稿》和《资本论》第 1 卷之间也采取了差异化的叙述方法。在这里，我们重点考察马克思《资本论》的叙述方法。从文本整体来看，《资本论》的主要叙述方法是从抽象上升到具体的方法。我们知道，《资本论》第 1 卷的研究对象是“资本的生产过程”，这是《资本论》的一般性环节；第 2 卷的研究对象是“资本的流通过程”，这是《资本论》的特殊性环节；第 3 卷的研究对象是“资本主义生产的总过程”，这是《资本论》的个别性环节。按照普遍—特殊—个别的顺序来看，这是明显的从抽象上升到具体的叙述方法。在《资本论》的不同层面、不同部分，马克思还运用了矛盾分析的方法、从形式深入到本质的方法、逻辑学的考察等叙述方法。这里，我们以逻辑学考察这一学界论述较少的叙述方法为例作一说明。

逻辑学的考察突出地体现在《资本论》第 1 卷第 1 篇第 1 章第 3 小节：价值形式或交换价值的文本部分，这一小节是要探讨货币形式的起源，用马克思的话来说就是“我们要做资产阶级经济学从来没有打算做的事情：指明这种货币形式的起源，就是说，探讨商品价值关系中包含的价值表现，怎样从最简单的最不显眼的样子一直发展到炫目的货币形式。这样，货币

① 《马克思恩格斯文集》第 9 卷，人民出版社 2009 年版，第 8 页。

的谜就会随着消失。”① 一谈到货币起源，很多人以为马克思要从历史学角度对货币形式的来龙去脉做出梳理，这似乎是与货币起源相对应的叙述方法。然而，马克思采取的是逻辑学考察的叙述方法，而不是历史学的叙述方法。逻辑学考察是指从事物之间本质关系的意义上对一个事物的起源的考察，因此它必然是抽象的、总体的，抽掉了与事物之间本质关系没有必然联系的诸多历史因素。与时刻关注实证资料和经验证据的历史学考察不同，关于货币起源的逻辑学考察不考虑货币起源过程中的社会、经济、政治和文化等状况。这并不是说，社会、经济、政治和文化等状况不重要，恰恰相反，马克思深知在货币的形成和发展过程中，这些状况往往起到关键的作用，例如货币在不同地区的发展程度往往是不一样的，在不同时代所采取的形式也存在极大差异。但是在马克思看来，这些状况对于理解货币起源的机制并没有决定性的影响，对于在总体形态上揭示货币起源这一认识任务来说，恰当的做法是抛开社会、经济、政治和文化等具体状况，把货币起源放在一个指向货币的本质关系即逻辑的层面上加以考察，这样有助于把握住货币起源过程中的本质关系，而不被具体的历史细节所缠绕。卢卡奇曾经指出：历史研究者如果过分沉溺于历史事件的细节和事实方面，反而会错失把握历史本质的机会。“因为一个人完全可能描述出一个历史事件的基本情况而不懂得该事件的真正性质以及它在历史总体中的作用，就是说，不懂得它是统一的历史过程的一部分。”② 适当撇开历史的某些细节和事实，恰恰是为了把握住所有细节和事实的本质关系，这才是正确理解马克思货币起源考察的关键点，也是合理把握马克思逻辑学考察的叙述方法的要点所在。

由上述《资本论》的逻辑学考察可以看出，叙述方法是包括《资本论》在内的马克思著作研究的重要内容。当我们不仅关注研究方法，而且关注叙述方法的时候，马克思思想的深层意蕴才能更加充分地彰显出来。

四、叙述方法与研究方法的关系

当马克思指出叙述方法和研究方法的不同之处时，加了一个状语：“在形式上”。这一状语不是可有可无的，而是叙述方法的“形式”属性决定着叙述方法只能“在形式上”与研究方法进行比较，由此可以引申出叙述方

---

① 《马克思恩格斯文集》第5卷，人民出版社2009年版，第62页。

② 〔匈〕卢卡奇：《历史与阶级意识》，杜章智、任立、燕宏远译，商务印书馆1992年版，第61页。

法与研究方法的关系。

首先，叙述的形式属性和研究的内在属性，决定着叙述方法是作者研究结果的表现形态，而研究方法是作者研究结果的内在根源。作为思维成果表达和阐述的方法，叙述方法直接地呈现于文本的表面，体现于语言文字之中。可以说，文本的叙述及叙述方法是读者在接触到一个文本时首先遇到的东西，这就是叙述方法呈现于文本表面的“形式”属性。与之相比，研究方法则往往蕴含在文本的背后，甚至很多时候单凭文本无法知悉作者的研究方法是什么，因为研究方法并不体现于文本，而是存在于作者的研究过程，此时文本只是作者运用研究方法所得到的结果。如果说叙述方法通过文本就可以向读者展示出自己的存在，那么研究方法则是伴随研究过程的开始而开始，伴随研究过程的结束而结束，它对读者来说是隔离的、无言的、间接的。就此而言，作者在从事理论研究过程中往往研究方法在先，叙述方法在后；研究及其方法是研究结果得以形成的原因，而叙述及其方法则是研究结果得以呈现的产物。正像马克思所言：“只有这项工作完成以后，现实的运动才能适当地叙述出来。”①

不过需要立即指出的是，研究方法在先和叙述方法在后的顺序并不是绝对的，这只是就研究过程的整体而言。当作者表达和阐述自己的思维成果时，也可以同时进行着研究过程及其研究方法的运用，而当作者的表达和阐述暂时停止时，作者的研究过程及其研究方法仍然可以继续发生。正如马克思的《资本论》研究，作为研究方法的辩证法、从后思索法等一定是体现于《资本论》及其手稿的研究过程和写作过程的全程，而叙述方法则只是体现于马克思动笔成文、落笔成字的写作过程，只要写作过程停止，那么叙述方法的运用则立即停止，而研究方法则可以持续存在于马克思的研究过程中。因此，研究方法和叙述方法可能交替运用，也可能同时运用。

其次，叙述的形式属性和研究的内在属性，表明叙述方法是研究方法得以呈现的中介，如果不采取恰当的叙述方法，那么事物“现实的运动”及其研究方法就无法被读者理解和把握，因此叙述方法和研究方法是马克思方法论体系中紧密联系的有机统一体。马克思展开对叙述方法和研究方法的论述，重要原因是为了回应人们对《资本论》方法的误读。俄国学者考夫曼认为马克思的“研究方法是严格的实在论的，而叙述方法不幸是德国辩证法的”②，他将马克思的研究方法和叙述方法机械地割裂开来。实际上，叙述方法和研究方法虽然存在“形式上”的差异，但二者并不是互相

① 《马克思恩格斯文集》第5卷，人民出版社2009年版，第22页。
② 《马克思恩格斯文集》第5卷，人民出版社2009年版，第20页。

独立、互不干涉的。从具体的研究过程来看，研究方法是作者在占有现实材料的基础上，探索事物的多重抽象规定的内在过程，它存在于作者的思维过程之中，无法被读者所直观感知。因此，研究方法所把握的研究成果只有通过叙述方法这一中介，以文字的形式表达出来，才能被读者理解和认同。与此同时，读者也需要以作者的叙述方法为中介，来建立与研究成果的理解和把握关系，并在此基础上透视作者的研究方法。由此可见，叙述方法是连接作者思维与读者把握、作者研究与读者理解的中介，叙述方法合理与否直接影响着作者和读者的双向路径的有效性。正是在叙述方法这一中介的意义上，研究方法和叙述方法实现了辩证统一。具体而言，叙述方法和研究方法在形态上是边界清晰、层次分明的，而在功能上则是相辅相成、相互耦合的。研究方法的思维产物表现为叙述方法的逻辑起点，当研究方法深入到一定程度之后，在客观上就需要叙述方法对研究成果进行表达和阐述；叙述方法的展开也需要以一定的研究成果为基础，叙述总是以研究已经获得的思维成果为对象。可以说，没有叙述方法对研究成果的呈现和表达，研究成果就无法被读者所认识和理解，而缺少了对事物“现实的运动”的研究过程，叙述只能沦为空洞的语词和空泛的概念。

例如，叙述方法和研究方法的辩证统一关系，在马克思对法国政治斗争史的研究和叙述中得到了鲜明的体现。在《1848 年至 1850 年的法兰西阶级斗争》中，马克思运用唯物史观考察了法国的历史与政治实践。借助唯物史观这把“理解法兰西第二共和国历史的钥匙”及其研究方法,[①] 马克思准确地抓住了错综复杂的法国政治斗争背后的生产方式矛盾，将法国的政治冲突视为由经济发展所造成的社会各阶级之间的利益斗争，从而正确地把握住了法国政治革命的实质，在此基础上所展开的叙述“达到了至今还无人达到的程度”[②]。马克思的叙述方法不仅向读者展现了法国真实的社会状况与阶级关系，而且促使历史发展规律、无产阶级革命与无产阶级专政的研究成果得到了深刻的呈现，这种将历史分析与经济社会分析相结合的独特的叙述方式，使其区别于传统历史学家繁杂的实证叙述。马克思同时代的理论家虽然也对法国政变做了一定剖析，但由于研究过程中“孤立视角”的限制，使得他们“在判断当前发生的各个事件和一系列事件时”，“总是不能追溯到最终的经济原因”[③]，这种研究方法上的局限也直接导致了他们叙述方法的片面性和主观性。由此可见，叙述方法和研究方法的关

① 《马克思恩格斯全集》第 28 卷，人民出版社 2018 年版，第 247 页。

② 《马克思恩格斯选集》第 4 卷，人民出版社 2012 年版，第 379 页。

③ 《马克思恩格斯选集》第 4 卷，人民出版社 2012 年版，第 378—379 页。

系，在马克思那里实现了水乳交融、高度统一的状态，两者共同构成为马克思方法论体系的不可缺少的重要组成部分。

五、马克思叙述方法研究的当代意义

考察马克思叙述方法的规定、特征和价值，探讨马克思叙述方法和研究方法的辩证关系，这一工作对于坚持马克思方法论的指导地位、厘清马克思主义理论乃至人文社会科学方法论的内在层次，从而完善中国式现代化的叙事体系，具有重要意义。

首先，坚持马克思方法论的指导地位，就必须深化对马克思叙述方法的研究。马克思的方法论是一个复杂宏大的逻辑体系，由于马克思很少集中阐述自己所使用的叙述方法，而叙述方法又无时无刻不体现在马克思的文本之中，这种方法阐述的显明、稀少与方法运用的无形、普遍所构成的张力，使得马克思的叙述方法非常重要，却长期处于研究的边缘地带。甚至有学者认为"叙述方法只不过是'经过改正的'的研究方法……叙述方法是消除了一切暧昧的因素……这是表现为纯粹形式的、循环渐进的、不受偶然性和离题议题干扰的研究方法"①，这种观点将叙述方法简单地视为研究方法的变形，因而取消了叙述方法作为一种独立方法的价值。实际上，叙述方法在马克思方法论体系中发挥着不可替代的作用。叙述是马克思的思维成果呈现在读者面前的必经阶段，叙述方法是否恰当，直接影响着马克思思维成果的呈现。同时，马克思的叙述方法是显性的和外在的，而研究方法是隐性的和内在的，只有借助于叙述方法才能再现隐匿在马克思文本背后的研究方法。正是在这种意义上，我们坚持马克思主义方法论的指导地位，就不能局限于对马克思研究方法的探讨，而是深入研究马克思的叙述方法，完整把握马克思方法论的丰富体系，系统掌握马克思方法论的多重蕴含，从而揭示出马克思思想资源的方法论精髓。

其次，马克思对叙述方法和研究方法的区分，为厘清马克思主义理论乃至人文社会科学方法论的内在层次提供了极有价值的启示。叙述方法和研究方法内在地统一于马克思方法论体系，但是两者绝不是界限模糊、一概而论的。马克思在指认叙述方法和研究方法的内在联系的同时，也明确强调了二者的层次性区别。研究方法需要作者"从实在和具体开始，从现

① 〔苏〕艾·瓦·伊林柯夫：《马克思〈资本论〉中抽象和具体的辩证法》，孙开焕、鲍世明、王锡君、张钟朴译，山东人民出版社 1993 年版，第 111 页。

实的前提开始”[①]，借助“抽象力”对经验直观所把握到的表象进行理性分析，认识研究对象各部分的内在关系及其客观规律，它注重的是归纳演绎、分析综合等思维过程。而叙述方法则是从研究所得到的思维成果开始，依托语词和概念让思维成果以文本的形式沉淀下来，使“材料的生命”“在观念上反映出来”和“呈现”出来[②]，它注重的是表达传播的叙述过程。马克思对方法论体系的内在层次的区分，以及对叙述方法和研究方法的揭示，具有相当的普遍性，即两者同样适用于马克思主义理论乃至一般性的人文社会科学的方法论研究。例如，在哲学、文学、社会学、历史学、经济学等不同学科的研究中，作者都需要在大量占有感性材料的基础上进行抽象分析、归纳概括和规律总结，研究成果的呈现都需要依托叙述方法的中介而得以表述和传播，同样读者也需要借助叙述方法来理解研究者的意图、动机及其研究方法。不难看出，马克思对叙述方法和研究方法的区分，为我们把握马克思主义理论乃至人文社会科学方法论的内在层次，明确各个层次方法的表现形态、适用范围、功能运用和内在联系提供了理论依据。

最后，马克思对叙述方法的阐述，为新时代历史方位下完善中国式现代化的叙事体系奠定了关键性的文本基础。习近平总书记在党的二十大报告中科学界定了中国式现代化的本质特征，这就是：“中国式现代化，是中国共产党领导的社会主义现代化，既有各国现代化的共同特征，更有基于自己国情的中国特色。”[③] 作为一条既发展中国自己又造福世界人民的现代化新路，中国式现代化迫切地需要被世界人民理解和把握，做好这一工作首先要解决中国式现代化的用心用情讲好、增进认知认同的任务，而马克思的叙述方法正是我们对外阐释中国式现代化故事的重要文本依据。马克思指出叙述方法要明确自身的运用原则，根据叙述对象本身的特性灵活地运用，同时叙述方法要“尽可能地做到通俗易懂”[④]，要切实地考虑读者的阅读能力和思维状况，叙述方法还要遵循“现实的历史叙述”原则，准确、客观地对历史事件进行描述与分析。马克思关于叙述方法的阐述原则关系到中国式现代化能否在国际语境中获得合理理解，能否让叙述对象产生共鸣认同。“科学社会主义在二十一世纪的中国焕发出新的蓬勃生机，中国式现代化为人类实现现代化提供了新的选择，中国共产党和中国人民为解决人类面临的共同问题提供更多更好的中国智慧、中国方案、

---

① 《马克思恩格斯全集》第30卷，人民出版社1995年版，第41页。

② 《马克思恩格斯文集》第5卷，人民出版社2009年版，第22页。

③ 习近平：《高举中国特色社会主义伟大旗帜 为全面建设社会主义现代化国家而团结奋斗——在中国共产党第二十次全国代表大会上的报告》，人民出版社2022年版，第22页。

④ 《马克思恩格斯文集》第5卷，人民出版社2009年版，第7页。

中国力量。”① 要促使世界读懂中国、读懂中国共产党、读懂中国式现代化，对中国式现代化的合理而有效的叙述是一个极其重要的窗口，这一叙述不仅要扬弃和超越西方式现代化的传统叙述方式，而且要逐渐形成一套逻辑严密、体系完整、深入人心的叙事体系，创造出一种可感可知、真实立体的崭新叙述方式，从而在打破西方式现代化话语霸权的基础上，让世界人民感受到中国式现代化的独特成就与普遍意义，这是我们在新时代历史方位下阐释好中国式现代化、形成同我国综合国力和国际地位相匹配的国际话语权的重要方面。

---

① 习近平：《高举中国特色社会主义伟大旗帜 为全面建设社会主义现代化国家而团结奋斗——在中国共产党第二十次全国代表大会上的报告》，人民出版社2022年版，第16页。

恩格斯社会发展动力思想的历史发展与时代价值

王洪树[①]

社会发展动力是诸多要素共同作用形成的，具有鲜明的系统性、实践性、规律性特征。恩格斯坚持辩证唯物主义和历史唯物主义观点，立足于人类社会的发展历程与实践研究，将社会的发展看作是个人需求、社会生产、阶级斗争、科学技术等“合力”作用的结果，促进了社会发展动力思想的巨大飞跃。在马克思主义中国化进程中，党的十九大报告在“怎样坚持和发展中国特色社会主义”的探索中就特别强调“发展动力”问题，要求对此“做出理论分析和政策指导，以利于更好坚持和发展中国特色社会主义”。[②] 党的十九届五中全会通过的《中共中央关于制定国民经济和社会发展第十四个五年规划和二〇三五年远景目标的建议》，也要求经济社会发展要“坚持系统观念”，进而“充分调动一切积极因素，广泛团结一切可以团结的力量，形成推动发展的强大合力”。[③] 由此可见，恩格斯关于人类社会发展动力的重要思想在当今仍然闪烁着真理的光芒。完整科学地认识恩格斯这些富含哲理的发展思想，是时代之需、是实践之需。这有助于充分调动和全面增强中国社会发展动力，为实现全面建设社会主义现代化强国和第二个百年奋斗目标，制定和实施符合国情世情、顺应历史发展规律的经济社会发展战略。

一、恩格斯社会发展动力思想的发展脉络

19 世纪 40 年代，资本主义生产方式在西欧各国确立并逐渐形成垄断地

---

① 王洪树，四川大学马克思主义学院副院长、教授、博士生导师。

② 《习近平谈治国理政》第三卷，外文出版社 2020 年版，第 14—15 页。

③ 《中共中央关于制定国民经济和社会发展第十四个五年规划和二〇三五年远景目标的建议》，《人民日报》2020 年 11 月 4 日，第 1 版。

位。资本主义国家的私有制和机器大生产激化了资产阶级和无产阶级矛盾。面对资本家的残酷压迫，工人阶级掀起了罢工运动和维权斗争。从1838年到不来梅当商行实习生并撰写系列《伍珀河谷来信》（1839年1月—3月）开始，“对生活在伍珀河谷的劳动群众表达了深切的同情”① 的恩格斯，自觉站到工人阶级立场，思考并探索人类社会发展动力与规律。为指导工人阶级的政治斗争，恩格斯坦言“我到处寻求真理，哪怕是仅仅有希望找到真理的影子”。② 在考察各国社会运动的基础上，他批判地继承了前人的社会发展思想，不断探寻社会发展的动力理论。围绕资本主义的产生、发展，如何消灭私有制和实现共产主义等重大问题，恩格斯对社会发展动力的主要来源、表现载体、实施主体、主要支撑等进行理性探索，形成了恩格斯的社会发展动力思想。回溯该思想的发展历程，可以分为萌芽、形成、成熟和深化四个阶段。

（一）恩格斯社会发展动力思想的萌芽

恩格斯社会发展动力思想的萌芽，源于他对工人阶级和工人运动的实际考察，与他早年的生活环境和工作密不可分。恩格斯青年时期居住或工作过的巴门、不来梅和曼彻斯特，是工业化程度较高的城市，也是资产阶级和无产阶级矛盾突出的地区。在对社会的考察中，恩格斯看到“下层等级，特别是伍珀河谷的工厂工人，普遍处于可怕的贫困境地”③，产生了对社会发展问题的思考。恩格斯在不来梅当学徒时接触了比较自由的哲学思想和政治学思想，并对当时的神学理论进行批判；在柏林服兵役期间，参加了青年黑格尔派运动，受到了黑格尔思想的影响，在《莱茵报》发表了《一个旁听生的日记》（1842年5月）。受这些思想的启发，在人类发展动力问题上恩格斯逐渐摆脱了中世纪的神学动力论，认识到宗教的虚伪和欺骗，转而开始了对黑格尔的社会发展理性动力论的研究。他发现黑格尔的辩证理性动力思想仍然存在诸多局限性，有着浓厚的唯心主义色彩，无法解决社会发展中所产生的尖锐矛盾。

在为《莱茵报》工作或撰稿期间，马克思与恩格斯从不同路径深入研究工人阶级的贫困问题和社会革命，开始从“实践观点出发”的视角思考社会问题和哲学问题，萌发了唯物主义社会发展动力思想。一系列有关英国问题的通讯，架设了思想交流的桥梁，马克思和恩格斯的思想认识渐趋一致，“奠定了他们毕生合作、共同创立和发展马克思主义的思想、政治和

① 顾海良：《永远的恩格斯》，华中师范大学出版社2020年版，第22页。
② 《马克思恩格斯全集》第47卷，人民出版社2004年版，第192—193页。
③ 《马克思恩格斯全集》第2卷，人民出版社2005年版，第44页。

理论基础”①，开始了共同的理论创作。

1844年9月—11月，两人第一次合作撰写了《神圣家族》，恩格斯承担了该著作的第一至第三章，第四章的第一、二节，第六章的第二节和第七章的第二节的内容撰写。在该著作中，马克思和恩格斯触及了生产方式在社会发展中起着决定性作用这一唯物主义思想。在此基础上，他们认识到了物质利益、生产劳动、人民群众对社会发展的重大作用，提出了物质生产是决定社会发展的主要因素，人民群众的利益和需求能对社会发展产生巨大推动。其中，《神圣家族》集中论述了个体的人和集体的群众是社会历史进步的主体。因为，“历史活动是群众的活动，随着历史活动的深入，必将是群众队伍的扩大”②。而在社会发展中，“正是人，现实的、活生生的人在创造这一切，拥有这一切并进行战斗”③。通过对鲍威尔等人的批判，马克思和恩格斯在《神圣家族》一书中“初步阐释了唯物史观的一些重要思想”④，对人民群众、群众利益在促进社会发展中的作用进行了论述。它初步勾勒了社会发展动力思想的基本轮廓，标志着马克思和恩格斯关于社会发展动力思想的萌芽和初创。

为了更好地投入这场斗争，恩格斯将思想认知与实践相结合，在调查和研究基础上1844年秋至1845年3月写就了《英国工人阶级状况》。在这本著作中，他同各种资产阶级社会学说进行了论战，用唯物辩证的分析了工人阶级在推动社会历史进步中的重要作用，指出无产阶级“在他们身上蕴蓄着民族的力量和推进民族发展的才能”⑤。不仅如此，他更深刻地意识到物质生产的变革对社会发展的奠基作用，因为“英国工业的这一次革命化是现代英国各种关系的基础，是整个社会的运动的动力”⑥。

（二）恩格斯社会发展动力思想的形成

恩格斯在坚持唯物主义理论的基础上，继续探索关于人类社会发展的动力问题。1845年春，马克思和恩格斯在布鲁塞尔再次会面，更加关注欧洲资本主义国家的经济、社会和政治问题，并“着手在各个极为不同的方面详细制定这种新形成的世界观了”。⑦ 他们将对社会问题的研究重点转移到人的本身和人类社会内部，系统阐述了辩证唯物主义历史观，认识到了

---

① 顾海良：《永远的恩格斯》，华中师范大学出版社2020年版，第28页。
② 《马克思恩格斯文集》第1卷，人民出版社2009年版，第287页。
③ 《马克思恩格斯文集》第1卷，人民出版社2009年版，第295页。
④ 顾海良：《永远的恩格斯》，华中师范大学出版社2020年版，第60页。
⑤ 《马克思恩格斯文集》第1卷，人民出版社2009年版，第475页。
⑥ 《马克思恩格斯文集》第1卷，人民出版社2009年版，第105页。
⑦ 《马克思恩格斯文集》第4卷，人民出版社2009年版，第232页。

物质生产活动对社会发展的重要作用，并深入分析了生产力、生产关系概念以及二者之间辩证关系。

1846年，马克思与恩格斯共同完成的《德意志意识形态》对社会发展思想做了完整呈现。《德意志意识形态》明确了现实的人是社会历史发展的前提。他们指出，"全部人类历史的第一个前提无疑是有生命的个人的存在。"① 从现实的人出发，通过对人类社会实践活动的研究，马克思和恩格斯找到了组成人类社会的"五个因素"②。他们将"五个因素"的研究逐渐引入人类社会发展，从生产活动、社会分工、所有制形式（部落、公社、国家）逐渐深入到更为复杂的社会关系，通过对生产力和生产关系的研究，发现了人类社会运动发展的普遍规律。他们提出："一切历史冲突都根源于生产力和交往形式之间的矛盾。"③ 其中，生产力是社会发展中最具革命性的因素，它的发展又总是受制于一定的生产关系。生产力与生产关系的矛盾运动是社会发展的主要推动力。马克思和恩格斯在《德意志意识形态》中还论述了工人阶级夺取政权的必要性和共产主义胜利的必然性，在实践基础上"对唯物史观做出全面阐释"④，找到了社会发展动力的物质根源。因此《德意志意识形态》的问世，标志着恩格斯社会发展动力思想伴随着唯物史观的创立而形成了基本分析框架。

（三）恩格斯社会发展动力思想的成熟

19世纪40年代中后期，随着资产阶级和工人阶级的矛盾激化，欧洲各国掀起了风起云涌的工人运动。马克思和恩格斯关注无产阶级的社会命运，直接参与无产阶级工人运动，发表了许多理论文章。他们研究无产阶级存在的社会基础，揭示无产阶级的斗争目的，彰显了无产阶级在人类社会发展中的独特地位和作用，向那些致力于把革命理论变成革命现实的人传播先进的革命思想。恩格斯在领导共产主义者同盟活动中起草了《共产主义信条草案》（1847年6月9日），后修订为《共产主义原理》（1847年10月—11月），对共产主义作了历史唯物主义的详细论证，提出"无产阶级或无产者阶级是19世纪的劳动阶级"，它是"由于工业革命而产生的"。⑤

---

① 《马克思恩格斯文集》第1卷，人民出版社2009年版，第519页。

② 组成人类社会的"五个因素"即：生活资料的生产、生活资料的再生产、人的生产（种的繁殖）、生产方式、意识。《马克思恩格斯文集》第1卷，人民出版社2009年版，第531—533页。

③ 《马克思恩格斯文集》第1卷，人民出版社2009年版，第567—568页。

④ 顾海良：《永远的恩格斯》，华中师范大学出版社2020年版，第69页。

⑤ 《马克思恩格斯文集》第1卷，人民出版社2009年版，第676页。

恩格斯强调“废除私有制”是共产主义者“自己的主要要求”。[①]《共产主义原理》“对各种社会主义思潮和运动的新的阐释，对之后不久问世的《共产党宣言》”作了重要的理论准备。[②] 1848 年 2 月，马克思和恩格斯共同完成了《共产党宣言》。它“是马克思主义诞生的标志”[③]。马克思和恩格斯以恢宏的历史视野聚焦无产阶级及其政党的斗争，对他们 1843 年后研究和积累的科学见解和斗争经验进行了全面总结。

具体到人类社会发展问题，马克思和恩格斯认识到无产阶级的历史使命就是通过阶级斗争夺取政权，建设新的共产主义社会。阶级斗争在促进人类发展和社会进步当中具有巨大的推动作用，“至今一切社会的历史都是阶级斗争的历史”[④]。在《共产党宣言》中，马克思和恩格斯通过阶级分析方法，分析了资产阶级和无产阶级之间的阶级矛盾，进一步论述了无产阶级和资产阶级的对立关系、无产阶级消灭资产阶级的方式和路径。通过对资产阶级和无产阶级矛盾以及资产阶级内部不同阶层矛盾的分析，马克思和恩格斯认识到了阶级对立和阶级斗争是阶级社会的普遍现象，是阶级社会发展的直接动力。

《共产党宣言》公开发表后，很快成为了无产阶级革命运动的指导纲领。在欧洲工人运动中，马克思和恩格斯的社会发展动力思想得到了检验，在实践中进一步丰富和发展，更趋完善。《共产党宣言》对历史的基本看法、对阶级斗争的论述、对生产力和生产关系的分析、对共产主义的畅想等，使马克思和恩格斯有关社会发展动力的思想得到更加系统的阐释。因此，《共产党宣言》的问世，标志着恩格斯社会发展动力思想趋于成熟，指导了全世界无产阶级革命运动。科学社会主义思想的发展，使马克思和恩格斯更加关注工人运动和社会发展。尤其是在《新莱茵报》编辑部工作期间，恩格斯负责了大多数的社论撰写工作，对欧洲各国的革命运动给予了极大关注，并凝结形成了《德国维护帝国宪法的运动》(1849 年 8 月底—1850 年 2 月)，《德国农民战争》(1850 年夏秋)，《德国的革命和反革命》(1851 年 8 月 17 日—1852 年 9 月 23 日) 等文献。恩格斯运用历史唯物主义，结合革命运动经验，在关于物质生产是一切活动的基础、阶级社会阶级斗争的规律、国家和革命等理论上都有创新见解。在指导工人阶级革命运动的过程中，恩格斯的社会发展动力思想得到了初步检验和丰富完善。

---

① 《马克思恩格斯文集》第 1 卷，人民出版社 2009 年版，第 683 页。
② 顾海良：《永远的恩格斯》，华中师范大学出版社 2020 年版，第 89 页。
③ 顾海良：《永远的恩格斯》，华中师范大学出版社 2020 年版，第 90 页。
④ 《马克思恩格斯文集》第 1 卷，人民出版社 2009 年版，第 31 页。

（四）恩格斯社会发展动力思想的深化

马克思逝世以后，世界无产阶级革命走向了低谷。晚年的恩格斯继续参与和指导无产阶级社会革命运动，在实践中检验和发展社会动力思想。“19 世纪 80 年代，几位年轻的德国历史学家发表了几篇关于马克思经济决定论的研究作品，其研究受到了非马克思主义历史学家的攻击。”① 社会发展动力思想遭到多方面的挑战和歪曲。恩格斯强烈地意识到必须全面地阐释马克思关于社会发展的思想。

1886 年初，在整理马克思遗留手稿的基础上，恩格斯写就了《路德维希·费尔巴哈和德国古典哲学的终结》。该著作从自然界的发展逐步深入到人类社会的发展，对社会发展动力思想进行了综合性的系统阐述，明确地提出了历史“合力”论。“人们总是通过每一个人追求他自己的、自觉预期的目的来创造他们的历史，而这许多按不同方向活动的愿望及其对外部世界的各种各样作用的合力，就是历史。”② 恩格斯在该篇经典文献中不仅提出了社会发展“合力”理论，而且对人民群众在推动历史进步中的独特作用、阶级斗争是阶级社会发展的直接动力等思想展开了更为细致的论述。

不仅如此，恩格斯在其晚年的一系列书信中对社会发展动力思想也进行了深入阐述。1890 年 9 月，恩格斯在致约瑟夫·布洛赫的信中坚持唯物史观，强调“历史过程中的决定性因素归根到底是现实的生产和再生产”③，并再次强调了“合力”理论。1895 年 3 月，恩格斯在致韦尔纳恩·桑巴特的信中强调，人类历史进程是不以人的意志为转移的。他认为“迄今为止的整个历史进程，就重大事件来说，都是不知不觉地完成的，就是说，这些事件及其所引起的后果都是不以人的意志为转移的。”④ 恩格斯晚年对社会发展动力之合力思想的研究和阐发，既是唯物史观发展的重大进步，也是对马克思主义社会发展动力思想的重大理论贡献。它标志着恩格斯社会发展动力思想走向了深化发展阶段。

二、恩格斯社会发展动力思想的丰富内容

从上文的论述中不难发现，恩格斯的社会发展动力思想是历史发展和

① 〔英〕戴维·麦克莱伦：《恩格斯传》，臧峰宇译，中国人民大学出版社 2017 年版，第 49 页。

② 《马克思恩格斯文集》第 4 卷，人民出版社 2009 年版，第 302 页。

③ 《马克思恩格斯文集》第 10 卷，人民出版社 2009 年版，第 591 页。

④ 《马克思恩格斯文集》第 10 卷，人民出版社 2009 年版，第 691 页。

渐进完善的。恩格斯社会发展动力思想虽然分布在各个时期的不同著作之中，却是一个完整的理论体系。恩格斯首先从现实的人出发，看到了人是社会发展的主体动力；从人的社会需求及其满足出发，认为生产力是社会发展的根本动力；深入人类物质生产活动内部，揭示了生产力与生产关系的辩证运动在人类社会发展中的基本动力地位；运用阶级和阶层分析方法，探寻到阶级斗争是社会发展的直接动力。以此为基础，恩格斯提出并系统阐述了人类社会发展动力的“合力”观。

（一）现实的人是社会发展的主体动力

人是考察人类社会发展动力之谜的永恒主题。恩格斯以现实的人为起点，围绕现实的人的需求、人的意识、人创造历史等方面，逐渐形成了社会发展的主体动力思想。从历史唯物主义视角出发，恩格斯强调人的需要是开展社会实践活动的内在动力，“人们首先必须吃、喝、住、穿，就是说首先必须劳动，然后才能争取统治，从事政治、宗教和哲学等等”①。历史就是人在不断生产满足生活资料和生产资料的实践中创造的，没有人的生产和生活需要，生产就失去了意义，人类社会的发展就失去了主体。坚持辩证唯物主义思想，马克思和恩格斯也看到人的意识具有相对独立性，是开展社会实践活动的精神动力。在主观意识的指导下，人通过生活资料的生产，满足了自身发展的需要，也促进了社会的向前发展。“一当人开始生产自己的生活资料，即迈出由他们的肉体组织所决定的这一步的时候，人本身就开始把自己和动物区别开来。”② 恩格斯同时指出，人类历史的结果不是单个意志的简单相加，“是从许多单个的意志的相互冲突中产生出来的”③。恩格斯把具有主体意识的单个人所组成的合力比喻成平行四边形，认为合力的结果构成了历史。具有共同社会理想和共同价值取向的人的集合——人民群众，是人类历史的创造者，是社会发展进步的主体力量。

（二）生产力是社会发展的根本动力

在研究人类社会进步物质动因的过程中，恩格斯逐渐找到了人类社会发展的根本动力——生产力。在《德意志意识形态》中，马克思和恩格斯认为，现实的人为了满足自己的生存需要和发展需要而进行的物质生产是第一个历史活动，有了物质生产活动才有了人类社会的萌生和社会发展动力的激发。在《劳动在从猿到人转变过程中的作用》（1876 年 5 月—6 月）中研究人类和动物的区别时，恩格斯说明了人类的劳动活动是促使人类社

① 《马克思恩格斯文集》第 3 卷，人民出版社 2009 年版，第 459 页。
② 《马克思恩格斯文集》第 1 卷，人民出版社 2009 年版，第 519 页。
③ 《马克思恩格斯文集》第 10 卷，人民出版社 2009 年版，第 592 页。

会存在和进步的基础。抽丝剥茧，恩格斯发现并确认劳动活动中蕴含的生产力是促进人类社会发展的根本动力。恩格斯在《家庭、私有制和国家的起源》（1884 年 3 月底—5 月底）中指出：“一定历史时代和一定地区内的人们生活于其下的社会制度，受两种生产的制约：一方面受劳动发展阶段的制约，另一方面受家庭的发展阶段的制约。”① 生产力的发展水平决定了社会的发展速度和社会发展程度，也决定了社会的结构和社会的形态；生产力是人类社会萌生和发展的深层次动力，也是人类社会发展的根本动力。恩格斯在致约瑟夫·布洛赫的信中指出，“我们创造着我们的历史，但是第一，我们是在十分确定的前提和条件下创造的。其中经济的前提和条件归根到底是决定性的。”② 这些论述都说明了人们的生产发展促进了人类社会的进步。随着科学技术的发展，加上恩格斯本人对自然科学的研究，恩格斯发现科学技术和生产力有着密不可分的关系。恩格斯《在马克思墓前的讲话》（1883 年 3 月 18 日）中指出“科学是一种在历史上起推动作用的、革命的力量”③。通过对科学技术和生产力二者辩证关系的分析，恩格斯指出科学技术可以通过促进生产力发展进而成为促进人类社会发展的重要动力。

（三）社会基本矛盾运动是人类社会发展的基本动力

现实的人的需要，驱动物质生产活动的发展，并进而产生了人的需要的社会满足问题。恩格斯对人类社会的深邃审视，从物质生产领域逐渐延伸到了社会生活领域。生产力的研究必然会涉及生产关系。恩格斯论述了“生产力和生产关系”“经济基础和上层建筑”这两对基本矛盾及其在人类社会发展中的基本动力地位。人类历史发展的每一阶段都是与同一时期生产力发展相适应的。一个社会共同体的基本矛盾想要得到有效调节，就不得不变革与经济基础相适应的上层建筑。因为，从根源上看，“人们所达到的生产力的总和决定着社会状况”④。这就离不开阶级斗争。恩格斯在《路德维希·费尔巴哈和德国古典哲学的终结》中指出，“在现代历史中至少已经证明，一切政治斗争都是阶级斗争。”⑤ 恩格斯晚年在关于俄国社会发展道路的著作中也指出，“作为资本主义的取代物，现代社会主义是资本主义社会基本矛盾激化的结果。”⑥ 在对俄国革命可能性研究中，通过对俄国流

---

① 《马克思恩格斯文集》第 4 卷，人民出版社 2009 年版，第 16 页。

② 《马克思恩格斯文集》第 10 卷，人民出版社 2009 年版，第 592 页。

③ 《马克思恩格斯文集》第 3 卷，人民出版社 2009 年版，第 602 页。

④ 《马克思恩格斯文集》第 1 卷，人民出版社 2009 年版，第 533 页。

⑤ 《马克思恩格斯文集》第 4 卷，人民出版社 2009 年版，第 306 页。

⑥ 孙来斌：《恩格斯关于俄国社会发展道路思想的重要历史贡献》，《当代世界与社会主义》，2020 年第 4 期，第 34 页。

亡者的接触，恩格斯反对彼得·塔切夫的观点，倾向于在俄国进行彻底的资产阶级革命。① 他认识到了阶级斗争和阶级对立是阶级社会的普遍现象，是社会发展的直接动力。

（四）社会发展是系统合力作用的结果

人类历史发展是各“动力要素”组成的“合力”相互作用的结果。虽然各要素在人类社会发展中的地位和作用不尽相同，但它们都是人类社会发展的动力。恩格斯的社会“合力”思想在他早期指导欧洲各国革命运动期间就有所体现。他认为欧洲各国的革命运动不是彼此孤立的，“它们都是一个具有全欧规模的统一革命进程中的不同组成部分”②，各国的革命运动应形成有力的合作，集中一切力量来抵御反革命势力。1886 年，恩格斯在《路德维希·费尔巴哈和德国古典哲学的终结》中对社会发展“合力”思想进行了详细论述，通过对费尔巴哈思想和德国古典哲学的批驳，从人的社会关系、物质资料生产、经济交往关系、工人阶级运动等方面描述了“合力”理论的整体框架。恩格斯晚年也在一系列的书信中一再强调人类社会发展的合力理论。他在致约瑟夫·布洛赫的信中明确表示促进历史进步的因素有很多，包括现实生活中的生产和再生产、经济基础和上层建筑的各种因素、各种形式的阶级斗争等。“这里表现出这一切因素间的相互作用，而在这种相互作用中归根到底是经济运动作为必然的东西通过无穷无尽的偶然事件（即这样一些事物和事变，它们的内部联系是如此疏远或者是如此难以确定，以致我们可以认为这种联系并不存在，忘掉这种联系）向前发展。”③ 后来恩格斯进一步提出，历史是多个意志相互交错、互相促进的合力作用的结果。恩格斯提出的社会发展合力理论，看到了社会多个因素相互作用、多个人意志形成合力对社会发展的重要作用，揭示了社会发展领域的偶然性和必然性的辩证关系。这无疑是对唯物史观和社会发展动力思想的一个重大贡献。

三、恩格斯社会发展动力思想的实践启示

恩格斯的社会发展动力思想，科学地回答了社会发展的动力要素以及各要素如何发挥作用的问题。这对人类社会的向前发展具有鲜明的指导意

---

① 〔英〕戴维·麦克莱伦：《恩格斯传》，臧峰宇译，中国人民大学出版社 2017 年版，第 72—73 页。

② 〔德〕海因里希·格姆科夫：《恩格斯传》，易廷镇、侯焕良译，人民出版社 2000 年版，第 161 页。

③ 《马克思恩格斯文集》第 10 卷，人民出版社 2009 年版，第 591—592 页。

义，尤其是对开启全面建设社会主义现代化强国新征程的新时代中国具有重大实践启示意义。当前，中国正处于“两个一百年”奋斗目标转承之际，应在科学认识世界发展大局和中国发展历史方位的基础上，“全面深化改革不断释放发展动力”①。恩格斯的社会发展动力思想，对于中国如何进一步激发存量的社会发展动能，寻找新的社会发展动能，有效应对在发展中的各种矛盾和问题，形成社会发展前进的系统动力等具有重要启示。

（一）社会发展实践要牢固地树立人民主体价值观念

恩格斯认为，“追求幸福的欲望是人生来就有的，因而应当是一切道德的基础。”② 坚持以人为本和人民主体地位是中华民族和中国共产党的优良传统。坚持以人为本和人民主体地位是马克思主义区别于其他“主义”的根本标志。习近平不断丰富和完善“以人民为主体”“以人民为中心”“人民至上”的发展思想，多次提及“我们这条道路，是历史的选择、人民的选择”③。在新的历史条件下，中国要继续毫不动摇地坚持人民主体的价值观念，为实现党和国家提出的宏伟目标汇聚起广大人民群众的磅礴力量。一是坚持党的群众路线。我们党来自人民，根植在人民之中。为此，对恩格斯历史合力理论的阐释与学习，有助于全体党员和各级干部更加充分地认识到人民群众对历史发展所起的根本作用，真正做到在治国理政的生动实践中自觉践行党的群众路线。二是尊重人民主体地位。习近平强调，“人民是我们党执政的最大底气，是我们共和国的坚实根基，是我们强党兴国的根本所在。”④ 抗击新冠疫情的人民战争等事件一再证明，只要紧紧依靠人民，维护和增进人民的利益，中国特色社会主义事业就会无往不胜。三是满足群众的合理需求。人民群众的创造性活动是与其自身利益密不可分的。因此，国家开展各项工作、出台各项政策都要贯彻党的群众路线，密切同人民群众的联系，倾听人民呼声，回应人民期待，增进人民利益，时刻把群众的困难和需要记在心中，尽最大努力办好人民群众关心的民生事业。只有这样，广大人民群众才会主动参与改革和社会治理，共建共享改革发展的成果。

（二）要大力发展以科学技术为核心的社会生产力

历史唯物主义表明，生产力是推动人类社会发展最根本、最强大、最基础的动力要素。

---

① 《习近平谈治国理政》第三卷，外文出版社 2020 年版，第 205 页。
② 《马克思恩格斯文集》第 4 卷，人民出版社 2009 年版，第 291 页。
③ 《习近平谈治国理政》第三卷，外文出版社 2020 年版，第 133 页。
④ 《习近平谈治国理政》第三卷，外文出版社 2020 年版，第 137 页。

恩格斯关于社会生产力的思想为分析社会发展提供了可靠依据。“人们之间一开始就有一种物质的联系。这种联系是由需要和生产方式决定的，它和人本身有同样长久的历史。”① 中国正处于百年未有之大变局的关键时期，中国的改革发展形势也处于深刻的变化之中，外部环境的不确定性因素逐渐增多，国内的改革发展也出现了许多新的问题。大国博弈和中国发展的客观实际，都要求中国要时刻明确：大力发展生产力——尤其是坚持科学技术是第一生产力的观念——是解决中国经济社会发展过程中种种矛盾的根本途径，这一点任何时候都不能动摇。社会主义的本质要求和根本任务就是解放和发展生产力。抢抓第四次科技和产业革命的机遇，是中国全面建设社会主义现代化强国的根本之策。习近平指出，“必须坚持以发展为第一要务，不断增强我国综合国力。”② 中国改革开放40多年的发展经验已经表明，中国必须要牢牢树立发展是第一要务的思想，通过解放生产力、发展生产力，来化解改革发展中所遇到的各种困难、应对各种风险和挑战。

（三）坚持通过深化改革促进社会的全面发展

恩格斯在致奥拓·冯·伯尼克的信中写道：“我认为，所谓‘社会主义社会’不是一种一成不变的东西，而应当和任何其他社会制度一样，把它看成是经常变化和改革的社会。”③ 改革是化解生产矛盾和社会矛盾的重要途径。古今中外，许多重大改革活动都促进了社会经济的发展和人类社会的进步。我国改革开放取得的重大成绩，也表明了这一点，只有顺应历史潮流，用改革的思维方式，积极应变，主动求变，才能与时代同行。恩格斯在《社会主义从空想到科学的发展》中也指出，生产方式和交换方式的变革是“一切社会变迁和政治变革的终极原因”④。全面深化改革是推进中国特色社会主义事业的重要路径，是调适新时代中国社会基本矛盾的主要形式，是中国共产党自觉主动地准确认识并充分发挥中国社会基本矛盾动力作用的战略抉择。正如习近平所言：“全面深化改革是我们党守初心、担使命的重要体现。”⑤ 进入全面建设社会主义现代化强国新征程，我国经济社会逐渐转向高质量发展阶段，但发展不平衡不充分的矛盾依然存在，这就要进一步全面深化改革，坚持“五大发展”理念，积极对经济发展方式、经济组成结构、社会发展动力、人民生产生活需求等进行调整优化，以全面深入的改革充分释放发展动能。

---

① 《马克思恩格斯文集》第1卷，人民出版社2009年版，第533页。
② 《习近平谈治国理政》第三卷，外文出版社2020年版，第186页。
③ 《马克思恩格斯文集》第10卷，人民出版社2009年版，第588页。
④ 《马克思恩格斯文集》第3卷，人民出版社2009年版，第547页。
⑤ 《习近平谈治国理政》第三卷，外文出版社2020年版，第179页。

（四）在社会发展过程中努力汇聚系统合力

人类社会的发展是诸多社会因素和无数个人的意志合力作用的结果。中国社会的发展，是在发展过程中汇聚系统合力作用的历史结果，是正确处理和协调国际国内两个大局与深入坚持开放合作的结果。党的十八大以来，我国社会发展进入了新时代。社会发展的多变化、复杂化，个人利益的多元化、多样化日益凸显。这就需要在尊重个体发展的基础上形成共同的意志和统一的思想。因此，全党全社会更加强调全面发展、协调发展、合作发展、共赢发展的理念。从坚持和发展中国特色社会主义出发，习近平提出了“五位一体”的新时代中国特色社会主义建设总体布局思想，要求贯彻落实“四个全面”战略。这是对恩格斯“合力”动力思想的继承发展和时代运用。实现“两个一百年”奋斗目标要求以此为指导，坚持“五位一体”和“四个全面”的系统性、整体性、协调性。与此同时，在经济全球化背景下，中国坚持开放包容的发展理念，注重同世界各国之间的合作发展，充分利用国际市场、国际资源来促进中国和世界其他国家的共同发展。习近平指出，“各国应该加强宏观经济政策协调，减少负面外溢效应，合力促进世界经济增长。”① 当前的世界经济社会在发展过程中仍然面临许多复杂的挑战和不确定因素；突如其来的新冠疫情，让世界和中国的经济社会发展面临更多风险和挑战，世界各国之间交流合作受到很大冲击，新的增长动能缺乏，各国间的增长分化加剧。这些新的困难和挑战，更加昭示了要促进社会的平稳快速发展和顺利实现“十四五”规划必须坚持“合力”发展思想。

结语：以社会发展合力助推全面建设社会主义现代化强国

马克思主义从诞生的那一刻起，就关注着人类社会发展的历史走向。恩格斯从人类社会实践出发，形成了社会发展动力问题的系统性真理认识。恩格斯说过：“一个民族要想站在科学的最高峰，就一刻也不能没有理论思维。”② 能否正确认识和科学把握马克思、恩格斯关于社会发展的动力思想，关系到中国共产党治国理政的实际成效，关系到中国特色社会主义的发展方向，关系到整个人类社会的发展进程。面向“两个一百年”奋斗目标，处于承前启后新时代的中国，可以从马克思、恩格斯的社会发展动力思想中汲取政治智慧，坚持问题导向和目的导向，激活存量发展动力、创

① 《习近平谈治国理政》第三卷，外文出版社2020年版，第201页。

② 《马克思恩格斯文集》第9卷，人民出版社2009年版，第437页。

新增量发展动力，聚合凝练发展动能，形成新时代中国社会发展的系统性合力，以强大动力促进社会主义现代化强国建设的顺利实现，推动世界各国的发展进步，构建人类命运共同体，造福世界各国人民。

马克思特别注重从政治高度看待军事问题[①]
——以美国内战为例

刘增明[②]

马克思与恩格斯的关系问题，是学界依然回避不了的问题。有学者提出了马克思与恩格斯的对立说，也有学者认为他们之间虽然有差异，但在基本观点上是保持一致的。我们认为马克思与恩格斯毕竟是两个不同的思想家，他们的成长经历、周围环境、关注焦点、研究成果等是不同的，由此决定了他们在对一些问题的理解上有一定的差异，有时这种差异还是比较大的。这里并非要制造马克思与恩格斯之间的对立，而是通过深入阅读马克思恩格斯的文献，理解与把握二人在思想观点上的差异。关于政治与军事的关系问题，恰恰是理解马克思与恩格斯思想差异的一个论域。有学者认为马克思、恩格斯、列宁等马克思主义经典作家，都吸收了克劳塞维茨关于“战争无非是政治交往用另一种手段的继续”[③] 的观点，他们都善于从政治视角看待军事问题。在深入阅读马克思的著作以及马克思恩格斯相关通信的过程中，我们发现马克思恩格斯在政治与军事相互关系的理解上是有差异的。尤其是在对美国内战的发展趋势以及结果的分析上，更体现出了马克思恩格斯理解方法上的显著差异。虽然政治经济学研究占据了马克思学术生涯的大部分时间，但是开展政治批判一直贯穿于马克思的学术事业，并且为马克思理解与看待各种问题，提供了独特的理论视野与方法指引。

---

① 本文系2021年湖南省普通高等学校教学改革研究立项重点项目“以课堂为主场域的‘1+N’政治理论课实践教学模式研究”（HNJG-2021-0007）的阶段性研究成果。

② 刘增明，国防科技大学军政基础教育学院副教授、硕士研究生导师，哲学博士。

③ 〔德〕克劳塞维茨：《战争论》第三卷，中国人民解放军军事科学院译，商务印书馆1978年版，第894页。

一、马克思对政治研究方法的青睐

德国学者多尔纳曼在《卡尔·马克思夫人传》中认为，对马克思而言“政治是最性命交关的事”。美国学者阿伦特、卡弗等强调转向现实的政治思考，是马克思发生思想转变和实现哲学变革的重要方面。这里所说的政治不是对保守思想的认同，而是充满了政治批判意义上的政治理解。在《评普鲁士最近的书报检查令》《关于林木盗窃法的辩论》《摩泽尔记者的辩护》等早期文献中，马克思清楚地看到了当时政治统治的黑暗现实，体现出鲜明的人道主义思想倾向。他批判地指出：“虚伪自由主义的手法通常总是这样的：在被迫让步时，它就牺牲人这个工具，而保全事物本身，即制度。”[①] 马克思早期的这段重要论述，说明他已经比较早地从激进政治展开对当时社会状况的分析与批判，这种批判不同于传统自由主义与保守主义的温和态度，而是将政治批判的矛头直指当时的社会政治制度，体现出马克思与当时社会政治制度的坚决不妥协姿态。从马克思接触黑格尔哲学到成为青年黑格尔派成员，随着马克思思想的不断转变，他逐渐认识到黑格尔哲学及其变种哲学的消极性与保守性，即这些哲学一定程度保持了与当时社会政治的妥协，它们主要以哲学斗争的方式开展思想观念层面的变革，但对于真实改变世界收效甚微。马克思作为博士俱乐部的重要成员，非常活跃并能提出很多带有闪光点的思想，他逐渐认识到开展政治批判的极端重要性。多尔纳曼认为：“因此马克思觉得不难向她（燕妮，引者注）证明，要改变德国现状，时代不仅要求哲学斗争，还要求政治斗争。”[②] 这就说明马克思比较早地认识到政治斗争的必要性，一定程度上说明他与青年黑格尔派其他成员的思想形成了较大差异。

当马克思走出纯粹的哲学斗争，更加关注现实社会政治状况，并确认了开展激进政治批判的重要性的时候，马克思便开始与西方传统政治思想产生了较大差异。这并不是说马克思一旦表明激进政治的态度，就意味着马克思明显超越了西方传统政治思想。而是马克思通过早期文献的深入研究，充分认识到了德国哲学一定程度上脱离了现存的世俗社会，回避了异常危险的社会政治领域。青年马克思通过《关于林木盗窃法的辩论》等文献，认识到了问题的症结在世俗政治领域，确认了对现存社会政治生活展

① 《马克思恩格斯全集》第1卷，人民出版社1995年版，第109页。

② 〔德〕露依丝·多尔纳曼：《卡尔·马克思夫人传》，高国淦译，知识出版社1983年版，第35页。

开坚决斗争的研究指向。恩格斯《国民经济学批判大纲》曾对马克思开展政治经济学研究产生重要影响，从马克思的《1844年经济学哲学手稿》开始，对传统政治经济学进行了深入的批判性研究。但政治批判并没有因此就淡出马克思的理论视野，而是一直存在于马克思的理论探索之中。马克思主义哲学认为经济基础决定上层建筑，经济基础是现存社会存在的根基，对政治、宗教等问题的思考必须诉诸政治经济学的研究。既然如此，马克思为何一直重视政治批判呢？

这是因为政治领域虽然没有自己的完全独立性，但是政治领域一旦形成，就会对具体社会形态产生重要的反作用，以至对整个社会物质生活产生强大的影响力。从马克思的早期文献来看，他已经深深感受到了现存政治制度对世俗物质生活的强力规约。基于现存政治制度对社会物质生活的控制与规训，青年马克思思想发生了重大转变，逐渐背离了青年黑格尔派其他成员的致思取向，进而转向更加切近社会物质生活的政治领域。真正说来，政治领域构成了现存社会成员谋求物质生活的真实制约，马克思早期文献揭露了普鲁士政府的反动本质，即动用各种法律法令来限制人民自由、剥夺人民权利，进而达到对人民的统治、奴役与剥削。马克思在早期文献中不仅初步认识了这个问题，而且在一些文献中鲜明亮出了自己的观点。他在1843年《〈黑格尔法哲学批判〉导言》中说："对天国的批判变成对尘世的批判，对宗教的批判变成对法的批判，对神学的批判变成对政治的批判。"① 对尘世、法、政治的批判，意味着马克思将批判的矛头指向了当时社会政治领域，意味着他将要走向一条更为激进的政治批判道路。在唯物史观创立的过程中，马克思通过深入分析社会物质生活，使得这条道路变得越来越清晰，而且在以后的理论工作和现实斗争中，这条道路得到了持续的坚守。

政治领域对整个社会物质生活发生的巨大影响，使马克思认识到要实现人的解放和人类幸福，必须回归现实社会形态，而不能停留在抽象的哲学反思与批判。无论黑格尔、青年黑格尔派的唯心主义哲学，还是费尔巴哈对唯物主义权威的恢复，这些哲学理论固然推动了人类思想史的重要进展，也一定程度上要改变现存世界，但这些哲学更多停留在理论哲学的批判层面，还未走到真正切近世俗世界的实践哲学批判。在1843年的《论犹太人问题》中，马克思与青年黑格尔派成员鲍威尔，就犹太人问题展开了针锋相对的讨论，明确阐述了自己的观点。他批判了鲍威尔诉诸宗教神学的解决办法，认为只有将犹太人问题上升到对政治解放的批判，犹太人问

① 《马克思恩格斯文集》第1卷，人民出版社2009年版，第4页。

题才能获得最终解决，并将直接关系到人类能否获得解放这一更为重大的当代问题。在该文献中，马克思已经认识到了政治领域反映了特定社会形态的历史现实，即现存社会中人与人之间的物质利益关系，资本主义社会政治制度受到了利己主义原则的控制，成为维护资产阶级这一群体利益的“政治狮皮”。换句话说，资本主义社会状况与政治制度具有内在关联性，政治领域成为维护私有财产者利益，统治与压迫无产者的强制领域。德国军事理论家克劳塞维茨曾明确认为：“在这里我们只能把政治看作是整个社会的一切利益的代表。”① 政治领域一旦确立起在资本主义社会的权力地位，就成为奴役和剥削广大无产者的强有力后盾。马克思认为要实现改变世界的目标，必须将矛头指向资本主义社会的政治制度。

考察政治领域对现实社会生活的重要影响，可以看出政治领域既作为社会生活的形式方面，又对具体社会物质生活以及个体生活状况产生了重要影响。马克思在早期文献中已经涉及了政治领域的上述作用，使他认为必须重视政治领域引发的社会影响。马克思对广大无产者具体生活状况的强烈关注，使他认识到了必须展开激进的政治批判，不如此难以实现人的解放。以色列学者阿维纳瑞认为：“物质生活条件与政治领域处于一种相互矛盾的关系之中。黑格尔的理论表明物质生活条件是外在于政治结构的，而马克思指出，它们实际上贯穿政治领域的每个角落和缝隙之中。”② 法国学者巴利巴尔也认为：“在马克思强烈反对哲学辩证论述的传统形式与应用时，他自己无疑把一些哲学论述与其历史社会分析和政治行为的主张交织在了一起。”③ 这就意味着考察社会问题离不开对政治领域的引入，马克思特别关注具体社会形态的变迁，尤其是要变革资本主义社会制度。因此，开展政治批判一直贯穿于马克思的理论研究，成为他剖析资本主义社会问题的重要研究方法，政治批判并没有因为政治经济学批判而消失。美国学者卡弗认为：“他（马克思，引者注）的政治研究方法在与他所处时代的知名作家和学派的争论中大为奏效”。④

马克思主义哲学实现革命性变革，主要在于从传统形而上学和神学转

---

① 〔德〕克劳塞维茨：《战争论》第三卷，中国人民解放军军事科学院译，商务印书馆1978年版，第897页。

② 〔以〕阿维纳瑞：《马克思的社会与政治思想》，张东辉译，知识产权出版社2016年版，第20页。

③ 〔法〕埃蒂安·巴利巴尔：《马克思的哲学》，王吉会译，中国人民大学出版社2007年版，第5页。

④ 〔美〕特雷尔·卡弗：《马克思与恩格斯：学术思想关系》，姜海波等译，中国人民大学出版社2008年版，导言第2页。

向了世俗的社会经济政治领域，政治领域的突显与政治研究方法的引入，使马克思主义哲学彻底扭转了德国哲学作为非批判的实证主义的理论性质。马克思甚至断言“独立的哲学失去生存环境”，他的哲学不仅仅是一种哲学，更多具有了世界观的意义。马克思主义哲学对传统哲学的超越，开启了切入社会物质生活并展开激进政治批判的崭新道路。这其中既有对现存社会制度的唯物史观考察，又有在肯定历史合理性的同时将辩证法的革命精神充分释放出来，进而特别注重激进的政治批判。1843 年 9 月，马克思在致卢格的信中强调：“什么也阻碍不了我们把政治的批判，把明确的政治立场，因而把实际斗争作为我们的批判的出发点，并把批判和实际斗争看作同一件事情。”① 马克思的资本主义社会批判同时也是政治批判，只有展开真实的政治批判，才能持续激发无产阶级开展阶级斗争与进行社会革命的热情，才能在变革具体社会政治制度的意义上，实现马克思主义哲学改变世界的重要功能。晚年马克思在 1875 年的《哥达纲领批判》中，严厉批判了哥达纲领依循拉萨尔主义背离激进社会革命的企图，强调在从社会主义转向共产主义的过程中，势必要经过无产阶级专政的政治过渡期。这就说明晚年马克思依然特别重视政治研究方法。而与马克思共同开展“合伙事业”的恩格斯，没有像马克思那样特别注重把政治作为研究问题的重要切入点，由此引发了马克思与恩格斯在理解军事问题上的理论差异。

二、马克思恩格斯研究军事问题的视角差异

马克思恩格斯作为追求伟大理想目标的亲密战友，在理论研究中进行了极为密切的交流，在这些交流中体现出马克思恩格斯思想上的差异。不仅如此，从马克思恩格斯的知识结构、研究兴趣等来看，他们在研究领域以及具体观点上也有一定的差异。马克思系统接受了正规的学术训练，对传统哲学的深入研究与批判，使他深谙传统哲学与实现自己伟大志向的巨大偏差。开辟一条积极介入社会物质生活的哲学道路，成为他开展理论研究和党的工作的强大牵引。马克思早期文献以及后来很多文献都带有政论的色彩，即特别关注具体国家、国际社会的政治态势与政治走向，他的很多文献都带有政治批判的意味。与此同时，马克思还善于从政治批判中做出政治、军事等发展态势以及结果的预测。恩格斯没有经过大学的正规学术训练，他通过旁听课程、强化自学的方式，在理论水平、学术造诣上也取得了很大的成绩。他主要研究的领域是语言学和军事学等方面，对政治

① 《马克思恩格斯全集》第 47 卷，人民出版 2004 年版，第 66 页。

批判虽然也有涉及，但并没有像马克思那样贯穿学术研究始终，也没有像马克思那样将政治研究方法，持续作为观察、分析、研判问题的重要视角与方法指引。

马克思恩格斯都非常关注当时国际社会的战争，写作了很多军事名篇，体现了鲜明的马克思主义军事思想。他们注重研究当时战争对社会发展的重要影响，在《德意志意识形态》中认为战争是一种经常的交往形式，马克思肯定了对抗乃至战争对社会历史进步的积极意义。恩格斯与马克思有着不同的人生经历，他曾参加过炮兵，在当时对很多军事理论问题有非常深入的研究。他对军事编制、武器装备、战略战术等方面颇有研究心得，甚至成功预测了一些战争的发展趋势，被誉为“将军”。这些可以体现出恩格斯在军事问题研究上的高超造诣，成为以后研究马克思主义军事思想的重要资源，对推进军事理论创新与发展意义重大。恩格斯对军事问题研究的热爱与擅长，一方面体现出他明显擅长的军事才能，另一方面预示了他囿于军事问题研究可能出现的弊端。在恩格斯的军事问题研究中，他更加注重从军事领域展开有针对性的分析与研判，这无疑对军事问题研究是非常必要的。但如果对政治研究方法有所忽视或欠缺，难免产生对军事问题研究的不利影响。

恩格斯特别重视军事基本知识的获取，使他在对具体军事问题的研究上，比马克思投入的时间与精力多，取得了很多高水平的研究成果。1851年6月19日，恩格斯在致魏德迈的信中说：“我是说要一般地熟悉各个军事部门所必需的基本知识。了解和正确评价军事史实所必需的细节知识。例如，基本战术，筑城原理，……还有一般的军事科学史和由于武器及其使用方法的发展和改进而引起的变化的历史。”① 他还谈到学习炮兵学以及其他的一些知识，并向魏德迈提出急需一本涉及各个军事部门概况、现代各种军队之间差别的书籍。从恩格斯信中对军事问题研究的兴趣点可以看出，他更加侧重于研究关于战争、战略、战术等方面的一些具体军事问题，同时又特别关注现代战争的发展史。正是通过上述具体军事问题的深入研究，逐步确立了恩格斯在当时社会军事研究界的重要地位，取得了当时社会颇为赞赏的军事研究成果。恩格斯研究军事问题的路径与成果，体现了他个人研究军事问题的风格与特色，对构建马克思主义军事哲学做出了突出贡献，但他研究军事问题的视角与方法，与马克思一直坚持政治研究方法还是有差异的。

从对待普鲁士著名军事理论家克劳塞维茨《战争论》这一重要著作，

① 《马克思恩格斯全集》第48卷，人民出版社2007年版，第292页。

可以看出马克思恩格斯在军事问题研究风格上的一定差异。马克思恩格斯虽然都很重视克劳塞维茨的《战争论》，但是关注的焦点还是有差异的。恩格斯比较早地接触到了克劳塞维茨的著作，在1853年4月12日致魏德迈的信中，他认为克劳塞维茨是“天生的天才”。1858年1月7日，恩格斯在给马克思的信中说：“目前我正在读克劳塞维茨的《战争论》。他进行哲理推究的方法很奇特，但书本身是很好的。对于是否应当使用军事艺术或军事科学这一名称的问题，他的回答是：战争最像贸易。战争中的会战就等于贸易中的现金支付，尽管它实际上很少发生，但一切仍以它为目的，而且它最后必将发生，并起决定性作用。”① 恩格斯在这段论述中认同了克劳塞维茨关于战争活动实质的看法，即战争与贸易类似，是为了解决战争双方之间利害关系的冲突形式，是通过惨烈的流血牺牲方式，捍卫或满足利益需求。这是通过揭示战争活动决定性目的的方式，将战争发生的经济动因很好地呈现出来，对于人们认识战争的本来面目是十分重要的。

马克思则注重将政治研究方法贯穿于军事问题研究之中，即不是单纯从军事观点来研究军事理论与军事实践。他把很多问题领域的研究，都放置在政治批判的视野之中，这里所说的政治不是单纯一国之内的政治统治，而是从阶级社会中不同阶级间关系、不同国家间关系等出发的政治思维方式，并以这种思维方式来分析与研判各个领域的问题。国内学者邹诗鹏认为：“即在政治批判的意义上处理各种思想资源，包括民族问题与宗教问题。”② 进一步说，也包括军事问题，马克思已经超越了西方传统政治思想对政治本身的固化理解，他要充分释放激进政治的批判与革命功能。进而从寻求无产阶级解放的理路上，让激进政治所具有的批判功能穿透各种问题的表象，使毫不妥协的政治批判成为资本主义时代的最强音。对军事问题而言，马克思同样要突破从军事视角研究军事问题的思维局限，切实引入政治思维，从政治研究方法深刻审视军事问题，挖掘军事问题折射出来的深层次社会政治问题。从研究视野和思维方法上看，马克思更加注重从宏大的政治视角和政治批判来看待军事问题，从外围较为复杂的政治关系来分析与研判战争的发生及其发展态势。

马克思对世界各地发生的战争都有广泛的关注，比如东方战争、西班牙的革命、法国的革命、印度起义、英国对中国发动的战争等。不仅如此，马克思还对大洋彼岸的美国内战等也有所关注与研究，涉及《评美国局势》

① 《马克思恩格斯全集》第50卷，人民出版社2021年版，第294页。

② 邹诗鹏：《激进政治的兴起：马克思早期政治与法哲学批判手稿的当代解读》，复旦大学出版社2012年版，第226页。

《北美事件》等文献。马克思恩格斯在美国内战期间多次通信，频繁交换他们关于美国内战的看法。马克思之所以特别关注美国内战，不仅与他对整个世界层面革命与战争发展态势的重视有关，还与他对收入来源与生活保障的关注有关。众所周知，马克思从1850年7月开始为《纽约每日论坛报》撰稿，持续了十几年的时间。马克思之所以终止为该报撰稿，与美国内战时期报纸编辑人员脱离进步立场有很大的关系。停止为《纽约每日论坛报》撰稿，意味着马克思缺少了一个有保障的收入来源，但为了世界层面的革命进步事业，他宁愿停止为该报继续撰稿。马克思关于美国内战的相关文献，以及他与恩格斯的通信，体现出他善于从政治视角看待军事问题，从而对美国内战的战争态势作了非常精彩的分析。

三、马克思更善于从政治高度看待军事问题

克劳塞维茨非常重视从政治视角看待战争，为人们正确看待战争、把握战争态势，提供了极为重要的考察方法。他认为战争有自己特有的“语法”，却没有自己独立的逻辑，始终强调必须从政治视角才能看清战争及其走向。他说：“决不能使战争离开政治交往。如果离开政治交往来考察战争，那么，就会割断构成关系的一切线索，而且会得到一种毫无意义和毫无目的的东西。”① 克劳塞维茨还有很多类似的重要论述，这些非常珍贵的思想得到了马克思的高度重视，并且融入马克思关于军事问题的思考之中。马克思曾高度评价克劳塞维茨：“为了写布吕歇尔，我（马克思，引者注）差不多把克劳塞维茨的书整个翻了一遍。这个人具有近乎机智的健全理智。”② 在对美国内战的分析中，马克思在与恩格斯的通信中表达了自己的睿智思考，体现出他与恩格斯思考军事问题的差异。1862年9月10日，马克思致恩格斯的信中说：“我觉得，你有些过分看重事情的军事方面了。”③ 这样一个简短的论述，说明马克思恩格斯在看待军事问题方面的差异。

马克思认为恩格斯太重视事情的军事方面，即只是站在军事视角分析军事问题。在美国内战问题上，马克思与恩格斯就战局的演变以及哪一方最后将获得胜利，在具体的分析与研判上产生了明显的不同。恩格斯认为南部将会获得胜利，而马克思认为北部终将获得胜利。马克思做出这种判

---

① 〔德〕克劳塞维茨：《战争论》第三卷，中国人民解放军军事科学院译，商务印书馆1978年版，第894页。

② 《马克思恩格斯全集》第50卷，人民出版社2021年版，第298页。

③ 《马克思恩格斯全集》第30卷，人民出版社1975年版，第287页。

断的依据，是更加注重从政治上看待军事问题，而不是从单纯的军事观点出发。马克思认为南部的寡头统治，白种人靠奴役广大的黑人奴隶获得生存与发展，奴隶主与奴隶之间的剥削与被剥削的关系，使黑人奴隶对白种人充满了仇恨与反抗。这就意味着在南部内部充斥着政治上的对抗性关系，不团结成为其鲜明的特征，导致南部军队很难有过硬的战斗力。事实证明，马克思对美国内战的判断更为科学，因为他明确坚持从政治与军事的辩证关系角度，来看待军事、战争等问题。如果缺少了这个辩证法的思维视野与分析框架，那么对军事问题的认识难免陷入不科学的方面去，也就难以对军事、战争等的发展趋势做出科学的分析与把握。恩格斯对克劳塞维茨的著作虽然很重视，但从马克思的论述来看，恩格斯还是过于重视从军事视角来谈军事问题，似乎并没有深入领会到克劳塞维茨战争思想的精髓要义。

马克思思考美国内战的发展态势，更加关注南部、北部的政治发展态势，同时对战争的进程、双方力量对比的变化，以及具体的战争进展情况等，也有一定的关注。他非常重视运用理性来思考战争的外部形势，这里所说的理性是指把对整个美国内战发生重要影响的政治事件联系起来，开展周密的政略分析，从而在纷繁复杂的政治迷雾中洞悉前进方向。马克思在《北美事件》中说："理性在世界历史上终究是无往不胜的。"① 这个论述体现了马克思对理性在世界历史发展中重要性的认定，对于战争这种异常复杂难测的活动来说，受到了来自人、事物、周围环境等多重因素的综合影响。只有善于分析与综合这些因素，做出符合事态发展逻辑的理性判断，才能真正有助于把握扑朔迷离的战争活动。在这些因素中，周围环境尤其是各种政治因素成为理性思考战争的重要参考。马克思在《评美国局势》《北美事件》等文献中，做出了很精彩的理性分析，闪烁着唯物辩证法与唯物史观的思想光芒。马克思之所以认定北部最终会获得胜利，基于他所深入分析的一系列政治原因，体现出马克思对克劳塞维茨注重从政治层面分析战争的继承与发展。克劳塞维茨说："人们通常作这样的想象：似乎战争一爆发，政治交往即告中断，就出现一种只受本身规律支配的完全不同的状态。"② 他还认为在战争整个发展过程中，主要的制约因素——政治交往一直存在并发挥作用。

北部将会获胜的第一个政治原因是奴隶革命。美国南部实行的是奴隶

① 《马克思恩格斯全集》第 15 卷，人民出版社 1963 年版，第 586 页。

② 〔德〕克劳塞维茨：《战争论》第三卷，中国人民解放军军事科学院译，商务印书馆 1978 年版，第 894 页。

制度，奴隶主统治与剥削大批的奴隶。为了使奴隶屈从于奴隶主的统治，美国国会通过了残酷的逃亡奴隶法，这是对1793年逃亡奴隶引渡法的补充。这些有利于加强奴隶主控制和剥削奴隶的法律，使南部广大黑人奴隶被牢牢控制在奴隶主手里，他们只能任由奴隶主处置，想通过逃跑而改变命运成为不可能。这就是说，1793年逃亡奴隶引渡法的通过，以及逃亡奴隶法的出台，在加剧黑人奴隶悲惨命运的同时，也大大加剧了美国社会矛盾，尤其是奴隶主与奴隶之间的矛盾，奴隶中蕴藏的革命力量在增长。人民群众对奴隶制度的不满，成为奴隶主统治以及在美国内战中失败的重要原因之一。马克思对美国总统林肯赞赏有加，认为林肯是美国历史上非常重要的人物，因为林肯以最平凡的形式开展最重大的行动。1862年8月4日，马克思在《评美国局势》中说："林肯向他们的呼吁——他在这个呼吁中用废奴派势力的蓬勃发展来威胁他们——表明，现在的局面正在发生一个革命的转折。"① 马克思认为林肯利用了潜藏在美国社会的废奴运动，将这种运动与南部奴隶制度有机联系起来，激发与释放奴隶革命蕴含的巨大变革力量。马克思这种观点的提出，可以追溯到更早的1861年。1861年5月6日，马克思给他的表舅莱昂·菲力浦斯的信中明确认为："毫无疑问，在斗争初期，南部会占优势，那里无产的白人冒险分子阶级成为作战的民军取之不尽的源泉。最后当然将由北部获胜，因为它在需要的时候可以打出最后的一张牌——奴隶革命。"② 从马克思的这些政治分析来看，美国社会中存在的奴隶制度，尤其是美国南部实行残酷的奴隶制度，激起了广大奴隶的不满与反抗情绪，废奴运动促进了美国内战的爆发。林肯任总统后，逐步提出了废除奴隶制度，宣布奴隶自由，大大激发了奴隶的革命热情，他们开赴战场对南军作战。利用奴隶革命造成的强大革命态势，成为美国北部获胜的一张王牌。

北部将会获胜的第二个政治原因是宅地法。马克思把林肯推行的一系列革命民主主义措施称作林肯法案，宅地法在这些法案中具有十分重要的地位，对美国北部在内战中获胜起到了重要的作用。马克思在《评美国局势》中专门讨论了宅地法："除了财政方面的法律之外，国会通过了北部人民大众久盼而未得的宅地法；这项法律规定，把一部分国有土地免费给予垦殖者耕种，不论是美国出生的或迁入的。"③ 这个法律是林肯用民主主义精神解决土地问题的最重要措施，它以最民主的精神，规定了最有利于美

① 《马克思恩格斯全集》第15卷，人民出版社1963年版，第557页。
② 《马克思恩格斯全集》第30卷，人民出版社1975年版，第596页。
③ 《马克思恩格斯全集》第15卷，人民出版社1963年版，第558页。

国人的权利，使更多的美国公民享受到了巨大的福利。该法律规定美国公民只要交 10 美元赋税，就可以无偿从国有土地中获得 160 英亩，耕种 5 年后就可以完全拥有这些土地。该法律的实施，极大调动了广大人民从事农业生产的积极性，同时增加了广大人民对林肯政府的信任与支持。在遭受人民群众巨大压力下颁布的这项法律，迅疾调动起人民群众中的巨大革命力量，使战争进程发生了有利于北部的重要转变，宅地法成为了促使美国北部最终获胜的重要影响因素之一。

北部将会获胜的第三个原因是“西部巨人”的强大支持。这里所说的“西部巨人”，是马克思对美国西部各州的广大农民的称呼。马克思恩格斯领导无产阶级革命的过程中，逐渐认识到了农民无产阶级对于革命斗争的重要性。从 1848 年起，他们就在不同的文献中谈论农民无产阶级，强调工农联盟对无产阶级革命取得胜利的重要性与必要性。1856 年 4 月 16 日，马克思在致恩格斯的信中说：“德国的全部问题将取决于是否有可能由某种再版的农民战争来支持无产阶级革命。如果那样就太好了。”[①] 马克思的这一重要论述，可以看作是对工农联盟思想的进一步阐发，强调由农民战争来支援无产阶级革命事业。同时说明了马克思对农民这一无产阶级群体，在无产阶级革命事业中作为重要主体与依靠力量的高度重视，对其可能造就的革命形势抱有十分乐观的态度。马克思的这种看法，在后续的文献中得到了保持与发扬。在对美国内战态势的分析中，他再次关注到了美国西部各州农民中蕴藏的巨大革命力量。马克思在《北美事件》中说：“即使占领路易斯维耳，现在也只能使‘西部巨人’——来自艾奥华、伊利诺斯、印第安纳和俄亥俄的人群汇成一股‘巨流’，猛烈地迎头冲击南军，像第一次向肯塔基胜利进军时那样。”[②] “西部巨人”在战胜奴隶制度方面起到了一定的决定性作用。

从以上讨论可以看出，马克思对美国内战的发展态势以及战争结果的预判，在重视做军事分析的同时，特别重视从政治高度看待战争及其走势。这一看待军事问题的方式，说明他很好地领悟与吸收了克劳塞维茨军事哲学的精髓要义，从而能够达到从政治思维观察战争、分析战争、研判战争的高超境界。在对美国内战的分析研判过程中，表现出马克思恩格斯看待军事问题的差异。这种差异说明，不能从单纯的军事观点看待军事问题。马克思恩格斯虽然都重视克劳塞维茨的军事思想，但事实证明马克思能够更好地领会克劳塞维茨军事思想的精髓要义，并将其融入自己的军事思想

---

① 《马克思恩格斯全集》第 50 卷，人民出版社 2021 年版，第 51 页。

② 《马克思恩格斯全集》第 15 卷，人民出版社 1963 年版，第 585 页。

中去，进一步发扬光大了克劳塞维茨的军事思想。从美国内战来看，恩格斯固然善于观察和分析军事问题，但他存在囿于军事观点看待军事问题的弊端。因此，认为马克思恩格斯都善于从政治高度看待军事问题是有偏颇的。

四、结语

在对美国内战的看法上，马克思不仅有专门的文献涉及，而且在与恩格斯以及其他人的通信中亮明了自己的独特观点。马克思对战争的分析与研判，延续了他重视政治批判的一贯立场和态度，延续了他善于运用政治研究方法来考察问题的习惯与优势。对美国内战的分析，马克思尤为重视从政治视角来看待军事问题。马克思从政治高度看待军事问题，一定程度上与克劳塞维茨有所区别，从而进一步发展了克劳塞维茨的军事思想。克劳塞维茨特别强调国与国之间的政治交往对战争发生的决定性影响。马克思则在一定程度上超越了单纯从民族国家出发的政治视野，而是从人类社会发展规律的层面，来考察具体社会形态中的军事问题。他更善于从具体社会形态演进的历史趋势，来全面而客观地分析和研判战争。1861 年 5 月 29 日，马克思在致拉萨尔的信中说："所有的英国官方报刊自然都支持奴隶主。正是这些先生们，曾以他们反对奴隶贸易的慈善言论使全世界都听得发腻。但是棉花啊，棉花！"① 他在《北美事件》中，也揭露了法国和英国早就想承认奴隶主政府合法的秘密。

即便在当时波谲云诡的政治气候下，马克思仍然能够坚持从人类社会形态演进趋势上来做出理性判断，而不是单纯依据国与国之间的政治交往。马克思当然也要考虑政治交往，但他更善于将政治交往置于人类社会形态演进的大势之下进行深层次的分析与研判。从相关文献来看，英国和法国的资本主义社会矛盾得到了更多的显现。尤其是英国社会虽然达到了很高的工业化程度，但资产阶级上流社会为了维护本阶级的私利，不惜以为人类社会开倒车为代价，公然支持美国南部的奴隶制。马克思在 1861 年致拉萨尔的信中突出强调"棉花"，实则既是控诉美国南部的奴隶制，同时也隐含着反抗奴隶制的力量将带来巨大抵抗力量。美国总统林肯不只是对抗南部的奴隶制度，也要对抗暗地里支持奴隶制度的英国、法国的腐朽势力。马克思在《美国内战》中认为美国南部进行的战争是侵略战争，即妄图"扩展和永保奴隶制度的战争"。在这种政治判断之下，"当前南部与北部之

① 《马克思恩格斯全集》第 30 卷，人民出版社 1975 年版，第 601 页。

间的斗争不是别的，而是两种社会制度即奴隶制度与自由劳动制度之间的斗争。这个斗争之所以爆发，是因为这两种制度再也不能在北美大陆上一起和平相处。它只能以其中一个制度的胜利而结束。”① 从而美国内战的政治实质，就变成了到底是奴隶制度胜利还是废奴运动胜利，或者说到底是建立奴隶制共和国还是建立自由共和国。奴隶制度在人类社会历史上是腐朽落后的社会制度，它不符合人类社会的进步方向，不符合人们对自由、正义的理想追求。因此，当奴隶制度面对自由劳动制度的时候，奴隶制度最致命的弱点就暴露出来了，北部借助于解放奴隶的巨大政治优势必然获得胜利。

当前，军事与政治的联系不断加强，战略上的相关性与整体性显著增强，战略受制于政略的影响愈发明显。时代虽然在变化，但马克思善于从政治高度看待军事问题，对于做好今天的军事斗争准备活动，仍然具有十分重要的理论启示和实践价值。它告诉我们，要在人类社会发展规律、历史大势的宏大政治格局之下，去思考具体时代中的战争活动及其演变态势，从而做出正确的战略判断、战略决策与战略实施。唯有从这种宏大的政治视野出发，把具体战争置于相互关联的政治格局中加以思索，才能不被狭隘的军事视野所限制，从而使战争活动及其事态发展始终受到总体性、全局性政治视野的关照。马克思注重从社会形态演进趋势出发的宏大政治格局，是一种大历史观的呈现。习近平在党史学习教育动员大会上，深刻阐述了大历史观作为马克思主义方法论原则的重要性。他强调："要教育引导全党胸怀中华民族伟大复兴战略全局和世界百年未有之大变局，树立大历史观，从历史长河、时代大潮、全球风云中分析演变机理、探究历史规律，提出因应的战略策略，增强工作的系统性、预见性、创造性。”② 中国特色社会主义文明开辟了人类文明新形态，深入推进了马克思主义所开创的共产主义事业，这一事业是正义的、和平的、人民的事业。在这种人类文明大逻辑之下，深化军事斗争准备，加快推进强军伟业，具有了马克思关于人类社会发展规律的政治关照与方法指引。

---

① 《马克思恩格斯全集》第 15 卷，人民出版社 1963 年版，第 365 页。

② 习近平：《在党史学习教育动员大会上的讲话》，《求是》2021 年第 7 期。

三、中国式现代化问题研究

中国式现代化：共同特征与中国特色

骆郁廷[①]

中国式现代化是现代化的共同特征和中国特色的有机统一。习近平总书记指出，“中国式现代化，是中国共产党领导的社会主义现代化，既有各国现代化的共同特征，更有基于自己国情的中国特色。”[②] 只有现代化的共同特征，没有中国特色，或者只有中国特色，没有现代化的共同特征，都不是中国式现代化。只有从共同特征和中国特色的高度统一上深刻把握中国式现代化，才能全面深入地推进中国式现代化，实现中华民族的伟大复兴。

一、现代化的共同特征

中国式现代化是具备现代化共同特征的现代化。深入理解和推进中国式现代化，就要揭示现代化的深刻意蕴，探索现代化的核心指标，把握中国由不发达状态走向发达状态的现代化的共同特征，为全面建设社会主义现代化国家提供客观依据和普遍遵循。

（一）现代化的深刻意涵

把握现代化的共同特征，首先就要把握现代化的深刻意涵。现代化就是由不发达状态向发达状态转变的过程。马克思曾深刻指出：“工业较发达的国家向工业较不发达的国家所显示的，只是后者未来的景象。”[③] 马克思从工业化的角度来讲现代化的问题，把国家分为工业较发达的国家和工业

① 骆郁廷，武汉大学马克思主义学院教授、博士生导师，思想政治教育研究院院长，中央马克思主义理论研究与建设工程首席专家。

② 习近平：《高举中国特色社会主义伟大旗帜 为全面建设社会主义现代化国家而团结奋斗——在中国共产党第二十次全国代表大会上的报告》，人民出版社2022年版，第22页。

③ 《马克思恩格斯文集》第5卷，人民出版社2009年版，第8页。

较不发达的国家，表明了不同国家在现代化的发展状态上，具有不同的层次和水平。工业较发达的国家已经实现了由农业经济向工业经济的转变，实现了农业文明向工业文明的转变，实现了自给自足的小农经济的生产方式向社会化的大工业生产方式的转变，创造的生产力超过了以往几百年生产力发展的总和。工业较发达国家又称为发达国家，工业较不发达国家又称为发展中国家。工业较发达国家向工业较不发达国家展现的是后者未来的发展景象，工业较不发达国家把工业较发达国家作为现代化的追赶目标，不断地实现农业经济向工业经济、农业文明向工业文明、自给自足的小生产方式向社会化的大生产方式的转变，从而实现社会的发展和进步，缩小同工业较发达国家的差距，使自己的经济逐步赶上甚至超过发达国家的发展水平，实现社会由不发达状态向发达状态的转变。可见，现代化的最初含义就是工业不发达的国家逐步达到工业较发达的状态。

当今世界，现代化的内涵更加丰富，更加具有时代性，已不局限于工业的发达与不发达，而是把工业化同信息化、数字化、智能化更加紧密地融合在一起。各国在现代化的发展上呈现出不同的层次、水平和状态，现代化的实质仍然是现代化程度较低的状态向现代化程度较高的状态转变的过程，则是毫无疑义的。因此，现代化是伴随着科学技术的发展和社会化生产的发展，而不断实现社会由不发达状态向发达状态转变的过程。

（二）现代化的核心指征

现代化的核心指标和特征，主要是指生产力发展的现代化，一个国家生产力发展到现代科学技术所达到的高度、水平和状态，具有先进科学技术水平、先进生产力水平及高质量生活水平。

现代化首先是科学技术的现代化。科学技术是现代化的龙头，只有科学技术发展了，才能引导、带领和推动国家的生产力发展达到现代科学技术所达到的高度，实现国家由农业文明向工业文明、落后产业向先进产业、落后生产力向先进生产力的转变，提高生产力的发展水平和国家的现代化程度。科学技术为国家的现代化进程提供战略性、基础性、根本性支撑。现代化是由蒸汽、电力、信息、数字技术等现代科学技术促进现代生产力发展所引发的大变革。因此，世界现代化发展的历史，就是一部科学技术带动和推动生产力发展的历史，特别是促进落后生产力向先进生产力转变和发展的历史。科学技术现代化在不同历史时期有不同的含义，当今世界的科学技术现代化日益体现为工业化、信息化、数字化、智能化，科学技术在现代化当中的龙头作用已经并继续被现代化发展的实践所证实。

现代化是生产力发展的现代化。科学技术是第一生产力，高科技是核心竞争力。要把科学技术由潜在的生产力变为现实的生产力，就要把先进的科学技术运用到工业和国民经济当中，带动和引领工业和国民经济的发展，推动国家先进生产力的发展。科学技术推动先进生产力的发展，主要体现在产业结构的升级换代，不仅要运用现代科学技术改造传统产业，升级现有产业，还要大力发展高新技术为龙头的新兴产业，实现产业布局的整体优化和核心竞争力的整体提升，推动社会生产力由小生产向大生产、工业化向信息化、人工化向智能化的发展，不断提高生产的社会化水平和科学技术含量，使国家的先进生产力得到充分发展，达到现代科学技术所达到的高度。

现代化是生活方式的现代化。随着现代科学技术的发展，人们的生产方式、交往方式、行为方式和思想方式发生了深刻的变化，人们的生活方式也发生了深刻的变化。人们的生产、分配、交换、消费深深打上了现代科技的烙印，劳动生产率大大提高，生产物质财富不断涌流，物质产品的分配方式、劳动成果的交换方式和物质生活的消费方式也都发生了巨大的变化。人们不仅注重生存型消费，也越来越注重发展型消费和享受型消费，人们生活的要求和水平越来越高。伴随着现代科学技术的发展和经济的高质量发展，人们的生活质量也日益提升，这是现代化发展的一个重要指标。

现代化是社会制度的现代化。现代化的过程绝不仅仅是推动生产力和物质生活的现代发展的过程，也是推动社会制度深刻变革的过程。恩格斯曾深刻指出，英国自18世纪中叶以来经历的工业革命，是一场“比任何其他一种革命都更广泛，更有深远影响”的“社会革命”。[①] 蒸汽机等技术运用于大工业生产，不仅促进了生产的社会化进程和生产力的迅速发展，也促进了社会制度的深刻变革。资本主义制度作为一种代替封建制度的新兴社会制度，不仅体现了社会的深刻变革，并且为推动资本主义社会生产力的发展发挥了重要历史作用。但是资本主义制度是建立在生产资料私人占有基础上的资本主义私有制，资本主义私有制与生产社会化存在着固有的矛盾，资本主义私有制把科学技术和生产力的发展引向高度垄断的阶段，把科学技术和生产力的发展变成资本榨取高额利润的手段，不仅导致了严重的两极分化，还严重阻碍了社会生产力的发展，日益成为现代生产力发展的桎梏。科学技术和生产力发展的进一步现代化，催生了与现代社会化大生产相适应的社会主义制度。社会主义制度代替资本主义制度是人类历史上最深刻的社会变革。生产社会化与社会主义公有制本质上是相一致的。社会主义制度的产生，是现代大生产发展的结果，是现代化深入发展的必然产物，社会主义制度一经产生，就充分展示了这种制度的巨大优越性，

① 《马克思恩格斯文集》第1卷，人民出版社2009年版，第87页。

更好地适应和促进了现代生产力的发展，并在这一过程中促进了社会主义制度本身的现代化。

（三）中国式现代化的共同特征

中国式现代化是世界现代化的中国探索，这种现代化必然具有现代化进程具有的共同特征。把握这种现代化的共同特征，是推动中国式现代化的时代引擎。

中国式现代化的共同特征体现在：中国式现代化是我国社会由不发达状态向发达状态转变的过程，是我国社会科学技术发展、生产力发展与生活质量发展达到现代高度的过程，是现代科学技术引领和推动我国社会主义社会生产力和人民生活质量赶上和超过世界先进水平的过程。

中国式现代化就是由不发达状态向发达状态转变的过程。如果说现代化是由不发达状态向发达状态转变的过程，那么中国式现代化也必然是推动我国社会由不发达状态向发达状态转变的过程。我国是社会主义国家，社会主义发展客观具有不发达和发达的状态。毛泽东在研读苏联《政治经济学教科书》时，就注意并使用了不发达的社会主义和发达的社会主义的话语①，表明了社会主义现代化是由社会主义的不发达状态向发达状态转变的过程。邓小平也曾指出："坚持社会主义，首先要摆脱贫穷落后状态，大大发展生产力，体现社会主义优于资本主义的特点。要做到这一点，就必须把我们整个工作的重点转到建设四个现代化上来，把建设四个现代化作为几十年的奋斗目标。"② 党的第十四次、第十五次全国代表大会，更明确提出逐步摆脱不发达状态，把中国由不发达的社会主义国家变成富强民主文明的社会主义现代化国家。③ 把不发达的社会主义国家建成社会主义现代化国家的过程，就是中国由不发达状态向发达状态转变的过程。

中国式现代化是现代科学技术引领和推动我国生产力赶超世界先进水平的过程。中国式现代化由不发达状态向发达状态转变，关键是要发挥现代科学技术的龙头作用，通过现代科学技术的创新、发展和运用，带动、推动我国现代生产力的发展，使我国现代生产力的发展赶上和超过世界先进水平，并为中国人民生活质量的提升奠定坚实的物质基础。社会主义的根本任务是发展生产力，社会主义现代化的根本任务是实现落后生产力向先进生产力的转变。我国长期推进的"四个现代化"，是工业、农业、国

---

① 中共中央文献研究室：《毛泽东思想年编：1921—1975》，中央文献出版社 2011 年版，第 891 页。

② 《邓小平文选》第三卷，人民出版社 1993 年版，第 224 页。

③ 中共中央文献研究室：《十四大以来重要文献选编》下，人民出版社 1999 年版，第 2317 页。

防、科学技术的现代化，主要是指以科学技术现代化为核心和龙头的现代化，说到底也是以现代科学技术促进现代生产力发展为主要内容的现代化。没有科学技术的现代化，就没有我国生产力发展的现代化，就没有我国的工业、农业、国防的现代化。我国的现代化进程就是通过在科学技术上赶超世界先进水平，来带动国家赶超世界生产力发展的先进水平，进而提升国家的整体现代化程度。

中国式现代化是我国社会生活方式与人民生活质量不断达到现代高度的过程。中国式现代化不仅是生活方式的现代化，还是人民生活质量不断提高的现代化。我国现代科学技术的发展，不仅促进了社会生产力的发展，创造了巨大的物质财富，为人民物质生活质量的提升奠定了坚实的基础，还促进了人们的生活方式的现代化，改善了人们的交往方式特别是精神交往方式，促进了人们精神世界的发展、精神需要的满足和精神生活质量的提升。现代互联网特别是移动互联网技术的发展，改变了人们的生产、分配、交换、消费方式，人们不仅注重物质性消费，也越来越注重精神性消费，其文化性消费和技术性消费的要求越来越高，并随着现代科学技术的发展而日益全面充分地得到满足。中国式现代化不仅促进了物质生产的发展和精神生产的发展，还促进了人的自由而全面发展。促进人的自由全面发展是社会主义的本质要求，是中国式现代化的本质要求，也是全面建设社会主义现代化国家的一个根本目标。社会主义现代化只有在促进现代科学技术、社会生产力发展、人民生活质量提升的同时，促进人民的自由全面发展，实现社会现代化和人的现代化的良性互动和相互促进，才是符合现代化发展趋势和人民共同愿望的现代化。

中国式现代化是中国社会制度的现代化。中国共产党领导的新民主主义革命和社会主义革命，不仅推翻了“三座大山”的压迫，也推翻了半殖民地半反封建社会的腐朽社会制度，用社会主义制度取而代之。中国式现代化伴随着社会主义制度的建立、发展而不断发展。社会主义制度是人类历史上迄今最先进的社会制度，我国社会主义制度能够代替半殖民地半封建社会的腐朽制度，是因为它能够更好地适应和促进社会生产力的发展，推动中国式现代化的进程。社会主义制度与社会生产力的发展存在着既相适应又相矛盾的状况。我国社会主义制度与社会生产力的发展是基本相适应的，但随着生产力的进一步发展，也会出现一些不相适应的方面。适应是基本的方面，不适应是非基本的方面。改革是社会主义制度自我完善的重要方式，是促进社会主义现代化的重要举措，全面深化改革，就是要坚持与生产力发展相适应的方面，改革与生产力发展不相适应的方面，深化社会主义的制度创新，促进社会主义制度的现代化，赋予社会主义制度强大生命力，使中国特色社会主义制度更好地促进生产力的发展。

二、现代化的中国特色

中国式现代化是中国共产党领导的社会主义现代化，是基于中国国情的现代化，必然具有不同于其他国家现代化的鲜明的中国特色。习近平在党的二十大报告中指出，中国式现代化是人口规模巨大的现代化，是全体人民共同富裕的现代化，是物质文明和精神文明相协调的现代化，是人与自然和谐共生的现代化，是走和平发展道路的现代化。① 这既是中国式现代化的本质要求，也是中国式现代化的中国特色的集中概括。因此，在把握现代化的共同特征的基础上，更要把握中国式现代化的中国特色。

（一）中国式现代化的制度特色

中国式现代化是发挥社会主义制度的优越性推进社会主义现代化的进程，具有鲜明的制度特色。中国式现代化的制度特色体现在具有独特的政党制度和优越的社会制度。“中国共产党领导是中国特色社会主义最本质的特征，是中国特色社会主义制度的最大优势。”② 中国式现代化是中国共产党领导的现代化。中国共产党是新时代中国式现代化建设的领导核心，全面建设社会主义现代化国家、全面推进中华民族伟大复兴，关键在党。中国共产党是中国工人阶级、中国人民和中华民族的先锋队，坚持以马克思主义和中国化、时代化的马克思主义为指导，贯彻民主集中制，坚持群众路线，始终走在时代的前列，团结动员全国人民为实现中国式现代化而奋斗。中国式现代化必须始终坚持中国共产党的领导。中国式现代化是社会主义的现代化。中国特色社会主义是实现中国式现代化的必由之路，实现中国式现代化必须始终坚持中国特色社会主义道路，发挥社会主义制度的优越性，团结凝聚全民族的力量，整合一切社会资源，集中力量办大事，加快推进中国式现代化的进程。中国共产党领导中国人民运用社会主义制度推进中国式现代化，能够避免两极分化，逐步实现全体人民共同富裕，并且通过逐步实现共同富裕来进一步增强中华民族的凝聚力和中国式现代化的源动力，并在以中国式现代化推进中华民族伟大复兴的历史进程中巩固和发展中国特色社会主义制度，促进社会主义制度现代化，不断形成和彰显中国特色社会主义制度对资本主义制度的比较优势。

---

① 习近平：《高举中国特色社会主义伟大旗帜 为全面建设社会主义现代化国家而团结奋斗——在中国共产党第二十次全国代表大会上的报告》，人民出版社 2022 年版，第 22—23 页。

② 《习近平谈治国理政》第三卷，外文出版社 2020 年版，第 181 页。

（二）中国式现代化的国情特色

中国式现代化具有自身的特殊的国情，从中国国情出发推进现代化，是中国式现代化的基本要求。“中国式现代化是人口规模巨大的现代化。”十四亿人口巨量经济体的现代化，规模超过了西方发达国家人口的总和，资源的配置、生产的组织、产品的消费需要国内国际两个市场、两种资源的统筹协调，往往在开放的环境中牵一发而动全身，既产生世界性影响，也受到全球性制约，现代化动能和势能的形成具有其自身的特点和规律。加上人口分布和经济发展不平衡，实现人口规模巨大的现代化面临很多其他经济体所未有的特殊的矛盾、挑战和难题，现代化的复杂性和艰巨性前所未有；中国式现代化是世界最大发展中国家的后发现代化，在科学技术和生产力的发展上与发达国家的差距较大，如何探索中国式现代化的独特道路，少走或避免发达国家走过的弯路，把后发的劣势转为后发的优势，缩小同发达国家的差距，是最大发展中国家实现现代化必须正视和解决的问题；中国式现代化是由处在社会主义初级阶段的不发达状态向发达状态转变的现代化。经过新中国成立七十多年来，特别是改革开放四十多年的探索和奋斗，我国的现代化建设已经取得了重大的成就，科学技术和综合国力有了明显的提升，奠定了现代化发展的基础，但在现代先进科学技术特别是高新科学技术的发展上，在现代化产业的核心竞争能力上，还存在着明显的不足，需要加快发展现代科学技术特别是高新科技，缩小同世界先进水平的差距。

（三）中国式现代化的价值特色

“中国式现代化是全体人民共同富裕的现代化。”这是中国式现代化最重要的价值特色。共同富裕是社会主义的本质要求，是中国式现代化的本质要求，是全国人民通过中国式现代化创造实现美好生活的共同夙愿和价值旨归。中国式现代化要始终坚持以人民为中心，走共同富裕的现代化道路，着力解决新时代人民日益增长的美好生活需要同不平衡不充分发展之间的矛盾，把创造实现全国人民的美好生活，实现全体人民的共同富裕，作为中国式现代化的根本价值取向，坚决避免和防止两极分化。邓小平指出：“现在我们搞四个现代化，是搞社会主义的四个现代化，不是搞别的现代化。……社会主义的目的就是要全国人民共同富裕，不是两极分化。如果我们的政策导致两极分化，我们就失败了。”① 中国式现代化不是少数人富裕的现代化，更不是两极分化的现代化，而是全体人民共同富裕的现代化。中国式现代化要增强全体人民的获得感、幸福感和安全感。然而，推

① 《邓小平文选》第三卷，人民出版社 1993 年版，第 110—111 页。

进中国式现代化，实现全体人民的共同富裕，不是一个短期的过程，更不可能一蹴而就，而需要全体人民的长期奋斗和不懈努力。

（四）中国式现代化的发展特色

“中国式现代化是物质文明和精神文明相协调的现代化。”中国式现代化的发展是物质文明和精神文明的协调发展，“物质贫困不是社会主义，精神贫乏也不是社会主义”①，中国式现代化要避免只重物质文明、轻视精神文明、只重物质富足、忽视精神富足的片面发展、畸形发展的倾向，坚持全面推进现代化的发展。只有物质文明与精神文明协调发展、物质需要和精神需要都得到满足、物质生活与精神生活都更加富足的现代化，才是符合中国特色社会主义本质、道路和要求的现代化，才是人民群众真正需要的现代化。中国式现代化在促进“物的全面发展”的同时，还要促进“人的全面发展”，在提高人的科学文化素质和身心健康素质的同时，更加注重提高人的思想道德素质，促进人的思想的精神的全面发展，培养和造就德才兼备、全面发展，有理想、有本领、有担当的堪当民族复兴大任的时代新人。

（五）中国式现代化的生态特色

“中国式现代化是人与自然和谐共生的现代化。”正确认识和处理人与自然的关系，是中华优秀传统文化赋予中国式现代化的智慧底蕴，实现人与自然的和谐共生，是中国式现代化的文明之道。尊重自然、顺应自然、保护自然，是全面建设社会主义现代化国家的内在要求。“绿水青山就是金山银山”，② 绿色发展是中国式现代化的重要理念。中国式现代化不仅要发展中国的物质文明、精神文明，还要发展中国的生态文明，创造人类文明发展的新形态。中国式现代化坚持人与自然的和谐共生，不仅是为了现代中国的发展，创造人民更加美好的现实生活，还要注重可持续发展，建设未来的美好中国，坚持不以现代人的幸福生活损害下代人的幸福为代价，而要使中国式现代化惠及中华民族的千秋万代。中国式现代化坚持人与自然的和谐，实质上是人与人的和谐，是中国人民彼此之间的和谐，还是当代中国人和后代中国人的和谐，是创造一代又一代炎黄子孙美好福祉与持续和谐的历史伟业。

（六）中国式现代化的和平特色

“中国式现代化是走和平发展道路的现代化。”中国式现代化是在开放

---

① 习近平：《高举中国特色社会主义伟大旗帜 为全面建设社会主义现代化国家而团结奋斗——在中国共产党第二十次全国代表大会上的报告》，人民出版社 2022 年版，第 22—23 页。

② 《习近平谈治国理政》第四卷，外文出版社 2022 年版，第 435 页。

的国际环境中稳步推进的现代化，中国的现代化发展离不开世界，世界的现代化发展也离不开中国。中国始终坚持独立自主的外交路线，秉持和平共处的五项原则，始终如一地走和平发展的道路。中国式现代化不是建立在“战争、殖民、掠夺”基础上的现代化，而是建立在中国人民勤劳、智慧、奋斗基础上的现代化，是和平发展、合作共赢的现代化，是推动构建人类命运共同体、创造人类文明新形态的现代化。迈向新时代新征程，要统筹世界百年未有之大变局和中华民族伟大复兴的战略全局，站在人类社会大潮流、世界变化大格局和中国发展大历史的战略高度，把握世界之变，回答世界之问，准确识变、科学应变、主动求变，以新的历史主动精神，正确认识和处理中国同世界的关系，维护世界和平，“在坚定维护世界和平与发展中谋求自身发展，又以自身发展更好维护世界和平与发展”，[①] 营造和平发展的良好国际环境，塑造和平发展的世界格局秩序，更好地促进中国和世界的共同发展。

三、现代化的中国选择

中国式现代化既要体现现代化的共同特征，又要体现现代化的中国特色，达到现代化共同特征与中国特色的有机统一，这是中国式现代化的必然选择。现代化的共同特征，体现了现代化的普遍性，现代化的中国特色，体现了现代化的特殊性。正如矛盾的普遍性与特殊性相联结是唯物辩证法的精髓一样，现代化的共同特征与中国特色相结合，则是中国式现代化的精髓。在推进现代化的共同特征和中国特色有机统一的中国式现代化的进程中，要注重以下几点：

（一）坚持现代化的生产发展与制度创新相结合

现代化是以经济建设为中心、以生产力发展为根本任务的现代化。没有生产的社会化，没有现代生产力的高度发展，没有生产力创造和提供的物质财富的极大涌流和日益丰富，就谈不上现代化。所以，中国式现代化也要始终坚持把发展现代生产力放在首位，着力创造比资本主义更高的劳动生产率和社会生产力。中国式现代化不仅要注重现代生产力的发展，提高现代生产的社会化水平，创造更多的物质财富，还要注重社会主义制度的现代化，在全面深化改革中，促进社会主义制度的改革创新，使社会主义制度的现代化更好适应和促进中国式现代化的发展。社会主义制度的现

① 习近平：《高举中国特色社会主义伟大旗帜 为全面建设社会主义现代化国家而团结奋斗——在中国共产党第二十次全国代表大会上的报告》，人民出版社2022年版，第23页。

代化，就是要适应我国现代生产力发展的需要，进一步坚持和完善中国特色的社会主义基本经济制度，坚持和完善公有制为主体、多种所有制经济共同发展，按劳分配为主、多种分配方式并存和社会主义市场经济体制的基本经济制度，通过建设高水平的社会主义基本经济制度，更好地促进我国现代生产力的发展，促进社会物质财富的充分创造与合理分配，促进社会的公平正义，在把蛋糕做大的同时，把蛋糕分好，逐步实现全体人民的共同富裕，坚决不走资本主义现代化在增加社会财富的同时导致严重两极分化的老路和邪路，充分体现中国式现代化和社会主义制度的优越性。

（二）坚持现代化的科技引领与自主创新相结合

科学技术是现代化的引擎和龙头。通过科学技术的现代化，来推动生产的社会化和现代化，进而推动社会发展的现代化，实现社会由不发达状态向发达状态的转变，是各国现代化的普遍规律和共同特征。我国的现代化也要遵循各国现代化的普遍规律，体现各国现代化的共同特征，始终坚持以创新作为我国现代化建设全局的核心，坚持以科学技术的现代化带动和推动生产力发展的现代化和社会发展的现代化。党的二十大报告擘画了新时代新征程我国现代化建设的宏伟蓝图，即，到二〇三五年，我国发展的总体目标是：经济实力、科技实力、综合国力大幅跃升，人均国内生产总值迈上新的大台阶，达到中等发达国家水平；实现高水平科技自立自强，进入创新型国家前列；建成现代化经济体系，形成新发展格局，基本实现新型工业化、信息化、城镇化、农业现代化；到本世纪中叶，把我国建设成为综合国力和国际影响力领先的社会主义现代化强国。[①] 二十大报告还强调把我国建设成为制造强国、质量强国、贸易强国、航天强国、海洋强国、农业强国、交通强国、网络强国、教育强国、科技强国、人才强国、文化强国、体育强国，并加快建设数字中国。这表明我国的现代化建设也必须始终以科学技术为龙头，以科技强国带动我国各方面的强国建设，以科学技术的现代化来推进我国的全面现代化。然而，科学技术特别是高科技，依靠“拿来主义”是不行的，高科技是国之重器，花钱都买不来，加上霸权主义和强权政治对我国实施的贸易战、科技战、新冷战，在科学技术上全面打压遏制中国，大搞所谓的“断供”“脱钩”。因此，我们只能把现代科学技术特别是高科技的发展建立在自己的基点上，发挥中国人民的聪明才智和创新精神，走自主创新的科技发展道路，为经济发展和综合国力赶上和超过世界先进水平提供强有力的科技支撑。

---

① 习近平：《高举中国特色社会主义伟大旗帜 为全面建设社会主义现代化国家而团结奋斗——在中国共产党第二十次全国代表大会上的报告》，人民出版社2022年版，第24—25页。

（三）坚持现代化的道路探索与道路自信相结合

现代化作为各国由不发达状态向发达状态转变的过程，必然有现代化发展道路探索的共同之处，这就是通过发展科学技术来推动生产力的发展和社会现代化水平的提高。目前实现现代化的国家主要是西方资本主义发达国家，走的是西方式现代化发展道路，这是一条建立在资本主义私有制基础上的资本主义的现代化道路，在发展现代化的过程中，一方面促进了现代生产力的发展，另一方面又加剧了资本主义私有制与社会化大生产之间的矛盾，激化了资本家和工人阶级之间的矛盾，特别是通过“战争、殖民、掠夺”推进资本主义国家现代化的同时，也给本国人民和广大发展中国家人民带来了深重的罪恶和灾难，严重破坏和阻碍了现代生产力的发展。中国式现代化是中国共产党领导和马克思主义指导的社会主义现代化。我们既要借鉴吸收各国现代化道路探索的有益成果，遵循世界现代化发展的客观规律和共同进路，又要坚持把马克思主义的普遍真理和中国社会主义现代化建设的具体实际相结合，走出一条符合国情的中国式现代化道路。邓小平指出：“把马克思主义的普遍真理同我国的具体实际结合起来，走自己的道路，建设有中国特色的社会主义，这就是我们总结长期历史经验得出的基本结论。”[①] 中国式现代化道路是马克思主义科学社会主义基本原理同我国现代化建设具体实际相结合的产物，是一条具有中国特色的社会主义现代化道路。这样一条道路，已经指引和推动我国社会主义现代化事业取得了世人瞩目的伟大成就，促进了我国现代科学技术的发展、现代生产力的发展和人民生活质量的提升，有力地促进了我国核心竞争力和综合国力的增强。实践证明，中国式现代化新道路是实现我国社会主义现代化的必由之路。我们要增强中国式现代化新道路的道路自信。与此同时，还要从新时代新征程社会主义现代化建设的实际出发，进一步创新和完善中国式现代化新道路，增强以中国式现代化推进中华民族伟大复兴的道路自觉，为全面建成社会主义现代化强国、实现中华民族的伟大复兴而不懈奋斗。

---

① 《邓小平文选》第三卷，人民出版社 1993 年版，第 3 页。

构建中国式现代化评价指标体系的若干重大问题

王承哲[①]

习近平总书记在党的二十大报告中强调，全面建成社会主义现代化强国，总的战略安排是分两步走：从二〇二〇年到二〇三五年基本实现社会主义现代化；从二〇三五年到本世纪中叶把我国建成富强民主文明和谐美丽的社会主义现代化强国。[②] 报告在此基础上强调指出，中国式现代化是人口规模巨大的现代化，是全体人民共同富裕的现代化，是物质文明和精神文明相协调的现代化，是人与自然和谐共生的现代化，是走和平发展道路的现代化。[③] 中国式现代化对“新时代坚持和发展什么样的中国特色社会主义、怎样坚持和发展中国特色社会主义”“建设什么样的社会主义现代化强国、怎样建设社会主义现代化强国”“建设什么样的长期执政的马克思主义政党、怎样建设长期执政的马克思主义政党”等重大课题做了科学精准和有理有力的回答，从而形成了中国式现代化“强起来”政治经济学的整体表征。[④]

未来五年是全面建设社会主义现代化国家开局起步的关键时期，也是大力推进中国式现代化的关键时期。“康庄大道并不等于一马平川，要把中国式现代化五个方面的中国特色变为成功实践，把鲜明特色变成独特优势，需要付出艰巨努力。”[⑤] 因此如何评估、如何推进中国式现代化等一系列重

---

① 王承哲，河南省社会科学院党委书记、院长、研究员。

② 习近平：《高举中国特色社会主义伟大旗帜 为全面建设社会主义现代化国家而团结奋斗——在中国共产党第二十次全国代表大会上的报告》，人民出版社2022年版，第24页。

③ 参见习近平：《高举中国特色社会主义伟大旗帜 为全面建设社会主义现代化国家而团结奋斗——在中国共产党第二十次全国代表大会上的报告》，人民出版社2022年版，第22—23页。

④ 参见张占斌：《构建中国式现代化“强起来”的政治经济学》，《社会科学辑刊》2023年第8期。

⑤ 习近平：《中国式现代化是强国建设、民族复兴的康庄大道》，《求是》2023年第16期。

大现实问题，需要从中国式现代化这一伟大实践与典型特征出发，加快构建中国式现代化评价指标体系，并系统分析其与经济现代化、社会进程现代化、城乡区域现代化、生态文明现代化和治理能力现代化的相互关系与潜在冲突，科学理性展现社会主义现代化战略目标的阶段性安排和总体性实现程度。

一、构建中国式现代化评价指标体系的艰巨性复杂性

构建中国式现代化评价指标体系是一个复杂的系统工程，既要处理好指标体系顶层设计的宏观与微观关系，又要处理好指标体系建构和绩效评估的短期与长期矛盾。这种长短期、宏微观的辩证关系，是构建指标体系重点关注的方法论。

（一）构建中国式现代化指标体系，需要正确处理长期目标与短期任务的对应关系

构建中国式现代化指标体系涉及经济社会各领域、各环节。从中国式现代化战略任务的长期规划上看，指标体系要突出顶层设计，体现长远指导性、整体性战略布局。党的二十大报告规划了中国式现代化“两个十五年”的长远战略目标，描绘了十三个方面的强国建设，形成了支撑现代化强国的十三项重大举措，体现了“五位一体”总体布局的指导性。

从中国式现代化战略任务的中期规划上看，指标体系要突出前瞻性设置、全局性谋划和整体性推进，体现战略谋划、协调推进。在中期战略目标上，党的十九大报告从“五大建设”的角度第一次描绘了 2035 年的蓝图。党的二十大在十九届五中全会蓝图的基础上对 2035 年又进行了更加详细的描绘，包括了八个方面的重点内容，体现了要在统筹兼顾的基础上找准关键环节，以重点突破带动整体推进。

从中国式现代化战略任务的短期规划上看，指标体系要突出统筹兼顾、统揽全局，体现“一分部署，九分落实”。在近期目标上，党的二十大报告提出的经济高质量发展取得新突破，科技自立自强能力显著提升，构建新发展格局和建设现代化经济体系取得重大进展等经济社会发展目标，遵循了世情国情党情的发展变化，彰显了时代性、科学性和创新性。

（二）构建中国式现代化指标体系，需要正确处理宏观与微观的辩证关系

构建中国式现代化的指标体系是一项复杂而艰巨的历史任务。唯其艰巨才需要从中国式现代化理论和实践中把握其中的辩证关系。中国式现代化既是远景目标，承担着民族复兴的重任，同时也是具体过程，推动社会各领域、各环节的发展和进步。

中国式现代化指标体系既具有各国现代化的共同特征，更有基于自己国情的鲜明特色。现代化是一种全球发展趋势，有着一般的运行规律和共性特征。同时，世界不同国家和地区都会根据自身国情或特点，探索走出不同的现代化发展道路，形成不同的评价模式。科学评价中国式现代化要以推动实现现代化为最高目标，同时也要包含世界不同国家现代化的一般特征。

从历史来看，人类对于现代化的探索肇始于17世纪的欧洲变革，标志着欧洲经济体系向现代化迈进的重要一步。但伴随资本主义以资本为中心的弊端的不断显现，以人民为中心的社会主义的发展壮大，人类现代化有了新的活力，呈现新的文明形态，也走出了一条不同于资本主义的独特发展模式。

构建中国式现代化指标体系就是要围绕中国道路、中国模式所形成的思想理念、制度安排、政策举措，研究谋划中国式现代化的实现程度与实现方案。中国式现代化要彰显中国特色、坚持走“自己的路”，所构建的指标体系也要具有基于自己国情的鲜明特色。因此，构建中国式现代化指标体系的指导思想必然是坚持中国共产党领导的、体现中国国情和发展特点的、以中国特色社会主义为道路和目标选择的现代化指标体系，既能解释方针、路线、政策等宏观问题，又能指导如何激活民营企业发展动力、如何提高市场主体活力、如何优化营商环境等具体工作，是坚持走“自己的路”的现代化指标与标准。

（三）构建中国式现代化指标体系，需要正确处理科学性与适用性的考核关系

从根本上讲，现代化的本质在于如何组织人、配置人，从而最大限度地发挥人这个最重要的生产力因素，其作用过程具有非线性特征。因此，构建指标体系要在秉持独立性的前提下力争真实全面反映新时代新特征。

首先，中国式现代化指标体系是一个科学性的概念。这个指标体系需要涵盖人口、产业、创新、金融、开放、生态等经济社会发展的方方面面，是由目标层、系统层、准则层、指标层等不同层级单元构成的基本架构。

其次，中国式现代化指标体系建构是一个普遍性与特殊性相统一的概念。在构建指标体系时，每个领域的指标纷繁复杂，要注意把握主要方面的主要矛盾，选取具有权威性、代表性的指标，尽量简洁、精准地表现出该目标层意图测量的含义①。现代化并不是哪一个国家、哪一个时代的专利，而是在相互借鉴中传承的，比如说中国式现代化指标体系需要借鉴西方的现代化理论、比较优势理论和产业组织理论等，再比如说马克思的共产主义思想也是在不断发展创新。

最后，建构中国式现代化指标体系，需要坚持定量与定性相结合的分析方法。西方现代化评价指标注重模型构建和因果推断，取得了一些成果，但这一研究范式也因其日益僵化、脱离现实而受到批评。② 因此，构建中国式现代化的指标体系要有强烈的政治性和当代性，在新时代背景下展现新的特点，并与中国具体实践相结合。选取指标的数量应坚持适当原则，在确保覆盖面的同时，也要注意指标之间的独立性、不交叉，如实全面反映全面推进中国式现代化建设的伟大实践和取得的伟大成就。要以马克思主义世界观和方法论为指导，强化定性分析与定量研究相结合，例如，要深化大数据、机器学习、因果推断等先进方法的应用，推动中国模式向现代化指标体系范式的转变，重点突破西方主流经济学评价和统计范式的刻板印象，形成具有自身特色的指标评价体系。

二、构建中国式现代化评价指标体系的理论依据

加快构建中国式现代化评价指标体系应跳出中国看世界、站位世界看中国，以百年变局、中国国情、历史演进、时代趋势为基准，以马克思主义现代化思想为理论指导，实现对西方现代化模式的反思和超越。

（一）从马克思主义理论中概括提炼出中国式现代化指标体系的基本范式

构建中国式现代化评价指标体系，必须坚持以马克思主义现代化思想为理论指导。马克思分析现代化与现代性的思想，相比于其他的现代化理论，最根本的超越就是以“现实历史的辩证法”取代了“思辨的辩证法”，即传统的现代化理论以概念及其逻辑关系来研究现存社会诸要素之间的关

---

① 参见贾晓芬、张宏莉：《科学构建中国式现代化的评价指标体系》，《国家治理》2022年第20期。

② 参见董志勇：《深化中国式现代化理论研究》，《理论导报》2023年第5期。

系，马克思主义则是从人的社会性实践去研究现存社会的有机构成①。

在马克思恩格斯著作里没有直接使用“现代化”这个概念，但是从“现代性”出发作了哲学阐释，提出了生产方式这一根本评价指标，作为人类现代性和现代化的标准。现代性就是资本逻辑及其所派生出来的一系列普遍特征的总和，而传统西方现代化理论就是主张以资本的自我发展来实现现代化的理论。马克思恩格斯对“现代资产阶级社会”“现代文明已经发展的国家”“现代大工业”“现代生产力”等一系列概念作了深刻论述，认为“现代”是与封建社会相对的社会性质概念，提出了“这一运动的‘历史必然性’”趋势，在揭示“世界历史”“亚洲社会”等问题时也涉及现代化问题，为后发国家独立探索现代化道路提供了理论依据②。

传统的现代化理论要么割裂现代社会与传统社会之间的联系，否认其历史延续性；要么以抽象的普遍公式来追求对于“普遍历史”而不是具体的历史的把握。马克思主义则是从生产方式演变的角度理解现代社会的形成与发展过程，并深入解读资本主义社会这一特定社会形态的经济发展规律，它是资产阶级政治经济学的阶级实质，同时也是资本主义私有制的理论表现③。传统的现代化理论诉诸概念与原则来化解现代社会的矛盾，马克思主义则是立足于人的实践展望超越资本主义的文明形态。总的来看，马克思主义对现代化有这样几个结论：一是认为现代化是世界历史发展和人类文明进步的必然趋势；二是认为资本主义不是现代化的唯一选项，可以跨越“卡夫丁峡谷”；三是认为现代化是从物的现代化到人的现代化，实现人的全面发展。所以，可以说中国式现代化理论渊源就在于马克思主义的人类文明形态现代化。

马克思主义现代化思想内核与新发展理念高度契合，形成了现代化思想评判指标的原则。针对创新问题，马克思恩格斯提出“使工人的职能和劳动过程的社会结合不断地随着生产的技术基础发生变革”④；针对协调问题，认为要把城乡“生活方式的优点结合起来”⑤；针对绿色问题，指出“不要过分陶醉于我们人类对自然界的胜利”⑥；针对开放问题，表示世界

---

① 参见《马克思恩格斯文集》第1卷，人民出版社2009年版，第502页。

② 参见蒋永穆、李想、唐永：《中国式现代化评价指标体系的构建》，《改革》2022年第12期。

③ 参见《马克思恩格斯选集》第2卷，人民出版社2012年版，第3页。

④ 《马克思恩格斯选集》第2卷，人民出版社2012年版，第231页。

⑤ 《马克思恩格斯选集》第1卷，人民出版社2012年版，第305页。

⑥ 《马克思恩格斯文集》第9卷，人民出版社2009年版，第559页。

市场“使一切国家的生产和消费都成为世界性的了”①；针对共享问题，宣示“每个人的自由发展是一切人的自由发展的条件”②。这既是我们党新发展理念的思想来源，更是我国构建评价指标体系的重要遵循。

（二）从各国现代化实践中概括提炼出中国式现代化指标体系的共同特征

中国式现代化是中国共产党充分吸取中华优秀传统文化养分，批判借鉴先发国家经验内核，经过长期实践探寻的兴国新路，既具有各国现代化发展的共性特征，又蕴含独特的基因密码。因此，构建中国式现代化评价指标体系，应吸收借鉴西方现代化发展的一般规律。

西方现代化研究蕴含于两百多年的人类现代化进程之中，但作为一种自觉的理论思潮则兴起于 20 世纪 60 年代初。1960 年，欧美和日本学者在日本箱根（位于神奈川县）召开了“现代日本”国际研讨会，首次提出现代化的八项标准，被认为是国际上第一次认真而又系统地讨论现代化问题的会议。这一时期的现代化研究被统称为经典现代化理论，其基本范式是在“传统现代”二元论基础上的“西方化”或“美国化”，形成了多个领域流派。

20 世纪 70 年代以来，发达工业国家出现的新现象对现代化理论形成进一步挑战。工业化逆转，工业经济比例持续下降，服务经济比例持续上升；城市化逆转，城市人口开始向郊区和乡村回流；环境保护运动大规模兴起，后现代主义开始蔓延。这一时期先后涌现了后工业社会、后现代主义、后现代化、生态现代化、自反性现代化、继续现代化、多元现代性、未来学、田园城市、解构主义等理论。这些理论和探索，是构建中国式现代化指标体系的重要参考。

与此同时，构建中国式现代化评价指标体系，也要充分吸收借鉴人类文明的一切优秀成果。当今时代，经济的全球化已经成为不可逆转的历史潮流。离开对外开放，封闭起来搞指标体系，既是不可能的，也是行不通的，任何一个国家和地区都不能关起门来对本国本地区另搞一套考核指标，不搞交流、合作、竞争是难以实现现代化的。构建中国式现代化评价指标体系，要充分批判和借鉴发达国家关于现代化成熟的指标体系。国际组织把现代化指标体系分为两组：一组包括经典现代化指标、后现代化指标与新现代化指标，另一组包括原生现代化指标与后发现代化指标。例如联合国可持续发展指标体系（包含 17 个维度 200 项指标）、世界银行世界发展

① 《马克思恩格斯选集》第 1 卷，人民出版社 2012 年版，第 404 页。
② 《马克思恩格斯选集》第 1 卷，人民出版社 2012 年版，第 422 页。

指标体系（包含 20 个维度 1500 个指标）、经济合作与发展组织（OECD）国家概览指标体系（包含 12 个维度 100 项指标）等，重点关注指标的适用性、前瞻性与可比性。对此，我们要结合我国发展实际进行合理吸收采纳。

（三）从中国式现代化理论中概括提炼出中国式现代化指标体系的中国方案

习近平总书记在学习贯彻党的二十大精神研讨班开班式上的重要讲话，进一步深刻阐释了中国式现代化的一系列重大理论和实践问题，是构建中国式现代化指标体系的根本遵循。因此，在指标设置上要着眼于党的二十大精神，从系统层、准则层、指标层三个维度出发，层层递进、环环相扣，体现中国特色和中国方案。

从领导力量来看，必须坚持和加强党的全面领导。“党的性质宗旨、初心使命、信仰信念、政策主张决定了中国式现代化是社会主义现代化，而不是别的什么现代化。”① 只有坚持党的全面领导，才能保证中国式现代化的评价目标、评价标准、评价导向的正确方向，才能把党中央的决策部署落到实处，真正做到以评促改、以评促优。

从发展方向来看，必须坚持中国特色社会主义道路。道路自信是做好指标设计和指标评价工作的重要前提。实践证明，中国式现代化走得通、行得稳，是强国建设、民族复兴的唯一正确道路。坚持中国特色社会主义道路自信，将“五大发展理念”和“两个结合”融入评价指标体系，确保中国式现代化在正确的轨道上行稳致远。

从核心主题来看，必须全面推进中华民族伟大复兴。实现中华民族伟大复兴是推进中国式现代化的精神支柱。构建中国式现代化评价指标体系要团结一切可以团结的力量，调动一切可以调动的积极因素，汇聚实现中华民族伟大复兴的磅礴伟力。

从根本价值来看，必须坚持以人民为中心的发展思想。人民性是马克思主义的根本属性，也是中国式现代化的价值旨归。构建中国式现代化指标评价体系要坚持以人民为中心的发展思想，坚持把实现人民对美好生活的向往作为出发点和落脚点，突出强调推进全体人民共同富裕。

从社会基础来看，必须坚持深化改革开放。指标评价体系的制定与实施离不开体制机制的变革和高水平对外开放。只有推进进一步全面深化改革，不断扩大高水平对外开放，深度参与全球产业链价值链供应链调整和重塑，才能不断拓展中国式现代化的发展空间。

---

① 习近平：《中国式现代化是中国共产党领导的社会主义现代化》，《求是》2023 年第 11 期。

从基本特征来看，必须进行中国式现代化实践探索。中国式现代化评价指标，要充分反映中国式现代化的五大特色，将人口规模巨大的现代化、全体人民共同富裕的现代化、物质文明和精神文明相协调的现代化、人与自然和谐共生的现代化、走和平发展道路的现代化的鲜明特色定性指标化和定量考核化，从现代化推动力、现代化拉动力和现代化引领力等方面提出现代化指标体系。

三、构建中国式现代化评价指标体系的基本框架

构建中国式现代化评价指标体系，必须从系统出发整体考量，自上而下、由面到点地展开系统设计，探索出一套包含系统层、准则层和若干指标层三级评价指标体系，形成各个层次、各个领域以及这些层次和领域之间的整体性指标考核评价安排。按照习近平总书记提出的新发展理念、“五位一体”总体布局、“四个全面”战略布局，具体从中国式现代化五大特色、九条本质要求和五类重要遵循出发，建构中国式现代化五个层级的评价指标体系。

（一）关于经济发展的评价指标

根据中国式现代化的本质要求，面对高质量发展的首要任务，经济现代化的评价要体现质的有效提升和量的合理增长，既涉及经济总量和经济增速等量的增长，又包括全要素生产率、技术创新、产业结构、信息化发展、开放型经济等方面质的提升。按照中国式现代化经济发展的基本要求，选择 GDP、人均 GDP 等指标，反映经济规模的变化；选择第三产业增加值占 GDP 的比重、农业劳动生产率、农业机械总动力等指标，反映产业结构和产业效率的现代化水平；选择三次产业结构占比、高技术产业增加值占比、经济增长科技进步贡献率等指标，反映经济高质量发展的“含金量”。同时，可选择研究与发展（R&D）经费支出占财政支出比重、技术合同成交额占 GDP 的比重、每万人口高价值专利拥有量、高新技术企业数量等指标，来综合反映经济高质量发展的“含新量”；选择数字经济核心产业增加值占 GDP 的比重、5G 用户普及率、电子商务交易额等指标，以体现经济现代化发展的数字经济和信息化发展水平；选择货物进出口总额、实际利用外资总额、对外直接投资备案额等指标，以体现经济现代化进程中的开放型经济发展质量。

除此之外，构建新发展格局，坚持扩大内需战略基点和供给侧结构性改革战略方向，迫切需要加快文化产品的转化和消费升级，以文旅文创深度融合带动新消费、新业态、新产品。选择规模以上文化制造业营业收入

占比、文化产业增加值占生产总值比重、旅游业综合贡献占生产总值比重等指标来反映文化发展软实力，共同形成中国式现代化的经济高质量发展评价指标体系。

（二）关于社会进程的评价指标

党的二十大报告进一步明确我国社会主要矛盾是人民日益增长的美好生活需要和不平衡不充分的发展之间的矛盾。我国社会主要矛盾发生转化，标志着产业发展、创新驱动、绿色低碳、人民生活将进入新的发展阶段，呈现出新的性质、新的内容、新的水准，处于质量水平提高期和实现中国式现代化的酝酿过渡期。因此，在中国式现代化社会进程评价指标的选取上，要以如何实现人的现代化为基本准则，重点体现在人的发展能力现代化和人的生活方式现代化的实现程度。

在人的发展能力现代化层面，选择人均预期寿命、婴儿死亡率、孕产妇死亡率等指标反映国民健康素质水平，这是人民持续发展能力的具体体现；选择城乡基本养老保险参保率、城乡基本医疗保险参保率、城镇调查失业率、劳动年龄人口平均受教育年限、高等教育毛入学率、新增劳动力中受过高中及高等教育的比例、义务教育专任教师中本科以上学历比例、每千人口拥有执业（助理）医师数、每千名老人拥有养老床位数、每千人口注册护士数等指标，来综合衡量政府公共服务支出，在推动城乡基本公共服务均等化，织密扎牢民生保障网，不断满足人民日益增长的美好生活需要方面保障人的发展权利。

在人的生活方式现代化层面，选择互联网普及率、有线广播电视实际用户数占家庭总户数的比重、艺术表演团体和艺术表演场馆演出情况、人均拥有公共图书馆藏量、地区拥有博物馆数量等指标，体现人的生活方式现代化的供给水平和实现程度。

（三）关于城乡融合的评价指标

从“统筹城乡发展”到“城乡发展一体化”，再到“城乡融合发展”，既反映了中央政策的一脉相承，又符合中国式现代化的阶段特征和具体要求。

城乡融合不仅体现为城乡经济的融合，也体现为城乡产业、城乡基础设施和公共服务设施、城乡要素和城乡制度等方面的融合发展，重点通过促进城乡协调发展和缩小城乡发展差距两个层面，对城乡融合发展的现代化水平进行评价。例如，可以选取常住人口城镇化率、人口密度来反映人口集聚态势；选取城市建设用地面积占行政区域面积比重、地均 GDP 来表示空间城镇化的发展质量，反映城市空间的拓展和城市产业的升级；选取城乡居民人均可支配收入倍差、居民恩格尔系数以及居民每百户汽车、洗衣机、电冰箱（柜）、空调拥有量等指标，反映城乡居民收入水平和生活水平差距；面向城市更新和韧性城市建设的新要求，选取全年公共汽（电）车客运总量、人均城市道路面积与城市市政公用设施建设固定资产投资等来反映城市公共交通和服务水平，评价城市基础设施发展质量。

（四）关于生态文明的评价指标

建设生态文明，是关系人民福祉、关乎民族未来的长远大计，也关系中国式现代化的成色和底色。构建生态文明现代化评价指标，发挥指导解决现代化进程中资源环境约束的重要作用，通过推动实现“碳达峰、碳中和”、加强生态环境治理、提高生态系统稳定性和倡导绿色生活方式等方面建立动静态结合的综合评价指标。

选取单位地区生产总值二氧化碳排放降低、单位地区生产总值能源消耗降低、非化石能源占一次能源消费比重、绿色建筑占城镇新建建筑比例等指标反映“双碳”目标实现程度；选取万元地区生产总值用水量、城市空气质量优良天数比率、PM2.5 年均浓度、地表水达到或好于 III 类水体比例、受污染耕地安全利用率、城市生活垃圾回收利用率等指标反映大气、水、土壤污染综合治理成效以及主要污染物排放总量削减情况；选取森林覆盖率、湿地保护率、自然岸线保有率、耕地保有量、国土开发强度等指标反映维护生态系统的完整性和稳定性；选取城市人均公园绿地面积、公共交通占机动化出行比例、村庄保洁覆盖率、中小学生接受生态文明教育比例、资源环境信息公开率等指标反映绿色生活方式和消费方式的实现程度。

（五）关于治理能力的评价指标

坚持和完善中国特色社会主义制度、推进国家治理体系和治理能力现代化是全面深化改革的总目标，也是治理能力现代化的必然要求和关键内容。构建治理能力现代化评价指标，着重围绕数字政府、法治政府、效能政府、服务政府、廉洁政府建设共同推进，统筹加强政府自身建设和全面履行政府职能，推动治理能力现代化不断迈上新台阶。

选取政府一般公共服务支出占地方一般公共预算支出比重、政务服务事项“一网通办”可办率、不见面审批事项占比等指标反映政府公共服务投入、政府效能提升程度；选取破产案件平均审理用时、债权回收率、诉前调解成功率、解决商业纠纷平均用时、涉企案件实际执行到位率、审判流程信息公开率等指标体现法治政府建设水平；选取党风廉政建设指数、公共信用信息归集目录行业部门覆盖率、政府机构失信被执行人占比等指标反映廉洁政府和信用政府建设水平。

四、构建中国式现代化评价指标体系的保障机制

开展中国式现代化评价的目的就是推动中国式现代化健康发展，其关键就在于合理设置政绩考核指标内容，增强政绩考核的科学性、全面性、系统性和针对性，以政绩考核的“指挥棒”“风向标”推动中国式现代化评价指标体系深入实施。

（一）坚持把政绩考核与构建中国式现代化指标体系及其统计体系、综合绩效评价体系统一起来

树立科学合理的考核评价机制和正向激励机制，树立正确的政绩观，努力克服单纯以经济增长为目标导向的传统惯性发展思维，从重视扩大规模转向推动质量变革、效率变革和动力变革上来。全面开展中国式现代化评价，重点评估中国式现代化的重大战略、重大改革、重大举措、重大决策的落实及推进情况，及时向全社会公布评价结果，全面实施评价结果与年度目标考核绩效奖金、评先树优、领导班子和干部考核“三挂钩”制度，督促指导各地、各部门高质量开展专项整改和政策升级。

（二）坚持把近期发展任务与长期发展目标统一起来

坚决贯彻落实习近平总书记提出的“牢固树立正确的政绩观”重大要求，在深入实施评价指标体系过程中，既要做让人民群众看得见摸得着的实事，也要做时刻为后人作铺垫、打基础、利长远的好事；既要做显功，也要做潜功。要不计较个人功名，追求人民群众的好口碑、历史沉淀之后真正的评价。要以“功成不必在我、功成一定有我”的精神境界和历史担当创造性开展工作，依据中国式现代化评价指标体系确定年度发展目标、重点任务和重大项目，明确牵头单位、工作责任、年度目标和推进举措，确保中国式现代化目标任务有方案、按计划、分步骤有效落实。针对人均GDP、R&D经费支出占财政支出比重、每千人口拥有执业（助理）医师数、地均GDP，万元地区生产总值用水量、城市空气质量优良天数比例等单一型指标，制定切实举措，快速优化提升，尽快进入世界一流行列，力争实现从并跑向领跑迈进。

（三）坚持把政绩考核指标的统一性要求与差异化要求、共性与个性统一起来

政绩考核是引导领导班子和领导干部贯彻新发展理念、推动高质量发展的指挥棒。[①] 构建中国式现代化指标评价体系既有全国统一的考核目标和

① 参见朱辉宇：《以政绩考核推动高质量发展的关键》，《人民论坛》2021年第9期。

内容，更有基于各地实际的鲜明特色，合理确定指标权重，在统筹区域协调发展的基础上优化地方资源配置和生产力布局。与此同时，也要大胆鼓励各地、各部门积极开展原创性、差异化探索，深入挖掘首创经验和典型做法，总结提炼形成示范，复制推广创新措施，注重解决具体问题和优化制度设计协同并进，注重在兼顾普遍性与特殊性的前提下充分发挥中国式现代化评价的政绩考核引导效果，不断取得中国式现代化建设新成效。

（四）坚持把考核领导班子与考核领导干部、考核集体政绩与考核个人政绩统一起来

构建并实施中国式现代化指标体系，通过政绩考核形式，把领导班子和领导干部作为考核主体，聚焦企业和群众办事创业的痛点、堵点、难点，盯紧工作推进中的突出制约因素和关键环节，强调领导班子与领导干部、集体政绩与个人政绩的衔接与协同。构建这些考核内容，科学设置规定指标要求，有效处理领导班子集体政绩和领导干部个人政绩之间的关系，能够充分发挥考核评价指挥棒、风向标作用，巩固强化中国式现代化建设新“内核”。

五、结语

概括提出并深入阐述中国式现代化理论，是党的二十大的一个重大理论创新，是科学社会主义的最新重大成果。贯彻落实习近平总书记关于中国式现代化重要论述，当前最紧迫的任务之一就是加快构建中国式现代化评价指标体系。构建评价指标体系，要坚持以习近平新时代中国特色社会主义思想为指导，坚持生产力标准，坚持以人民为中心，坚持各国现代化共同特征，坚持基于自己国情的中国特色，形成一个既要处理好指标体系顶层设计的宏观与微观关系，又要处理好指标体系建构与绩效评估关系的指标体系。因此，在实践中需要把中国式现代化的基本特征、本质要求、重要遵循和发展趋势融入评价指标体系之中，对各地区现代化发展水平进行测评和考核，提供科学合理的衡量标准；需要综合比较与系统分析经济现代化、社会进程现代化、城乡区域现代化、生态文明现代化和治理能力现代化的目标规划；需要科学设置政绩考核指标，增强政绩考核的科学性、全面性、系统性和针对性，发挥政绩考核的“指挥棒”“风向标”的作用，深入实施中国式现代化评价指标体系。这些将构成评价指标体系的核心内容和重点参照。

论中国式现代化的动力机制[①]

郑永扣　方兰欣[②]

党的二十大报告指出："在新中国成立特别是改革开放以来长期探索和实践基础上，经过十八大以来在理论和实践上的创新突破，我们党成功推进和拓展了中国式现代化。"[③] 中国式现代化成功背后的奥秘在于其特殊的"动力机制"。从动力机制入手剖析中国式现代化，不仅可以深刻揭示中国式现代化"是其所是"的内在依据，还可以揭示中国式现代化"成其所是"进而创造"两大奇迹"之所在，从而对新征程增强中国现代化建设的活力与动力进行理论支撑。

一、政党"使命化"的政治牵引机制

从现代化的一般规律来讲，后发国家现实生产力水平较低，社会分工和市场经济不发达，进而导致社会"自组织"能力低，现代化缺乏自下而上的力量支撑，需要强大领导力量主动组织和推动本国现代化建设。中国共产党在自觉认定、主动承担和积极推进中国现代化使命过程中，成功开创了中国式现代化并持续向前推进和拓展。中国共产党是中国式现代化的根本引领和推动力量，党的领导直接关系中国式现代化的根本方向、前途命运、最终成败[④]。党的领导对中国式现代化的决定性意义可从定向、定法、定力三个方面加以理解，定向即决定中国式现代化的方向，定法即确保中国式现代化的连贯性，定力即凝聚建设中国式现代化的磅礴力量。

---

① 本文系国家社科基金一般项目"中国式现代化的动力机制及运行优化研究"（23BKS058）的阶段性研究成果。

② 郑永扣，郑州大学原党委书记、博士生导师；方兰欣，郑州大学马克思主义学院硕士生导师。

③ 习近平：《高举中国特色社会主义伟大旗帜 为全面建设社会主义现代化国家而团结奋斗——在中国共产党第二十次全国代表大会上的报告》，《人民日报》2022年10月26日。

④ 参见《人民日报》2023年2月8日。

（一）党的领导引领中国式现代化前进方向

实现现代化是近代以来中国人孜孜以求的奋斗目标，曾有多种政治力量进行过屡次尝试，但都宣告失败。正是在中国共产党的领导下，中华民族才从根本上扭转了积贫积弱的悲惨命运，建立了新中国，并在此基础上成功开创了中国特色社会主义，走出了富有中国特色的现代化道路。在推进现代化建设的新时期，中国共产党始终坚持马克思主义指导不动摇、坚守“性质宗旨、初心使命、信仰信念”① 不动摇，通过实施改革开放、推进全面深化改革等方式，不断解放和发展生产力，在坚持改革发展成果由全体人民共同享有中全面建成小康社会，以实际行动表明了对全体人民共同富裕的坚守，彰显了对中国式现代化社会主义根本性质与前进方向的笃定。党的十八大以来，党在已有基础上成功推进和拓展了中国式现代化。党的十九届五中全会指出中国式现代化的五点中国特色，并特别强调“这是我国现代化建设必须坚持的方向，要在我国发展的方针政策、战略战术、政策举措、工作部署中得到体现”②。党的二十大报告明确中国式现代化是“中国共产党领导的社会主义现代化”，这是对中国式现代化的明确定性。这一定性，决定了中国式现代化的“九大本质要求”，第一位的、管根本的就是“坚持中国共产党领导”；决定了中国式现代化必须遵循社会主义的性质和方向，即“实现高质量发展，发展全过程人民民主，丰富人民精神世界，实现全体人民共同富裕，促进人与自然和谐共生”；也决定了中国式现代化在实践中必须贯彻“坚持和加强党的全面领导”“坚持中国特色社会主义道路”的实践原则③。由此可见，党的坚强领导，确保了中国式现代化沿着正确方向前进。中国共产党的领导是中国式现代化的本质要求，也是中国式现代化的最大优势，这是中国式现代化之所以为“中国式”的根本之所在。

（二）党的领导确保中国式现代化的连贯性

中国共产党在领导中国式现代化的历程中，始终具有明确的奋斗目标和实施步骤，坚信实现民族复兴是不可阻挡的历史趋势，也清醒认识到实现这一目标必须分阶段接续推进。新中国成立后，中国共产党既不忘初心，始终引领人民向着全面建成现代化强国的奋斗目标前进，又因应时势调整中国式现代化的战略目标和战略步骤，实现远近结合，“一张蓝图绘到底，

---

① 习近平：《中国式现代化是中国共产党领导的社会主义现代化》，《求是》2023 年第 11 期。

② 《习近平谈治国理政》第四卷，外文出版社 2022 年版，第 164—165 页。

③ 《建国以来重要文献选编》第 19 册，中央文献出版社 1998 年版，第 423—424 页。

一茬接着一茬干”，保持合理推进节奏和推进速度，阶梯式向前发展。1964年，周恩来在三届全国人大一次会议上完整提出了“两步走”的战略目标①，并取得一系列发展成就。在改革开放初期，邓小平基于对“社会主义初级阶段”基本国情的清醒认知，提出了“三步走”的现代化建设目标。在改革开放40年之后，也就是“全面建成小康社会”目标即将实现之际，以习近平同志为核心的党中央又不失时机地根据中国的实际情况，基于社会主要矛盾的阶段性质变，提出了新的“两步走”战略目标。党的二十大进一步对中国式现代化作出顶层设计，“使中国式现代化更加清晰、更加科学、更加可感可行”②。进一步看，中国共产党通过前后衔接的目标规划确保现代化建设有序推进的过程，实际上也是中国式现代化立足国情不断实现自我突破的过程。比如从概念演进来看，经历了工业化、“四个现代化”到“中国式现代化”的演进过程；从内涵拓展来看，经历了从“三位一体”“四位一体”到“五位一体”的发展过程。因此，中国式现代化不是自我封闭的现代化，它具有与时俱进、开拓创新的开放性品格，所处的历史方位和历史阶段不同，其规定性也就有所不同。

（三）党的领导凝聚建设中国式现代化的磅礴力量

近代中国积贫积弱、任人宰割的屈辱历史告诫我们，倘若没有一个能够凝聚各方力量的先进政党，中国就会陷入一盘散沙。中国共产党发动和领导工农联盟，建立最广泛的统一战线，形成了近代中国最有效的社会动员，建立了新中国政权、确立了社会主义基本制度，为开启中国式现代化奠定了必不可少的政治前提。中国式现代化是人口规模巨大的现代化，必须凝聚各方力量、形成最大共识，舍此便不可能成功。党始终坚持人民主体地位，把增进人民福祉落实到社会主义现代化建设全过程、各方面，使中国式现代化得到民众广泛认同。而现代化能否得到群众广泛认同，是关系到中国现代化建设能否持续推进的关键所在。改革开放以来，伴随着经济的不断发展，人民生活水平得以大幅度提高，这一现实使民众对中国现代化建设予以高度认同，对现代化建设的热情不断增强并积极参与到现代化建设当中去，中国的现代化建设也就由此获得了基础性原动力。党之所以能把民众动员起来，还在于其自身的独特优势和强大能力。不同于其他政党，“我们党没有自己特殊的利益，党在任何时候都把群众利益放在第一位”③。中国共产党有独特的理论优势、政治优势、组织优势、密切联系群

---

① 参见《建国以来重要文献选编》第19册，中央文献出版社1998年版，第423—424页。

② 习近平：《坚持人民至上》，《求是》2022年第20期。

③ 习近平：《坚持人民至上》，《求是》2022年第20期。

众的优势、自我革命的优势，拥有强大的政治领导力、思想引领力、群众组织力、社会号召力，因而能永葆旺盛生命力和强大战斗力，始终成为中国特色社会主义事业的“主心骨”，把现代化建设所需的各种资源和要素有效整合起来，把群众的智慧和力量凝聚起来，发挥上、下两个方面的能动性和创造性，形成上下联动的发展合力。

二、国民“人才化”的人口支撑机制

中国现代化建设要依靠人，也要为了人。作为主体，只有具备高素质的人才能担当拓展中国式现代化的重任；作为目的，只有实现国民人才化才能体现中国式现代化的意义。英格尔斯讲道：“一个国家，只有当它的人民是现代人，它的国民从心理和行为上都转变为现代的人格……这样的国家才真正称之为现代化的国家。否则，高速稳定的经济发展和有效的管理，都不会得以实现。即使经济已经开始起飞，也不会持续长久。”① 因此，物质技术只是中国式现代化的必要条件，提高国民素质才是中国式现代化的根本条件。只有实现国民人才化，中国式现代化才能有源自自我本体的内在推动力量，才能自成体系、自立自强，才能在大国博弈中有话语权、竞争力，才能在发展中不受他国掣肘、沦为先发国家的附庸。

（一）人口是中国现代化发展的战略性支撑要素

党的二十大报告指出：“中国式现代化是人口规模巨大的现代化。”② 人口规模巨大是中国的基本国情，而人口问题始终是其中的“全局性、长期性、战略性问题”③。人口规模巨大与现代化建设之间的关系需辩证看待，人口规模巨大既可能变成人口压力进而阻碍现代化建设的正常推进，也可能转化为人口优势进而为现代化建设提供强大动力。人口问题本身又分三个层次，首先是“衣食住行用”的“人口生存”问题，再者是注重人力资源开发的“人力发展”问题，最后是更高维度的“人才创造”问题。对于我国而言，仅仅是14亿多人的“吃饱穿暖”问题，就是一项巨大挑战。还有就业、分配、教育、医疗、住房、养老、幼托等问题，哪一项解决起来都不容易，哪一项涉及的人群都是天文数字④。因此，能否把人口压

---

① 〔美〕英格尔斯：《人的现代化》，殷陆君编译，四川人民出版社1985年版，第8页。

② 《习近平对人口与计划生育工作作出重要指示》，《人民日报》2016年5月19日。

③ 《习近平对人口与计划生育工作作出重要指示》，《人民日报》2016年5月19日。

④ 参见习近平：《中国式现代化是强国建设、民族复兴的康庄大道》，《求是》2023年第16期。

力转为人口优势，进而提升为人才优势，是中国现代化能否稳步推进的关键所在。

中国共产党把人的需要的满足程度、能力的发展程度、人的素质的提高程度作为经济社会发展的核心和目的，在聚焦与加速现代化建设中促进人口提质增效，取得巨大发展成就。改革开放以前，民众生活基本上处在温饱不足状态，农村还有2.5亿贫困人口①。改革开放后，中国通过"建立在劳动力成本低廉优势和发达国家劳动密集型产业向外转移机会基础上的大规模出口和外向型发展"②，把"一穷二白"的人口压力转化为人力红利，利用人口机会窗口期大踏步赶上了时代。而中国在融入国际、引进技术、承接产业转移的过程中，人口素质也在持续提升。我们解决温饱、实现小康，人民生活水准和文化水平不断提升，逐步形成了丰富的人力资本积累，构筑了中国进一步发展的重要优势。人是社会发展动力系统中最活跃、最关键的因素，人的需要是生产力发展的原动力，只有需要得到有效满足才会有创新动力。党的十八大以来，我们更加注重"蛋糕"的做大与分好问题，积极有为推动全体人民共同富裕，维护和促进社会公正。同时，坚持人才是第一资源的战略定位，坚定实施人才强国战略，改革人才培养、引进、使用等机制，确保人人皆能成才、人人尽展其才。这样一来，人的生存和发展需要得到了有效满足，才干施展也有了平台和空间，人的创新积极性和主动性得以充分释放，中国式现代化由此就有了坚实人才支撑。

（二）国民人才化为中国现代化发展提供内生动力

一个国家的综合实力最终取决于这个国家人的竞争力，人的竞争力的基础内容是人力资本状况，而人力资本最核心的要素就是身体素质水平和受教育水平。改革开放以来，中国在这两个方面取得的成就是巨大的。一方面，国民身体素质大幅提升。据统计，2020年中国人平均预期寿命为77.93岁，较1981年相比提高了10.16岁，超过全球平均水平（72.0岁），人民不仅"活得更久"，而且"活得更健康"。③ 另一方面，教育事业取得巨大发展。1981年中国高中教育毛入学率为39.56%，高等教育毛入学率仅为1.6%。2022年，中国九年义务教育巩固率为95.5%，学历教育在校生达2.93亿人，中国各种形式的高等教育在学总规模达4655万人，高等教

① 国家统计局：《改革开放30年报告之一：大改革 大开放 大发展》，http://www.stats.gov.cn/zt_18555/ztfx/jnggkf30n/202303/t20230301_1920460.html.

② 《习近平谈治国理政》第二卷，外文出版社2018年版，第247页。

③ 参见国家统计局：《中国统计年鉴（2022）》，http://www.stats.gov.cn/sj/ndsj/2022/indexch.htm.

育毛入学率为59.6%，新增劳动力平均受教育年限达14年，已达到高等教育水平。[①] 伴随着教育事业的蓬勃发展，我国现代化建设人才队伍迅速壮大，“全国人才资源总量从2010年的1.2亿人增长到2019年的2.2亿人，其中专业技术人才从5550.4万人增长到7839.8万人。各类研发人员全时当量达到480万人年，居世界首位”[②]。同时，我国为每个人自由发展提供平台和空间，鼓励“大众创业”“万众创新”、鼓励“各尽其能”“尽展其才”，把巨大规模人才优势转化为人才效能，有效激活人们从事现代化的活力，现代化由此就有了源自自我本体的内生推动力量。据统计，截至2022年，我国人力资本对经济增长的贡献率已由2012年的33.7%提升至超过36.8%，人才贡献率由2012年的29.8%攀升至超过34.5%。[③]

这些事实说明，“我国已经拥有了一只规模庞大、素质优良、结构不断优化、作用日益突出的人才队伍”，人口红利逐步由“数量型人口红利”向“质量型人口红利”转变。党的二十大报告指出：“教育、科技、人才是全面建设社会主义现代化国家的基础性、战略性支撑。”其中技术问题归根到底由人来解决，没有高素质的人，高新技术就无法落地扎根、无法发挥实效；而国民素质的现代化则离不开教育。因此，高质量推进中国式现代化的关键就在于“国民人才化”，要充分开发14亿中国人的人力资源，合理使用人才资源，为中国由“大国”向“强国”跃升提供坚实人才支撑，为中国式现代化不断向纵深推进特别是科技体系的升级换代、产业结构的整体化更新提供坚实的内生动力。

三、资本“文明化”的市场激励机制

改革开放以来，中国创造性地建立了社会主义市场经济体制。市场经济与现代化建设的有效契合，使中国式现代化获得了强劲力量：既发挥市场配置资源的显著优势，又发挥社会主义的独特优势，中国现代化建设由此获得巨大动力和创造力；以党政权力限制资本“野蛮性”、激活资本“文明面”，使中国成功规避了“资本至上陷阱”。

（一）以市场经济为现代化建设赋能

现代社会处于以物的依赖关系为基础的商品经济阶段，其经济基础就

---

① 参见《学历教育在校生达2.93亿人》，《光明日报》2023年3月24日。

② 习近平：《深入实施新时代人才强国战略 加快建设世界重要人才中心和创新高地》，《求是》2021年第24期。

③ 参见孙锐：《新时代人才事业的历史性成就与变革》，《人民论坛》2022年第17期。

是以大工业、市场经济为基石的现代经济。因而如何实现资源合理配置、生产要素自由流动，就成为一国实现现代化的基础性问题。这一问题得不到解决，现代化也就无从谈起。“理论和实践都证明，市场配置资源是最有效率的形式。市场决定资源配置是市场经济的一般规律，市场经济本质上就是市场决定资源配置的经济。”① 市场经济对我国现代化发展的重要意义可从两个方面把握，首先，市场体系通过价格机制传递社会供求信息、反映资源稀缺情况，从而促进生产要素的充分流动。这样一来，便能实现资源的合理配置，现代经济运行效率就有了保障。价格机制的激励功能给竞争者压力，通过以进行技术革新、优化经营管理和降低生产成本等手段提高生产效率，使自己成为市场竞争中的有利者。这样一来，市场竞争实际几乎把每个人都拉入竞争的轨道，从而激励市场主体的进取意识。其次，最大限度激活人们的生产能力。计划经济体制下，社会发展主要靠权力驱动，民众只是国家机器当中一个具有依附性的被动部件，基层单位与组织缺乏真正的活力与动力。市场经济的确立，破除了人的依附性现象，把从事经济活动的人推向市场，使其成为经济和社会运行的主体。人作为经济活动的主角，人的需要的满足是市场经济机制的原动力，但这种需要只有同个人努力结合在一起，才能够转换为生产动力。在市场经济条件下，每个人都是平等的参与者和竞争者，财富积累状况同个人付出的劳动大小、贡献多少直接挂钩。毫无疑问，人们对自身利益的关切、人的需求的满足同自身的具体付出紧密联系在一起，必然会最大程度激发出每一个生产者的活力和创造力，经济也就由此能够持续健康发展。

市场经济催生了中国现代化建设的活力和创造力，但社会主义市场经济并非“特”在“市场经济”，而是“特”在社会主义制度与市场经济的有机结合上。“我国经济发展获得巨大成功的一个关键因素，就是我们既发挥了市场经济的长处，又发挥了社会主义制度的优越性。”② 中国式现代化既坚持了社会主义公有制，又创造性地发展了混合所有制和社会主义市场经济；既坚持了社会主义集体价值观，又充分保障了个体的自由和权益；既坚持了党政一元领导，又充分激发了市场和社会的活力。而相比之下，资本主义国家一方面从制度上尽力维护资本的自由发展，另一方面要作为经济活动的主体在参与社会经济活动中发挥作用，为私人资本获取高额利

① 《习近平关于社会主义经济建设论述摘编》，中央文献出版社2017年版，第52、64页。

② 刘凤义：《论社会主义市场经济中政府和市场的关系》，《马克思主义研究》2020年第2期。

润创造条件。[①] 传统社会主义现代化模式实行单一公有制，国家权力统摄一切，这种现代化模式形式上简单消灭了资本，但也扼杀了市场活力，导致权力异化，形成特权阶层，窒息社会创造力。可见，社会主义与市场经济的结合，正是中国式现代化的特色所在、优势所在。

（二）注重资本"文明面"驱动

马克思从物质内容和社会形式双重视角考察资本，指明资本就其物质内容而言，体现为生产要素；就其社会形式而言，体现为对生产资料和劳动力的支配关系。两者是密不可分的，"资本不是物，而是一定的、社会的、属于一定历史社会形态的生产关系，后者体现在一个物上，并赋予这个物以独特的社会性质"[②]。资本的双重规定决定了资本具有积极和消极两个方面的作用：一方面发挥着文明创造功能，极大地促进生产力的发展，"资本的文明面之一是，它榨取这种剩余劳动的方式和条件，同以前的奴隶制、农奴制等形式相比，都更有利于生产力的发展，有利于社会关系的发展，有利于更高级的新形态的各种要素的创造"[③]；另一方面剥削、压迫和摧残劳动人民，资产阶级的"每进一步，同时也就是被压迫阶级即绝大多数人的生活状况的一个退步"[④]。在现阶段，资本仍有其存在的意义，让资本创造财富供人享有是历史的必然，拒斥资本就等于拒斥现代化。而就资本的消极作用而言，则必须规范和引导资本运行。这就要求我们在社会主义市场经济条件下以科学理性态度对待资本，以党政权力限制资本"野蛮性"、激活资本"文明面"，利用资本而不陷入"资本至上陷阱"。中国式现代化对待资本采取"在批判中扬弃"的基本立场、"既利用又限制"的基本原则，是驾驭资本的新型现代化。在批判中扬弃，就是通过批判资本确保中国式现代化的社会主义性质，并依靠社会主义国家力量积极引导和规范资本的活动，使资本服务并服从于满足人民美好生活需要和社会主义发展需要，防止资本奴役劳动。既利用又限制的原则，也就是划界线，将资本限制在经济领域，发挥资本在增加社会财富、促进技术进步、推动社会发展等方面的积极作用；设红线，意味着资本不能干涉政治和意识形态领域，坚决防止资本与权力勾结、资本左右意识形态；明底线，意味着资本在当代中国"国家—市场—人民"的三元结构中始终处于"从属"而非"主导"地位，始终以"手段"而非"目的"的样态存在。这种对待资本

① 参见刘凤义：《论社会主义市场经济中政府和市场的关系》，《马克思主义研究》2020年第2期。

② 《马克思恩格斯文集》第7卷，人民出版社2009年版，第922、927—928页。

③ 《马克思恩格斯文集》第4卷，人民出版社2009年版，第197页。

④ 《马克思恩格斯文集》第4卷，人民出版社2009年版，第197页。

的方式，是中国式现代化的一大创新，也是中国式现代化事业可持续发展的关键。

四、观念“理性化”的文化导向机制

现代化是诸动力“合力”作用的结果，离不开经济、技术等物质条件支撑，也离不开思想、文化条件的支撑。唯物史观认为，思想文化是在物质基础上产生的，但它一经产生，就有其自身发展的相对独立性。就特定历史阶段来看，精神层面的因素并不完全处于被决定的地位，在一定条件下也可以成为决定性的力量。就中国的现代化建设来看，求真务实的理性传统、积极主动的精神姿态以及立己达人的价值追求提供了必不可少的精神动力和价值引领作用。

（一）求真务实的理性传统

不同国家的现代化带有各自的地方性特征，而理性化可谓是世界现代化的共同特征。资本主义现代化及其带来的“世界理性化”，是一种畸形的资本现代化，背后实质是“资本现代性”。资本现代性语境下的理性，只是以技术性手段为核心的形式合理性：技术理性肆意妄为，价值理性日渐式微，经济发展不以满足社会需要而专以盈利为目的，就连人本身也被降格为物。资本主义现代化并不能真正解决人的现代化问题。而中国式现代化成功探索出平衡技术理性和价值理性的有效办法，避免陷入人和物“目的—手段”颠倒的泥淖中去。其原因可从两个方面来把握，一是坚持马克思主义的指导。实现人的自由与解放是马克思主义的终极关怀。马克思主义强调人与物的关系是以人为中心的“为我”关系，“凡是有某种关系存在的地方，这种关系都是为我而存在的”①。这种“为我”关系就是物对人的需要的满足。人的需要是全面的、发展的，由人的需要、人的发展的这种内在要求决定，社会发展就不能只是经济的发展，而必须是全面发展，最后落脚到人的发展。二是对中华传统文化的继承与发展。中华文化黜玄务实的实用理性传统塑造了中国人重视现实生活合理性的思想倾向，即追求身心和谐，达到物质生活和精神生活的相对充裕。中华文化面向现实、关注人生的求是精神与务实传统，同现代化所追求的人的全面发展是有相通之处的，甚至可以说在一定程度上抓住了现代化的本质问题，这种文化传统也是中国式现代化高效稳健推进的一个优势所在。中国式现代化以马克思主义为指导，创新发展中华文化实用理性传统，在促使经济、政治和社

---

① 《马克思恩格斯选集》第1卷，人民出版社2012年版，第161页。

会生活更加理性化，推动中国人、中国社会现代性特质普遍增长的同时，非但没有重蹈资本主义现代化的“理性的自我反噬”，反而在实现自身现代化的过程中构建起“以人民为中心”为本质规定的中国新现代性。中国新现代性，把人置于现代化的核心位置，坚持现代化人民共创、发展成果人民共享，以人的逻辑超越物的逻辑，体现出深层次的价值理性；把人民美好生活置于物质文明和精神文明协调发展的基础之上，有其技术理性面向；不唯上、不唯书、只唯实，坚持一切从实际出发，注重现代化建设内容的全面性、现代化目标的连续性，不断深化对现代化建设的规律性认识，体现出深层次的实践理性。中国新现代性为世界各国解决技术理性和价值理性的冲突、避免滑向“物质膨胀而精神空虚”的深渊提供了中国方案。

（二）积极主动的精神姿态

现代化不是抄来的，而主要是靠自身力量搏来的；单纯靠外力来推进现代化，这样的现代化既不牢靠，也不会长久。后发国家从传统到现代的转变往往是暴风骤雨式和不连续的，并且新旧矛盾、内外问题错综交织，解决起来十分艰难。这就更需要后发国家发挥主体能动性，通过自身努力探索出符合本国国情的现代化道路。中国人民发挥积极主动、开拓进取精神，实现了从被动到主动、落后到引领的转变，走出了中国式现代化道路。中国的现代化是在西方异质文明冲击下被迫启动的，具有明显的外源性特征。西方列强的炮火打醒了先进的中国人，唤醒了他们追求真理的进取意识。此一时期先进分子发起的变革运动不可谓不多，但皆因寄希望于外部力量、执着于机械嫁接西方制度而无一例外走向破产。走西方人的路，结果越搞越落后、越被动。这一局面直至中国共产党成立才开始扭转。中国共产党自觉接受马列主义指导，引领中国人民在精神上由被动转为主动。中国共产党独立自主领导革命取得了成功，建立了社会主义性质的国体和政体，重构了中国主体性，中国实现了从任人宰割到站起来的飞跃。新中国成立后，党强调“以苏为鉴”，独立自主探索中国工业化道路，对社会主义现代化进行了大规模探索，使“一穷二白”的中国迅速建立起门类齐全的国民经济体系和国防体系，经受住了方方面面的考验。改革开放后，中国从自己的国情和实际出发，坚持走自己的路，遵循自己的方向，按照自己的目标任务，不但没有陷入现代化“路径依赖”，反而打破了“现代化=西方化”的意识形态教条，走出了一条内生发展的现代化道路，实现了从站起来到富起来的飞跃。党的十八大以来，以习近平同志为核心的党中央立足新时代的历史方位，贯彻落实新发展理念，守正创新构建新发展格局，推动制度成熟定型，发扬历史主动精神，成功把中国式现代化理论与实践推向新高度，中国以不可阻挡的步伐走向“强起来”。从中国现代化发展历程可以看出，党和人民充分发挥历史主动性，不仅按照自己的选择自主进行社会主义现代化建设，成功走出中国式现代化道路，而且成功实现了从“现代化的迟到者”到“现代化的引领者”、从“外源性”现代化到“内生性”现代化的转变。

（三）立己达人的价值追求

中华文化“己欲立而立人，己欲达而达人”的“仁道”形塑了中国式现代化立己达人的价值观。这种立己达人的文化基因和价值追求，内在地要求中国把发展自己和更好贡献世界密切结合起来。资本主义现代化极大促进了生产力的发展，却也构建了“支配—从属”的丛林体系，给世界带来政治霸权、经济殖民、文化隔阂、社会撕裂和文化危机等，实则是损人利己的现代化。中国式现代化坚持和合共生和普惠共享理念，不“输出”战争与革命，也不“输出”贫穷与饥饿，不“输出”中国模式，也不会要求他国“复制”中国做法，而是以自身发展带动世界共同发展，对各国而言不是挑战和威胁，而是动力和机遇。具体来说，首先，中国以实际行动正确回答了“两极分化还是共同富裕”“零和博弈还是合作共赢”等“现代化之问”，“坚持共享机遇、共享未来，共同做大人类社会现代化的‘蛋糕’，努力让现代化成果更公平惠及各国人民”①。如从解决人类生存问题来看，中国式现代化有效解决了世界 1/4 人口的温饱和小康问题，对全球减贫贡献率超过七成，为世界提供了大量价廉物美的消费品，提升了人类的生活品质。从经济领域来看，中国经济对世界经济平均贡献率超 30%，已经成为全球经济发展的强大引擎。其次，中国坚持立己达人精神，通过自身的实践探索确证了现代化实现方式的多元性，创新了人类文明发展方式。中国式现代化作为一种通向现代化的新道路，“展现了现代化的另一幅图景，拓展了发展中国家走向现代化的路径选择，为人类对更好社会制度的探索提供了中国方案”②。中国式现代化作为一种新型现代化理论体系，突破了西方现代化理论对现代化的认知遮蔽与话语垄断，丰富了世界现代化的形态与内涵，打开了人类对新型现代化的认知和想象空间。再次，中国式现代化高举和平、发展、合作、共赢旗帜，推动构建人类命运共同体。人类命运共同体倡导合作共赢的利益观、可持续的发展观、包容互鉴的文明观、共建共治的治理观，体现了对人类文明走向的中国判断，具有引领

① 习近平：《携手同行现代化之路》，《人民日报》2023 年 3 月 16 日。

② 郑永扣、方兰欣：《人类命运共同体理念与中华文化》，《河南社会科学》2018 年第 1 期。

国际秩序建构与文明发展新方向的重大理论与现实意义。[①] 总之，中国式现代化拒绝“国强必霸”逻辑，坚持立己达人精神，科学回答现代化之问，既聚焦解决中国问题，也致力于解决人类共同难题，既是中国由大国走向强国之路，也是人类文明发展新路。

五、优势“显著化”的制度保障机制

制度管根本、管长远，具有指导性与约束性、规范性与程序性，是整合社会发展动力的保障体系。中国式现代化是从中国特色社会主义制度架构中内生出来的社会主义现代化，中国特色社会主义制度是中国式现代化形成与发展的根本保障。习近平总书记指出：“中国特色社会主义在解放和发展社会生产力、解放和增强社会活力、促进人的全面发展上比资本主义制度更有效率，更能激发全体人民的积极性、主动性、创造性，更能为社会发展提供有利条件，更能在竞争中赢得比较优势。”[②] 这说明，我国国家制度具有多方面的显著优势，尤其是坚持党的领导、坚持人民主体地位和集中力量办大事的制度优势，是资本主义制度无法比拟的。

（一）坚持党的领导，保障现代化建设稳步推进

党的十九届四中全会系统概括了我国制度 13 个“显著优势”，对中国特色社会主义制度体系作出 13 个方面的制度安排。“中国特色社会主义制度是一个严密完整的科学制度体系，起四梁八柱作用的是根本制度、基本制度、重要制度。”[③] “所谓根本制度，就是在中国特色社会主义制度中起顶层决定性、全域覆盖性、全局指导性作用的制度。”[④] 而在根本制度中，摆在首位的、具有统领性作用的就是党的根本领导制度。这一制度定位与定性，就决定了“中国共产党领导是中国特色社会主义最本质的特征，是中国特色社会主义制度的最大优势，党是最高政治领导力量”。最大制度优势，说的是党的领导这一“最大优势”与其他 12 个方面“显著优势”是统领作用和具体体现的关系，一方面，党的领导“最大优势”具有统领性，贯穿于其他 12 个显著优势运行之中；另一方面，12 个显著优势都离不开党

① 参见郑永扣、方兰欣：《人类命运共同体理念与中华文化》，《河南社会科学》2018 年第 1 期。

② 《习近平谈治国理政》，外文出版社 2014 年版，第 94 页。

③ 习近平：《坚持和完善中国特色社会主义制度　推进国家治理体系和治理能力现代化》，《求是》2020 年第 1 期。

④ 《〈中共中央关于坚持和完善中国特色社会主义制度、推进国家治理体系和治理能力现代化若干重大问题的决定〉辅导读本》，人民出版社 2019 年版，第 175 页。

的领导这一“最大优势”的有力保证。① 中国特色社会主义制度对党的根本领导制度的定位与定性，使党对中国式现代化的领导有了制度支撑，使中国式现代化的社会主义性质和方向有了制度保障。同时，也正是基于党的领导有力量以及政策措施的连贯性，才能集中各种资源、力量建设现代化，才能保证中国的现代化事业始终沿着社会主义方向和建成强国、实现民族复兴的既定目标前进，“才能够推动制度本身的自我完善与发展，推动中国特色社会主义制度更加成熟与定型”，“以治国理政的显著业绩彰显中国特色社会主义制度优势”②，从而为推进和拓展中国式现代化提供更为强大的制度力量。

（二）坚持人民主体地位，激发现代化建设内生动力

制度安排是以人为本还是以物为本，在激发人的主体能力方面的治理效能是截然不同的。资本主义制度以资本为本，建基于资本主义制度上的西式现代化奉行的是资本至上的“物本逻辑”。资本至上固然可以增强发展活力、提升发展效率，但也会导致贫富分化严重、经济危机频发。社会主义制度作为对资本主义的超越，其价值目标是人的自由全面发展。中国特色社会主义制度作为社会主义制度的当代形态、中国形态，其价值立场是坚持人民至上，确保人民在国家治理中的主体地位。以人为本体现在中国特色社会主义制度运行的各个方面，具体来说，在政治领域，建构起包括人民代表大会制度、新型政党制度、民族区域自治制度、基层群众自治制度等在内的全过程人民民主制度安排，使人民权利得到充分保障，人民利益得到充分实现，有效调节国家政治关系，形成安定团结、社会稳定的发展合力；在经济领域，社会主义基本经济制度确保人民能够各尽其能、各得其所，社会分工明确、权益分配合理、民众心情舒畅、社会关系和谐；在社会治理领域，遵循共建共治共享原则，不断完善民生保障制度，使人民获得真真切切的获得感、幸福感、安全感；在文化领域，中国特色社会主义文化制度以满足人民精神需要、丰富人民精神世界为价值追求，激发蕴藏在人民群众中的强大精神力量；在生态文明领域，将最严格制度和最严密法治相结合，注重实践导向，把经济发展和环境保护真正统一起来，既满足群众更高层次的物质性需要，也为群众打造优质居住环境、提供优质生态产品、维护群众生态环境权益。总之，中国特色社会主义制度坚持

---

① 参见甄占民：《深刻认识最本质特征和最大制度优势》，《学习时报》2020 年 7 月 3 日。

② 阎树群：《习近平关于制度自信重要论述的基本内容与理论贡献》，《马克思主义研究》2021 年第 2 期。

人民主体地位，把实现人民利益、保护人民权益、促进人的发展落实到实处，得到人民群众的支持与认同，成功集聚了14亿多人齐心共建现代化的伟力。

（三）坚持集中力量办大事，整合现代化建设资源力量

后发国家的现代化不可避免地存在着资金短缺、技术落后等后发劣势，中国亦如此。但中国能在短短70多年的时间内实现后发赶超，是因为中国国家制度具有集中力量办大事的优势，能凝聚人力、物力、财力并保障人力、物力、财力的充分流动，激发现代化建设内生动力。那么，中国又为什么能够做到集中力量办大事呢？因为“力量”本就是组织起来的力量，“大事”本就是党和人民共同要做的事，中国特色社会主义让大事有了力量源泉，让集中有了制度基础。在现实层面，中国共产党集中力量资源、组织动员群众，办成了许多大事、解决了许多难题。首先，集中力量、整合资源攻关核心技术，突破科技基础薄弱、生产落后等后发劣势的制约。科技是第一生产力，它能直接改变生产力状况，促进经济结构变革，提高经济效益，加快社会发展步伐。可核心技术金钱买不来、市场换不来，只能通过凝聚力量艰苦奋斗干出来。在这一点上，中国发挥集中力量办大事的优势，集中大量人力、物力、财力攻关尖端科技，并且取得显著成果。改革开放前以“两弹一星”为核心内容的国家安全体系，党的十八大以来10年间在航空航天、量子信息、核电技术、大飞机制造、生物医药等前沿核心领域取得重大突破，不仅实现了科技水平的升级换代，而且为中国式现代化的推进提供了巨大支撑力量。其次，有效推动基础设施、大型工程的建设，突破现代化建设的瓶颈限制。改革开放以来，中国凭借强大的社会动员组织能力，推动交通、信息、能源管网等基础设施及大型工程建设方面取得巨大成就，保证了社会主义现代化建设的有效推进。最后，能够有效化解风险、解决难题。新中国成立以来的历史证明，每当出现重大自然灾害、突发重大事件或重大公共卫生事件时，中国总能集中力量予以稳妥应对，尽可能将其负效应降至最低，并从中汲取经验教训，弥补自身短板。党的十八大以来，我们发挥集中力量办大事的优势，推动脱贫攻坚取得全面胜利、生态环境质量明显改善、守住了不发生系统性风险的底线。一言以蔽之，集中力量办大事是中国式现代化成功开创的重要法宝，中国充分发挥集中力量办大事的制度优势，实现了跨越式发展，创造了“两大奇迹”。

综上，党政“使命化”的政治牵引动力、国民“人才化”的人口动力、资本“文明化”的市场激励动力、观念“理性化”的文化动力、优势“显著化”的制度动力，这就是中国式现代化的动力机制。中国式现代化用几十年时间走完发达资本主义国家几百年的工业化历程，创造“两大奇迹”，确证了其背后动力机制运行高效且稳定、动能强劲且可持续性强。中国式现代化仍处于生成之中，以中国式现代化全面推进民族复兴，要不断优化中国式现代化的动力机制，为当代中国现代化建设提供更为强大的活力和动力。

中国式现代化的逻辑起点、历史展演与价值旨归[①]

段 虹[②]

在学习贯彻党的二十大精神研讨班开班式上，习近平总书记强调，党的十八大以来，我们党在已有基础上继续前进，不断实现理论和实践上的创新突破，成功推进和拓展了中国式现代化。[③] 中国式现代化是中国共产党领导的社会主义现代化，它批判地吸收了西方现代化的一切积极成果，打破了长期以来西方中心论的统治神话，在实践中成功开创了人类文明新形态。纵观整个人类社会的发展史，现代化的进程无疑开始于资产阶级革命。随着工业革命的到来，人类开始从传统社会逐渐跃升到现代社会，社会面貌发生了翻天覆地的变化。在科学技术和生产力的驱动下，资本主义创造了前所未有的物质财富，地域性的生产被世界性的生产所取代，历史逐渐成为世界历史，西方开始取代东方成为世界的中心。然而，任何一个事物的发展都是一分为二的，在资本主义现代化创造空前生产力的同时，也伴随着一系列的发展问题。在资产阶级现代化的过程中，资本的逐利性导致了整个社会贫富差距的无限扩大，人类社会从传统的"人的依赖"异化为"物的依赖"，甚至造成了"现代性之殇"。与此同时，周期性的经济危机，不可逆的环境污染以及功利主义等问题时刻警示着我们，资本主义绝不是人类文明的唯一选择。

一、中国式现代化的逻辑起点：对西方现代化的批判与超越

在创立唯物史观的过程中，马克思恩格斯最初的研究对象无疑是西方

---

① 本文系教育部哲学社会科学研究重大课题攻关项目"习近平总书记在庆祝中国共产党成立100周年大会上的重要讲话精神研究"（21JZD001）的阶段性研究成果。

② 段虹，哈尔滨师范大学马克思主义学院院长、教授、博士生导师。

③ 参见《人民日报》2023年2月8日。

社会，他们对现代化的研究同样开始于西方的资本主义现代化。“不同的文明国度中的不同的国家，不管它们的形式如何纷繁，却有一个共同点：它们都建立在现代资产阶级社会的基础上。”① 在马克思恩格斯看来，资产阶级革命是现代化的首要前提。以资产阶级为代表的社会形态以及生产方式打破了传统封建神学的禁锢，极大地解放了原有的社会生产力和人们的思维方式，有力地推动了世界历史的形成，彻底地改变了世界的面貌，资产阶级首次以文明的形态登上世界历史的舞台。

（一）西方现代化的矛盾与界限

在《资产阶级和反革命》一文中，马克思指出：“1648 年革命和 1789 年革命，并不是英国的革命和法国的革命，而是欧洲的革命。……这两次革命不仅反映了发生的地区即英法两国的要求，而且在更大程度上反映了当时整个世界的要求。”② 从马克思的这段论述中我们可以得出结论，起源于英国和法国的资产阶级革命，不仅使自身实现了现代化的转型，还标志着世界现代化历史的开端。换言之，正是英国的资产阶级革命开启了世界现代化文明的进程，而这场革命的先驱力量最早并不在政治领域，而在文化领域。实际上，自文艺复兴伊始，资本主义文明的火种就被悄然种下。在这场以复兴古希腊文化为口号的运动中，西方社会逐渐形成了从神性到人性、从神学到科学的思想转变。随着科学技术的进一步发展，人们更加认识到这种转变的必要性，在随后宗教改革的推动中愈发强烈，并将这种文化的力量演化为现实的变革。由马丁·路德发起的宗教改革运动彻底瓦解了封建神学的根基，打破了长期以来神学对人们的精神枷锁，为资本主义现代文明奠定了基础。启蒙运动后，文艺复兴的火种不仅没有熄灭，反而随着自然科学的发展燃烧得更加剧烈。直到 18 世纪 60 年代英国的工业革命，人类理性开始彻底占据西方文明精神的制高点，欧洲真正开启了一个以西方为中心的文明道路，资本成为了继封建神学后的又一个神话。

然而，任何一个社会形态的盛衰兴亡都不是由个人意志决定的，而是由社会规律决定的。资本的出现本身就是社会的必然产物，是人类历史发展的必然。但正如波旁王朝的最终覆灭一样，在马克思唯物史观的视野中，资产阶级的灭亡也是不可避免的。资本主义的最终灭亡的根本原因在于它自身矛盾的生产方式，即生产社会化与生产资料私人占有的矛盾，这一矛盾也是构成资本主义全部矛盾的基础。“资产阶级生存和统治的根本条件，

---

① 《马克思恩格斯文集》第 3 卷，人民出版社 2009 年版，第 444 页。

② 《马克思恩格斯文集》第 2 卷，人民出版社 2009 年版，第 74 页。

是财富在私人手里的积累，是资本的形成和增殖。"① 在资本的世界中，全部生产的动力不是消费，而是实现资本增殖。资本的形成和繁殖的最终目的是无限制的资本增殖以及对剩余价值的无限追求，这是资本主义生产方式的绝对规律。一方面，是资本的无限增殖与有限的消费能力；另一个方面，是个别企业生产的有组织性与整个社会的无政府状态，在这种矛盾的关系中，整个社会陷入了经济危机的混乱之中。作为曾经推翻封建主义的最为先进的阶级，资本主义"同他们的一切先驱者一样，没有能够超出他们自己的时代使他们受到的限制"②。贫富差距、生态污染、价值理性、文明异化等问题也都指向了一个结论：西方现代文明的繁荣时代已经过去，新的更高的文明时代正在来临。

（二）中国式现代化的优势与变革

在考察俄国农村公社时，马克思意外地发现俄国的农业公社生产方式在资本主义世界体系的冲击下，仍保留了自身集体经济的特征。正是这种特性使其极有可能在吸收资本主义文明成果的同时跨越资本主义的历史阶段，直接进入到社会主义，这就是马克思著名的跨越"卡夫丁峡谷"的设想。从历史进程来看，我国进入现代化的过程显然符合马克思"卡夫丁峡谷"理论的设想。在进入资本主义所构建的世界历史之前，我国一直处在封闭自足的小规模经济模式之中，在研究东方社会问题时马克思就曾指出，中国不同于印度，它并没有完全沦为殖民地，英国的大炮"迫使天朝帝国与地上的世界接触"，使中国社会解体。"与外界完全隔绝曾是保存旧中国的首要条件，而当这种隔绝状态通过英国而为暴力所打破的时候，接踵而来的必然是解体的过程。"③ 我国进入资本主义世界历史的过程不是主动迎合，而是在强烈反抗的过程中被迫加入世界历史的运行轨道。在这个过程中，我国的经济既保留了原有的集体小农经济模式，又强制出现了现代化的工业形式。如此一来，我国的生产方式就同时具备了马克思所说的这种生产方式的二重性。与此同时，西方资本主义的内在矛盾、俄国十月革命的胜利以及我国半殖民地半封建的状况都敦促着中国这个古老而文明的国家产生新一轮的变革。

从现代化的发展类型来看，可分为"内发"和"外发"两种形式。"内发"型现代化是指某一民族或国家由内部因素形成的现代化过程；"外发"型现代化是指某一民族或国家由外部力量促成的现代化现状，我国的

---

① 《马克思恩格斯文集》第2卷，人民出版社2009年版，第43页。
② 《马克思恩格斯文集》第9卷，人民出版社2009年版，第20页。
③ 《马克思恩格斯文集》第2卷，人民出版社2009年版，第609页。

现代化无疑属于后者。那么在这个过程中，我国就必须解决资产阶级民族与中华民族这一对矛盾。对此，毛泽东认为，我国的现代化过程应该取其精华去其糟粕，既要吸收外来先进文化，又要清理古代文化的遗留问题，“剔除其封建性的糟粕，吸收其民主性的精华”①。于是，在毛泽东思想的指导下，我国在吸收外来文化与保留自身民族特色的过程中开启了波澜壮阔的百年现代化历程。新民主主义革命时期，我国在反帝反封建的伟大斗争中实现了民族独立，为我国现代化事业打下了坚实基础；新中国成立后，中国共产党逐步确立了“四个现代化”的战略目标，为社会主义现代化建设做出重大贡献；改革开放后，邓小平提出了建设“中国式的现代化”的全新目标，为新时期我国现代化建设指明方向；进入新时代，习近平总书记提出了“全面建设社会主义现代化国家、全面推进中华民族伟大复兴”的时代最强音，走出了一条人类文明的现代化新道路。

习近平总书记强调，“一个国家走向现代化，既要遵循现代化一般规律，更要符合本国实际，具有本国特色”②。现代化专家艾森斯塔德也曾指出，“尽管西方国家率先实现了现代化，但非西方国家无需在文化意义上西化，以及接受从西方国家中发展出来的现代化的具体文化形式的组织形式，也能发展出具有一切现代化特征的社会来”③。中国式现代化是在继承我国优秀传统文化以及批判吸收西方文明成果的基础上形成的具有中国特色的现代化之路，它既具有各国现代化的特征，又内涵于中国的实际情况，是将马克思主义普遍原理与中国实际相结合的实践的产物。当前，我国正处于重要的战略机遇期，必须继续坚持中国式现代化道路，将中华民族伟大复兴的中国梦与人类命运共同体的世界梦结合起来，以中国式现代化续写世界文明版图的东方奇迹。

二、中国式现代化的历史展演：对世界文明的贡献与创造

习近平总书记指出：中国式现代化蕴含的独特世界观、价值观、历史观、文明观、民主观、生态观等及其伟大实践，是对世界现代化理论和实践的重大创新。④ 世界大势浩浩荡荡，顺之者昌，逆之者亡。在世界历史的大环境中，任何一个国家的发展都与世界息息相关。尤其是对于我们这样

① 《毛泽东选集》第二卷，人民出版社 1991 年版，第 707 页。

② 习近平：《中国式现代化是强国建设、民族复兴的康庄大道》，《求是》2023 年第 16 期。

③ 〔以〕艾森斯塔德：《现代化：抗拒变迁》，张旅平等译，中国人民大学出版社 1988 年版，第 57 页。

④ 参见《人民日报》2023 年 2 月 8 日。

一个人口规模巨大的发展中国家而言，我国的现代化进程直接影响着世界现代化的进程与发展，在与世界现代化融合的过程中，中国式现代化以其特有的方式在世界现代化的洪流中加速前进。

（一）中国式现代化与世界现代化的双向互动

作为世界第二大经济体，我国的现代化过程的确改变了世界历史的走向，但这种改变本身就是在资本主义开辟的世界历史中相互影响，相互渗透的结果。历史向世界历史的转变是伴随着资本主义的发展才得以形成。资本的扩张、大工业的发展以及新航路的开辟，使世界逐渐连为一个整体。“资产阶级，由于开拓了世界市场，使一切国家的生产和消费都成为世界性的了。”[①] 在这种条件下，过去那种闭关锁国和自给自足的状态被消灭了，各个民族、各个国家都自觉或不自觉地卷入资产阶级所创造的世界历史中，世界由此形成了一个整体。世界历史形成之前，各民族与世界历史的关系是整体与部分的关系。各民族的部分总和构成了世界历史的整体发展，世界历史的整体又离不开各民族部分发展，二者是包含与被包含的关系。而当世界历史形成之后，各民族与世界历史不仅具有整体与部分的关系，还具备了普遍与特殊的关系。其中，每一个民族的特殊性包含着世界民族的普遍性，世界民族的普遍性又内含于各个民族的特殊性之中，并通过各个民族的自身发展体现出来，整个人类历史进入了一个新的阶段，即各个民族、各个国家形成了相互渗透、相互包含的命运共同体。

一方面，中国现代化对世界现代化进程作出了重大贡献。改革开放以来，我国积极主动地扩大对外开放的深度和广度，坚定不移地推进对外开放的基本国策，积极参与国际贸易和国际竞争，以中国式现代化为世界现代化注入不竭动力。“改革开放以来，我国出口依存度明显上升，从1978年的6.7%上升到2018年的18.3%，其间在2006年达到了35.2%的最高值。40年来我国对外贸易发展迅速，年均增长速度达到14.5%，2018年，我国进出口总额已经达到5.4万亿美元，是世界第一贸易大国。”[②] 除此之外，我国对世界的经济的贡献率也以一种“一骑绝尘”的姿态遥遥领先。“2021年货物进出口总额39.1亿元，比上年增长21.4%，按年平均汇率折算已超过6万亿美元，连续5年蝉联全球货物贸易第一位。”[③] 多种数据表明，我国对世界经济的贡献率已经达到举足轻重的地位，在实际行动中促进了世界现代化一体化的进程，中国正在以它独特的方式为世界现代化注

① 《马克思恩格斯文集》第2卷，人民出版社2009年版，第35页。
② 江小涓：《新中国对外开放70年：赋能增长与改革》，《管理世界》2019年第12期。
③ 《多个第一！中国这份成绩单很亮眼》，《中国日报》2022年3月1日。

入新的活力与生机。与此同时，习近平总书记立足于全球发展的宏大视野，在尊重各国意愿的基础上恰逢其时地提出了构建人类命运共同体的国际交往理念，站在全球性的国际视野为世界人民擘画了一幅美好生活的画卷，在实践中为世界和平与发展作出重要贡献。

另一方面，世界现代化对中国现代化发展提供外部助力。当今世界正经历百年未有之大变局，虽然传统和非传统的安全问题依然存在，但和平与发展仍是时代主题。随着全球一体化的日益深入，国与国之间的经济、文化、科技等力量已然形成了全球交往一体化的世界格局，信息流、技术流、资金流的全球性互动也大大增强了世界现代化的共生性。这种共生性决定了在世界现代化的过程中，各个民族、各个国家都会自觉或不自觉地加入这场现代化的改革之中，如同人在运动中会加速身体组织以及血液循环的新陈代谢一样。在当代世界，虽然个体现代化发展的决定因素在国家自身，但世界整体现代化的发展则会阻碍或者促进个体现代化的过程。从历史上来看，我国在 20 世纪 50 年代之所以未能形成对外开放的现代化格局，一个重要原因就在于当时美苏两个超级大国长达 40 年的对立局面，从而导致了社会主义与资本主义的两大阵营的“冷战”。自 20 世纪 80 年代以来，世界格局出现了新的变化，两极对立的国际形势日益转变为多极发展，世界开始融为一个整体，在此过程中，我国开始了对外开放的历史进程，实现了中华民族从站起来到富起来的伟大飞跃。因此，可以得出结论，任何一个国家的现代化过程不仅取决于本国内部结构，而且取决于世界现代化的整体格局。中国的现代化离不开世界的现代化，同样，世界的现代化更需要中国，二者在相互渗透、相互影响的双向互动中共同发展。

（二）中国式现代化创造了人类文明新形态

习近平总书记指出，中国式现代化代表人类文明进步的发展方向，展现了不同于西方现代化模式的新图景，是一种全新的人类文明形态①。在与世界现代化的双向互动中，中国式现代化合理保留了世界现代化文明所创造的一切积极成果，创造性吸收了中华优秀传统文化中的智慧养分，在中国特色社会主义的伟大实践中全方位构建了政治、经济、文化、社会、生态“五位一体”的现代化新格局，成功创造了人类文明新形态。

第一，中国式现代化实现了物的现代化与人的现代化的有机统一，创造了物质文明与精神文明统筹发展的文明新形态。在西方现代化的过程中，“资本是资产阶级社会的支配一切的经济权力”②，整个社会遵循的不是人

---

① 参见《人民日报》2023 年 2 月 8 日。

② 《马克思恩格斯文集》第 8 卷，人民出版社 2009 年版，第 31—32 页。

的价值而是物的价值，人在社会中被异化为资本的生产工具。在资本主义物的文明中，现实的人被抽象的物所奴役，人的尊严被物的价值所代替，整个社会沦为了资本的产物。虽然资本曾经创造了巨大的财富，然而是否被奴役并不源于生产力的高低以及工作的强度，而由现实的人是否被奴役为单纯的物以及人被压迫的程度。而所谓的资本主义现代化无非是用资本取代封建神学成为新的统治，结果是物的增值和人的贬值，它创造的是一个资本至上的文明形态。与资本主义现代化不同的是，我国始终坚持的是以人民为中心的发展理念，人民立场是我们党的根本政治立场。中国式现代化不是要放弃发展，而是把发展作为实现人民幸福的过程，其最终目的还是现实的人民群众的根本利益。如果说资本主义现代化的过程是一个物的现代化过程，那么中国式现代化则是物的现代化与人的现代化协调并进的过程，深刻阐释了我们党全心全意为人民服务的初心和宗旨，在现代化的发展中践行了人民至上的发展理念。

第二，中国式现代化实现了社会主义与市场经济的有机统一，创造了两种经济体制优势互补的文明新形态。工业革命后，西方各国相继走上了现代化的发展道路，所有的工业化国家都有着相同的认识，即要想实现本国的现代化，必须走向资本主义的现代化道路，从而选择以资本主义为代表的市场经济体制。在当时，市场经济代表的是以美国为首的西方资本主义国家阵营，计划经济则代表了以苏联为首的社会主义国家阵营，如何选择经济体制成了我国社会主义现代化建设的关键问题。对此，邓小平提出，“社会主义要赢得与资本主义相比较的优势，就必须大胆吸收和借鉴人类社会创造的一切文明成果”①。于是，我国形成了阶段性的“计划经济为主，市场调节为辅”的改革思路，为社会主义经济体制改革打下了坚实基础。直到 1992 年，党的十四大报告正式提出要发展社会主义市场经济，在探索中走出了一条具有中国特色的发展模式。如今，社会主义市场经济自确立以来已经过去 30 多年，中国人民迎来了从温饱不足到小康富裕的伟大飞跃，成功开创了社会主义市场经济体制，给世界提交了一张优秀的答卷。

第三，中国式现代化实现了局部发展与整体和平的有机统一，创造了民族与世界和平共处的文明新形态。回顾历史，我们能够直观且深刻地看到西方国家在实现现代化过程中的种种劣迹。15 世纪，西方国家就已经开始通过海外的殖民贸易完成最初的原始资本积累。18 世纪后，西方国家更是利用坚船利炮肆意掠夺他国的资源，随处抢占、发展海外殖民地，从而

① 《邓小平文选》第三卷，人民出版社 1993 年版，第 373 页。

帮助其完成现代化的目标。在西方国家的现代化逻辑中，“战争暴力”是主旋律，“丛林法则”是国际规则。在《资本论》中马克思就曾指出，“资本来到世间，从头到脚，每个毛孔都滴着血和肮脏的东西”[①]。相反，我国的现代化之路则是亿万中国人民靠着勤劳的双手艰苦奋斗而来的，合作共赢始终是我国对外交往的核心理念，和平发展是我们一贯的政策与主张。在实现现代化的道路上，我国始终秉承构建人类命运共同体的价值理念，强烈反对国际交往中的“零和博弈”与“丛林法则”，坚持倡导国际关系民主化，坚持国家不分大小、强弱、贫富一律平等，走出了一条国与国之间和平发展的交往新路。

第四，中国式现代化实现了人的发展与生态保护的有机统一，创造了人与自然和谐共生的文明新形态。现代化以来，人与自然的关系经历着一个从缓和到紧张的过程。从发展初期的敬畏自然，到发展中期的直视自然再到现代化以后的征服自然，人类社会的发展状况似乎能够通过对待自然的态度予以反应，人类社会发展得越快，对待自然的态度就越“傲慢”，人与自然的关系就越紧张。然而，在我们每一次与自然的冲突即将取得胜利之时，等到的却是自然界“无情地报复”。海平面上升、土地荒漠化、南极臭氧空洞、温室效应加剧等一系列现象似乎都在提醒着我们，人与自然从来都不是相互对立的关系，而是你中有我、我中有你的生命共同体。在人与环境的关系上，生态环境保护与人类社会发展本就是相互统一、相辅相成的，以往的现代化是伴随着环境牺牲与环境破坏，而我国的现代化则是以实现人与自然共同发展为目标的人与自然和谐共生的现代化，合理解决了人的发展与生态保护的关系，为全球环境治理贡献了中国力量。

三、中国式现代化的价值旨归：对人类解放的追求与实践

作为马克思主义唯物史观的两大重要论域，现代化与人的解放始终是紧密联系的一对范畴。早在《论犹太人问题》中，马克思曾指出，“任何解放都是使人的世界即各种关系回归于人自身”[②]。从二者的关系来看，现代化是实现人的解放的内在要求，人的解放是现代化的最终价值旨归。对于中国式现代化的研究，不仅要对理论的来源、内涵等作出全面的阐释，更要对理论的价值性以及指向性进行全面的考察。只有这样，我们才能在现代化的发展过程中规避资本主义现代化的弊病，从而更好地推动中国式现

① 《马克思恩格斯文集》第5卷，人民出版社2009年版，第871页。
② 《马克思恩格斯文集》第1卷，人民出版社2009年版，第46页。

代化的现实发展。

（一）现代化与人的解放

从某种程度上来说，现代化的发展过程实际上就是实现人的解放的过程，只不过由于资本自身的局限性，资本主义现代化未能帮助人类实现这一价值目标。一些西方国家在实现现代化的过程中，虽然现代化的程度很高，其人均可支配收入也远远达到了发达国家水平，但由于资产阶级内在的局限性，在实际的发展中始终无法平衡物的发展与人的发展之间的关系。实际上，现代资本主义国家的本质是管理整个资产阶级的共同委员会，所谓的“现代化”也不过是以“物的统治”代替“人的统治”，实质是一种私有制代替了另一种私有制，其带来的直接结果便是物的价值增值与人的价值贬值。因此我们说，资本主义现代化不是对人类原有文明的延续，而是对人类原有文明的破坏，它“无情地斩断了把人们束缚于天然尊长的形形色色的封建羁绊，它使人和人之间除了赤裸裸的利害关系，除了冷酷无情的‘现金交易’，就再也没有任何别的联系了”①。资本主义现代化虽然曾经在历史上起到过非常革命的作用，却重新使人陷入新的异化之中，资本既创造了文明的果实，又亲手毁掉了自己的成果。在马克思看来，人的实践活动的根本目的就在于不断扩展人的认识以及交往范畴，这样才能实现人的真正的解放，而现代化的目的就是在实现社会发展的过程中完成人从此岸世界到彼岸世界的最终飞跃。

“对人类解放具有积极的促进意义，还是具有消极的阻碍作用，是我们判断一切社会发展理念和原则必须遵循的根本价值路线。”② 人是构成全部社会生活最为本质的存在，在现实的人的基础上，马克思建立了以人为中心的唯物史观哲学图式。从早期对自由意志的研究到后期人的解放研究，人的问题始终贯穿于马克思主义唯物史观。在《德意志意识形态》中马克思指出，“全部人类历史的第一个前提无疑是有生命的个人的存在”③。在这里，马克思所说的“人”既不同于西方传统哲学中抽象的符号式的人，也不同于德国古典哲学中思辨的精神性的人，而是从事着具体实践活动的现实的人。马克思认为，现实的人才是人的真实存在，而从事着实际活动实质上指的就是实践，我们研究的现代化就属于人的最基本的实践活动之一，现代化的发展实际上要改变的是人的社会存在方式和社会关系。随着生产力的进步与发展，人的存在方式与社会关系发生了深刻的变化，直观

---

① 《马克思恩格斯文集》第2卷，人民出版社2009年版，第34页。

② 刘同舫：《马克思人类解放思想史》，人民出版社2019年版，第310页。

③ 《马克思恩格斯文集》第1卷，人民出版社2009年版，第519页。

地表现在人们的生活方式、消费方式等方面，这些实践活动直接反映了人的解放程度。现代化的发展不仅要实现社会的现代化，更是实现人的现代化，现代化的最终目的是人的全面自由的解放。因此，要实现人的解放，仍需要从现代化本身出发，在批判与反思中重建新的现代化。

（二）中国式现代化的人学意蕴

人类现代化发展最显著的表现是社会全面进步。社会全面发展为人的全面发展提供了物质前提，人的全面发展是社会全面发展的最终目标。在各国现代化的实践过程中，中国式现代化始终坚持社会发展与人的解放协同并进的价值理念，始终坚持以人民为中心的发展思想，坚持人民至上的治国理念，在中国特色社会主义的伟大实践中创造了多维解放的人类文明新形态。在理念上，中国式现代化始终坚持以人民为中心，将人民群众的切实需要作为衡量社会发展的根本标准，打破了资本主义现代化以资本增殖为核心的普遍标准，为人的解放提供了更为合理的价值理念；在方法上，中国式现代化始终坚持普遍性与特殊性相结合的工作方法，将我国发展的实际情况与各国现代化发展的共同特征相结合，超越了以往资本主义现代化的单向度发展模式，为人的解放创造了科学的思维方法；在路径上，中国式现代化始终坚持人与自然、人与社会以及人与人关系的协调发展，统筹推进“五位一体”文明的全面建设，为全人类解放贡献了中国智慧与中国力量。概言之，中国式现代化除了要消除资本主义现代化发展产生的两极分化、环境污染、经济危机等问题外，其目标还指向了人的全面持续的发展，最大限度地维护了人的权利与自由，切实维护了人民群众的根本利益，在实践中创造了具有中国特色的现代化发展模式，给世界上那些希望寻求现代化途径的国家和民族提供了全新的选择。

中国式现代化是一个集合性、总体性的概念，它不仅是社会的现代化过程，还体现了人的现代化过程，即人的自由与解放。其中，满足人民对美好生活的向往是中国式现代化的根本追求，实现人的自由全面发展是中国式现代化的最终目的。习近平总书记指出，“我国现代化是人口规模巨大的现代化，是全体人民共同富裕的现代化，是物质文明和精神文明相协调的现代化，是人与自然和谐共生的现代化，是走和平发展道路的现代化。”①。党的十八大以来，以习近平同志为核心的党中央在深刻把握历史规律与时代大势的基础上，坚持以人民为中心，坚持以“人民对美好生活的向往”为目标追求，在中国特色社会主义的实践中开辟了马克思主义群众史观的新境界，为人的自由全面发展奠定了坚实的现实基础。从“两个

---

① 《习近平谈治国理政》第四卷，外文出版社2022年版，第164页。

一百年”顶层设计到“以人民为中心”核心理念，再从“五位一体”总体布局到“四个全面”战略布局，无不体现着中国式现代化的人学意蕴，这种以人为核心的发展理念是对西方现代化问题的根本解决方式，是历史和现实发展的最终产物。资本主义现代化的本质是实现资本的无限增殖，而我国的现代化起点是以人为本，实现共同富裕是社会主义最本质的规定和目标。同时，实现人的自由全面的发展不仅是马克思主义政党的内在要求，还是中国式现代化建设的必然要求，这就决定了我们的现代化之路必须始终与人的解放相结合，以中国式现代化推动人的自由全面发展。

全面建设中国式现代化，不仅要在理论上站得住脚，更要在实践中迈得出步。现代化的起点虽然是西方，但过程则内生于各个国家自身的情况以及特征，各国必须根据自己的国情探索符合自身发展的现代化之路。作为长期处于社会主义初级阶段的中国，当前，我国现代化建设主要任务仍然是以经济建设为中心，在消除西方现代化弊病的同时，解放和发展生产力，以多维解放为旨归，不断满足人民对美好生活的需求和向往。习近平总书记指出，推进中国式现代化，是一项前无古人的开创性事业，必然会遇到各种可以预料和难以预料的风险挑战、艰难险阻甚至惊涛骇浪①。在人类历史的长河中，每一次人类社会的变革都会伴随新的社会问题，这是马克思主义唯物史观不变的规律。在实现中国式现代化的过程中，也势必会出现一些前所未有的问题与挑战。面对这些新问题、新挑战，唯有坚定信念、不畏艰难，方能乘风破浪、一往无前，以更加昂扬的奋斗姿态全面开启中国式现代化新征程。

---

① 参见《人民日报》2023 年 2 月 8 日。

中国式现代化理论的马克思主义特质论析

李维昌[①]

中国共产党的第二十次全国代表大会所取得的政治性、理论性和实践性成果引起了国内外高度关注。从各方面的反应和反响来看，党的二十大权威、正式、系统、全面地提出“中国式现代化”，已经成为当前社会各界迅速展开讨论和不断深化研究的重大命题。深刻认识与把握中国式现代化的理论命题、实践问题和战略课题，建构关于现代化问题的中国自主知识体系、理论体系、制度体系和实践体系，论证中国式现代化的马克思主义本质特性，是学习贯彻党的二十大精神的重要要求，也是当前持续推进有关中国式现代化理论的知识体系、学科体系、学术体系以及话语体系建构与创新的重要方面。经过党的二十大，“中国式现代化”实现了从基本概念到命题确立、从战略决断到工作部署、从理论创新到实践创造的根本性转化。从建构理论体系的要求来看，“中国式现代化”理论的建构已经取得了重大进展和重要成果。总的来看，中国式现代化理论的建构是以马克思主义为基础，以习近平新时代中国特色社会主义思想为指导而建构起来的一整套内蕴马克思主义本质特性的理论体系。中国式现代化理论的建构坚持了习近平新时代中国特色社会主义思想的世界观和方法论，贯彻了马克思主义的立场观点和方法。探究中国式现代化理论中蕴含的马克思主义本质特性，对于我们深刻认识和把握中国式现代化理论的本质属性、精神实质、价值意义、实践指向等具有重要意义。

一、中国式现代化理论的政治性特质

中国式现代化理论的建构，不仅仅是理论的问题，而且有着明确的政

① 李维昌，云南大学马克思主义学院党委书记、教授、博士生导师。

治性要求。聚焦中国式现代化鲜明的政治性，我们必须深刻认识到，中国式现代化是中国共产党领导的现代化，是中国共产党推动和探索的现代化，是在党的领导下坚持社会主义方向和性质的现代化，是走中国特色社会主义道路的现代化。

（一）坚持中国共产党的领导是建构中国式现代化理论的根本要求

习近平总书记在党的二十大报告中指出："中国式现代化，是中国共产党领导的社会主义现代化。"① 中国式现代化的根本所在，是在现代化进程和走向中，绝不能削弱而是必须坚持和加强中国共产党领导，在经济社会各方面的演进中，现代化的展开和推进是确保中国共产党的领导不变质、不变色、不变味的重要条件。这是我们思考和践行中国式现代化的根本要求。党的二十大关于中国式现代化的强有力宣示，从政治立场和政治层面坚定了中国建设社会主义现代化强国的战略决心，坚定了以中国式现代化推进中华民族伟大复兴的战略自信，坚定了以中国式现代化理论回答中国之问、世界之问、人民之问、时代之问的中国决心和中国选择，提供了以中国式现代化方案应对世界之变、时代之变、历史之变的中国贡献。中国式现代化战略决心的明确坚定及其战略方案的有效实施，关键在于中国共产党坚强有力的领导。党的领导是中国式现代化本质要求的重要内容，也是根本要求，是政治保障，更是关键所在。强调坚持中国共产党领导这一根本要求，是中国式现代化理论构建及其理论属性最重要的政治特质。

党的二十大报告明确指出："全面建设社会主义现代化国家、全面推进中华民族伟大复兴，关键在党。"② 这是对坚持和加强党的领导的前提性要求和关键性作用作出的新的重大判断。始终坚持和加强党的领导，是在全面建设社会主义现代化国家、全面推进中华民族伟大复兴的伟大实践和宏伟征程中，全党全军全国各族人民所必须坚持的最重要的政治立场、政治方向、政治原则、政治要求，也是确保党和人民始终团结一心向着共同目标迈进的最大优势。党的二十大明确了新时代新征程党的中心任务的确定，推动了大会设定的各项议程的全面完成和相关部署的接续实施，这是就党和国家工作在全党全国层面的一次重要政治对标对表，是凸显中国共产党领导核心作用的重大政治实践。从"坚持和加强党的全面领导"这一首要的重大原则看，党的二十大围绕党和国家的中心任务和奋斗目标所进行的

---

① 习近平：《高举中国特色社会主义伟大旗帜 为全面建设社会主义现代化国家而团结奋斗——在中国共产党第二十次全国代表大会上的报告》，人民出版社2022年版，第22页。

② 习近平：《高举中国特色社会主义伟大旗帜 为全面建设社会主义现代化国家而团结奋斗——在中国共产党第二十次全国代表大会上的报告》，人民出版社2022年版，第63页。

科学决策部署，是体现中国共产党领导地位和领导责任的重要要求，是强化中国共产党领导一切的政治地位、政治工作的总体要求。

（二）中国式现代化理论坚持以中国化时代化的马克思主义为指导

坚持党的领导作为构建中国式现代化理论的政治性本质性要求，是同坚持马克思主义、坚持中国化时代化的马克思主义这一要求紧密结合起来的，也是同坚持和发展中国特色社会主义这一要求紧密结合起来的。在我们党不断深化理解和提高认识的过程中，党的二十大进一步丰富发展了我们党关于“马克思主义行”“中国共产党能”“中国特色社会主义好”这三者关系的科学内涵和内在要求，提出了“中国化时代化的马克思主义行”这一崭新论断。“两个行”的明确政治定位、丰富实践基础和科学理论内涵，突出强调了在坚持和发展马克思主义基础上取得的中国化时代化的马克思主义理论成果，对于坚持中国共产党领导、对于推进新时代中国特色社会主义发展，具有前提性意义、理论性指导、根本性地位。从这个意义来说，中国式现代化理论的创立和构建，体现了“拥有和坚持中国共产党领导”这一独特的政治优势、制度优势、实践优势，通过理论与实践的结合，转化为了支撑理论创立和构建的思想优势、理论优势和文化优势的特质。从这个意义上来说，中国式现代化理论，是融中国特色的政治优势、制度优势、实践优势、文化优势于一炉的重大理论成果，是具有战略意义的政治理论创新成果。

总之，继续深入推进中国式现代化理论的构建和完善，必须从政治上明确，在我们完成新的历史任务、继往开来推进实施新的发展战略的重大时刻，党坚持和贯彻以中国化时代化的马克思主义作为推进和实施中国式现代化的指导思想，就要把中国化时代化的马克思主义最新理论成果即习近平新时代中国特色社会主义思想作为建构中国式现代化理论的指导思想，在牢牢把握习近平新时代中国特色社会主义思想的世界观和方法论的基础上，推进中国式现代化理论的深入发展。从政治层面构建起具有全球政治影响力的中国式现代化理论，这也是贯穿在党的二十大报告和各项议程中的理论主题和思想主线。因此，在现时代，任何设想抛开党的领导这一根本政治前提的中国现代化，或者设想抛弃马克思主义及其中国化时代化理论成果指导的中国式现代化，以及设想背离社会主义方向和中国特色社会主义道路的现代化，在政治上是幼稚的，在理论上是错误的，在实践中是不可行的。总之，中国式现代化理论，是体现中国共产党领导和坚持中国化时代化的马克思主义指导这一政治要求和政治特质的新型现代化理论。

二、中国式现代化理论的科学性特质

从历史经验看，一种现代化理论是否正确、是否科学，是要以这种现代化理论的实践进程及实践结果来作为根本评价依据的。理论科学与否，归根结底是要通过其在实践中的运用来举证和评判的，一种现代化理论是否揭示从传统社会向现代社会发展的进程和规律，是否体现人类社会发展的基本规律和历史潮流，是否有效增进人类文明和绝大多数人的社会福祉，是否符合绝大多数人的利益，是表征该种现代化理论是否科学的重要依据。作为一种过程，现代化体现为代表绝大多数人的正当合理利益的积极的历史运动和社会发展。中国式现代化理论概括了中国自主探索现代化的历程、成就和经验，揭示了中国现代化进程的方向、规律和特点，从中国共产党领导中国现代化的历史探索及实践成效看，中国用几十年的时间取得了西方发达国家几百年才取得的现代化成就，创造了在保持社会长期稳定中实现经济快速发展的奇迹，提供了发展中国家既能加快发展又能保持自身独立性的后发国家的现代化样本。显然，中国坚实的发展成就和丰富的实践成果，反映和检验着中国式现代化理论的科学性特质。

（一）中国式现代化理论阐明了中国现代化进程的独有特征

由于现代化理论首先起源于西方，因此大量西方学者惯于从西方的历史经验和发展案例出发，用西方现代化理论的范式和西方发达国家的范本来指导和评价其他国家的现代化进程及成效。这样的做法往往忽视了西方发达国家所经历的漫长现代化历程及其时代背景对于非西方国家的不可复制性，从而导致了后发展和欠发达国家在现代化进程中表现出不适应。习近平总书记指出："世界上既不存在定于一尊的现代化模式，也不存在放之四海而皆准的现代化标准。"[①] 任何国家的现代化道路都只能是在结合自身国情的基础上逐步探索而得出的。中国式现代化理论坚持从中国国情出发，坚持以辩证唯物主义和历史唯物主义为指导对中国现代化进程进行探究，既客观地肯定了中国现代化发展进程中存在的普遍性，又进一步明确了中国的现代化所具有的复杂的具体特征，即中国的现代化不仅是社会矛盾复杂的、具备社会历史内涵的现代化，还是一种多任务同时空叠加式样态的现代化，是欠发达后发展国家所体现出来的现代化。遭遇过西方发达国家在其现代化进程中强加的掠夺和侵略，见证过资本—帝国主义入侵带来的灾难，包括中国在内的广大发展中国家，在现有的历史条件和国际环

① 《习近平谈治国理政》第四卷，外文出版社 2022 年版，第 123 页。

境中，在仍不具有对世界历史主导性优势的条件下，是不可能以西方式现代化道路来实现自己的现代化目标的。中国式现代化理论的创立和构建，体现了发展中国家迈向现代化的客观实在性进程，体现了实践基础上的理论创新特质。

（二）中国式现代化理论突出了现代化的全面性

西方现代化理论长期以来仅仅采用国内生产总值、人均产出、财政收入等宏观经济数据来衡量一个国家的现代化发展水平，如此单一的评价标准不仅无法说明社会发展的稳定性与可持续性，而且会逐渐形成以偏概全的经济现代化中心论。与之相反，中国式现代化理论则突出强调现代化的"全面性"。中国式现代化坚持从中国国情出发，坚持在辩证唯物主义和历史唯物主义的指导下对中国现代化进程的规律进行探究，科学地总结出了中国式现代化的五大特征，即中国式现代化是人口规模巨大的现代化、全体人民共同富裕的现代化、物质文明和精神文明相协调的现代化、人与自然和谐共生的现代化、走和平发展道路的现代化。中国式现代化的这五个特征既客观阐明了中国式现代化发展进程中存在的普遍性，又充分明确了中国式现代化进程的特殊性。这种多领域、全方位的全面现代化凸显了中国式现代化理论在其理论深度、实践高度和价值追求上实现了对西方现代化理论的提升与超越，在理论层面科学地回答了中国式现代化"是什么""为什么"的问题，为中国式现代化"怎么办"的问题求解提供了前提和依据。

（三）中国式现代化理论开拓了达成目标的多重向度

如上所述，西方现代化理论由于长期奉行单一的评价标准，导致了其对现代化目标设定的单一性以及达成目标向度的单向性。而中国式现代化的实践目标要求在客观实际上以中国式现代化的五大特征为基础，深刻诠释了中国式现代化的本质属性和内在规定，明确设定了中国式现代化的主要目标和战略规划。党的十八大以来，以习近平同志为核心的党中央在新时代新征程推进社会主义现代化进行系统布局时，就将"五位一体"总体布局和"四个全面"战略布局摆在极其重要的位置，强调要以"实现高质量发展、发展全过程人民民主、丰富人民精神世界、实现全体人民共同富裕、促进人与自然和谐共生、推动构建人类命运共同体、创造人类文明新形态"来为中国式现代化目标赋能，体现了发展自己与贡献世界的一致性追求，反映了"世界好中国才会好、中国好世界会更好"的世界眼光和人类情怀。因此，从这个意义上来说，中国式现代化理论体现了坚持通过多样化路径来推动现代化进程、追求进步的现代性目标的观点，不仅充实了中国式现代化的内涵，还拓展了达成现代化目标的多重向度。①

总之，中国式现代化理论的目标设定和价值追求表明，在现代化进程中，中国的现代化实践充分反映了发展中国家的后发优势，是对西方发达国家曾经走过的现代化路径的一种纠偏，是一种扬弃，也是一种优化，更在一定程度上是对当今时代现代化方向与目标的正面供给与积极塑造。中国式现代化理论，是充分吸收人类现代化发展文明成果，揭示现代化发展的历史规律，反映当今时代现代化发展新要求，符合以人民为中心的发展思想的现代化理论创新和理论建构，是科学的现代化理论。

三、中国式现代化理论的人民性特质

人民性是马克思主义最为鲜明的品格，中国式现代化理论有着鲜明的人民至上立场。理论的人民性特质反映了理论的价值判断与价值追求。它由“为了谁、依靠谁、谁来享”的逻辑链条构成。从“人口规模巨大的现代化”到“全体人民共同富裕的现代化”这些体现中国国情的鲜明特色看，中国式现代化在关于现代性的“量”与“质”的要求上，始终强调把立足点放在社会历史主体的发展进步这一要求上来评判。从实行全过程人民民主到丰富人民精神世界、再到实现全体人民共同富裕这些本质要求的内涵看，中国式现代化理论从始至终都突显出了其现代性价值的人民性本色和历史主体性特质。

（一）人民对美好生活的向往是中国式现代化理论的逻辑起点和最终归宿

习近平总书记指出：“我们坚持把实现人民对美好生活的向往作为现代化建设的出发点和落脚点。”② 反观西方发达国家的现代化进程，本质上还是一套由资本逻辑主导的“以资本为中心”的现代化。马克思在对资本主义现代化的批判中就曾指出，资本的逻辑天然具有扩张、增殖、运动的特性，资本不仅会不断介入生产、流通、消费等各个环节，还会绞尽脑汁地渗透到社会生活的各个领域，以图通过控制来实现自身的增殖与扩张。因此，由资本主导的现代化，工人的劳动资料和生活资料不断被夺走，生命每天在被不断地牺牲，劳动力每天在被无限地浪费，而社会则在无政府状

① 参见刘儒、陈舒霄：《中国式现代化：马克思主义现代化理论的新飞跃》，《西安交通大学学报》（社会科学版），2023 年第 1 期。

② 习近平：《高举中国特色社会主义伟大旗帜 为全面建设社会主义现代化国家而团结奋斗——在中国共产党第二十次全国代表大会上的报告》，人民出版社 2022 年版，第 22 页。

态下一片荒芜。[1] 马克思恩格斯指出："过去的一切运动都是少数人的，或者为少数人谋利益的运动。无产阶级的运动是绝大多数人的，为绝大多数人谋利益的独立的运动。"[2] 这为中国式现代化坚持以人民为中心提供了指导性原则。在中国式现代化的生成和发展过程中，人民是一切行动的起点，中国共产党领导全国各族人民开展现代化建设，不是为了任何的其他利益，而是诚心实意地要为人民谋取福利，让广大人民群众过上更好的生活。因此，从中西方现代化进程的对比来看，中国式现代化理论，是坚决摒弃资本主导并坚持以人民为中心的现代化主张，真正实现了"人本逻辑"对"资本逻辑"的超越。

（二）中国式现代化理论坚持在推进现代化建设的过程中紧紧依靠人民

习近平总书记在党的二十大报告中强调："全面建设社会主义现代化强国，必须充分发挥亿万人民的创造伟力。"[3] 从中国式现代化的现实进程来看，中国式现代化坚持发展目标为了人民、发展过程依靠人民、发展结果惠及人民的价值定位，坚持激发亿万人民参与到现代化建设中的主体能动性，高度肯定了"人的现代化"在中国式现代化理论体系和实践结构中的核心地位。中国式现代化在理论与实践中不断确证了"人的现代化"与经济、政治、文化、社会、生态文明发展的内在关联，肯定了主体能力与素质的提升对于社会主义现代化建设的重要意义，突出了人的全面发展和全体人民共同富裕对于中国式现代化的目的性要求。因此，以人民对美好生活的向往为目标，依靠人民的力量进行的中国式现代化既是目的与手段的统一，也是中国式现代化理论的人民性特质的集中体现。

（三）中国式现代化理论坚持现代化发展成果由人民共享

恩格斯在《共产主义原理》讨论废除私有制的结果时就指出："把生产发展到能够满足所有人的需要的规模；结束牺牲一些人的利益来满足另一些人的需要的状况……使社会成员的才能得到全面发展，——这就是废除私有制的主要结果。"[4] 恩格斯对废除私有制结果的描述从某种意义上向我们证明了全体劳动者在整个社会生产资料关系中处于平等的地位，批判和驳斥了资本主义生产方式下完全颠倒的关系，为广大劳动者共享福利提供了重要的理论和现实支撑。中国式现代化不是一种脱离人民的虚幻叙事，而是一种切实与人民利益息息相关的实践活动。中国式现代化的成果坚持

---

① 《马克思恩格斯选集》第2卷，人民出版社2012年版，第231页。

② 《马克思恩格斯选集》第1卷，人民出版社2012年版，第411页。

③ 习近平：《高举中国特色社会主义伟大旗帜 为全面建设社会主义现代化国家而团结奋斗——在中国共产党第二十次全国代表大会上的报告》，人民出版社2022年版，第70页。

④ 《马克思恩格斯选集》第1卷，人民出版社2012年版，第308页。

由人民共享，一方面在指导思想上体现了其鲜明的历史唯物主义色彩，再一次确证了它继承自马克思主义人民性的独有特质，另一方面也让广大人民群众切身感受到了中国式现代化与自身利益的息息相关，这样一种对中国式现代化与自身利益关系的认识，极大地激发了广大人民群众为现代化建设干事创业的热情，为广大人民群众参与到现代化建设之中提供了源源不绝的精神动力。

总之，必须坚持人民至上的立场、观点和方法，贯穿在创立和建构中国式现代化理论的始终。作为马克思主义的本质属性，人民性熔铸在了党的一切理论创新中，也深刻地反映在了中国式现代化理论中。中国式现代化理论，是我们党在长期的理论探索和实践发展基础上取得的新成果，是党的二十大的一个重大理论创新，是科学社会主义的最新重大成果，这一成果体现了我们党的理论创新“来自人民、为了人民、造福人民”的人民性特质。

四、中国式现代化理论的实践性特质

马克思主义是指导人民认识和改造实践的理论，实践的观点是马克思主义首要的基本观点。实践从哪里开始，思想的进程就从哪里开始。我们党在领导中国式现代化长期探索和实践创造的基础上，因时而进提出了中国式现代化的理论。这反映了马克思主义的实践性特征，因此可以说，中国式现代化理论体现了马克思主义的实践性特质。理论的实践性特质，是指理论在起源和发展的过程中是否主要依靠人们现实的实践活动，以及理论在发展的过程之中是否经常根据实践的变化而进行调整与更新。理论实践性特质的有无不仅关系到理论对现实是否具有指导意义，同时还关涉理论自身能否避免走向僵化和教条。中国式现代化理论由实践产生，并指引着广大人民群众不断开辟新的实践。

（一）中国式现代化理论产生于党和国家事业的伟大实践

从历史维度来看，中国式现代化理论既诞生于中国共产党人领导和推动国家现代化伟大事业的实践之中，又在实践过程中不断发展完善并继续指引着中国共产党人的实践行动。在推进社会主义现代化的艰辛探索中，曾经遭遇过困难与曲折，但随着社会主义建设实践的不断深入，党和国家对现代化建设规律的认识也更加全面和深刻，并逐步提出宽领域、多层次、高质量的现代化建设路径。从这个意义来说，中国式现代化理论的不断发展与完善，反映了从实践到认识，再由认识到实践的辩证发展过程。它的形成，是在实践基础上进行理论创新的生动体现，来源于社会主义革命、建设、改革和发展的伟大实践，同时也体现出中国式现代化理论在自身发展过程中所具有的客观实在性内容和主观能动性品质。除此之外，中国式现代化理论的构建既没有固守马克思主义经典作家的个别观点和论断，也没有迷信理论家的书斋学问和抽象教条，而是随社会实践的发展而不断创新的，现代化的实践发展和时代要求，必然成为推动社会主义国家现代化不断地向前发展的不竭动力。

（二）中国式现代化理论为建设社会主义现代化强国提供了有力指导

从现实维度来看，党的二十大明确了以中国式现代化推进民族伟大复兴的战略目标，并且制定了一系列战略目标和步骤安排，这些战略目标制定的依据正是来自中国特色社会主义进入新时代以来的实践。与此同时，在党的二十大对现代化作出全新的安排与部署之后，中国式现代化又将继续付诸实践，在实践中不断完善理论、完成既定的战略与目标。中国式现代化源于实践与复归实践之间存在着一种相互继起的关系，而在两种实践状态之间则是对经验的总结和理论形态的创造。中国式现代化源于实践又复归实践的特点明确地向世人宣布了中国式现代化不是悬置于空中的理论，它的诞生不仅是为了解释中国的现代化特征与规律，更是为了在掌握这些特征与规律的基础上指导和引领中国的现代化走向更高层次的实践。因此，从这个意义上来说，在今后推进中国式现代化前进的道路上，我们必须要在中国式现代化理论的指导下大胆地进行实践探索，在从中国实际国情出发的基础上，把现代化一系列要求的达标落实在实践之中，并通过实践不断创新理论，从而更好地推进中国式现代化向前发展。

总之，以中国式现代化的实践探索为基础，我们党提出了中国式现代化理论；我们党提出中国式现代化理论，又是为了指导和推动新时代新征程上的中国现代化建设事业。在全面建设社会主义现代化国家、实现第二个百年奋斗目标，建成富强民主文明和谐美丽的社会主义现代化强国的伟大实践中，在以中国式现代化全面推进中华民族伟大复兴的历史实践中，中国式现代化理论将接受事实的验证和实践的检验。从这个意义上来说，中国式现代化理论，是要以中国式现代化的历时性展开和实践性成果来说明自身的科学性和正确性的。

五、中国式现代化理论的发展性特质

马克思始终强调：“我们的理论是发展着的理论，而不是必须背得滚瓜烂熟并机械地加以重复的教条。”① 理论的发展性一般而言就是指一种理论能够通过汲取人类历史上一切优秀的思想文化成果来丰富和发展自己，确保自身能够跟上时代发展的潮流，不断提出和解决新的问题。中国式现代化理论承继了马克思主义的发展性，一方面吸收和汲取人类在现代化建设中所积累的有益经验来丰富和发展自己，另一方面又主动将自身的经验提供给世界各国。中国式现代化的这种发展性特质与马克思主义的开放发展性有着紧密的联系。

（一）中国式现代化理论吸收借鉴人类文明成果实现创新发展

如果说西方发达国家奉行的现代化理论，是解决从“不发展”到“发展”过程的理论，那么中国式现代化理论不是对这一理论的简单翻版，而是吸收了这一理论合理内核的现代化理论，是一种追求发展得更好的目标、解决“如何才能发展得更好”这一发展新问题的现代化理论。从中国式现代化理论的内部构成图景看，中国式现代化理论在坚持马克思主义的指导地位和鲜明立场的同时，不断从人类现代化建设的历史中汲取具有普遍参考意义的经验。例如西方发达国家在实现现代化的过程中，为了解决贫富差距扩大、人口老龄化、环境污染、违法犯罪等问题也做出过一些科学的探索，得出过一些有益的经验。中国式现代化的道路虽然从根本上不同于西方，但上述的社会基本问题也是中国式现代化进程中必须要面对和解决的问题。因此，为了能够科学地解决中国式现代化进程中可能面对的普遍性发展问题，中国式现代化理论也将吸纳西方发达国家在现代化进程中解决相关发展问题所取得的有益经验，广泛借鉴作为社会历史发展中优秀人类文明成果的现代化经验。

（二）中国式现代化理论为人类发展贡献了价值和经验

从中国式现代化理论的外部交互情况来看，中国式现代化理论既通过汲取和吸收来完善自己，又通过输出和互动来发展自己。改革开放以来，中国同国际社会一道，就全球事务展开了全方位的合作，并且在众多领域搭建了合作平台，开辟了广泛的合作渠道。党的十八大以来，习近平总书记创造性地提出了“一带一路”倡议、全球安全倡议、全球发展倡议，推动构建人类命运共同体和创造人类文明新形态。这些倡议和实际行动不仅向世界展现了负责任的大国担当，推动了全球治理体系的改革和建设，实现了中国自身的快速发展，同时也为那些想在现代化进程中保持自身独立性的国家提供了全新的选择与借鉴，为人类现代化贡献了中国方案。在这些对外输出和互动的过程中，中国式现代化理论以主动的姿态与世界各民

① 《马克思恩格斯文集》第10卷，人民出版社2009年版，第562页。

族不同的历史文化进行接触和互动，既拓宽了理论的视野，也增强了理论的普适性。因此，中国式现代化理论的发展性不仅表现在理论自身对其他思想文化的汲取而实现的内生性发展，还表现在向外界输出和交互的过程中实现的外延性发展。

总之，中国式现代化理论的创立和建构，运用“历史和现实相贯通、国际和国内相关联、理论和实际相结合”的宽广视角，创新了人类有关现代化的理念和认知，实现了现代化理论的新突破。随着实践的不断发展，中国式现代化理论也将不断丰富发展，作为开放发展的理论，中国式现代化理论显示了宽广的世界眼光和深厚的人类情怀，坚持吸收借鉴关于现代化理论的优秀成果，持续从人类现代化的实践经验中吸收养分、萃取精华，不断体现出发展性的特质。

六、中国式现代化理论的革命性特质

从科学史的角度来看，常规科学理论的革命性可以理解为某种新理论突破了既有主流理论的范式，开辟了新的领域，解决了新的问题。① 但这样一种判断似乎更适用于自然科学理论，中国式现代化理论作为一种在继承和发展中逐渐成熟的社会科学理论，应当用更加全面和科学的方式对其展开分析。中国式现代化理论彰显了马克思主义的革命性品质，它能够引导我们正确地批判西方现代化理论，并在与错误理论斗争的过程中实现对西方现代化理论的超越。

（一）中国式现代化理论坚持对资本主义现代化道路的批判

从理论批判的深刻性来看，中国式现代化理论完全批判和否定了通过侵略扩张来实现现代化的西方现代化老路，凸显了社会主义的先进性和正义性，实现了在现代化实践目的和价值追求上社会主义现代化对资本主义现代化的超越。习近平总书记在党的二十大报告中指出：“一些国家通过战争、殖民、掠夺等方式实现的现代化，其本质是一条损人利己、充满血腥罪恶的道路。”② 马克思在对资本原始积累的分析过程中，就已经充分阐明了西方发达国家现代化的掠夺本性。经过几百年发展，资本主义的现代化直到今天也没有改变其对外扩张和掠夺的本性，当今世界发达国家依旧通

---

① 参见〔美〕库恩：《科学革命的结构》，金吾伦、胡新和译，北京大学出版社 2012 年版，第 5 页。

② 习近平：《高举中国特色社会主义伟大旗帜 为全面建设社会主义现代化国家而团结奋斗——在中国共产党第二十次全国代表大会上的报告》，人民出版社 2022 年版，第 23 页。

过资本输出、债务盘剥、政治控制等方式对后发展和欠发达国家进行剥削。与此本质不同的是，中国式现代化理论强调，中国坚持通过和平发展的道路实现现代化，在推进现代化的过程中正确把握中国与世界关系，妥善处理好不同制度、不同文明、不同意识形态国家之间的关系，并借助自身的现代化促进世界的现代化。[①] 在这样的历史进程中，中国提出了新的全球发展倡议、全球安全倡议、全球文明倡议，致力于塑造人类文明新形态。中国式现代化理论指明了具有世界历史意义的发展道路，认为国家的发展和强大要具有正义性，在处理国家间关系时，中国坚持其发展和强大不是要翻版西方发达国家现代化的模式，而是要超越西方资本主义发达国家旨在塑造其西方中心主义和帝国主义霸权体系的道路。中国式现代化将在自身不断发展进步的基础上，致力于超越国强必霸的逻辑、致力于改写你输我赢的结局、致力于终结零和博弈的游戏，为推动世界现代化实现和平发展的现代化、互利合作的现代化、共同繁荣的现代化提供新的历史性动力。

（二）中国式现代化理论提供了一整套关于人类社会发展的价值体系

从科学理论的革命性品质和理论贡献的价值取向来看，中国式现代化理论不仅仅是提供了人类关于现代化的知识体系或理论谱系，而是提供了一整套关于人类社会发展的价值体系。这种价值体系，其核心是倡导和平、发展、公平、正义、民主、自由的全人类价值观，与构建持久和平、普遍安全、共同繁荣、开放包容、清洁美丽的人类命运共同体的价值取向是完全一致的。从这个意义来说，中国式现代化理论，完全批判和否定了通过侵略扩张来实现现代化的西方现代化老路，完全批判和否定了西方固有的以私有制为基础而形成的个人利益至上的价值体系，超越了指导西方发达国家实现现代化的理论范式。中国式现代化理论，在回答当今世界和平发展的时代主题、当今时代的现代化问题、特别是发展中国家的现代化课题时，充分展现出了其自身强烈的革命性和反思性、批判性和超越性、创新性和引领性。同时，中国式现代化坚持通过和平发展道路来实现现代化的主张和原则，又向世界宣告了中国始终坚定站在历史正确的一边，站在人类文明进步一边的态度，凸显了社会主义国家现代化发展动力的先进性和价值追求的正当性。中国式现代化理论对当今世界现代化课题的求解与回应，为世界和平发展带来了新希望、为全球稳定前行注入了新动能、为人类文明进步提供了新方案。

可以说，对比西方现代化老路，中国式现代化新道路是非常革命的。

---

① 参见毕照卿：《中国式现代化道路的社会主义性质及其逻辑指向》，《科学社会主义》2022 年第 5 期。

革命性是中国式现代化理论的重要特质。坚持革命性的特质，中国式现代化理论不仅破除了“现代化 = 西方化”的迷思，还革除了西方现代化老路带给广大发展中国家深重灾难的“原罪性”劣行和恶果。这一理论确立了坚持为人类谋进步、为世界谋大同的价值取向，致力于推动实现世界各国的现代化，致力于建设一个开放包容、互联互通、共同发展的更加美好的世界，共同推动构建人类命运共同体。

综上所述，在中国共产党领导和推动中国现代化实践探索和历史发展的基础上，中国式现代化理论得以创立和建构。中国式现代化理论的创立，是以习近平同志为核心的党中央，围绕“建设什么样的社会主义现代化强国、怎样建设社会主义现代化强国”等重大时代课题，不断推进我国现代化的实践发展和理论探索，运用马克思主义立场、观点和方法深入思考社会主义现代化问题、新时代中国现代化问题、当今世界现代化问题取得的重大理论成果。这一理论成果，贯穿习近平新时代中国特色社会主义思想的世界观和方法论，彰显了马克思主义的本质特性，作为党的二十大的一个重大理论创新，作为科学社会主义的最新重大成果，中国式现代化理论充分展现了马克思主义在 21 世纪中国焕发出的强大生命力，更进一步预示着马克思主义理论将会在世界更大范围内的实践中步入更为广阔的空间。

新中国成立初期毛泽东对中国现代化的系统思考[①]

李祥兴[②]

习近平总书记指出：中国式现代化是我们党领导全国各族人民在长期探索和实践中历经千辛万苦、付出巨大代价取得的重大成果。[③] 中国式现代化是阶段性与连续性相统一的历史过程。在这一历史进程中，以毛泽东同志为主要代表的中国共产党人作出了开创性、奠基性的贡献。尤其是在新中国成立初期，毛泽东对中国现代化诸多理论和实践问题作了深邃思考，其对现代化的发展方向、根本原则、宏伟目标、战略擘画、总的方针等问题的系统论述，不仅对于驳斥“非毛化”思潮、消解历史虚无主义的危害具有重要价值，而且对于今天推进中国式现代化具有重要指导意义。

一、发展方向：社会主义是中国现代化“唯一的出路”

“方向决定前途，道路决定命运”。在当时这样一个贫穷落后的国家选择什么样的现代化道路，关乎中国现代化的前途和命运。对此，毛泽东进行了认真思考，指出社会主义是中国现代化“唯一的出路”[④]。

一个国家走什么样的现代化道路，是由这个国家的历史和现实条件决定的。在中国实现现代化，推进中华民族伟大复兴，是近代以来无数先进的中国人的追求和梦想。为实现这一目标，不同的阶级、政党，以及这些不同阶级的不同阶层，先后提出若干实现现代化的救国方案，并付诸实践，但最终的结局都归于失败。这其中的原因众多而复杂，但最根本的是道路

① 本文系2019年国家社科基金项目“马克思主义中国化史（1919—1949）”（19BKS004）的阶段性成果。

② 李祥兴，安徽师范大学马克思主义学院教授、博士生导师。

③ 参见《人民日报》2023年2月8日。

④ 《毛泽东文集》第七卷，人民出版社1999年版，第267页。

选择的失误，准确地说是发展方向的迷失。对此，毛泽东曾一针见血地指出："事实已经回答了这个问题：只有社会主义能够救中国。"① 早在民主革命时期，毛泽东就说过，中国人民多少年来一直梦想"在一个半殖民地的、半封建的、分裂的中国里，要想发展工业，建设国防，福利人民，求得国家的富强"，"但是一概幻灭了"②。毛泽东此番论述意在告诫人们，只有在中国共产党的领导下，才能实现国家的独立、人民的解放，进而在这一基础上，走上社会主义现代化建设道路，才能实现建设富强中国的伟大目标。新中国成立初期，毛泽东在谈到农业现代化道路时就明确指出，"社会主义道路是我国农业惟一的道路"③，因为"只有在农村中一步一步地实行社会主义的制度，才能使农业生产和农民生活一步一步地和普遍地获得提高"④。在谈到工业化问题时，他同样强调："只有建立社会主义制度，才能真正解决我国的工业化问题。"⑤ 因此，毛泽东在审定《关于过渡时期总路线的学习和宣传提纲》时，特意地将"社会主义"一词置于"工业化"之前，以对国家工业化的方向作出限制和规定。因为在毛泽东看来，"社会主义是中国的唯一的出路"⑥，推进现代化各项事业，必须坚持社会主义的发展方向，坚定不移地走社会主义道路。

"资本主义道路"是"痛苦的道路"，成为中国现代化选择社会主义道路的重要原因。世界历史表明，资本主义现代化是以资本为主导逻辑的，以残酷剥削工人、榨取剩余价值，牺牲本国劳动人民的根本利益为基础，进而在全世界倾销商品、掠夺其他民族和国家，甚至发动世界大战来达到其目的。鉴于此，毛泽东告诫说，尽管"资本主义道路，也可增产，但时间要长，而且是痛苦的道路"⑦。"痛苦的道路"，表明资本主义现代化道路是损人利己的道路，无法调动国内广大人民群众的积极性，并且失道寡助，无法得到世界人民的支持，对于中国来说是一条不能选择的道路。再加上中国现代化起步比较晚，属于后发型现代化，如果不发挥社会主义制度集中力量办大事的巨大优势，很难追赶世界现代化。所以，毛泽东指出"我们不搞资本主义，这是定了的，如果又不搞社会主义，那就要两头落空"⑧。

---

① 《毛泽东文集》第七卷，人民出版社 1999 年版，第 214 页。
② 《毛泽东选集》第三卷，人民出版社 1991 年版，第 1080 页。
③ 《党的文献》，2003 年第 4 期。
④ 《毛泽东著作专题摘编（上）》，中央文献出版社 2003 年版，第 832 页。
⑤ 《建国以来重要文献选编》第 9 册，中央文献出版社 1994 年版，第 341 页。
⑥ 《毛泽东文集》第七卷，人民出版社 1999 年版，第 267 页。
⑦ 《毛泽东文集》第六卷，人民出版社 1999 年版，第 299 页。
⑧ 《毛泽东文集》第六卷，人民出版社 1999 年版，第 299 页。

基于社会主义现代化的优势和鉴于资本主义现代化的弊端，在谈到社会主义现代化所需资金时，毛泽东认为只有走“增产节约一条康庄大道”①，才能解决中国现代化的原始资金积累问题。1953年，他在谈到社会主义现代化所需资本时就指出，“为着发展工业，需要大批资本。从什么地方来呢？不外两方面：主要地依靠中国人民自己积累资本，同时借助于外援。”② 由此可见，毛泽东决定避免资本主义现代化的弊病，决定走社会主义现代化道路的决心已定。

“只有社会主义能够救中国。”③ 20世纪50年代，放眼世界现代化的具体实践，当时比较成功的代表性模式主要有两类，一类是以西方资本主义国家为代表的资本主义现代化模式，另一类是以苏联为代表的社会主义现代化。综合比较两种现代化模式的利弊，毛泽东认为，与资本主义相比，社会主义“有许多优越性”，走社会主义现代化道路更适合中国的发展。中国如果选择走社会主义现代化道路，“我们国家经济的发展，会比资本主义国家快得多”④。因为在毛泽东看来，“社会主义比私有制度更有利于发展国家的经济、文化，使国家独立”⑤。从这个意义上说，“社会主义制度的建立给我们开辟了一条到达理想境界的道路”⑥。因此，他认定，“关于中国的前途，就是搞社会主义”⑦。总而言之，要在中国实现现代化，走社会主义道路是唯一正确的选择。

二、基本原则：走“具有自己特别的具体的”道路

在社会主义基本制度确立后，怎样在中国实现现代化，建设一个伟大的国家，从根本上改变国家贫穷落后的面貌，这是新中国成立后中国共产党人面临的崭新课题。毛泽东对适合中国情况的社会主义建设道路进行了艰苦探索，认为基本原则是从基本国情出发，走“具有自己特别的具体的”⑧ 现代化之路。

新中国成立后，对于怎样进行社会主义现代化建设，我们自己确实没

① 《毛泽东文集》第六卷，人民出版社1999年版，第207页。
② 《毛泽东选集》，东北书店1948年版，第336页。
③ 《毛泽东文集》第七卷，人民出版社1999年版，第214页。
④ 《毛泽东文集》第八卷，人民出版社1999年版，第302页
⑤ 《毛泽东文集》第七卷，人民出版社1999年版，第177页。
⑥ 《毛泽东文集》第七卷，人民出版社1999年版，第226页。
⑦ 《毛泽东文集》第七卷，人民出版社1999年版，第124页。
⑧ 《毛泽东文集》第八卷，人民出版社1999年版，第116页。

有经验。当时摆在中国人民面前可以借鉴的模式有两种：一条是西方资本主义现代化模式；另一条是以苏联为代表的社会主义现代化模式。然而，在当时的社会主义国家中，除了苏联，其他社会主义国家大都没有成熟的、独立的、可兹借鉴的经验。尤其是当中国选择了社会主义现代化道路后，历史决定了中国只能选择向苏联学习。实事求是地说，在初期学习和借鉴苏联现代化建设经验的过程中，我国现代化建设在很大程度上照搬了苏联现代化的做法。但是，随着中国大规模现代化建设的展开，现代化建设中的一些矛盾和问题开始暴露出来，并引发了部分群众的不满。同时，在国际上，苏联现代化模式的弊端开始充分暴露出来，再加上赫鲁晓夫全盘否定斯大林，帝国主义又乘机兴风作浪，由此引发了较大范围内的反苏反社会主义的浪潮。这些问题引起了毛泽东的警觉，并开始反思中国现代化建设。为此，他指出，“照抄是很危险的”，“成功的经验”，“如果不同本国的情况相结合而一模一样地照搬就会导向失败”①。这表明，党中央和毛泽东已经开始意识到照搬照抄苏联现代化建设经验的危险性，并在思考如何避免重蹈苏联覆辙的问题。

在全面反思苏联现代化模式的弊端，汲取苏联现代化建设教训的基础上，毛泽东明确提出了“以苏为鉴”，走中国自己的现代化道路的思想。鉴于苏联现代化建设模式的弊病，毛泽东强调在推进现代化建设的过程中，再也不能“重复苏联那种片面注重重工业，忽视农业和轻工业，片面注重积累和基本建设，忽视人民生活的老路”②，并告诫全党“要引以为戒”③。之所以将苏联现代化道路称之为“老”路，意味着要“走新的道路”④，即开辟一条与之不同的“新”路。正如毛泽东指出的：“最近苏联方面暴露了他们在建设社会主义过程中的一些缺点和错误，他们走过的弯路，你还想走？”⑤ 为了避免苏联走过的“弯路”，顺利推进中国现代化建设，毛泽东向全党发出了“进行第二次结合”的号召，强调“我们要进行第二次结合，找出在中国怎样建设社会主义的道路”⑥。“第二次结合”的提出，表明毛泽东寄希望于“第二次结合”，希望像“第一次结合”，找到了一条适合中国国情的革命道路那样，继而通过“第二次结合”，找到一条适合中国国情的现代化建设之路，探索出一种不同于苏联现代化建设的全新模式。

---

① 《毛泽东文集》第七卷，人民出版社 1999 年版，第 64 页。
② 田克勤主编：《毛泽东思想概论》，高等教育出版社 2008 年版，第 127 页。
③ 《毛泽东文集》第七卷，人民出版社 1999 年版，第 23 页。
④ 《建国以来重要文献选编》第 10 册，中央文献出版社 1994 年版，第 58 页。
⑤ 《毛泽东文集》第七卷，人民出版社 1999 年版，第 23 页。
⑥ 《毛泽东年谱（1949—1976）》第二卷，中央文献出版社 2013 年版，第 557 页。

走中国自己的现代化之路，最根本的是要“独立思考，把马列主义的基本原理同中国革命和建设的具体实际相结合”①，从而摸索出一条适合自己国家实际情况的现代化之路。正如毛泽东指出的：“各国应根据自己国家的特点决定方针、政策，把马克思主义同本国特点结合起来。”② 为了实现这种“结合”，一方面要深入开展调查研究，全面、深入、准确、动态地把握中国的实际，另一方面要准确把握马克思主义基本原理的精髓。无论是把握“实际”，还是掌握“精髓”，抑或推动二者的“结合”，都离不开积极性、主动性和能动性的发挥。1962 年，毛泽东在扩大的中央工作会议上指出，“因为我们没有经验”，“几乎一切都抄苏联”，其结果是创造性不够，这是“一个缺点”③。为此，毛泽东强调：“不要再硬搬苏联的一切了，应该用自己的头脑思索了。”④ 尤其是在“结合”的过程中，要有独创精神，实现“学习与独创结合”⑤，进而创造“具有自己特别的具体的社会主义建设的形式和方法”⑥，开创出一条属于自己的具有中国特色的现代化建设之路。

三、宏伟目标：“建设成为一个社会主义的现代化的强国”

对于中国现代化的总目标，毛泽东也有自己的考虑，总体设想是要把我国“建设成为一个社会主义的现代化的强国”⑦。但是，对于“现代化的强国”究竟要建成什么样，毛泽东的认识有一个逐步发展的过程，经历了从“一化”到“四个现代化”的转变。

新中国成立前后，毛泽东对中国现代化的目标就有自己的思考，初步构想是“把一个落后的农业的中国改变成为一个先进的工业化的中国”⑧。因此，在经过毛泽东修改并通过的过渡时期的总路线，将社会主义工业化作为主体，并将重工业作为工业化的重点。因为在他看来，工业化“可以促进农业和交通运输业的现代化”，“可以建立和巩固现代化的国防”⑨。1954 年，毛泽东又强调在工业方面要“实现社会主义工业化”、农业方面

---

① 《毛泽东年谱（1949—1976）》第二卷，中央文献出版社 2013 年版，第 557 页。
② 《毛泽东文集》第七卷，人民出版社 1999 年版，第 64 页。
③ 《毛泽东文集》第八卷，人民出版社 1999 年版，第 305 页。
④ 《毛泽东年谱（1949—1976）》第二卷，中央文献出版社 2013 年版，第 550 页。
⑤ 《毛泽东文集》第七卷，人民出版社 1999 年版，第 366 页。
⑥ 《毛泽东文集》第八卷，人民出版社 1999 年版，第 116 页。
⑦ 《毛泽东文集》第八卷，人民出版社 1999 年版，第 341 页。
⑧ 《毛泽东文集》第七卷，人民出版社 1999 年版，第 117 页。
⑨ 《建国以来重要文献选编》第 4 册，中央文献出版社 1993 年版，第 704 页。

要“实现农业的社会主义化、机械化”。[①] 由于此时社会主义改造正在进行，毛泽东关于现代化目标的认识是围绕推进“三大改造”的任务来思考的，聚焦如何实现社会主义工业来展开的，即便论述农业现代化，也是为了配合社会主义工业化的顺利推进。同年9月，他针对我国经济文化落后的现实状况，在重申要实现工业化的同时，提出要建设“具有高度现代文化程度的伟大的国家”[②] 的目标。这表明，毛泽东对中国现代化目标伟大构想的轮廓已经初步形成。

随着第一个五年计划的顺利推进，毛泽东对现代化的认识也更加深入，尤其是当中国初步积累起了一些现代化建设的经验后，这种认识更加深入、更加具体。在上述工业、农业、文化发展方向趋向现代化的基础上，毛泽东初步地将这几个目标放到一起，第一次比较系统地提出了“建设一个具有现代工业、现代农业和现代科学文化的社会主义国家”[③] 的宏伟目标。后来，随着国际局势日益趋向紧张，现代化的国防对于新中国国家安全显得日益迫切起来，基于现实需求，毛泽东在工业、农业、科学文化现代化的基础上，提出了国防现代化的目标。对此，他解释道：“建设社会主义，原来要求是工业现代化，农业现代化，科学文化现代化，现在要加上国防现代化。”[④] 至此，毛泽东对我国现代化建设目标的认识和设想已经比较具体和系统了，那就是要实现“四个现代化”，即工业现代化、农业现代化、科学文化现代化和国防现代化。随后不久，周恩来将毛泽东提出的“科学文化现代化”改称为“科学技术现代化”，并得到了毛泽东的认同。[⑤] 如果仔细分析不难发现，此时毛泽东对中国现代化建设目标的认识已经发生了质的飞跃，从原来仅限于工业领域，开始拓展到军事国防和科学技术领域，乃至思想文化领域。这标志着毛泽东对中国现代化建设目标的思考，日益具有全面性、科学性和可行性。同时，这还表明毛泽东对中国现代化目标的思考日臻成熟。

在提出“四个现代化”建设目标的同时，毛泽东还告诫说，要沉下心来，建设自己的祖国，强调“要安下心来，搞现代化的工业、农业、科学文化和国防”[⑥]。与此同时，他还对“四个现代化”的目标实现后，国家发展的愿景作了较为切实和科学的畅想。1955年，针对有人问及我国未来发

---

① 《毛泽东文集》第六卷，人民出版社1999年版，第329页。

② 《毛泽东文集》第六卷，人民出版社1999年版，第350页。

③ 《毛泽东文集》第七卷，人民出版社1999年版，第268页。

④ 《毛泽东文集》第八卷，人民出版社1999年版，第116页。

⑤ 王先俊等主编：《毛泽东思想概论》，人民出版社2005年版，第212页。

⑥ 《毛泽东文集》第八卷，人民出版社1999年版，第162页。

展的前景，毛泽东说："大约在五十年到七十五年的时间内，就是十个五年计划到十五个五年计划的时间内，可能建成一个强大的社会主义国家。"[①]这表明，建设社会主义强国是"四个现代化"目标实现后要达成的愿景。后来，随着认识的发展，毛泽东又提出要把中国建设成为一个"富强的国家"[②]的目标。如果这些目标都能够如期实现，毛泽东认为中国长期贫穷落后的面貌将得到彻底改变，到那时中国将可以对人类作出"较大的贡献"[③]。现实正如他畅想和预测的那样，到"2001 年，也就是进到 21 世纪的时候，中国的面目更要大变"[④]。

四、战略擘画：实现社会主义现代化"需要一个很长的时间"[⑤]

对于实现社会主义现代化的时间和步骤，毛泽东也进行了思考，并高瞻远瞩地作了科学的擘画。毛泽东从中国实际情况出发，认为既要克服悲观失望的情绪，又要清醒地认识到现实困难，多次阐述了实现现代化目标的长期性，强调"不要讲得过早了"[⑥]，设想用五十年到一百年的时间，通过"两步走"，最终实现"四个现代化"的宏伟目标。

毛泽东对于实现社会主义现代化的目标充满信心。新中国成立前夕，面对国民党遗留下来的烂摊子和满目疮痍、千疮百孔的中国，一些人对于中国能否顺利地恢复国民经济，并尽快走上现代化之路，建成一个伟大的社会主义国家，完成民族复兴的伟大任务，表现出或怀疑或悲观失望的情绪。针对这些负面情绪，毛泽东旗帜鲜明地指出："中国的兴盛是可以计日程功的。"[⑦]他还进一步批驳了经济复兴的悲观论，指出这是完全"没有任何的根据"[⑧]的谬论。在他看来，中国经济建设的速度不会像悲观论者想象的那样很缓慢，恰恰相反，中国经济建设的速度"可能是相当地快的"[⑨]。因为有勤劳智慧的中国人民的不懈努力、全世界无产阶级的帮助，有苏联的大力援助，

---

① 《毛泽东著作专题摘编（上）》，中央文献出版社 2003 年版，第 926 页。
② 《毛泽东文集》第七卷，人民出版社 1999 年版，第 124 页。
③ 《毛泽东文集》第七卷，人民出版社 1999 年版，第 157 页。
④ 《毛泽东文集》第七卷，人民出版社 1999 年版，第 156 页。
⑤ 《毛泽东文集》第八卷，人民出版社 1999 年版，第 116 页。
⑥ 《毛泽东文集》第八卷，人民出版社 1999 年版，第 116 页。
⑦ 《毛泽东选集》第四卷，人民出版社 1991 年版，第 1433 页。
⑧ 《毛泽东选集》第四卷，人民出版社 1991 年版，第 1434 页。
⑨ 《毛泽东选集》第四卷，人民出版社 1991 年版，第 1433 页。

中国追赶资本主义现代化的速度，是完全有可能达到相当快速度的。他还把中国现代化建设的速度与资本主义作了比较，认为我国可以用几十年时间追赶西方资本主义，完成人家花了几百年时间才能完成的建设任务，相比较而言，我们实现现代化的“时间不是并不那么长”[①]。因此，对于实现社会主义现代化，“我们要有信心”[②]。可见，对于中国能否实现现代化，毛泽东是充满信心和希望的，同时也充分展现出了高度的自信和自觉。

同时，毛泽东还告诫全党要看到现代化建设任务的艰巨性。1955 年，毛泽东基于我国经济文化落后的状况，指出：“在我们这样一个大国里面，情况是复杂的，国民经济原来又很落后，要建成社会主义社会，并不是轻而易举的事。”[③] 不仅如此，他还对现代化建设道路上面临的困难作了充分的估计，强调我们要有充分的思想准备，以应对将遇到的比过去革命战争年代“更大的困难”[④]。对于这些困难，毛泽东的态度是在战略上不要怕困难，“共产党人是以不怕困难著名的”，但在战术上要“重视一切困难”，要采取“认真对待的态度”。[⑤] 他甚至说，希望大家把现代化建设中的困难估计得更足些，“宁肯把困难想得多一点”[⑥]。当然，毛泽东也指出要辩证看待现代化建设所面临的困难。针对经济贫穷，文化落后的现实，毛泽东乐观地指出：“这些看起来是坏事，其实是好事。”[⑦] 在他看来，经济贫穷能促使人民变革现实，改变面貌；文化落后则没有历史负担，“好写最新最美的文字，好画最新最美的画图”[⑧]。

对于实现社会主义现代化战略目标的时间，毛泽东作了比较科学的估计，总的看法是“根本改变中国的经济面貌需要一个很长的时间”[⑨]。1954 年，毛泽东说：“要建成一个伟大的社会主义国家，究竟需要多少时间？现在不讲死，大概是三个五年计划，即十五年左右，可以打下一个基础。”[⑩] 从这里不难看出，毛泽东对于实现现代化目标时间的估计，认为是一个相当长时间内的问题，强调“需要有几十年的艰苦努力”[⑪] 来打基础，不能

---

① 《毛泽东外交文选》，中央文献出版社 1994 年版，第 526 页。
② 《毛泽东外交文选》，中央文献出版社、世界知识出版社 1994 年版，第 526 页。
③ 《毛泽东文集》第六卷，人民出版社 1999 年版，第 390 页。
④ 《毛泽东文集》第六卷，人民出版社 1999 年版，第 392 页。
⑤ 《毛泽东文集》第六卷，人民出版社 1999 年版，第 393 页。
⑥ 《毛泽东文集》第八卷，人民出版社 1999 年版，第 302 页。
⑦ 《建国以来重要文献选编》第 11 册，中央文献出版社 1995 年版，第 374 页。
⑧ 《建国以来重要文献选编》第 11 册，中央文献出版社 1995 年版，第 275 页。
⑨ 《毛泽东文集》第八卷，人民出版社 1999 年版，第 217 页。
⑩ 《毛泽东文集》第六卷，人民出版社 1999 年版，第 329 页。
⑪ 《毛泽东文集》第六卷，人民出版社 1999 年版，第 390 页。

操之过急。在他看来，完全实现社会主义现代化，建设一个伟大的社会主义国家，“大概经过五十年即十个五年计划，就差不多了”[①]。几个月后，他对实现现代化时间的估计又有一些变化，认为“大约在五十年到七十五年的时间内，就是十个五年计划到十五个五年计划的时间内，可能建成一个强大的社会主义国家”[②]。到了 1956 年，毛泽东说，“要使中国变成富强的国家，需要五十到一百年的时光。”[③] 后来，他甚至说，要“把时间设想得长一点，是有许多好处的，设想得短了反而有害”[④]。总之，对于何时实现现代化，毛泽东虽然没有一个非常具体明确的时间，但他作出了比较符合实际的长远估计。在经历了“大跃进”的挫折后，毛泽东对于实现现代化目标时间的估计更加冷静和客观，认为还需要“继续紧张地努力若干年，分几个阶段”，才能“把我们的国家搞强大起来”[⑤]，而要“要赶上和超过世界上最先进的资本主义国家，没有一百多年的时间”“是不行的”，甚至“会要一百年，或者更多的时间”。[⑥]

对于现代化的步骤，认为要经过“打基础”和“追上或赶过”两个步骤。1954 年毛泽东在谈到社会主义现代化目标实现步骤时，曾设想“先用十五年左右”，“可以打下一个基础”，然后“大概经过五十年”“建成一个伟大的社会主义国家”[⑦]。这实际上就初步提出了分“两步”实现社会主义现代化的伟大构想。1956 年 8 月，毛泽东指出，可以先“用三个五年计划的时间实现初步工业化”，“再用几十年的时间接近或赶上世界上最发达的资本主义国家”[⑧]。1957 年，他设想通过“十至十五年的时间，为国家打下巩固的物质基础和人才基础”，再通过“八个至十个五年计划”的建设“在经济上赶上并超过美国”[⑨]。到了 1963 年 9 月份前后，毛泽东明确表示，社会主义现代化建设“可以按两步走来考虑”[⑩]。可见，尽管对“两步走”设想的具体描述不同，但按照“两步走”的构想来实现社会主义现代化，即先打下“工业化”的基础，再实现“现代化”，已经是确定无疑的。

---

① 《毛泽东文集》第六卷，人民出版社 1999 年版，第 329 页。

② 《毛泽东著作专题摘编（上）》，中央文献出版社 2003 年版，第 926 页。

③ 《毛泽东文集》第七卷，人民出版社 1999 年版，第 124 页。

④ 《毛泽东文集》第八卷，人民出版社 1999 年版，第 302 页。

⑤ 《毛泽东文集》第八卷，人民出版社 1999 年版，第 124 页。

⑥ 《毛泽东文集》第八卷，人民出版社 1999 年版，第 301 页。

⑦ 《毛泽东文集》第六卷，人民出版社 1999 年版，第 329 页。

⑧ 逄先知、金冲及主编：《毛泽东传（1949—1976）》（上），中央文献出版社 2003 年版，第 529 页。

⑨ 《建国以来重要文献选编》第 10 册，中央文献出版社 1994 年版，第 491 页。

⑩ 《建国以来毛泽东文稿》第 10 册，中央文献出版社 1996 年版，第 347 页。

1964 年 12 月，在三届人大一次会议上，遵照毛泽东提出的“两步走”设想，周恩来正式宣布了社会主义现代化建设“两步走”的发展战略。

五、总的方针：“把国内外一切积极因素调动起来”

对于实现四个现代化，把中国建设成为一个伟大国家，究竟采取什么样的方针，毛泽东也有着深邃的思考。在他看来，建设一个伟大的社会主义国家总的方针，就是“把国内外一切积极因素调动起来”①。

在分析我国现代化建设中的诸多矛盾和问题后，毛泽东认为在过去革命战争年代，正是由于我们“实行了调动一切积极因素的方针”，所以取得了革命战争的巨大胜利。现如今要建设一个伟大国家，“同样也要实行这一方针”，“就是要把国内外一切积极因素调动起来，为社会主义事业服务”②。毛泽东认为，所谓一切积极因素，包括党内党外、国内国外一切可以团结、一切可以利用直接的和间接的力量。为了实现这一目标，要辩证看待各种因素，采取适当策略，努力做到把握利用工人和农民这一基本力量、积极争取中间力量，并积极争取转化反动力量，“化消极因素为积极因素”③。总之，“要努力把党内党外、国内国外的一切积极的因素，直接的、间接的积极因素，全部调动起来，把我国建设成为一个强大的社会主义国家”④。

毛泽东认为，要把一切积极因素调动起来，就要贯彻落实“统筹兼顾、适当安排”的基本方针。统筹兼顾、各得其所，是我们党成立以来一贯的方针。在民主革命时期，正是依靠统筹兼顾这一方针，我们党才能够调动一切积极因素，从“领导人民为夺取全国政权而奋斗的党，成为领导人民掌握全国政权并长期执政的党”⑤。毛泽东认为，在全面建设社会主义、实现现代化的过程中，也要实行统筹兼顾、适当安排的方针，正确处理农、轻、重的关系，协调物资、财政、信贷之间的平衡，其主旨和目的在于“调动一切积极力量，为了建设社会主义”⑥。这就是说，在推进现代化各项事业的进程中，都要坚持统筹兼顾的方针，并以此作为观察、分析、解决问题的方法，并“就当时当地的实际可能条件，同各方面的人协商，作

---

① 《毛泽东文集》第七卷，人民出版社 1999 年版，第 23 页。

② 《毛泽东文集》第七卷，人民出版社 1999 年版，第 23 页。

③ 《毛泽东文集》第七卷，人民出版社 1999 年版，第 23 页。

④ 《毛泽东文集》第七卷，人民出版社 1999 年版，第 44 页。

⑤ 《十六大以来重要文献选编》（上），中央文献出版社 2005 年版，第 9 页。

⑥ 《毛泽东文集》第七卷，人民出版社 1999 年版，第 187 页。

出各种适当的安排”①。当然，这也并非意味着，政府要大包大揽、一切包办，而是要同时借助社会团体、人民群众的力量，并指导他们按照统筹兼顾、适当安排的方针，来协调和处理各种矛盾和问题。

建设社会主义现代化，还要坚持独立自主的根本方针。这就是说，社会主义现代化事业，要善于争取外部援助，但更重要的是要依靠本国党和人民的力量，不断增强自身力量。早在1949年，毛泽东就在七届二中全会上就说过：“中国人民不但可以不要向帝国主义者讨乞也能活下去，而且还将活得比帝国主义国家要好些。”② 这表明，毛泽东已经开始思考新中国建设的依靠力量问题，基本原则是独立自主。随着新中国建设大规模的展开，毛泽东告诫全党，要正确处理好独立自主和自力更生的关系，强调要“依靠发挥中国人民自己的力量为主，以争取外国援助为辅”③。不仅如此，毛泽东还对于争取外援提出了具体要求：一是争取外援的着力点究竟放在哪，要慎重，“哪个为主，要考虑”④；二是争取外援不能损害国家独立、主权和安全，基本要求是“外国援助和帮助是可以的，但不能干涉内政”⑤。此外，毛泽东认为坚持独立自主的方针，还要发扬艰苦奋斗的精神，“自己尽可能独立地搞”⑥，关键是“自己要有志气，有干劲”⑦，不能过分地依靠别人。

“无论我们走得多远，都不能忘记来时的路。”⑧ 中国实现现代化是一项前无古人的事业。我们不能割断历史，必须从“直接碰到的、既定的、从过去承继下来的条件下创造”⑨ 历史。然而，“非毛化”思潮、历史虚无主义等错误思潮，企图弱化乃至曲解和否定毛泽东对于现代化的历史贡献，割裂改革开放前现代化建设的探索与改革开放后现代化建设之间的联系，企图达到否定党的领导、否定中国式现代化道路的目的。新中国成立初期，毛泽东对中国现代化诸问题的系统思考表明，毛泽东对中国式现代化作出了开拓性和奠基性的贡献，其独创性理论成果和巨大成就，为现代化建设奠定根本政治前提和宝贵经验、理论准备、物质基础⑩，对中国现代化建设

---

① 《毛泽东文集》第七卷，人民出版社1999年版，第228页。

② 《毛泽东选集》第四卷，人民出版社1991年版，第1439页。

③ 《毛泽东外交文选》，中央文献出版社、世界知识出版社1994年版，第245页。

④ 《毛泽东文集》第八卷，人民出版社1999年版，第158页。

⑤ 《毛泽东著作专题摘编（上）》，人民出版社2003年版，第938页。

⑥ 《毛泽东文集》第八卷，人民出版社1999年版，第128页。

⑦ 《毛泽东著作专题摘编（上）》，人民出版社2003年版，第938页。

⑧ 《十九大以来重要文献选编（中）》，中央文献出版社2021年版，第111页。

⑨ 《马克思恩格斯文集》第2卷，人民出版社2009年版，第470—471页。

⑩ 参见《人民日报》2023年2月8日。

产生了深远影响。对于这些独创性理论成果，我们必须倍加珍惜、始终坚持、不断拓展和深化[①]。从毛泽东关于中国现代化的系统思考中，可以得到的启示是：只有社会主义才能救中国，社会主义现代化道路是唯一正确的道路。实现社会主义现代化，必须从基本国情出发，走适合自己国情的道路，将着力点放在自己身上，把一切积极因素调动起来，并采取若干切实可行的措施，才能顺利地实现建设社会主义现代化强国的目标。

① 参见《人民日报》2023 年 2 月 8 日。

中国式现代化进程中传承发展中华优秀传统文化的三重向度[①]

严文波[②]

习近平总书记在文化传承发展座谈会上指出："中国文化源远流长，中华文明博大精深。只有全面深入了解中华文明的历史，才能更有效地推动中华优秀传统文化创造性转化、创新性发展，更有力地推进中国特色社会主义文化建设，建设中华民族现代文明。"[③] 中华民族从远古走来亦延绵不断，在世界的东方生息繁衍亦欣欣向荣，始终屹立于世界民族之林，其中最为重要的原因就在于培育和发展了独具特色、博大精深的中华文化，为自身发展壮大提供了强大精神支撑和丰厚文化养分。站在人类文明的高度，在文化的轴线上把握中华优秀传统文化的历史、现实与未来，解答新时代如何弘扬好中华优秀传统文化这个时代性课题，是中华民族现代文明得以建构的重要前提，对夯实中国式现代化的文化根基、书写现代文明新篇章具有重要意义。

一、不忘本来：在守正创新中赓续弘扬中华优秀传统文化

习近平总书记曾指出："优秀传统文化是一个国家、一个民族传承和发展的根本，如果丢掉了，就割断了精神命脉。我们要善于把弘扬优秀传统文化和发展现实文化有机统一起来，紧密结合起来，在继承中发展，

① 本文系国家社科基金青年项目"中国式现代化道路的生成逻辑与时代意蕴研究"（22CKS027）的阶段性成果。

② 严文波，江西师范大学马克思主义学院副院长、教授、博士生导师。

③ 《习近平在文化传承发展座谈会上强调：担负起新的文化使命 努力建设中华民族现代文明》，《人民日报》2023年6月3日。

在发展中继承。"① 中国五千多年文明发展孕育的中华优秀传统文化，既是中华民族传承和发展之"根"，更是开辟和推进中国式现代化之"本"。因此，在新时代赓续中华文脉，不断推进和拓展中国式现代化，就要牢牢守住中华优秀传统文化这个"根"和"本"，正确处理好守正与创新之间的辩证关系，坚持推陈出新、古为今用，赋予当代中国独特的发展优势，也为中国式现代化提供弥足珍贵的启示。

（一）中华优秀传统文化是中国式现代化的文化根基

中国式现代化在何种意义上是"中国式"的？中国式现代化的"中国特色"又源自何处？这些追问只有立足于五千多年中华文化才能得以回答和理解。中华优秀传统文化是一座丰富而宝贵的精神矿藏，独特的文化基因决定了中国式现代化是一条有别于"西方式"的现代化发展道路，在其发展和形成过程中，中华优秀传统文化为中国式现代化奠定了深厚的文化根脉，赋予了鲜明的文化内涵。中华优秀传统文化中蕴藏的"民惟邦本"思想、"和而不同"理念、"革故鼎新"精神、"知行合一"准则等精华是中国式现代化的智慧源泉和思想支撑，中华优秀传统文化中所体现的宇宙观、天下观、社会观、道德观等赋予中国式现代化独特的"中国特色"，打破了"现代化就是西方化"的路径依赖。"不忘本来才能开辟未来，善于继承才能善于创新。"② 任何事物的发展都要立足根基和本脉，中国式现代化的形成决定了我们决不能抛弃中华优秀传统文化这个根脉，只有根植中华优秀传统文化的沃土，坚守好这个魂和根，中国式现代化才能根深叶茂；反之，如果脱离中华优秀传统文化的沃土，割断了魂脉，中国式现代化就会变成无根浮萍。从宏观历史视角看，中国式现代化道路是中国共产党在马克思主义与中国具体实际相结合、与中华优秀传统文化相结合中找到的一条道路，这条道路的生成，是深厚历史文化内生性演化的必然结果，同时，中国式现代化要持续推进和拓展，坚守文化之基、传承中华文脉也是其根本途径和必然选择。当然，我们也要辩证看待中华优秀传统文化与中国式现代化之间的关系，决不能陷入文化决定论。但是，对于像中国这样一个历史悠久，且是世界上唯一没有中断、发展至今的文明大国来说，要走中国式现代化道路决不可丢掉中华优秀传统文化根基。

（二）坚守中华文化主体性是文化传承的根本立场

对文化建设来说，守正才能不迷失自我、不迷失方向。中华优秀传统

---

① 习近平：《在纪念孔子诞辰 2565 周年国际学术研讨会暨国际儒学联合会第五届会员大会开幕会上的讲话》，人民出版社 2014 年版，第 15 页。

② 《习近平谈治国理政》，外文出版社 2014 年版，第 164 页。

文化凝结着中华民族丰富的人文精神和深邃的思想观念，蕴藏着中华民族独特的思维模式与道德价值，不仅深刻影响着中华文明发展进程，且其智慧光芒穿透历史，思想价值跨越时空，已然成为人类共有的精神财富。罗素曾言：“与其把中国视为政治实体还不如把它视为文明实体——唯一从古代存留至今的文明。”① 中华文明是人类历史上从未中断湮没的文明形态，这种连续性和持久性的背后必然有一个博大的文化体系及一脉稳定的传承实践，只有自觉地坚守中华文化主体性，坚定文化自信，中华文化连续性发展才得以可能，中华民族几千年来才始终屹立不倒。因此，国家要发展、民族要复兴，作为“精神命脉”的中华优秀传统文化决不能丢弃，务必珍视这个“根”和“魂”，立足中华文明突出的连续性，从历史纵深中去学习、认清中华优秀传统文化的历史地位与时代价值，明确中国式现代化的形成和发展都是从五千多年中华文明史中走出来的，中国特色社会主义道路是根植于深厚的文明底蕴之中的。同时，中国式现代化的拓展推进、中国特色社会主义事业的向前推进，也是中华优秀传统文化现代性重塑的过程，促进了中华优秀传统文化从“理论形态”向“实践形态”转型，实现了传统文化与现代文化的深度融合。曾经，我们对待传统文化的态度和做法上存在过一些极端思潮，有些人全盘否定中华传统文化，肆意抹杀中华传统文化所承载的价值观，矮化愚化民族文化，转而崇拜、拥抱、推崇西方文化，散播“全盘西化论”，这种论调实质等同割断了历史，抽掉了中华民族的“根”。今天，面对“历史虚无主义”“文化虚无主义”等错误思潮必须鲜明反对、坚决驳斥，对待传统文化要坚持有鉴别的对待、有扬弃的继承，摒弃消极因素，继承积极思想，既不能厚今薄古、以今非古，也不能厚古薄今、以古非今，以此培固中华民族之“根”，赓续中华千年之“脉”。

（三）创新创造是文化发展的内生动力

文化的生命力源于创新创造，创新创造也是文化的本质特征。中华优秀传统文化是中华民族砥砺奋进的文化之根与精神之源，精神命脉不能割断，民族根本不能抛弃，但传承发展中华优秀传统文化的过程决不是自我封闭、画地为牢，而应立足新的实践、顺应时代潮流推陈出新。自古中华民族在对待“新与旧”和“变与不变”之间有着深刻的辩证理解，对待中华优秀传统文化也秉持着守正不守旧、尊古不复古，学古不泥古、破法不悖法的重要遵循。党的十八大以来，习近平总书记多次强调对中华优秀传统文化要“创造性转化、创新性发展”，为全面继承和发展中华优秀传统文

① 〔英〕伯特兰·罗素：《中国问题》，秦悦译，学林出版社 1996 年版，第 164 页。

化指明了方向。中国共产党对文化建设的历史实践和当代实践雄辩证明了对待中华优秀传统文化，应是“守正创新”。其中，“守正”是根基，在传承中华优秀传统文化中要谨记发展方向之“正”，才能不迷失方向、不犯颠覆性错误；“创新”是动力，中华优秀传统文化只有与时俱进、推陈出新才能不断获得生命、赢得未来。“守正”与“创新”二者相辅相成，传承中华优秀传统文化“守正”是前提和基础，“创新”是路径和归旨，只有正确处理好守正与创新的辩证关系，才能让中华优秀传统文化在继承中创新、在创新中发展，激发中华优秀传统文化的生命力。正如习近平总书记在文化传承发展座谈会上所强调的：“要坚持守正创新，以守正创新的正气和锐气，赓续历史文脉、谱写当代华章。”① 随着全面建设社会主义现代化国家新征程开启，传承发展中华优秀传统文化迎来新的历史机遇和挑战，将面临着一系列创新发展的新课题新任务，只有坚持创造性转化、创新性发展才能适应新的时代语境，推动中华优秀传统文化的生命更新和现代转型。新征程上，传承和弘扬好中华优秀传统文化，不断推进和拓展中国式现代化，就要坚持推陈出新，古为今用，不断赋予中华优秀传统文化以新的时代内涵和当代表达，为中国式现代化积淀深厚的文化底蕴。

二、吸收外来：在开放包容中丰富发展中华优秀传统文化

习近平指出：“中华文明具有突出的包容性，从根本上决定了中华民族交往交流交融的历史取向，决定了中国各宗教信仰多元并存的和谐格局，决定了中华文化对世界文明兼收并蓄的开放胸怀。”② 中华文明具有开放包容特质，这是中华文明绵延不断、生生不息的秘诀之一。中华文化的包容性不仅仅体现在中华文化传承与发展的过程中对待本土文化与外来文化能够兼收并蓄，还体现在传统文化与现代文明之间能够兼容并包，能够始终以科学的态度继承传统文化之真髓、始终以广阔的胸怀接纳外来文化之精华。“物之不齐，物之情也。”要继承发展好中华优秀传统文化，不仅需要处理好文化“本来”的关系，更要处理好文化中“外来”的因素，正确看待与平衡传统文化与现代文明、民族文化与世界文化之间的关系。

---

① 《习近平在文化传承发展座谈会上强调：担负起新的文化使命 努力建设中华民族现代文明》，《人民日报》2023 年 6 月 3 日。

② 《习近平在文化传承发展座谈会上强调：担负起新的文化使命 努力建设中华民族现代文明》，《人民日报》2023 年 6 月 3 日。

（一）“两个结合”是推进中国式现代化的必然途径

中国式现代化从何而来，将又走向何处？这不是抽象的理论问题，而是在大历史观视野下理论逻辑和实践逻辑的有机统一。人类的现代化虽肇始于西方，但现代性并不为西方所独有，马克思主义虽来源于西方，但其思想真理并不为西方所独占，积淀深厚的中华优秀传统文化中本就蕴含着丰富的现代性因素，同科学社会主义价值观主张具有高度契合性。中国式现代化是中华民族寻求解救道路的历史实践，是马克思主义中国化时代化的重大理论成果与创新实践。自鸦片战争以降，中国人民开始苦苦寻求拯救中国、复兴中国的出路，在寻找出路的过程中，中华文明经历了一段全面自我反省、自我审视和自我觉醒的历史阵痛期，面对西方文化，部分激进派极度推崇、盲目崇拜，纵使中华传统文化一度遭受质疑和歪曲。中国共产党的诞生深深改变了中国人民、中华民族的命运，也深刻改变了中华文明的命运，从此开启了中华优秀传统文化与马克思主义的结合过程。立足中国具体实际，成功推进中国式现代化这项前无古人的开创性事业，这是马克思主义与中华优秀传统文化“有机结合”的逻辑必然，这个逻辑必然标明了“马克思主义基本原理同中华优秀传统文化相结合”，既是一个理论命题，更是一项实践课题，是我们在自主探索现代化过程中得出的规律性认识，是推进中国式现代化的根本途径和成功法宝。概言之，中华优秀传统文化是中华民族的“根”和“魂”，马克思主义是共产党人的“真经”，二者的结合彰显了超越时代和地域的科学真理性，为探索面向未来的理论和实践创新打开了广阔空间。“第二个结合”是又一次思想解放，确保推进中国式现代化的过程不犯失去魂脉和根脉的颠覆性错误，科学回答了中国之问、世界之问、人民之问、时代之问，同时也让中国式现代化道路有了更加宏阔深远的历史纵深，拓展了中国式现代化道路的文化根基。

（二）推进理论创新是掌握文化主动的方法遵循

中华文明自古就以开放包容闻名于世，在五千多年不间断的历史传承中兼容并蓄、创新创造，始终具有胸怀天下的博大胸襟与和平发展的价值追求，这是促进中外文化发展交流的精神基因，在时代变迁和文明更新发展过程中，这种精神基因镌刻成为中华优秀传统文化的重要精神标识，推动着中华文明同世界诸多文明的交往与交流。以中华民族数千年大历史观之，在绵延不绝的历史长河中各种文化多元并存的局面，充分彰显出中华民族厚德载物的格局，以广阔胸怀去接纳外来文化，取其精华将之融通至中华优秀传统文化体系之中。毋庸置疑，任何外来文化、科学理论都必须本土化才能真正发挥其真理力量和实践伟力，只有根植于中国的具体实际、根植于中华优秀传统文化的丰厚土壤，才能真正在中华大地上生根、开花、结果，而中国化时代化的马克思主义就是外来文化在中国扎根的结果，也是中华优秀传统文化在传承中推进文化创新和理论创新的光辉典范。在文化传承发展座谈会上，习近平总书记强调："要秉持开放包容，坚持马克思主义中国化时代化，传承发展中华优秀传统文化，促进外来文化本土化，不断培育和创造新时代中国特色社会主义文化。"① 这既阐明了中国共产党对待外来文化开放包容、交流互鉴的开阔胸襟，坚持马克思主义指导思想并不断开辟马克思主义发展新境界，又强调了马克思主义"为什么行"的深层逻辑，之所以"行"，究其根本是中国共产党不断促进、挖掘和弘扬中华优秀传统文化与马克思主义相结合的结果，也是理论创新的结果。百年来，我们党坚持培元固本和守正创新相统一，解放思想和实事求是相统一，在马克思主义和中华优秀传统文化相互契合的前提下进行有机结合，"使马克思主义成为中国的、中华优秀传统文化成为现代的"②，在实践运用与理论创新的相互促进中造就了一个新的文化生命体，为建设中国式现代化汇聚起了更为强大的精神合力。

（三）坚持胸怀天下是促进文化交融的文明主张

中华优秀传统文化具有开放性与主体性的双重特性，在传承与发展的过程中始终涵养海纳百川的包容特质和胸怀天下的文化品格，历史规律也昭示，文化是以多样化的形式存在的，不同文化相互尊重、和谐共生、开放包容、互学互鉴，是文化交流交融、文明进步发展的客观要求和必然趋势。党的十八大以来，习近平总书记高度重视激活中华优秀传统文化的强大生命力，强调传承发展中华优秀传统文化不是孤芳自赏、故步自封，要在巩固文化主体性的同时把握各种文化交流互鉴的大势，坚持以我为主、为我所用，兼收并蓄、择善而从，推动中华文化更好走向世界。此外，习近平总书记还提出不同文化之间交流互鉴的正确态度和原则，倡导不同文化体之间要相互尊重、平等交流、和谐共处，携手为解决世界未来和人类前途的重大问题寻求智慧方法。面对多元的世界文化，我们注重吸纳不同民族和国家的优秀文明成果，在兼收并包中实现中华文化的丰富发展。同时，我们打破"异质冲突"的错误文明观念，秉持开放包容、兼收并蓄的文化胸怀，推动了不同文明和谐共处、相互成就。这种多元文化的价值理念和胸怀天下的文明主张在当今世界越来越具有影响力和感召力，它代

① 《习近平在文化传承发展座谈会上强调：担负起新的文化使命 努力建设中华民族现代文明》，《人民日报》2023 年 6 月 3 日。

② 《习近平在文化传承发展座谈会上强调：担负起新的文化使命 努力建设中华民族现代文明》，《人民日报》2023 年 6 月 3 日。

表了全人类对于一种新的文化胸怀和文明选择的期待，为繁荣世界文明百花园注入了思想和文化力量。现今，立足现代文明新高度的中国式现代化彰显出一条破解21世纪人类文明困局的可能性方向，屹立于世界民族之林的中国以开放的姿态和互助的发展模式呈现出一个不可辩驳的事实，即中华民族历来是一个开放包容、互学互鉴的民族，中华文明的突出包容性决定了中华文化对世界文明兼收并蓄的开放胸怀。中华民族从中国自身的文明现状、复兴使命和世界道义出发，将中外文化交流互鉴深深扎根于中华优秀传统文化之中，使不同文化体之间交流互鉴有更扎实、更牢固的根基，从根本上超越了西方现代化模式的桎梏，创造了人类文明新形态。

三、面向未来：在自信自强中创新转化中华优秀传统文化

文运与国运相牵，文脉同国脉相连。习近平总书记强调："中华民族有着五千多年的文明史，我们要敬仰中华优秀传统文化，坚定文化自信"。[①]中华优秀传统文化是中华民族安身立命的重要精神根基，支撑起了中华民族文化自信自强的底气与勇气，为中国式现代化道路和人类文明新形态得以创造发展提供了深厚的文化基因与思想本源，为当今的中国乃至未来的中国得以在世界多元文化激荡中站稳脚跟夯实了"稳"的基础、增进了"强"的动能。面向未来，"在新的起点上继续推动文化繁荣、建设文化强国、建设中华民族现代文明"[②]是我们在新征程上新的文化使命，这是回应现代中国、创造未来中国的文化指引，用中国道理总结好中国经验，以中华文化传载中国之道，从而为人类追求与实现现代化提供全新选择。

（一）担负新的文化使命是推进中国式现代化的应有之义

"世界怎么了""人类向何处去"等世纪之问是世界现代化车轮进入新世纪亟待解决的时代课题，现今中国正向第二个百年奋斗目标迈进，如何更加有效地推动中华优秀传统文化创造性转化、创新性发展，实现精神上的独立自主成为新时代需要担负起的文化使命。在文化传承发展座谈会上，习近平总书记提出了"建设中华民族现代文明""新时代新的文化使命"两大重要命题，这是立足全面建设社会主义现代化国家的战略考量，是旨在推动中华文明永续发展的全新论断，标明了新时代中国共产党人对文化

① 《习近平在四川考察时强调：深入贯彻新发展理念主动融入新发展格局 在新的征程上奋力谱写四川发展新篇章》，《人民日报》2022年6月10日，第1版。

② 《习近平在文化传承发展座谈会上强调：担负起新的文化使命 努力建设中华民族现代文明》，《人民日报》2023年6月3日。

建设的规律性认识与科学把握。回顾历史可得，中华文化的传承发展之路与中国式现代化的道路探索是相伴相随的，中国式现代化的伟大实践不是抛开中华文化的另起炉灶，而是深深植根于中华优秀传统文化，坚持科学社会主义的基本原则基础上，借鉴吸收世界各民族优秀文化成果中逐步拓展的。五千多年的中华文明孕育和滋养了中国式现代化的历史根脉和文化精神，“两个结合”中造就的新的文化生命体为世界贡献了人类文明新形态，中国共产党人在中华优秀传统文化的悠久历史和人文底蕴中探赜全人类共同价值，让世界在中国式现代化的独特优势和人类文明新形态的独特观照中看到了人类未来的希望。曾经，中华民族在世界文化激荡潮流中跌宕沉浮，而如今，中国在新一轮的文化搏击较量中已经站稳脚跟，其中的成功之道便是我们始终坚定文化自信自强，实现精神上的独立自主，立足中华民族伟大历史实践和当代实践，坚定不移走中国式现代化道路。总之，担负新的文化使命是赓续中华文脉的历史责任，是推进中国式现代化的应有之义，同时也为中华优秀传统文化提供了一种适应面向未来的新发展观和新历史观。踏上全面建设社会主义现代化国家新征程，只有实现中华优秀传统文化的现代洗礼与历史超越，使之在世界文化激荡中保持本色、擦亮底色、凸显特色，才能为推进中国式现代化奠定文化根基。

（二）文化自信自强是增强道路自信的深厚底气

关于中国道路问题，是近代以来争论最多也是最根本的问题，“道路之争”中往往涉及的是“古今中西之争”，是现代化途径和模式之争，而“走自己的路”是党历经千辛万苦、付出巨大代价得出的历史结论，是坚守文化立场的实践结果，这也是对破解“古今中西之争”作出的实践回应。百年的探索奋斗，中国共产党带领中国人民“走自己的路”，实现了站起来、富起来、强起来的复兴和赶超，以中国自身的价值尺度重建中国和世界的关系，以中华民族的文化尺度定义传统与未来的关系，实现了人类发展道路的新开拓和人类文明的新创造。中国式现代化不是重复母版、模板、再版和翻版的结果，而是一条中国自己的现代化之路，这条新道路、这种新模式融汇了中华文明五千多年的传统智慧与思想精髓，是马克思主义基本原理与中国具体实际、中华优秀传统文化相互交融的结晶。正如习近平总书记所指出的：“如果没有中华五千年文明，哪里有什么中国特色？如果不是中国特色，哪有我们今天这么成功的中国特色社会主义道路？”① 这就告诉我们，只有立足中华五千多年文明史，才能真正理解中国式现代化植根于中华优秀传统文化、孕育于中华文明，才能真正理解中国式现代化形

---

① 《习近平谈治国理政》第四卷，外文出版社2022年版，第315页。

成的历史逻辑与文化逻辑。而与此同时，面对中国发展，很多西方人习惯带着固有偏见思维看待，动辄蓄意抹黑中国、误导舆论，对此，增强文化自信自强，大力推动中华文化走出去，以文载道、以文传声、以文化人，是让世界全面立体地了解中国式现代化道路的重要方式，也是让世界真正感受和理解中国式现代化蕴含的独特世界观、价值观、历史观、文明观、民主观、生态观的重要路径。新征程上，只有坚定文化自信自强，才能支撑起文以载道、增强道路自信，我们需要在推动中华优秀传统文化创造性转化、创新性发展中建设中华民族现代文明，努力开创中华文化发展新局面，进一步立体呈现、生动讲好中国式现代化故事。

（三）文化繁荣兴盛是凝聚民族复兴的精神伟力

作为“软实力”，文化兴则国运兴，文化强则民族强，文化不强，中华民族伟大复兴就无从谈起。中华优秀传统文化是中华文明的智慧结晶和精华所在，它在传承与发展的过程中既坚守文化本根又不断与时俱进，依旧展现出强大的精神魅力和思想智慧，蕴含着丰富的解决现实问题的深邃思想，为中华民族探索现代化提供持续的思想动力，也为中华民族伟大复兴提供坚强的精神支撑。新征程上，站在21世纪中国式现代化的文化使命制高点，必然要以新的文化使命激发中华文明，推进中华优秀传统文化由传统到现代的历史性转型，形成新的文化有机体，将建设中华民族现代文明的内在文化张力与实现中华民族伟大复兴的实践路径有机结合，最大限度凝聚起实现中华民族伟大复兴的磅礴力量。质言之，要凝聚起中华民族伟大复兴中国梦的信心和力量，离不开文化自信自强，而文化的自信自强来源于文化主体性；同时也离不开文化的传承发展，而传承发展旨在使中华优秀传统文化在新的历史语境中能够更新与再发展，创造一个新的文化生命体，即中国式现代化的文化形态。这一富有生命力的新文化形态既葆有马克思主义之“魂”脉，也延续了中华优秀传统文化之“根”脉，二者有机结合、相得益彰，赋予和充实了未来文明新形态之“体”，彰显出中国特色、中国风格、中国气派，也彰显出中华民族的文化自觉、文化自信、文化自强。面向未来，站在中华民族和中华文明永续传承的战略高度，担负起新时代赋予的新的文化使命，就要勇于突破旧有的思想限囿，深入挖掘中华优秀传统文化中增进政治认同、思想认同、理论认同和情感认同的思想资源，为坚持中国道路、弘扬中国精神、凝聚中国力量提供思想文化支撑，不断发展面向现代化、面向世界、面向未来的中华民族现代文明，谱写人类文明发展的崭新篇章。

总之，站在21世纪中国式现代化的文化使命制高点上，从“本来”“外来”“未来”三重向度去观照中华优秀传统文化的传承与发展，是推进文化自信自强的必然要求，也是推进中国式现代化的必然要求。在新的历史起点上，我们要担负起新的历史发展使命和文化传承重任，坚守中华文化立场，深入挖掘中华优秀传统文化的价值内涵，以时代精神激活中华优秀传统文化的生命力，为推进中国式现代化提供强大精神力量。

论中国式现代化的使命型本质[①]

刘鹏飞[②]

现代化承载着推动人类社会发展的历史使命。综观人类现代化的发展历程，西方国家开辟的资本主义现代化道路错置了现代化和人的关系，以“资本逻辑”遮蔽了“人的现代化”的价值本质，割裂了主体自觉与价值自觉的辩证统一。伴随着中国共产党迎来成立一百周年、中国特色社会主义进入新时代、小康社会的全面建成，中国用了几十年的时间走完了西方国家几百年的发展之路。站在新的历史方位，党的二十大报告聚焦“中国式现代化”的重要特征、本质要求、战略安排、重大原则等理论和实践问题，进一步明确了实现中国式现代化的使命任务，开辟出人类现代化发展的“第二条道路”，创造了人类文明新形态。中国式现代化立足于现代化共性价值的追求、中华民族伟大复兴的追求以及人类共命运的追求，超越了个体利己主义、国家利己主义，是契合人类文明发展规律的主动作为，是自主性责任感驱使下的使命型现代化。

一、追求“人的现代化”的使命自发

人类的现代化之路从 18 世纪 60 年代第一次工业革命开始算起，至今已经走过了二百多年的历程。在中国，从鸦片战争后的洋务运动算起也走过了一百多年的历程。在人类现代化进程中，由于现代化发生的原因及其承载的历史使命等不同，大体上形成了两种不同类型的现代化，一种是以西方发达国家为代表走过的资本主义现代化之路，一种是以中国为主要代表开创的社会主义现代化新模式，即中国式现代化。其中，资本主义现代

---

① 本文系作者主持的国家社科基金项目“不平衡发展的空间政治经济学批判”(20FKSB024)；全国高校思政课名师工作室（大连理工大学）建设项目（21SZJS21010141）阶段性成果。

② 刘鹏飞，大连理工大学马克思主义学院副院长、副教授、博士生导师。

化是最早出现的现代化，但其弊病在人类文明实践的检验中愈发凸显，与人的类本质需求渐行渐远。中国式现代化在批判资本主义现代化的基础上形成，其自发地承担起了探索“人的现代化”的使命担当，具有鲜明的使命型特质。

（一）资本主义现代化的“资本逻辑”内蕴

资本主义产生于中世纪末期，生产力的发展和科学技术的进步动摇了传统宗教的根基，新教伦理的推广使得宗教文化不断世俗化，伴随着“神性”向“理性”的转换，“价值理性”全面萎缩，“工具理性”在资产阶级的推崇下大行其道。人们不再执着于关注“意义”本身，转而更加关注“目的”，充斥着理性计算、精密设计和世俗功利的“工具理性”被当作普遍的社会行为准则。资本主义社会逐渐呈现为等级“科层制”，受到组织内部秩序宰制的个人，只能成为顺从适应、循规蹈矩地运转的“秩序人”。[①]经济行为也不再只是为了维持生计，而是求取经营利润的最大化。经济的理性化催生人的非理性，社会与人性的持续“祛魅”使人之间、社会之间的一切关系都转化为物与物之间的关系、等价交换的关系。物化的人对意义和价值的感受逐渐丧失，变为只知道专注于膨胀的胃和膨胀的银行户头的“经济动物”。整个资本主义社会普遍认为“个人有增加自己的资本的责任，而增加资本本身就是目的”[②]，实现资本“增殖”被看作是一种“天职般”的道德。这种被道德化的逐利行为伴随着商品到货币的“惊险的跳跃”，为资本本位的形成提供了便利条件，进而催生了以“资本逻辑”为底层逻辑的资本主义核心价值观。资本逻辑是“增殖逻辑”与“扩张逻辑”的辩证同一，其必然会对人类文明造成极大的“僭越”。

这种“僭越”在资本主义现代化的初期表现得最为淋漓尽致。伴随着15世纪末美洲和通往印度航道的新发现，世界市场迅速扩大，新兴的资产阶级由此展开了“用血和火的文字载入人类编年史的”资本原始积累，为后来资本主义及其现代化的迅速发展积累了物质条件。马克思曾一针见血地指出：“创造资本关系的过程，只能是劳动者和他的劳动条件的所有权分离的过程，这个过程一方面使社会的生活资料和生产资料转化为资本，另一方面使直接生产者转化为雇佣工人。因此，所谓原始积累只不过是生产者和生产资料分离的历史过程。这个过程所以表现为‘原始的’，因为它形

① 顾中华：《韦伯学说》，广西师范大学出版社2004年版，第81页。

② 〔德〕马克斯·韦伯：《新教伦理与资本主义精神》，康乐、简惠美译，生活·读书·新知三联书店2019年版，第35—36页。

成资本及与之相适应的生产方式的前史。”① 资本原始积累自15世纪后30年开始，经过16世纪的高潮，一直延续到19世纪初才告结束。对内，资产阶级通过多重手段剥夺农民的私有土地，甚至“法律本身现在成了掠夺人民土地的工具”②，丧失了生产资料的农民成为最初的雇佣工人，为资本主义社会化大生产奠定了基础。对外，资产阶级通过暴力方式征服海外殖民地，大大加速了资本原始积累的速度。据英国历史学家斯图尔特·莱科克（Stuart Laycock）的考证，英国作为世界上第一个迈入现代化的国家，曾经染指过世界上近90%的国家和地区。③ 资本的本性在资本原始积累过程中暴露无遗，就如马克思所说，“资本来到世间，从头到脚，每个毛孔都滴着血和肮脏的东西”④，连资本家都不过是作为人格化的、有意志和意识的资本职能的执行者⑤。资本主义现代化作为资本逻辑驱动的现代化，从头至尾都无法挣脱资本“增殖”与“扩张”本性的驱使，整个西方社会必然会形成现世务实、个人主义、优胜劣汰的价值取向，并且资本主义社会这一与生俱来的现代化特性必然与资本主义相始终，这也决定了资本主义现代化不可能是人类现代化的唯一选择。

（二）资本主义现代化的“自反性”危机

资本“增殖”和“扩张”的双重逻辑决定着资本必然具有两面性效应。马克思曾指出：“资本的文明面之一是，它榨取这种剩余劳动的方式和条件，同以前的奴隶制、农奴制等形式相比，都更有利于生产力的发展，有利于社会关系的发展，有利于更高级的新形态的各种要素的创造。”⑥ 的确，资本通过将科学技术作为先进生产要素纳入资本循环变革了社会生产方式，并将生产关系附着在商品上，实现了资本主义生产关系的再生产，客观上促进了社会生产方式的历史性变革，充分展现出其推动人类文明发展的积极意义。

然而，随着资本“增殖”的剥削性与“扩张”的侵略性日渐暴露，特别是在资产阶级取得反封建斗争的胜利之后，他们“不再有必要把特殊利益说成普遍利益”⑦，逐渐褪去了同无产阶级共享胜利果实的伪装。资本与

---

① 《马克思恩格斯文集》第5卷，人民出版社2009年版，第822页。

② 《马克思恩格斯文集》第5卷，人民出版社2009年版，第832页。

③ 央视网：《英曾侵略世界90%国家 只22国幸免》，http://military.cntv.cn/2012/12/26/ARTI1356511279311643.shtml.

④ 《马克思恩格斯文集》第5卷，人民出版社2009年版，第871页。

⑤ 《马克思恩格斯文集》第5卷，人民出版社2009年版，第178页。

⑥ 《马克思恩格斯文集》第7卷，人民出版社2009年版，第927—928页。

⑦ 《马克思恩格斯文集》第1卷，人民出版社2009年版，第552页。

"他者"始终处在尖锐对立中，资本"增殖"的剥削性并未因资本主义国家的建立而有所改变。相反地，为了麻痹人民、掩盖真相，资产阶级让渡出剩余价值的极少部分，以所谓的社会福利体系来打造虚假的普遍繁荣，其所推广的价值主张慢慢地向它的阶级意志靠拢，开始走向他们当初所宣扬的基本价值原则的反面：自由原则被用来遮蔽生产资料私人占有下的"经济掠夺"；民主原则成为资本操纵霸权的"遮羞布"；平等原则成为掩盖所有制不平等的"障眼法"；人权原则成为资本主义突破共同体底线的"通行证"，资产阶级价值观主导下的现代化暴露出极为突出的腐朽型特点。

与此同时，资本"扩张"的侵略性又在资本主义现代化的进程中表现得毫无节制。率先迈入现代化的资本主义国家，以"西方中心主义"的姿态主导着近代以来的世界历史发展和世界格局演变，它们利用先发优势极力宣扬"现代化只能在西方文化土壤中产生，想要实现现代化必须首先西化"的文明发展观，企图规定人类现代化发展的"西方样板"和"标准模式"，力求"使未开化和半开化的国家从属于文明的国家，使农民的民族从属于资产阶级的民族，使东方从属于西方"。"它迫使一切民族……如果它们不想灭亡的话……采用资产阶级的生产方式；迫使它们在那里推行所谓的文明，即变成资产者。一句话，它按照自己的面貌为自己创造出一个世界"①。当世界上各个国家和民族都不可避免地卷入现代化发展潮流之时，"中心—外围"的世界不平衡发展格局便会被形塑出来，后发展国家在自觉或不自觉中蹈入一种文明依附的结构之中，陷入追求文明进步与遭遇文明依附、文明失守乃至文明坠落的发展悖论之中。

凡此种种现代性问题，不仅是资本主义自反性矛盾的常态化暴露，更是资本主义现代化内在价值体系在崇尚开放、自由、平等的世界氛围中无法再掩藏其有限性的警报。这种有限性是资本逻辑支配带来的资本主义现代化有限性的放大抑或"恶化"，它成功利用了人类对本质复归的主观期许，进而实现了同封建贵族势力较量的历史性胜利，却又因其现代性内蕴错置了人的主体地位，将"人"及"人的地位"变成其维系自身统治的工具，使得"在一极是财富的积累，同时在另一极，即在把自己的产品作为资本来生产的阶级方面，是贫困、劳动折磨、受奴役、无知、粗野和道德堕落的积累"②。从根本上来说，资本主义现代化以资本为中心制造着"人的异化"，颠倒和物化了人类的生存状态，以个体或部分国家的现代化阻碍着全人类的现代化，妨碍了人的真正解放和人类社会的真正发展，违背了

① 《马克思恩格斯文集》第2卷，人民出版社2009年版，第35—36页。
② 《马克思恩格斯文集》第5卷，人民出版社2009年版，第743—744页。

人类文明发展的一般规律。

（三）中国式现代化遵循“人的现代化”的当代规定

马克思曾精辟地指出，如果资产阶级不对全部社会关系进行不断地革命，就不可能生存下去。① 事实证明，资产阶级根本无法超脱自身的阶级局限性，无法摆脱“资本逻辑”的价值内蕴，因而也就不可能对全部社会关系进行革命，这决定着资本主义及其现代化必然具有阶级和历史的局限性。进入21世纪，一些发达资本主义国家要么“退群”“砌墙”“贸易战”，要么挑动局部战争，掀起逆全球化思潮，为了一己之私与推动人类文明发展的世界历史潮流背向而行。这充分表明，“资本逻辑”主导下的资本主义现代化正在“人的现代化”的历史进程中作“困兽斗”。如何遵循“人的现代化”的发展规律，汲取资本主义现代化的有益成果和历史教训，主动探索出一条符合人的本质需要的新的现代化发展道路，成为人类文明发展进程中最为迫切的使命型任务。

何为“人的现代化”？马克思曾在《路易·波拿巴的雾月十八日》中指出：“人们自己创造自己的历史。”② 人在创造历史的过程中实现着人的发展，历史的进步、社会的发展与人的发展是相统一的。因此，是“现实的、活生生的人在创造这一切，历史不过是追求着自己目的的人的活动而已”③。马克思明确主张社会实践活动要“从现实的、有生命的个人本身出发”④，从而揭示出“人的现代化”的真谛在于将人的主体性置于现代化发展的本质地位，将每个人的自由而全面的发展作为根本衡量标准，实现“人向自身，也就是向社会的即合乎人性的人的复归。这种复归是完全的复归，是自觉实现并在以往发展的全部财富的范围内实现的复归”⑤，其必须建立在“更高级的以每个人全面而自由发展为基本原则的社会形式”⑥ 亦即建立在共产主义的基础之上。换而言之，“人的现代化”只有在通往共产主义的进程中方能被历史性地实现。马克思恩格斯对共产主义“人”的生活进行描绘时，就较为全面地展现了“人的现代化”的基本样貌，如：“通过社会生产，不仅可能保证一切社会成员有富足的和一天比一天充裕的物质生活，而且还可能保证他们的体力和智力获得充分的自由的发展和运用”⑦；

---

① 《马克思恩格斯文集》第2卷，人民出版社2009年版，第34页。
② 《马克思恩格斯文集》第2卷，人民出版社2009年版，第470页。
③ 《马克思恩格斯文集》第1卷，人民出版社2009年版，第295页。
④ 《马克思恩格斯文集》第1卷，人民出版社2009年版，第525页。
⑤ 《马克思恩格斯文集》第1卷，人民出版社2009年版，第185页。
⑥ 《马克思恩格斯文集》第1卷，人民出版社2009年版，第683页。
⑦ 《马克思恩格斯全集》第2卷，人民出版社1957年版，第626页。

"为所有的人创造生活条件，以使每个人都能自由地发展他的人的本性"①。在这种情况下，"人才在一定意义上最终地脱离了动物界，从动物的生存条件进入真正人的生存条件"。② 这表明，"人的现代化"的实现与共产主义的实现具有同一性。

中国式现代化是中国共产党领导的现代化。中国共产党作为马克思主义使命型政党，自创立之日起就以"组织无产阶级，用阶级斗争的手段，以建立劳农专政的政治，铲除私有财产制度，渐次达到一个共产主义的社会"③ 为最终使命，把"为人民谋幸福，为民族谋复兴，为人类求解放"作为现代化建设的基本内涵与价值旨归，坚持以"人本逻辑"化解"资本逻辑"造成的各种现代性困陷，开辟了中国式现代化发展新道路。这条现代化发展道路是社会主义现代化道路，既有各国现代化的共同特征，更有基于自己国情的中国特色，以"人口规模巨大""全体人民共同富裕""物质文明和精神文明相协调""人与自然和谐共生""走和平发展道路"为基本特征，将马克思对"人的现代化"的基本构想落实为当前历史条件下的具体原则、目标要求、本质规定等，是对"人的现代化"这一目标的具体实践，始终面向人类解放何以可能和人类社会发展向何处去的时代命题，自觉承担起实现"人的现代化"在当代条件下的使命任务。

二、推动"民族复兴"的使命自为

在 19 世纪以前的漫长岁月里，中华民族一直走在世界的前列。但鸦片战争以来，帝国主义对中国的不断侵略，使国家蒙辱、人民蒙难、文明蒙尘。"从那时起，实现中华民族伟大复兴，就成为中国人民和中华民族最伟大的梦想。"④ 为了拯救民族危亡，解民生于倒悬，中国人民深刻认识到现代化的深远历史意义，寄予现代化无限热切的厚望。但由于这些实现现代化的努力，本质上走的都是西方现代化的道路，或者意图实现工业化，或者意图实现资本主义化，因而都没有能够在根本上改变中华民族被剥削、被压迫的命运，迎来中华民族伟大复兴的曙光。十月革命一声炮响，为中华民族送来了马克思列宁主义，探索中国现代化道路的重任，历史地落在

① 《马克思恩格斯全集》第 2 卷，人民出版社 1957 年版，第 626 页。

② 《马克思恩格斯选集》第 3 卷，人民出版社 2012 年版，第 670—671 页。

③ 《建党以来重要文献选编》（1921—1949）（第一册），中央文献出版社 2011 年版，第 133 页。

④ 习近平：《在庆祝中国共产党成立 100 周年大会上的讲话》，《前进》2021 年第 7 期。

了中国共产党身上。中国共产党自成立之日起，便自觉承接起实现中华民族的伟大复兴的使命接力跑。中国共产党团结带领中国人民追求、实现现代化的历史进程与中华民族追求伟大复兴的历史进程是一致的。

（一）“民族复兴”使命任务的发端

在新民主主义革命时期，我们党在推动工业化的进程中追求现代化。彼时，工业被看作是“最有发展、最富于生命力，足以引起一切变化的力量”，“我们共产党是要努力于中国的工业化的”历史使命。[①] 1941 年 8 月，毛泽东在写给博古的信中有过深入阐述：“新民主主义社会的基础是机器，不是手工。我们现在还没有获得机器，所以我们还没有胜利。如果我们永远不能获得机器，我们就永远不能胜利，我们就要灭亡。现在的农村是暂时的根据地，不是也不能是整个中国民主社会的主要基础。由农业基础到工业基础，正是我们革命的任务。”[②] 在异常艰难的历史条件下，我们党制定了一系列工业政策和劳动政策，建立了一批兵工厂和手工业生产合作社等，为新中国成立初期的社会主义现代化建设奠定了重要的基础，也为实现中华民族伟大复兴开创了根本社会条件。

社会主义革命与建设时期，我们在对“现代化”进行多维理解的基础上开始追求一种“复合型”的现代化。1954 年 9 月，周恩来在第一届全国人大一次会议上作《政府工作报告》时提出：“如果我们不建设起强大的现代化的工业、现代化的农业、现代化的交通运输业和现代化的国防，我们就不能摆脱落后和贫困，我们的革命就不能达到目的。”[③] 随后，“四个现代化”从国家战略层面被提上日程，并明确了要在 20 世纪内分两步实现“四个现代化”的宏伟建设目标，为这一时期中国共产党带领全国各族人民建设社会主义提供了奋斗方向。尽管之后发生的“文化大革命”在一定程度上阻碍了“四个现代化”的进程，但党中央对于“四个现代化”的建设信念没有减弱。1975 年，周恩来在第四次全国人大一次会议上重申“四个现代化”是社会主义建设的总目标和总任务。经过近 30 年的建设，党领导人民建立起了独立的比较完整的工业体系和国民经济体系，从整体上为现代化建设和中华民族伟大复兴奠定了根本政治前提，提供了宝贵经验、理论准备和物质基础。

（二）尝试“走出一条中国式的现代化道路”

尽管社会主义革命与建设时期被称为“世界历史上最伟大的现代化时

---

① 《毛泽东书文集》，人民出版社 1996 年版，第 146 页。

② 《毛泽东书文集》，人民出版社 1996 年版，第 207 页。

③ 《周恩来选集》下卷，人民出版社 1984 年版，第 132 页。

代之一”[1]，但这一时期也经历了“大跃进”“文化大革命”等不符合中国社会主义建设规律的挫折。由于历史和时代的原因，当时中国社会主义建设主要借鉴了苏联模式。到了1956年，苏联陷入自揭“家丑”的乱局，苏联模式暴露出种种问题。毛泽东及时提出要探索符合中国国情的社会主义建设道路，他在《论十大关系》中说：“最近苏联方面暴露了他们在建设社会主义过程中的一些缺点和错误，他们走过的弯路，你还想走吗？过去我们就是鉴于他们的经验教训，少走了一些弯路，现在当然更要引以为戒。”[2] 为此，毛泽东晚年开始尝试在经济建设和政治建设上探索有别于苏联模式的社会主义建设道路，我国的现代化发展一度面临着何去何从的问题。

毛泽东逝世后，邓小平继续坚持走符合中国国情的社会主义道路，并在此基础上进一步提出，“社会主义现代化建设是我们当前最大的政治”，要“走出一条中国式的现代化道路”，强调“中国式的现代化，必须从中国的特点出发”。[3] 1979年3月21日，邓小平在会见英中文化协会执行委员会代表团时，第一次提出“中国式的四个现代化”的全新概念。他说：“我们定的目标是在本世纪末实现四个现代化。我们的概念与西方不同，我姑且用个新说法，叫做中国式的四个现代化。”[4] 对于加上前缀“中国式的”，邓小平从理论与实践关系的角度进行了说明，认为“过去搞民主革命，要适合中国情况。走毛泽东同志开辟的农村包围城市的道路。现在搞建设，也要适合中国情况，走出一条中国式的现代化道路”[5]。民主革命与“搞建设”是不同历史时期的历史任务，根本使命都是要实现民族独立、国家富强、人民幸福。由此提出把党和国家工作中心转移到经济建设上来，作出实行改革开放的历史性决策。同时，根据形势和条件的变化，中国共产党人适时调整现代化的目标和步骤，从小康目标的构想，到“三步走”“新三步走”等战略部署，再到“两个一百年”奋斗目标，我国实现了从生产力相对落后的状况到经济总量跃居世界第二的历史性突破，实现了人民生活从温饱不足到总体小康、奔向全面小康的历史性跨越，为建设社会主义现代化强国和实现中华民族伟大复兴提供了充满新的活力的体制保证和快速发展的物质条件。

---

① 余飘主编：《中外著名人士谈毛泽东》，大众文艺出版社1999年版，第242—243页。
② 《毛泽东文集》第七卷，人民出版社2009年版，第23页。
③ 《邓小平文选》第二卷，人民出版社1983版，第163—164页。
④ 《邓小平年谱（1975—1997）》上卷，中央文献出版社2004年版，第496页。
⑤ 《邓小平文选》第二卷，人民出版社1994年版，第163页。

（三）“中国式现代化”发展道路的使命接力

党的十八大以来，中国特色社会主义进入新时代，社会主要矛盾发生变化，矛盾、任务的变化对现代化建设提出了新的要求，以习近平同志为核心的党中央科学总结我国现代化建设的理论与实践经验，对中国现代化发展蓝图作出了系统性谋划。从党的十九大提出“决胜全面建成小康社会，开启全面建设社会主义现代化国家新征程”的奋斗目标，到推进“新四化”的同步实现，再到党的十九届五中全会将“基本实现新型工业化、信息化、城镇化、农业现代化，建成现代化经济体系”作为2035年基本实现社会主义现代化的远景目标之一，我们党不断实现理论和实践上的创新突破，以习近平新时代中国特色社会主义思想推动马克思主义中国化时代化新的飞跃，为新时代的现代化发展提供了根本遵循，中华民族也比历史上任何时期都更接近、更有信心和能力实现中华民族伟大复兴的目标。在这一时代条件下，全面构建现代化的理论体系与实践要求，成为中国共产党接力追求中华民族伟大复兴的使命所在。

越是接近目标，面临的任务就会越繁重，需要破解的难题就会越艰巨。从国内看，我国处于社会主义初级阶段的基本国情没有改变，作为发展中国家的各种顽固性、多发性问题始终存在。比如人口规模巨大是我国最为显著的国情，尽管我们已经实现了脱贫走向全面小康，但是人口数量多、发展不平衡不充分等问题交织存在，必将在社会主义现代化建设的过程中表现为各式各样的困难和层出不穷的复杂问题。要在这个基础上实现全体人民的共同富裕以及物质文明精神文明的双发展，任务的艰巨性和复杂性可想而知。因此，党的二十大报告明确指出：“我国十四亿多的人口整体迈进现代化社会，规模超过现有发达国家人口的总和，艰巨性和复杂性前所未有，发展途径和推进方式也必然具有自己的特点。”① 从国际看，世界百年未有之大变局加速演进，新一轮科技革命和产业变革深入发展，世纪疫情影响深远，逆全球化思潮抬头，来自外部的打压遏制随时可能升级，全球经济复苏乏力，局部冲突和动荡频发，全球性问题加剧，各种传统和非传统安全问题相互交织，敌对势力处心积虑阻滞中华民族伟大复兴的历史进程。

总体来看，我国发展进入战略机遇和风险挑战并存、不确定难预料因素增多的时期，这决定了我们必须增强忧患意识，坚持底线思维，明确新征程上现代化建设的目标、原则、本质要求、基本特征及战略安排，把握

① 习近平：《高举中国特色社会主义伟大旗帜 为全面建设社会主义现代化国家而团结奋斗——在中国共产党第二十次全国代表大会上的报告》，人民出版社2022年版，第23页。

住全面建设社会主义现代化国家开局起步的关键时期，主动识变应变求变，想问题、做决策、办事情，既不好高骛远，也不因循守旧，保持历史耐心，坚持稳中求进、循序渐进、持续推进。党的二十大首次系统构建出“中国式现代化”的理论体系、实践要求与战略布局，既有长远的愿景预设，也有扎实的阶段考量，充分统筹了当前与长远、宏观与微观之间的辩证关系，体现了理想性与现实性的有机统一，彰显了习近平新时代中国特色社会主义思想的世界观和方法论，使现代化在中国的发展更加清晰、更加科学、更加可感可行，为全面建成社会主义现代化强国、实现中华民族伟大复兴指明了一条康庄大道，是符合社会主义发展规律与中国国情的应然选择，主动承接了中华民族伟大复兴的历史使命。

三、创造“人类文明新形态”的使命自觉

现代化作为人类社会发展最重要的历史进程，在全球化的时空条件下不断开拓着“世界历史”，日益将整个人类社会紧密地联系起来。在追求现代化的进程中，任何国家和民族的历史都不可避免地融入世界历史之中。然而，资本主义现代化作为“资本逻辑”催生的现代化，其自反性危机愈发显现于全球生态、国际秩序乃至人类心理等各方面。当今世界正处于百年未有之大变局，世界“向何处去”几乎等同于国家和民族“向何处去”。世界文明的发展必须依赖人类主体的自觉，推动资本逻辑主导的自发型现代化向人本逻辑主导的自觉型现代化转变。中国作为人口众多的社会主义国家，在不断实现自身发展的同时，深入思考“世界怎么了、我们怎么办?”以“人类共命运”的高度使命自觉，从人与自然、人与人、人与自身三个层面，对一系列关涉生死存亡的人类文明发展问题作出了回应，开创了人类文明新形态。

（一）从人与自然关系的角度回应世界生态危机

马克思在《1844年经济学哲学手稿》中指出，自然“是人的无机的身体”，“人是自然界的一部分”，“我们连同我们的肉，血和脑都属于自然界和存在于自然界之中的”。[①] 这表明，人类的存在发展都依赖于自然，人与自然是部分与整体的关系，这也决定着人与自然是一个休戚与共的“生命共同体”。

然而，一些西方国家在推动现代化发展的过程中，以“人类中心主义”“唯科技论”“唯增长论”等主观假设遮蔽了“人本身是自然界的产物”这

① 《马克思恩格斯文集》第1卷，人民出版社2009年版，第161页。

一客观规律，主张走“先污染后治理”的发展道路。从18世纪末工业革命开始，西方发达国家普遍陷入了社会发展与环境保护的悖论之中，先后出现如“伦敦毒雾事件”“莱茵河污染事件”“五大湖污染事件”“三英里岛事件”等生态危机。20世纪六七十年代，面对人与自然关系的持续恶化，西方发达国家不得不开始进行环境治理，相继实施了一系列控制本国环境污染的举措。但是，囿于西方现代化“剥削”与“扩张”的底层逻辑，上述举措多半是站在“西方中心主义”立场上生发出的“夺取式”治理方法，即以对后发展国家进行“资源掠夺”和“污染转移”为主要手段的治理。从整个世界视角来看，这是一个污染—治理—再污染的过程。西方国家以环境为代价换取了“物质文明”和“生态文明”的双重收益，同时利用先发优势在全球范围内进行“资源重组”，将“生态污染”和与之相关的“罪责”转嫁给后发展国家。尽管“发达资本主义国家靠疯狂掠夺资源的‘错误’使欧美国家富裕起来，‘文明’起来”①，但对于整个世界文明而言，这种现代化发展模式带来的后果是灾难性的。有限的地球资源正走向枯竭，全球变暖、臭氧层空洞、地球生物圈退化、海平面上升以及自然调节能力减弱等“沉疴顽疾”，在严重威胁人类和地球上其他生物生存的同时，也在昭示着资本主义现代化对“生命共同体”这种文明形态的不自觉远离。

面对一系列日益严峻的全球性生态问题，开辟一条化解人与自然矛盾的发展道路本身就极具使命意义。要解决人与自然之间的危机，关键在于人的自觉。这种自觉既是主体意识的自觉，更是实践行动的自觉。中国式现代化坚持人与自然和谐共生的生态文明之路，改变了以往生产力就是人类改变、利用自然的能力这一狭隘观念，充分继承和发展了中华优秀传统文化中的“天人合一”思想，“牢固树立保护生态环境就是保护生产力、改善生态环境就是发展生产力的理念”②，在尊重、顺应、保护自然的基础上，同步推进物质文明建设和生态文明建设，坚持走生产发展、生活富裕、生态良好的文明发展道路，把生态正义作为一种自觉要求。同时，中国式现代化以马克思“真正共同体”思想为指引，以实现主体的生命权力为目标，积极参与全球生态治理，充分加强生态安全政策制定、风险评估、应急响应、信息共享、能力建设等方面的多边合作。2021年10月12日，习近平在《生物多样性公约》第十五次缔约方大会领导人峰会上发表了《共建地

① 〔美〕威廉·格雷德：《资本主义全球化的疯狂逻辑》，张定淮译，社会科学文献出版社2003年版，第567页。

② 《习近平谈治国理政》第一卷，外文出版社2018年版，第209页。

球生命共同体》的主旨讲话，提出推动“2020 年后全球生物多样性框架”的科学倡议，进一步为构建新型全球生态环境治理体系框定目标和明确思路。综上，中国式现代化作为人与自然和谐共生的现代化，将改善生态环境与发展生产力有机结合起来，将人民对美好生活的向往寓于生态文明建设的全过程，就是以主体自觉承担起了推动人类文明发展的使命任务。

（二）从人与人关系角度回应全球秩序问题

马克思在《关于费尔巴哈的提纲》中指出，人的本质在其现实性上是一切社会关系的总和。[①] 这表明，人是社会的人，人与人的关系表现为社会关系，社会关系承载和内化了人与人的关系。马克思设想一种“高阶”的社会关系，那里实现了“人与人之间矛盾的真正解决”[②]，复归了人与人关系本应具有的“和谐”样态。之所以憧憬这样一种人的本质的复归，是因为马克思洞察到资本主义生产方式造成了严重的“人同人相异化，同他人相对立”[③]。这种异化和对立伴随着“社会交往形式”的演进逐渐形构出一种普遍物化和极端分化的社会关系，肢解了人与人关系的和谐样态，走向了人类文明的相反方向。伴随着资本主义现代化进程的加快，在历史向世界历史转变的过程中，马克思笔下的这种“异化”的社会关系不断拓展和强化，引发了世界范围内的“关系危机”和“秩序混乱”，阻碍了人类政治文明的发展。

当前的国际关系体系是在资本主义主导下的全球现代化进程中逐步建构的，由个别发达国家或是同质化的西方国家联合体进行设计，依靠资本逻辑和权力逻辑主导和维系。究其实质，是一种具有霸权性质的“分裂性”国际关系体系，国际关系的“和谐稳定”是以西方发达国家的既得利益得到满足为前提的。作为国际关系的主导者，西方发达国家始终受到资本逻辑的驱使，基于自身利益出发制定国际规则，极少考虑后发展国家的经济发展现状、人民生存境遇等问题，所制定的诸多标准并不能在国际关系调节中发挥应有的积极作用。同时，一些西方国家无法摆脱权力逻辑的桎梏，固守冷战思维和自我中心主义的“安全理性”，倡导排他性安全观、霸权稳定论、民主和平论等，极力遏制发展中国家和新兴经济体在国际交往中的话语权，限制各国通过国际交往形成国家间的平等对话与合作，众多后发展国家无法通过参与全球治理实现本国人民利益和维护全球安全稳定关系。与此同时，西方发达国家之间也始终处在利益博弈和权力争夺之中，彼此

① 《马克思恩格斯文集》第 1 卷，人民出版社 2009 年版，第 501 页。
② 《马克思恩格斯文集》第 1 卷，人民出版社 2009 年版，第 185 页。
③ 《马克思恩格斯选集》第 1 卷，人民出版社 1995 年版，第 47 页。

关系充满了不确定性。而这些国家内部又由于社会性质的自反性危机始终存在，在多边合作等方面常有出尔反尔的举动，大大降低了其“中心地位”的权威性和说服力，对于全球治理已显现出自顾不暇的疲态，无力对国际关系作出真正有效的调节，世界政治局势处于持续的剧烈动荡之中，世界的发展急需构建平等、公平、普惠的国际关系新秩序。

这样复杂的全球变局昭示着世界站在了一个发展的十字路口，在推动世界现代化的进程中，构建一种超越资本主义治理观的新型全球治理观使命重大、任务紧迫。中国作为世界上最大的发展中国家，在积极探索现代化的“第二条道路”的过程中，自觉承担起了塑造新型国际关系的使命责任。一方面，中国式现代化是以马克思主义“人与人的和谐关系”思想、科学社会主义的国际主义原则、中华优秀传统“和”文化为核心价值基础的现代化，倡导“差异的承认”基础上的“多样、开放、合作”的公平观，是异质性和进化论的公平治理观，是一种弹性认同，其对资本主义治理观的超越表现为反排斥、非排他和反歧视三方面；另一方面，中国式现代化集中代表了广大发展中国家关于全球治理秩序的基本立场和主张，阐明了全球治理体系及其方法的变革方向，积极地为世界秩序的友好发展提供中国智慧和中国方案，身先士卒地承担起建设新型政治文明的使命任务。

（三）从人与自身关系的角度回应精神堕落问题

马克思在《黑格尔法哲学批判导言》中说过：“人的根本就是人本身”①，所以“任何解放都是使人的世界即各种关系回归于人自身”②，也就是要通过人的发展的实现，使人成为自身的“主人”，摆脱物的驱使和心的枷锁而达到精神和实际生活的自由状态，实现人与自身关系的和谐。无论是前资本主义时期自然共同体中人的依赖关系，还是资本主义时期抽象的共同体中物的依赖关系，人总是被置于各种依赖关系当中，始终无法以类存在物独立出现。伴随着世界历史的发展，这两种依赖关系日益激化着人与自身关系的矛盾，并在工业化、技术化、资本化等现代化场景中整体地表现为物质文明与精神文明发展的不平衡与不协调，具体表现为精神的一种堕落。

相较于农耕文明，资本主义现代化确实创造了显著的物质文明成果，但是，在工具理性的驱使下，资本主义生产方式将人变成了他人或自己的经济利益的工具，人从资本主义生产的角度被贴上了“非人”的标签，劳动不再是人的生命活动本身，消费也不是出于人的真实需要。特别是伴随

① 《马克思恩格斯文集》第 1 卷，人民出版社 2009 年版，第 46 页。

② 《马克思恩格斯文集》第 1 卷，人民出版社 2009 年版，第 11 页。

着科学技术的进步，工业化、科技化、信贷化的聚合效应推动“市场和市场价值观侵入了它们本不属于的那些生活领域”，使得以个人自我满足和快乐为目的的消费主义文化的空前盛行，致使“我们从‘拥有一种市场经济’最终滑入了‘一个市场社会’”①，其结果是拜金主义、物质主义、极端利己主义泛滥。物的依赖关系并未因为财富的增加而自动淡去，反而促使人们把物质享受当成了人生唯一的价值追求，形成了超前消费、符号消费等无节制的物质享乐和物质消遣观念，人所创造出来的现代文明反过来压抑了人性。美国前总统尼克松在《超越和平》中对这一现象表达了强烈的担忧：“随着冷战的结束，美国首先要解决的国内问题不是就业，不是保健，不是财政赤字，而是精神和文化的堕落。这是困扰美国的一切问题的根源。”② 与此同时，一些后发展国家在推动现代化的进程中，深陷西方现代性所带来的价值分裂中，“宗教虔诚”“骑士热忱”“田园诗般的天然尊长关系”荡然无存③，政府的“迷惘”、民主的“乱象”和政治的“衰退”问题广泛存在，社会颓丧、政治动荡的程度不断加深。文化的堕落反过来进一步阻碍了物质文明的发展，导致一些后发展国家的贫困问题愈发严重。联合国粮农组织、国际农业发展基金会、联合国儿童基金会、粮食计划署和世界卫生组织 5 家机构就联合发出警告：“我们必须敲响警钟：全球 2030 年消除饥饿的目标离我们越来越远，这非常危险。”④ 应该说，物质与精神的撕裂甚至背离，落实到人这个现实主体与历史主体时，又加剧了人与自身关系的进一步分裂。

如何通过协调物质文明与精神文明的发展，促进人与自身的关系和谐，已经成为直接关系人类文明发展趋向的不可回避的世界性课题。党的二十大报告将“推动构建人类命运共同体”“创造人类文明新形态”作为中国式现代化的本质要求，充分认识到“每一个单个人的解放的程度是与历史转变为世界历史的程度一致的”⑤。立足于世界历史必将不断向前的大势，中国式现代化坚持马克思“真正的共同体”思想，主动从人类文明新形态的高度整体回应资本主义现代化带来的文化堕落问题，坚持物质文明和精神文明相协调，把物质富足、精神富有看作是社会主义现代化的根本要求，

---

① 〔美〕迈克尔·桑德尔：《金钱不能买什么：金钱与公正的正面交锋》，邓正来译，中信出版社 2012 年版，第 xvlll 页。

② 〔美〕尼克松：《超越和平》，范建民等译，社会知识出版社 1995 年版，第 210 页。

③ 刘儒、陈舒霄：《中国式现代化 马克思主义现代化理论的新飞跃》，《西安交通大学学报（社会科学版）》2022 年 10 月 15 日。

④ 贾平凡：《生活成本危机加剧全球贫困状况》，《人民日报（海外版）》2022 年 7 月 14 日。

⑤ 《马克思恩格斯文集》第 1 卷，人民出版社 2009 年版，第 541 页。

促进物的全面丰富和人的全面发展，完善了现代化理论，自觉承担着与世界各国各族人民共创没有“文明优越”“文明隔阂”“文明冲突”的新世界的光荣使命。

概而括之，现代化并非一个简单的名词，它承载着人类社会不断从低级阶段向高级阶段跃迁的主体自发及其自觉过程。中国式现代化正是内嵌于这种过程的中国人民的主体认知与整体自觉。在回应人类发展问题、民族发展问题以及世界文明发展问题上，中国式现代化都将自己置于其中，不回避不逃避，始终坚持社会主义与现代化的结合，坚持马克思主义使命型政党的领导，以高度的主体精神自发、自为、自觉地承担起了人类发展责任、民族复兴责任及世界历史责任，深刻彰显了中国式现代化的历史主动性，以理论的创新和实践的突破确证了中国式现代化的使命型本质。

中国式现代化的国际传播话语建构：价值意蕴和实践路径

肖　帆[①]

党的二十大报告提出“以中国式现代化全面推进中华民族伟大复兴”[②]，并深刻阐述了中国式现代化的内涵特征和本质要求。作为二十大报告的重要关键词，中国式现代化迅速成为国际舆论热议的新词，成为中国对外展示国家形象的又一话语标识。现阶段，中国式现代化的国际传播需在把握其时代内涵、厘清其话语阐释逻辑、把握其精神内核的基础上，针对西方国家有关中国式现代化的质疑，有的放矢地建构国际传播话语体系，“讲好中国故事、传播好中国声音，展现可信、可爱、可敬的中国形象”[③]。

一、中国式现代化国际传播话语建构的时代内涵

中国式现代化的国际传播话语建构，有利于深刻认识中国特色社会主义伟大实践成果，为全面推进中华民族伟大复兴凝聚团结奋斗力量，增强中国式现代化在国际舆论场上的影响力和说服力，提升中国的国际话语权。

（一）根植中国现实，为中国特色社会主义伟大实践成果提供话语保障

马克思指出：“思想、观念、意识的生产最初是直接与人们的物质活动、与人们的物质交往，与现实生活的语言交织在一起的。”中国式现代化话语体系是基于现实道路而形成的话语体系，它萌芽、发展、成熟于中国特色社会主义伟大实践之中，是在进行伟大斗争、建设伟大工程、推进伟

---

① 肖帆，中共中央党史和文献研究院四级主任科员。

② 习近平：《高举中国特色社会主义伟大旗帜 为全面建设社会主义现代化国家而团结奋斗——在中国共产党第二十次全国代表大会上的报告》，人民出版社2022年版，第21页。

③ 习近平：《高举中国特色社会主义伟大旗帜 为全面建设社会主义现代化国家而团结奋斗——在中国共产党第二十次全国代表大会上的报告》，人民出版社2022年版，第46页。

大事业、实现伟大梦想过程中构建起来的话语体系①。中国式现代化的国际传播话语建构，既是立足实践总结经验，也是为了更好地将伟大实践成果外化表达，展现中国智慧和中国方案。

话语体系的建构，必须随着社会历史实践的发展不断进行提炼与丰富，根据实践主体对客观物质世界的新认知进行创新总结，在理论层面提供话语叙事框架的维护路径，才能有效地巩固实践成果，激发实践内生动力。②中国式现代化的生动实践是国际传播丰富的“案例库”，例如，中国仅用几十年的时间就走完了西方发达国家几百年走过的现代化历程，开创了一条使中华民族站起来、富起来、强起来的适合中国国情的现代化道路；中国告别千百年来的绝对贫困，“脱贫成就成为当今世界最值得关注的一道经济社会发展亮丽风景线”③。这些辉煌成就都是中国式现代化的重要成果。“以理服人”方能“行之有效”，中国式现代化的当代实践越生动，中国式现代化的国际传播就越有说服力和感召力。实践成果需要话语建构阐释，用系统化、科学化的话语体系阐释伟大实践所取得的成就、遇到的问题，以及未来的展望，将其外化呈现在大众日常生活中，为中国特色社会主义伟大实践成果提供理论层面的话语保障。

（二）打破西方叙事迷思，拓展全球现代化路径选择

长期以来，现代化的定义由西方主导，西方国家尤其是欧美发达国家掌握对人类现代化及其发展模式的话语优先权，把特定地域的现代化经验赋予普适性而推广至全世界，以自己的方式为标准去衡量他国的发展模式，以自己的价值观为准绳去评价他国的政治选择，“西方中心论”思想盛极一时。事实上，“现代化”并不等同于“西方化”。西方发达资本主义国家经过几百年时间进入现代化行列，所形成的西方现代化发展模式具有其特定的历史特征，而在全球既有知识、技术和资本的累积与流通背景下，发展中国家亦可选择跨越式发展的道路实现国家现代化。中国既认同人类现代化有着许多共同特征，又尊重不同国家现代化路径的历史性、时代性、民族性和特殊性，以宽广的胸怀理解不同发展模式的差异性，尊重不同国家对现代化实现路径的多元探索。

中国式现代化道路“创造了人类文明新形态，拓展了发展中国家走向

---

① 艾四林、陈钿莹：《中国式现代化话语体系建构的三重维度》，《山东大学学报》（哲学社会科学版）2023年第2期，第1页。

② 艾四林、陈钿莹：《中国式现代化话语体系建构的三重维度》，《山东大学学报》（哲学社会科学版），2023年第2期第2页。

③〔意〕亚历珊德拉·恰蒂尼：《中国消除绝对贫困是世界亮丽风景线》，《光明日报》2022年9月23日，第12版。

现代化的途径，给世界上那些既希望加快发展又希望保持自身独立性的国家和民族提供了全新选择”①。然而，“西强我弱”的国际舆论格局如今还没有被完全打破，我国在国际舆论场上仍处于“失语”“失声”地位。“中国式现代化新道路已经在世界范围内产生了实质性影响，但在话语权意识、话语体系建构上并未取得可与现代化建设成就等量齐观的成果和地位。”②因此，必须加快构建中国式现代化国际传播话语体系，以中国式现代化话语体系扭转“失语”态势，打破西方“现代化等于西方化”的叙事迷思，为证明现代化不是只有西方现代化一条实践路径提供话语支撑。

（三）提升中国的国际话语权，塑造良好国家形象

当前，世界正面临百年未有之大变局，地缘政治不断调整，“东升西降”趋势不可逆转。以西方道路为蓝本的资本主义现代化发展模式自身遭遇失灵失效的窘境，无法适应发展中国家的基本国情、历史传统和发展实际。由此，日渐陷入公信力危机的西方现代化话语根本无法指导发展中国家走上现代化发展道路。与西方现代化发展模式不同，中国式现代化摒弃了以资本为中心、以物质增长为唯一追求、无视生态文明、奉行“丛林法则”等诸多弊端，开创了以人民为中心、促进物质文明和精神文明相协调、推动人与自然和谐共生、构建人类命运共同体等新发展逻辑，开辟了迥异于西方现代化模式的人类文明新形态。③

习近平总书记指出：“中国式现代化蕴含的独特世界观、价值观、历史观、文明观、民主观、生态观等及其伟大实践，是对世界现代化理论和实践的重大创新。中国式现代化为广大发展中国家独立自主迈向现代化树立了典范，为其提供了全新选择。”④ 作为对中国智慧、中国经验与中国道路的集中表达，中国式现代化的国际传播向世界展示不同于西方现代模式的新途径，破除西方话语在全球现代化发展进程中的垄断地位，推进中国话语和中国叙事体系建设，向世界展示中国作为全球发展贡献者的良好形象。

---

① 《中共中央关于党的百年奋斗重大成就和历史经验的决议》，人民出版社2021年版，第64页。

② 刘同舫：《中国式现代化新道路塑造大国新形象》，《中国社会科学报》2021年10月21日，第2版。

③ 邱海峰：《中国式现代化扎根中国大地》，《人民日报（海外版）》2022年10月20日，第7期。

④ 新华网，《习近平在学习贯彻党的二十大精神研讨班开班式上发表重要讲话强调 正确理解和大力推进中国式现代化》，http://www.news.cn/politics/leaders/2023-02/07/c_1129345744.htm.

二、中国式现代化国际传播可阐释的多维含义

中国式现代化在遵循人类现代化一般规律的基础上，在体现人类现代化的许多共同特征的同时，又紧密结合了中国自身历史传统、文化特质和基本国情，集中体现出中国方案和中国智慧，具有自身显著个性和特点。对外讲好中国式现代化故事，需要厘清中国式现代化的价值内涵和精神内核，既要挖掘中国与世界在现代化进程中的共同点共通性，也要提炼中国式现代化发展模式的独特之处。

（一）讲好人口规模巨大的中国式现代化故事

作为中国的基本国情和中国式现代化的重要特色，“人口规模巨大”决定了在中国所发生的现代化不能完全复制和照搬西方现代化的模式，而是要采取符合中国实际的现代化模式。讲好中国式现代化故事，就是要向世界阐释好中国走现代化发展道路立足于以人口规模为重要特征的中国国情，论证中国式现代化的自主性、特殊性和合理性，从而增进世界对中国发展模式的多维认识。

人口规模巨大的现代化既是中国式现代化面临的艰巨任务，也是中国式现代化的重要依凭与价值所在。在国际传播过程中，面向世界讲好人口规模巨大的中国现代化故事是彰显中国特色、寻求国际共识的重要一环。中国式现代化的历史进程及其生动鲜活的个体印记，为该话语体系的国际传播提供了丰厚素材，是彰显中国式现代化自主性、特殊性和合理性的重要切入口。此外，“人口规模巨大”要求中国式现代化道路话语体系建构要始终凸显“人”的价值，实现人的全面发展，因此，在国际传播时，还需从根本上把握以人为本的价值取向，以集体叙事结合个体故事描绘作为社会发展主体的中国人的全面发展和各民族共同发展的生动素材，着力呈现中国式现代化的人本主义发展思想。

（二）讲好全体人民共同富裕的中国式现代化故事

共同富裕是中国特色社会主义的本质要求，是中国式现代化的重要特征，贯穿于中国式现代化形成和发展的全过程。讲好共同富裕故事，除描绘中国经济发展图景外，还要从生产、分配、交换、消费等多重角度对中国式现代化与西方资本主义现代化之间的差异进行辨析。资本主义现代化的剥削本质“加剧了贫富差距的两极分化”，“堵塞了社会财富创造的通道”，“共同富裕在资本主义现代化下只能成为底层民众的

幻想”。[①] 而作为后发型现代化，中国式现代化在中国共产党的领导下紧密结合我国实际发展情况，坚持科学社会主义指导思想，将共同富裕的美好愿景由科学理论逐渐变成现实。对此，中国式现代化国际传播需对中国现代化所蕴含的“共同富裕”的科学内涵进行积极传播，有力反驳奉行资本逻辑的西方国家先入为主炮制的“中国式现代化加剧贫富分化”等论调。在国际传播时，要以具体人物的脱贫攻坚、创业致富、先富带动后富等鲜活事例使中国式现代化内嵌的共同富裕意蕴具象化，彰显中国式现代化道路与西方资本主义所倡导的现代化道路在根本宗旨、价值取向与实践路线等维度上存在的差异。与此同时，亟需面向发展中国家讲好中国式现代化背景下的共同富裕故事，以此激励乃至引导其他国家的现代化路径探索与理论培育。[②]

（三）讲好物质文明和精神文明相协调的中国式现代化故事

“物质富足、精神富有是社会主义现代化的根本要求。”[③] 物质文明和精神文明，是人类认识世界、改造世界全部成果的总括和结晶。习近平总书记指出：“中国梦是物质文明和精神文明均衡发展、相互促进的结果，是两个文明比翼双飞的发展过程。”[④] 在中国式现代化进程中，党始终坚持物质文明与精神文明“两手抓、两手都要硬”的战略举措，在“促进物的全面丰富”的同时，将实现“人的全面发展”作为现代化的本质内容。尽力摒弃西方现代化奉行的“资本逻辑”、片面追求经济效益而导致的“人的异化”，极力克服“把粗陋的物质捧上宝座，毁掉了一切精神内容”[⑤] 等诸多缺陷，将发展目的重新回归到人本身，将物质文明与精神文明置于同等重要位置，重建以“人的发展”为逻辑的现代化发展路径。在一定程度上回避西方“串联式”现代化进程中产生的拜物主义、道德滑坡、价值失序等精神世界的塌陷，克服西方现代化发展的弊端。在中国式现代化话语建构过程中，要讲好物质文明和精神文明协调共生、相辅相成的发展故事，在大力发展经济的同时，可以推进我国优秀文艺作品、节日文化等文化符号的海外传播，让更多海外受众接触、感知中国式现代化的文明意蕴。

---

① 王岩、张星：《开启中国式现代化的共同富裕之路》，《思想理论教育》2023 年 6 月，第 4—12 页。

② 周亭、邓天奇、唐紫宸：《新时代中国式现代化的国际传播：传播价值及实践路径》，《江苏科技大学学报》2023 年第 1 期，第 13—18 页。

③ 习近平：《高举中国特色社会主义伟大旗帜 为全面建设社会主义现代化国家而团结奋斗——在中国共产党第二十次全国代表大会上的报告》，人民出版社 2022 年版，第 22 页。

④ 《习近平新时代中国特色社会主义思想学习论丛（第三辑）》，中国社会科学出版社 2020 年版，第 101 页。

⑤ 《马克思恩格斯全集》第 3 卷，人民出版社 2002 年版，第 505 页。

（四）讲好人与自然和谐共生的中国式现代化故事

人与自然和谐共生的现代化赋予了中国式现代化更加符合生态文明核心要义的自然属性，彰显出人与自然是生命共同体、经济发展与环境保护相互协调、突破西方现代化发展模式的内在要求。

一方面，中国式现代化中人与自然和谐共生的思想源于“天人合一”、“道法自然”等中华优秀传统文化中的生态哲学智慧，同时与新时代绿色发展理念紧密结合，是习近平生态文明思想的集中体现。在国际传播过程中，结合传统思想与当代理论来阐释中国式现代化生态观的哲学性、一贯性和系统性，是建构外界对人与自然和谐共生的中国式现代化内在逻辑的重要认知基础。

另一方面，西方资本主义国家在现代化进程中凭借对自然界的征服和掠夺，使自然界完全沦为满足人们物质需求、积累财富的工具和手段。这种狭隘片面的、以自我为中心向大自然无止境索取的发展模式导致环境污染、生态失衡等严重后果。一直以来，中国共产党始终坚持可持续发展理念，新时代提出坚持“绿水青山就是金山银山”、“要像保护眼睛一样保护自然和生态环境”的永续发展之路，以满足人民群众对美好生态环境的向往和追求，实现人与自然的和谐共生。因此，在中国式现代化话语建构过程中，要重点阐释中国式现代化生态文明道路与西方现代化工业文明道路之间的根本区别，从而增强国际社会对中国式现代化发展模式的认同。

（五）讲好走和平发展道路的中国式现代化故事

中华民族历来崇正义、讲仁爱、尚和合、求大同，自古就有“和为贵”“崇信修睦”“协和万邦”“天下太平”等和平思想，成为后世和平思想的不竭源泉，也对中国共产党的和平理念与实践产生深刻影响。中国共产党始终坚持将马克思主义世界和平观同中国具体实际相结合、同中华优秀传统文化相结合，通过革命、建设、改革等具体实践探索出和平发展的中国式现代化新道路。现代化进程起源于西方，一些发达资本主义国家率先通过战争、殖民、掠夺等方式实现了现代化，“那种损人利己、充满血腥罪恶的老路给广大发展中国家带来深重苦难”①。一方面，中国共产党带领中国人民发扬伟大斗争精神，坚决与侵略势力和反革命势力作斗争，为和平发展争取良好的外部环境。另一方面，坚持和平与发展是时代的主题，始终以经济建设为中心，大力发展生产力，尊重文明多样性，增进文明交流互鉴，坚持平等对话，为维护世界和平、构建人类命运共同体提供了强大的

① 习近平：《高举中国特色社会主义伟大旗帜 为全面建设社会主义现代化国家而团结奋斗——在中国共产党第二十次全国代表大会上的报告》，人民出版社2022年版，第23页。

支撑①。

走和平发展道路的现代化，强调当国家面对挑战、问题和压力时，不通过以邻为壑、对外转嫁问题逾越发展瓶颈，而是首先通过创新内部制度和革新社会环境解决。中国式现代化的成功实践，是几百年来首个非西方、非资本主义东方大国的成功实践，是不靠殖民性掠夺、不靠民族奴役、不靠对外发动侵略战争实现现代化的自主性、内生性发展实践。中国式现代化道路以和平发展为前提，以共商共建共享为原则，跳出了殖民掠夺的老路和强国必霸的西方逻辑陷阱，破解了诸多世界性发展难题。因此，在建构中国式现代化话语的过程中，要牢牢把握和平发展、构建人类命运共同体等话语表达的定义权，充分阐释中国共产党始终坚持和平发展道路的路径遵循，讲好中国“以和为贵”“和而不同”的故事，塑造爱好和平、维护和平的大国形象，为中国式现代化道路的国际传播营造积极的舆论氛围。

三、中国式现代化国际传播话语建构的实践路径

建构中国式现代化的国际传播话语体系，能够向国际社会展现中国式现代化蕴含的独特世界观、价值观、历史观、文明观、民主观、生态观等及其伟大实践，是对世界现代化理论和实践的重大创新。因此，有必要加快话语体系建构，提升国际传播效能，形成同我国综合国力和国际地位相匹配的国际话语权。

（一）既要聚焦原创话语，也要善于世界表达

中国式现代化，“既有各国现代化的共同特征，更有基于自己国情的中国特色”②。中国式现代化这个词组最鲜明的限定词是“中国”，这要求建构话语体系要体现中国特色，不能将西方话语完全照搬到我们的话语体系中，而是要聚焦于中国式现代化实践形成的创新内容，整合成具有鲜明中国特征的话语体系，“否则，由植入的话语来描绘中国，描绘得越多，中国图景的滤镜就越厚，国际社会对中国的误解也就越深”③。原创性话语不是一味地排斥其他话语，而是要破解对西方话语体系的垄断，坚持自身的独特话语。以富有开创性实践成果转化而成的原创性话语，是中国式现代化

---

① 岳奎、赵鹤玲：《中国式现代化话语的嬗变与传播》，《南昌大学学报》（人文社会科学版）2023 年第 1 期，第 1—10 页。

② 习近平：《高举中国特色社会主义伟大旗帜 为全面建设社会主义现代化国家而团结奋斗——在中国共产党第二十次全国代表大会上的报告》，人民出版社 2022 年版，第 22 页。

③ 李江静：《中国话语说服力及其生成逻辑》，《教学与研究》2022 年第 7 期。

话语体系的底气与自信。① 例如“脱贫攻坚”“人类命运共同体”“四个自信”等原创性话语，通过掌握对这些话语表达的定义权，将中国式现代化的实践优势转化为话语优势。

在建构话语体系的过程中，“要采用贴近不同区域、不同国家、不同群体受众的精准传播方式，推进中国故事和中国声音的全球化表达、区域化表达、分众化表达，增强国际传播的亲和力和实效性”②，在对外交流中展现自我、感染对方，达到增进了解、建立互信、凝聚共识的效果。这就需要进行话语创新，打造既能展现中国特色又具有世界话语传播力、影响力和感染力的话语体系和叙事体系，更好地向国际社会展示中国智慧和中国经验。

（二）既要以我为主，也要有他者叙事

伴随中国向第二个百年奋斗目标持续推进，中国式现代化的国际影响力不断增强。信奉“国强必霸”逻辑的西方国家，不断对中国式现代化进行诋毁、攻讦。长期研究中国军事的贝尔德莱国防战略研究所报告认为，21 世纪中国军队的现代化进行了重大变革，在经济现代化的依托下，中国加速了武装部队的现代化。通过将“中国式现代化”与“国防和军事现代化”之间划上等号，中国不仅被视为全球秩序的挑战者，而且被视为地区的修正主义者。德国智库墨卡托中国研究中心将中国式现代化描述为“与西方资本主义和美国进行系统性对抗的手段”，体现出强烈的冷战思维。此外，“中国新殖民”“中国掠夺论”“中国不负国际责任”等论调甚嚣尘上。西方学者和媒体依然沿用西方现代化的话语体系评价中国式现代化，运用“西方普世价值”绑架中国式现代化发展逻辑，蓄意制造“历史虚无主义陷阱”、西方“民主陷阱”等话语陷阱，展开对中国式现代化价值观和意识形态的争夺。

在话语层面，话语体系要把中国式现代化的发展模式、价值旨趣、内在逻辑讲深讲透，将真实、全面、立体的中国式现代化呈现给世界。针对西方媒体的蓄意抹黑和片面解读，中国式现代化国际传播须主动出击、以我为主：既要自信地展示现代化的中国成就，也要自信地探讨现代化进程中的中国问题；既要讲述现代化成就带来的中国变化，又要讲述中国式现代化给他国发展提供的机遇与红利；既要显示中国问题的本土成因，更要

---

① 艾四林、陈钿莹：《中国式现代化话语体系建构的三重维度》，《山东大学学报》（哲学社会科学版）2023 年第 2 期，第 5 页。

② 中国政府网：《习近平在中共中央政治局第三十次集体学习时强调加强和改进国际传播工作展示真实立体全面的中国》，https：//www. gov. cn/xinwen/2021 –06/01/content_5614684. htm? eqid = d25fd8e90003df6800000002646f79fc

展示这一问题的国际共性，用生动鲜活的事例立体展示这一问题得以解决的中国方案、中国行动、中国成效。中国式现代化的国际传播要注重利用多元主体实现中国式现代化的可见度、影响力与感召力。在其国际传播过程中，由政府主导的国际公共传播扮演着重要角色。对此，我国政府应不断针对中国式现代化进行议程设置，在大外交、大外宣的框架之下，整合外交机构、主流媒体、海外中企以及对华友好机构，构建更具广度及深度的国家叙事体系。同时，民众个体叙事在中国式现代化国际传播的话语建构中，也具有不可替代的作用。“抽象概念应当具有明确的内涵，故事所承载的宏观命题的涵义也应有明确的界定，使之能够通过具体而微观的故事清晰地呈现出来。”比如，鼓励在海外生活的中国公民在社交媒体平台展现中国的社会风貌和人文图景，将中国经验通过民众个体的中国体验表现出来，从而提升话语建构的认同力。

在他者的维度上，要将可感知的中国式现代化呈现给世界。要重视培养和扩大国际社会知华友华“朋友圈”，加强与国外新闻媒体、海外公民的互动交流，邀请海外媒体和个人来华参观考察，借助在华外国人所见所闻所感对外讲述中国发展带来的巨大变化。“借嘴发声”“借船出海”，既可以减少故事内容间接转化所带来的文化不适应，也能有效降低国外受众对中国感知的陌生感、距离感，提高舆论传播的覆盖率、落地率、接受率，提升中国故事的可读性和可信度。

（三）既要着眼中国人民的发展，也要指向全人类的发展

话语体系的建构必然要遵循正确的、科学的、合理的价值旨归，才能赢得最广大群众的认同。中国式现代化以中国人民为发展主体，“只有坚持以人民为中心的发展思想，坚持发展为了人民、发展依靠人民、发展成果由人民共享，才会有正确的发展观、现代化观”①。中国共产党在探索现代化的进程中始终致力于为中国人民谋幸福，为中华民族谋复兴，使中国人民对美好生活的向往不断变为现实。党的性质宗旨、初心使命决定了党领导的中国式现代化必须是以人民为中心的现代化，必须不断实现好、维护好、发展好最广大人民的根本利益，不断满足人民日益增长的美好生活需要。

同时，中国式现代化话语体系遵循人类社会现代化发展的一般规律，着眼于全人类的共同价值，推动人类命运共同体的建构。面对世界现代化发展过程中出现的贫富差距、生态危机、资源枯竭等共性问题，中国将东

① 习近平：《把握新发展阶段，贯彻新发展理念，构建新发展格局》，《求是》2021年第9期。

方文明、中国智慧和人类共同理想融为一体，“为人类实现现代化提供了新的选择，中国共产党和中国人民为解决人类面临的共同问题提供更多更好的中国智慧、中国方案、中国力量，为人类和平与发展崇高事业作出新的更大的贡献”①。而资本逻辑下的西方现代化道路，是基于“西方中心主义”的理念，在运行过程中表现为野蛮霸道地以落后与不文明定义其他国家，并向其他国家推行西方的发展模式。② 由此可见，西方中心主义之下狭隘对抗的现代化话语体系，不符合全人类的共同价值愿景。中国式现代化话语体系的建构，是对现有现代化模式的扬弃与超越，既遵循了自身民族发展的特殊规律，又把握住了人类发展的共性规律。唯有这种合乎规律性的话语体系，才能为人类社会特别是发展中国家带来全新的实践经验与话语选择。

结　语

中国式现代化是中国特色社会主义道路的伟大实践，拓展了现代化道路发展途径，为人类实现现代化提供了新选择。习近平总书记指出：“当代中国的伟大社会变革，不是简单延续我国历史文化的母版，不是简单套用马克思主义经典作家设想的模板，不是其他国家社会主义实践的再版，也不是国外现代化发展的翻版。”③ 作为对中国智慧、中国经验与中国道路的集中表达，中国式现代化的国际传播向世界展示不同于西方现代模式的新途径，破除西方话语在全球现代化发展进程中的垄断地位，推进中国话语和中国叙事体系建设，向世界展示中国作为全球发展贡献者的良好形象。

立足中国式现代化的社会主义本质，中国式现代化国际传播需要厘清中国式现代化的价值意蕴和精神内核，既要挖掘中国与世界在现代化进程中的发展共性，也要提炼中国式现代化发展模式的独特之处，向世界阐释中国基于历史传统、基本国情、制度属性而创造的新型现代化发展模式。

就具体的国际传播实践路径而言，首先，要从中国式现代化的本质要求出发，聚焦中国式现代化实践形成的创新内容，建构具有鲜明中国特色的话语体系，将中国式现代化的实践优势转化为话语优势。同时，采用贴近不同区域、不同国家、不同群体受众的精准传播方式，推进中国故事和

---

① 习近平：《高举中国特色社会主义伟大旗帜 为全面建设社会主义现代化国家而团结奋斗——在中国共产党第二十次全国代表大会上的报告》，人民出版社 2022 年版，第 16 页。

② 艾四林、陈钿莹：《中国式现代化话语体系建构的三重维度》，《山东大学学报》（哲学社会科学版）2023 年第 2 期，第 6 页。

③ 习近平：《论党的宣传思想工作》，中央文献出版社 2020 年版，第 335 页。

中国声音的全球化表达、区域化表达、分众化表达，增强国际传播的亲和力和实效性。其次，叙事角度既要以我为主，又要“借船出海”。要注重利用多元主体实现中国式现代化的可见度、影响力与感召力。聚合丰富多元的现代化实践案例，融入具体可感、鲜活生动的民众体验，提高国际传播话语体系的覆盖率、落地率、接受率，提升中国故事的可读性和可信度。最后，在价值遵循上指向人类共同发展，在人类命运共同体、文明互鉴、民心相通的全球视域下，诠释作为人类文明新形态的中国式现代化的中国特质与全球价值，为中国式现代化的国际传播奠定广泛的认知与认同基础。

编后记

2023 年 11 月 25 日，第二十届全国马克思主义论坛暨中国马克思恩格斯研究会 2023 年年会在广东省珠海市召开。本届论坛由中国马克思恩格斯研究会、中共中央党史和文献研究院第四研究部、北京师范大学联合主办，北京师范大学马克思主义学院、《马克思主义与现实》杂志共同承办。论坛主题为“马克思主义与中国式现代化”。论坛分四个环节进行，上午在主会场举行开幕式，并安排大会发言，下午组织分论坛讨论，并举行闭幕式。与会专家学者围绕“学习贯彻习近平新时代中国特色社会主义思想和党的二十大精神”“马克思主义经典著作和基本理论研究”“中国式现代化问题研究”等议题进行了深入研讨。来自中共中央党史和文献研究院、中共中央党校（国家行政学院）、中国社会科学院、军事科学院、国防大学、北京大学、清华大学、中国人民大学、北京师范大学、吉林大学、武汉大学等研究机构和高等院校马克思主义理论研究领域的专家学者共 140 余人参加会议。

按照全国马克思主义论坛的惯例，每届论坛召开之后，选取部分会议论文，以“全国马克思主义论坛丛书”的形式结集出版，至今已出版了 18 辑。这里编辑出版的第 19 辑，是以提交第二十届全国马克思主义论坛的论文为主体选编而成的。参与本辑书稿编选工作的有：熊亮华、吕增奎、李百玲、刘英、马瑞、王潇锐。

编者

2024 年 4 月